Karla

ÉDITIONS TRAIT D'UNION
284, square Saint-Louis
Montréal (Québec)
H2X 1A4
Tél. : (514) 985-0136
Téléc. : (514) 985-0344
Courriel : éditions@traitdunion.net

Traduction française : Jean Bergeron et François Therrien
Mise en pages : Édiscript enr.
Révision : Michel Therrien
Photo de la couverture : Archives personnelles de l'auteur
Maquette de la couverture : Yvan Meunier

Données de catalogage avant publication (Canada)
Williams, Stephen, 1949

    Karla : le pacte avec le diable

    Comprend des réf. bibliogr. et un index.

    ISBN 2-89588-015-8

    1. Homolka, Karla. 2. Bernardo, Paul. 3. Procès (Meurtre) – Ontario. 4. Meurtriers – Ontario –
Biographies. I. Titre.

HV6535.C32O65 2002a   364.1'523'0922713   C2002-941661-2

DISTRIBUTEURS EXCLUSIFS

POUR LE QUÉBEC ET LE CANADA
Édipresse inc.
945, avenue Beaumont
Montréal (Québec)
H3N 1W3
Tél. : (514) 273-6141
Téléc. : (514) 273-7021

POUR LA FRANCE ET LA BELGIQUE
D.E.Q.
30, rue Gay-Lussac
75005 Paris
Tél. : 01 43 54 49 02
Téléc. : 01 43 54 39 15

Nous remercions le Conseil des Arts du
Canada de l'aide accordée à notre
programme de publication.

Nous bénéficions d'une subvention
d'aide à l'édition de la SODEC.

Pour en savoir davantage sur nos publications,
visitez notre site www.traitdunion.net

Stephen Williams

Karla

Le pacte avec le diable

essai

Traduit de l'anglais par
Jean Bergeron et
François Therrien

 TRAIT D'UNION

Mais la corruption ou le mal ou Satan étaient les objets d'adoration du pécheur, homme ou femme, chéris par lui comme par elle, le plaisir les plongeant au plus profond du mal. Il s'agissait essentiellement d'une transgression, d'une horreur transcendante, et plus l'horreur était grande, plus le plaisir était intense... Imaginaires ou pas, les histoires de Sabbat signifient toujours quelque chose : ce sont des rêves d'une joie monstrueuse.

Georges Bataille, *L'Érotisme*

Voici la sagesse. Celui qui possède la connaissance sait reconnaître le chiffre de la Bête : c'est le chiffre d'un homme, et ce chiffre, c'est 666.

Saint Jean, *L'Apocalypse*, chapitre 13

Les contes de fées se réalisent parfois. Cela pourrait même vous arriver...

Walt Disney

Donnez-moi du crack et du sexe anal
Prenez le seul arbre encore debout
Et touchez-en le creux
Avec votre culture.

Ramenez-moi le mur de Berlin
Donnez-moi Staline et saint Paul
J'ai vu le futur, mon frère :
Ce n'est que meurtre.

Leonard Cohen, *The Future*

Le temps présent comme le temps passé
Sont peut-être présents dans le temps futur.

T.S. Elliot, *Burnt Norton*

De tous les sentiments, seuls l'amour et l'envie pro-
curent de la fascination et de l'envoûtement ; les
deux sont faits de désirs violents, se nourrissent de
l'imagination et de la suggestion et transparaissent
dans les yeux de celui qui les éprouve... Les Saintes
Écritures ne parlent-elles pas de l'envie comme de
l'« œil du Malin » ?

Francis Bacon, Essai IX, *De l'Envie*

Au commencement

Il y a des mystères qui semblent nous échapper… Par exemple, qui a donné au diable des pieds fourchus ? Et quelle était la chanson chantée par les Sirènes ? Personnellement, deux mystères m'ont particulièrement hanté au cours des dix dernières années : qui est vraiment Karla Homolka et comment cette femme peut-elle avoir un avenir devant elle ?

Pendant ces dix ans, Karla a été évaluée par au moins seize psychiatres ou psychologues. La majorité d'entre eux ont diagnostiqué qu'elle était une femme battue souffrant d'un « trouble du stress post-traumatique ». Quelques-uns ont émis un avis différent, voyant plutôt en elle une psychopathe… L'un d'entre eux a même conclu que son cas constituait un « mystère diagnostique ». Quoi qu'il en soit, il semble que plus on cherche à comprendre Karla, plus elle devient mystérieuse.

Peut-être encore plus troublant est le fait que Karla possède encore un avenir. Au nom de tout ce qu'on peut considérer comme sacré, comment peut-on imaginer qu'une femme comme Karla, avec tout ce qu'elle a fait, puisse se reprendre en mains et repartir à zéro ? Bien qu'il y ait eu beaucoup de spéculations à propos de la nature profonde de Karla, personne ne s'est vraiment attardé à la question de son avenir. Les événements qui se sont déroulés dans son passé rendent sans doute inconcevable le fait qu'elle puisse avoir, comme tout le monde, un avenir.

En 1990, au cours d'une cérémonie macabre qui eut lieu dans le sous-sol de la maison de ses parents, Karla a tué sa propre sœur cadette en l'« offrant » en cadeau de Noël à son amant Paul Bernardo. Six mois plus tard, Karla a attiré une de ses jeunes amies chez elle et l'a droguée comme elle l'avait fait avec sa sœur. Alors que la jeune fille était dans un état comateux, le couple l'a violée lascivement sous l'œil insensible d'une caméra vidéo. Cette fois, la jeune fille, connue uniquement sous le nom de Jane Doe, fut offerte à Bernardo à titre de cadeau de mariage. Miraculeusement, Jane Doe a survécu à l'agression.

Une semaine plus tard, le fiancé de Karla amena à son tour une autre écolière à la maison. Ils violèrent Leslie Mahaffy à plusieurs reprises, enregistrant encore une fois tous leurs gestes sur bande vidéo. La malheureuse fut ensuite assassinée puis découpée en morceaux. Ses restes furent coulés dans le ciment puis jetés au fond d'un étang voisin. Deux semaines plus tard, Paul et Karla se mariaient dans la ville historique de Niagara-on-the-Lake. Leur noce extravagante fut filmée sur bande vidéo. On y voit notamment une scène où les mariés se promènent dans un carrosse tiré par des chevaux, puis une autre où ils sont attablés avec une centaine d'invités pour un festin arrosé au champagne. Ensuite, le couple mena une vie apparemment heureuse dans une banlieue tranquille de St. Catharines, en Ontario, à dix minutes au nord du pont Peace Bridge et de la ville de Niagara Falls (New York).

Au retour de leur lune de miel à Hawaï, Karla rappela sa jeune amie Jane Doe. Dans la demeure des Bernardo, l'influençable Jane était presque devenue un objet domestique. Au mois d'août 1991, avec l'aide de son mari, Karla drogua Jane une seconde fois. Cette fois cependant, la jeune fille semblait ne plus respirer. Comme elle l'avait fait la nuit de la mort de sa sœur, Karla composa le 911. Quelques minutes plus tard, elle rappela et dit : « Tout est rentré dans l'ordre. Il s'agit d'une fausse alerte. Mon amie a repris ses esprits. »

Le couple commit encore quelques autres atrocités, comme le viol d'une adolescente de Port Dalhousie qui, par un petit matin d'avril, faisait seule son jogging. Mais, outre le fait que Paul Bernardo quitta son emploi au sein d'une importante firme de comptables et se mit à faire de la contrebande de cigarettes pour vivre, le couple menait alors une vie relativement normale.

Un an après leur mariage, Karla prit un après-midi de congé pour aider Paul à s'attaquer à une autre adolescente. Ils enlevèrent Kristen French alors qu'elle rentrait de l'école au beau milieu de l'après-midi. Karla et Paul arrêtèrent leur Nissan toute neuve dans le stationnement d'une église. Puis Karla fit signe à la jeune fille de venir près d'eux en lui montrant une carte routière comme si elle voulait lui demander des informations. Ils s'emparèrent alors de Kristen et l'emmenèrent à la maison. Durant le week-end pascal qui suivit, Paul et Karla violèrent l'adolescente de quinze ans à plusieurs reprises, filmant encore la scène sur cassette vidéo.

En visionnant la bande, on jurerait que des démons vaporeux grouillent sur la pellicule. Sur un fond de musique *gangsta rap* démoniaque et lancinante, par-dessus les halètements de Paul qui sodomise la jeune fille, on entend la voix de Karla qui incite l'adolescente à sourire et à encourager son agresseur.

Finalement, le couple maudit assassina Kristen juste avant de se rendre à l'incontournable repas de Pâques chez les parents de Karla. De retour à la maison, Karla prit la peine de raser les magnifiques cheveux châtain foncé de la victime – dans le but de déjouer l'expertise médicolégale, expliquera-t-elle plus tard – et aida Paul à transporter le cadavre chauve et nu, qu'ils jetèrent dans un fossé.

Ce qu'il y a de plus troublant dans chacun de ces crimes, c'est que Karla a eu de nombreuses occasions de sauver la vie des victimes. À un moment donné, lors de la captivité de Leslie Mahaffy, Karla est sortie pour promener son chien pendant une demi-heure, tandis que Bernardo restait à la maison pour violer la pauvre fille une fois de plus. À ce moment, rien n'empêchait Karla d'aller appeler la police dans une cabine téléphonique des environs. Une autre fois, Karla est restée seule à la maison pour « surveiller » Kristen French alors que Paul était sorti louer un film et acheter un repas-minute.

À la suite d'une entente controversée avec la défense, les autorités judiciaires prétendant avoir besoin du témoignage de Karla contre son mari, Karla plaida coupable à deux chefs d'accusation d'homicide involontaire et fut condamnée à une peine de douze ans de prison. Fait encore plus étonnant, les familles des victimes acceptèrent ce marché.

Le fait que Karla puisse ainsi entrevoir un avenir souleva une vague d'indignation populaire ainsi que de nombreuses critiques de la part des médias. Certains disaient qu'on avait inconsidérément donné une chance à Karla, alors que d'autres parlaient tout simplement de justice aveugle. Des gens bien plus sages que moi prétendirent qu'il y avait un peu des deux dans cette décision. Mais l'idée générale était que Karla s'était servie d'un quelconque sortilège vaudou pour semer le doute et la confusion chez les défenseurs de la loi et de l'ordre.

Dans plusieurs États américains, Karla Homolka aurait été condamnée à recevoir une injection létale, comme son homonyme texane, Karla Faye Tucker. Si une chose telle que la Justice existait vraiment, Karla moisirait actuellement en prison pour le reste de ses jours, à tout le moins. Au lieu de cela, le 6 juillet 2005 sa « dette à la société » aura entièrement été payée ; Karla sera alors âgée de trente-cinq ans et c'est en femme libre qu'elle sortira de prison.

Les questions touchant l'avenir de Karla et ce qu'elle entend en faire ne sont peut-être pas aussi graves que celles de la vie et de la mort mais, en ce qui me concerne, elles me troublent à tel point que je ne peux arriver à m'en débarrasser.

Pourtant, Dieu m'est témoin que j'ai essayé. En 1998, j'ai été arrêté et poursuivi durant deux ans et demi pour de prétendues violations d'ordonnances de la cour liées à la rédaction de mon premier livre sur les crimes de Paul et Karla. Durant cette période, il est devenu de plus en plus clair pour moi que je ne pourrais plus abandonner ma quête à propos de Karla, je ne me sentais pas capable de rester ainsi prostré, quelque part entre le ciel et l'enfer, devant tant de mystères insolubles. Malgré moi, on m'avait ramené dans le bourbier de la courte vie de Karla, fait de sexe, de mort et de vidéocassettes sordides. C'était comme un cauchemar dont je ne pouvais plus me sortir. Enfin, le jour de mon acquittement arriva, le 30 novembre 2000, mais il était trop tard pour moi. J'étais déjà trop embarqué…

Le philosophe allemand Frederick Nietzsche a écrit : « Si tu n'es pas un oiseau, évite donc de t'attarder au bord de l'abîme. » Je m'étais carrément tenu au bord de l'abîme et je ne pouvais m'empêcher de le regarder.

Ce que j'y voyais avait plus d'un visage.

C'était tantôt quelque chose de très séduisant, avec des yeux bleus, une plantureuse poitrine et des cheveux blond cachemire. La chose était souvent nue et je ne pouvais m'empêcher de la regarder, partagé entre l'aversion et la fascination, tandis que cette forme s'adonnait à diverses pratiques sexuelles avec des partenaires des deux sexes. En d'autres occasions, elle ressemblait en tout point à Karla Homolka, telle qu'elle était sur les vidéocassettes : elle était accroupie sur sa sœur ou une autre adolescente comateuse, nue, jambes écartées, frottant son pubis sur sa victime avec un large sourire démoniaque et animal.

Parfois, la chose ressemblait en tout point à Michael Code, le procureur de la Couronne, cet ancien joueur de rugby à la mâchoire carrée et disciple de Bouddha qui avait finalement décidé du sort de Karla et lui avait donné droit à un avenir.

D'autres fois enfin, ce n'était plus qu'une grande noirceur, comme un ciel sans étoiles à la campagne, sous lequel il est impossible de trouver un repère.

Et peu importe le temps que je passais à contempler cette chose ou à chercher à la comprendre, peu importe la distance où je l'observais, elle restait obstinément mystérieuse et insaisissable. C'est ainsi que commença ma quête de cette toison mystérieuse et interdite, dans l'espoir d'empêcher l'abîme de pénétrer toujours plus profondément en moi.

Dans mon premier livre, *Invisible Darkness*, j'ai tenté de présenter de façon claire et précise, sans faire de sensationnalisme, les crimes commis par le jeune couple, ainsi que le travail des policiers et des procureurs qui ont tenté de traduire les deux meurtriers en justice. Cette fois, j'ai décidé d'écrire à la façon *Rashomon*. J'ai voulu raconter la vie de Karla en prison et évoquer les perspectives d'avenir s'offrant à elle. Pour ce faire, j'ai utilisé plusieurs modes de narration ainsi que des points de vue très variés. Parfois, j'ai aussi dû faire appel à mon imagination puisque, entre autres, les lettres que j'avais envoyées à Karla dans les années 1990 sont toujours restées sans réponse. Parallèlement, mes nombreuses demandes pour obtenir une interview avec les responsables du marché judiciaire conclu avec Karla ont systématiquement été refusées.

Puis quelque chose est arrivé et tout a subitement changé.

Dans les mythes et légendes, les mortels qui osent entreprendre une quête apparemment impossible finissent toujours par être aidés de façon inattendue, que ce soit par une manifestation du destin, une intervention divine ou une pure coïncidence.

Et j'ai reçu cette aide inattendue, nous verrons comment...

1

L'aile de détention A

Karla a donné à Paul tout ce qu'il voulait, y compris sa jeune sœur. Plus il demandait, plus elle donnait, jusqu'à ce que, finalement, il lui donne une raclée qui faillit la tuer.

Tout le monde a pu voir la photo. Elle faisait la une de tous les journaux. Armé d'une de ces grosses lampes de poche noires en acier, Paul avait frappé si fort à l'arrière de la tête de Karla que les yeux de celle-ci étaient presque sortis de leurs orbites ; les ecchymoses qui s'ensuivirent formaient un masque autour de ses yeux. Le médecin de l'hôpital de St. Catharines affirma qu'il s'agissait du pire cas de brutalité qu'il avait jamais soigné.

Pourtant, lorsque les choses allaient mieux entre eux, avant que les atrocités ne commencent, Karla avait fait parvenir à Paul un billet doux qui disait : « Les hommes ne sont pas tous les mêmes… Tu es si différent, tu représentes tant pour moi… *Amo nunquam obliviscar.* »

Amo nunquam obliviscar, un serment latin qui signifie « un amour qui ne saurait jamais être oublié ».

Mais Paul, lui, l'avait oublié. Maintenant, sous la surveillance de la même technologie vidéo qui l'obsédait tant lorsqu'ils étaient ensemble, jour après jour, mois après mois, année après année, Paul croupit loin d'elle dans une petite cellule du secteur d'isolement du pénitencier de Kingston, l'esprit rongé par le *Amo nunquam obliviscar* de Karla. Il n'est pas près d'oublier ce serment qu'il a brisé, c'est certain, du moins tant qu'il gardera tous ses esprits.

Paul a mis quelques années seulement à trahir sa parole. Les autorités pénitentiaires ont mis sept ans à en faire autant. C'est ainsi que, au lieu de faire sa valise pour s'en aller au centre de réadaptation de la société Elizabeth Fry, en périphérie du chic arrondissement Westmount, à Montréal,

Karla se retrouva, en avril 2001, à déballer ses affiches et ses photos dans sa petite cellule de l'aile de détention A du Centre régional de réception de Sainte-Anne-des-Plaines.

Sainte-Anne-des-Plaines est un complexe du Service correctionnel canadien situé non loin de la petite ville du même nom, à une trentaine de minutes du centre-ville de Montréal. Il s'agit d'une construction aux allures de bunker, formée de plusieurs sections correspondant chacune au niveau de classification de ses occupants en termes de sécurité. L'établissement trône au beau milieu d'un vaste champ de maïs.

Karla a été « orientée » vers ce centre par la psychologue interne Christine Perrault, une petite femme à la peau picotée. Karla avait alors besoin d'être orientée. Elle s'était comportée en prisonnière modèle pendant les sept années qu'elle avait passées derrière les barreaux. Malgré cela, on l'avait changée d'institution à quatre reprises en moins de six mois et on l'avait déplacée deux fois aller et retour en avion à travers le pays.

Comme elle put vite le constater, Karla se trouvait maintenant dans un endroit des plus singuliers. Il serait exagéré de parler d'enfer, mais cela s'en rapprochait un peu.

Le Centre régional de réception de Sainte-Anne-des-Plaines sert à classer tous les prisonniers masculins de la province de Québec. Tout homme reconnu coupable d'un crime et condamné à plus de deux ans de pénitencier est d'abord envoyé à ce centre pour y être évalué durant quatre à six semaines. Aux dires du docteur Perrault, chaque prisonnier – c'est-à-dire plus d'un millier par année – est observé puis interviewé. Il subit ensuite quelques tests psychologiques informatisés (dont l'inévitable MMPI-2) et on le classe en termes de sécurité. En prison, ce classement représente tout. Il n'y a que trois « niveaux de sécurité » : minimum, moyen et maximum. Par exemple, Karla fut classée à sécurité moyenne lors de son arrivée en prison le 6 juillet 1993. Le niveau de sécurité attribué à un détenu détermine l'endroit, parmi une douzaine d'institutions possibles, où il devra purger sa peine, ainsi que les conditions plus ou moins sévères de son emprisonnement.

Au cours de sa session d'orientation, Karla pressentit que le Centre deviendrait son lieu de détention pour un avenir prévisible, peut-être même jusqu'à la fin de sa sentence, dans quatre ans. Les choses allaient mal pour elle. Karla avait beaucoup espéré retourner à Joliette, la seule prison pour femmes à sécurité moyenne au Québec, d'où on l'avait injustement retirée le jour de l'Action de grâce précédent.

Il y avait cinq autres femmes avec Karla dans l'aile de détention A. À ce sujet, Karla écrivait à un ami :

*C'est un endroit vraiment ennuyeux pour «faire son temps»;
il y a sans cesse des détenues qui s'infligent des blessures, se frap-
pent la tête contre les murs ou poussent des cris, des médecins qui
interviennent d'urgence, etc. À part cela, il n'y a pas grand-chose
qui se passe dans cette prison. Les femmes qui sont ici y sont pour
différentes raisons. Il y a celles qui n'auraient jamais dû être classées «max», celles qui souffrent de maladie mentale et celles qui
sont de vraies max. La plupart ont un passé violent ou ont fait
usage de drogues. Elles ont abouti dans un pénitencier à sécurité
maximum en raison de comportements violents dans les autres prisons.*

Mais qu'elles soient typiquement max ou non, qu'elles aient un problème de santé mentale ou qu'il s'agisse de Karla, les femmes n'étaient pas
les bienvenues à Sainte-Anne-des-Plaines. Karla se rendit bien vite compte
de ce fait inéluctable, elle aussi:

*[…] Ce n'est pas un endroit pour les femmes. Personne ne veut
de nous ici. Il faut se battre pour obtenir la moindre petite chose.
On nous insulte constamment. C'est très moche de se trouver dans
un endroit où on nous considère comme des indésirables.*

Le Centre régional de réception n'a jamais été conçu pour «héberger»
quiconque, homme ou femme, durant une période prolongée. Sa seule raison d'être est l'évaluation et le classement des prisonniers masculins. Or,
en prison, les femmes ont des besoins différents de ceux des hommes.
S'occuper de la détention à long terme de six femmes dans un établissement conçu spécifiquement pour évaluer des hommes à court terme ne peut
que créer de graves problèmes aux administrateurs.

Pendant l'été 2001, j'ai visité le centre et rencontré son directeur des
programmes, Camille Trudel. Cet homme de trente ans d'expérience au
sein du Service correctionnel canadien, m'a alors expliqué que, quelques
années auparavant, on avait l'habitude de fermer l'accès à tout le complexe,
chaque fois qu'une femme avait à se déplacer hors de son aile de détention,
que ce soit pour recevoir des services médicaux ou acheter des cigarettes à
la cantine. Cette procédure avait été légèrement assouplie depuis, mais si
peu.

Aucun effort n'avait été déployé pour tenir compte de la présence des
femmes. Par exemple, il n'y avait pas de service de coiffure. Ainsi, à l'été
2001, les racines foncées des cheveux de Karla paraissaient depuis un

certain temps déjà, soit depuis la mi-janvier, alors qu'on l'avait ramenée au Québec après un séjour de quatorze semaines dans un établissement psychiatrique du Service correctionnel à Saskatoon. Là bas, on l'avait placée en isolement et soumise à une évaluation psychiatrique contre son gré.

À vrai dire, ce n'est pas tout à fait exact. En vertu de la loi et des règles internes du système carcéral, il est vrai qu'on ne peut procéder à l'évaluation psychologique ou psychiatrique d'un détenu sans son consentement. Mais Karla s'était récemment rendu compte que ces gens n'hésitaient pas à enfreindre leurs propres règles aussi souvent que cela faisait leur affaire. Une fois enfermée au Centre psychiatrique régional de Saskatoon, elle avait donc décidé de coopérer, indépendamment de ce qu'elle pouvait en penser.

J'étais constamment sous la menace. Pas une menace directe, mais subtile. On m'a dit que si je ne coopérais pas, cela pourrait être utilisé contre moi et faire passer mon niveau de sécurité à maximum. C'était la dernière chose que je voulais. Bien entendu, ils me promettaient du même coup que je pourrais retourner à Joliette une fois qu'ils en auraient fini avec moi...

Après l'entente conclue entre son avocat et le ministère de la Justice, en 1993, Karla s'était attendue à bien autre chose qu'un séjour à Saskatoon et un internement à Sainte-Anne-des-Plaines.

Tout le monde lui avait dit que si elle se comportait en fille sage, si elle avait une attitude positive, si elle travaillait bien à ses études, si elle collaborait aux programmes de la prison, si elle faisait des efforts pour s'améliorer, si elle évitait de se battre, de boire ou de consommer de la drogue comme certaines mauvaises détenues, elle serait traitée équitablement et obtiendrait sa libération conditionnelle au plus tard le 6 juillet 2001, après avoir purgé les deux tiers de sa peine.

Selon la loi canadienne, en effet, tous les prisonniers des pénitenciers fédéraux sont automatiquement relâchés après avoir purgé les deux tiers de leur peine. Il est très rare que nos pénitenciers surpeuplés cherchent à garder des détenus au-delà de leur «date de libération d'office», mieux connue dans le service correctionnel sous l'acronyme anglais SRD (*Statutory Release Date*).

L'avocat de Karla, George Walker, lui avait expliqué qu'une sentence de douze ans signifiait en pratique quatre ans si elle continuait à se comporter comme elle le faisait, et huit au maximum si elle s'avérait la pire détenue. Du moins, c'est ainsi qu'il lui avait présenté les choses lors de ses visites régulières à la prison de Kingston, où Karla fut gardée durant deux ans avant qu'ait lieu le procès de Paul Bernardo.

Rien n'aurait empêché Karla de faire une demande de libération conditionnelle pour aussi tôt que le 6 juillet 1997, après avoir purgé seulement le tiers de sa peine. Le juge et le procureur de la Couronne ayant différé leurs recommandations sur sa libération conditionnelle, c'était là un signe que, en principe, le service correctionnel ne s'opposait pas à une telle demande de sa part. Quoi qu'il en soit, Karla décida prudemment d'attendre sa date de libération d'office.

Entre-temps, Karla a respecté à la lettre tous les engagements qu'elle avait pris lors de son entente avec les représentants de la justice. Si elle n'avait pas été Karla, elle aurait pu servir d'exemple à ceux et celles qui prônent une nouvelle approche correctionnelle envers les femmes. Elle était une prisonnière modèle. Elle avait terminé ses études secondaires, et poursuivait des cours par correspondance en vue d'obtenir un baccalauréat ès arts en psychologie de l'université Queen's. (Ironiquement, le seul programme de baccalauréat ès arts de l'université Queen's alors accessible par correspondance était celui de psychologie. Karla aurait préféré faire son droit, mais c'était impossible par correspondance. En fait, la sociologie était son premier choix mais, encore là, cela n'était pas possible.)

En prison, Karla se tint toujours tranquille. Elle réussit dans tous les programmes que les autorités lui suggéraient, tels que « comment maîtriser sa colère » ou « comment réduire son sentiment de victime face aux mauvais traitements ». Toujours sur l'insistance des autorités, elle participa volontiers aux groupes d'entraide de Joliette, cherchant à aider les femmes qui avaient de la difficulté à vivre à l'intérieur des murs. Malgré tout cela, le système pénitentiaire trahit ses promesses et se montra toujours cruel envers elle. Il était de plus en plus évident qu'on avait décidé de lui mener la vie dure et de faire des années qui lui restaient à vivre en prison un véritable enfer.

Toutefois, personne ne semblait réaliser que la vie au Centre de réception de Sainte-Anne-des-Plaines était, somme toute, plus facile qu'à Joliette. À Joliette, les détenues étaient tenues occupées quatorze heures par jour. C'était un milieu très structuré et très discipliné. Une seule minute de retard au travail ou à un cours entraînait automatiquement une perte de points au dossier de la détenue.

Par contre, il n'était pas aisé de partager une maison avec sept ou huit femmes instables, dépendantes des drogues et ayant connu toutes sortes d'expériences de vie. En général, elles n'étaient pas contentes de leur sort et acceptaient mal de vivre en prison. Celles qui n'arrivaient pas à s'adapter à cet environnement étaient transférées dans les cellules spéciales de sécurité maximum des prisons pour hommes, comme le Centre régional de réception de Sainte-Anne-des-Plaines ou le grand pénitencier de Saskatoon.

À Sainte-Anne-des-Plaines, on se foutait royalement des six femmes qui s'y trouvaient, du moment qu'elles se faisaient oublier et qu'elles ne causaient pas d'ennuis. Non seulement n'y avait-il pas de service de coiffure, mais il n'y avait ni programme de réhabilitation, ni thérapie, ni travail digne de ce nom. Le docteur Perrault était d'ailleurs la seule psychologue en poste et sa responsabilité se bornait à superviser les tests psychologiques et à en interpréter les résultats. « Bof ! écrivait Karla dans une de ses lettres, je suis quand même payée 6,90 $ par jour. »

À Joliette, Karla travaillait trente-trois heures par semaine et suivait une thérapie continue. Elle avait certaines responsabilités et devait rendre des comptes. Et elle avait de l'espoir. Elle croyait fermement qu'on allait la relâcher à sa date de libération d'office. Personne ne cherchait à lui enlever cet espoir, bien au contraire.

À Sainte-Anne-des-Plaines, la porte de sa cellule s'ouvrait à 7 h 30 et la cour intérieure à 9 h. Karla devait réintégrer sa cellule à 22 h 30, les cellules étant alors verrouillées pour la nuit.

Entre 7 h 30 et 22 h 30, Karla était libre de faire ce qu'elle voulait. Elle avait tout le temps voulu pour flâner et réfléchir, se maquiller, se coiffer, prendre une douche, faire de l'exercice, regarder la télé, lire, écrire des lettres, bavarder avec les autres femmes, prendre des bains de soleil et, aussi, se tourner les pouces.

Cette vie était certes beaucoup moins pénible pour Karla que ses quatre premières années de détention passées à la prison pour femmes de Kingston, un vieux bâtiment de style gothique où elle avait été enfermée vingt-trois heures sur vingt-quatre, sept jours par semaine, dans une minuscule cellule du troisième étage.

Quoique, en y pensant bien, peut-être pas. Les deux premières années, celles qui avaient précédé son témoignage au procès de son ex-mari, avaient vraiment été les moins difficiles de toute sa détention. D'accord, elle avait été isolée dans la tour de la prison mais, en général, elle avait été traitée comme une princesse. Les policiers et les procureurs la considéraient comme leur témoin vedette et ils passaient des journées entières, voire des semaines, à l'aider à se préparer en vue de sa comparution devant le tribunal. La prison mettait également à sa disposition un psychologue et un psychiatre et elle pouvait les consulter aussi souvent qu'elle le désirait.

Pendant ces deux premières années, il lui arrivait d'avoir trois ou quatre séances de thérapie par semaine. Mais, les choses ont vite changé après son témoignage. Bien que les officiers Bob Gillies et Gary Beaulieu soient venus la voir une dernière fois, comme ils l'avaient promis, elle ne revit plus jamais aucun policier ou procureur par la suite. Du point de vue de ces gens, Karla avait fait ce qu'on attendait d'elle. Ce qui allait lui arriver par la suite ne les concernait plus. Ils avaient obtenu ce qu'ils voulaient : son témoignage contre son mari et la condamnation de ce dernier sous tous les chefs d'accusation qui pesaient contre lui.

Au moins, à Kingston, la prison ne l'a pas abandonnée tout de suite. On semblait même redoubler d'effort pour qu'elle poursuive sa thérapie. Elle rencontra régulièrement le psychiatre interne, le docteur Roy Brown, jusqu'à ce que ce dernier quitte la prison en 1996 pour cause de maladie. Il était âgé et ne revint jamais. Ce fut ensuite le docteur Sharon Williams, une éminente psychiatre de Kingston, qui vint s'occuper d'elle. Celle-ci était très gentille avec Karla et elle l'aida beaucoup à surmonter le sentiment d'abandon et d'isolement qui avait suivi son témoignage au procès.

Le 4 mai 2002, Karla célébrait son trente-deuxième anniversaire de naissance à Sainte-Anne-des-Plaines. Les amies de l'école secondaire qu'elle invitait jadis à fêter autour de la piscine de ses parents ne donnaient plus de nouvelles depuis longtemps. Une à une, elles l'avaient aussi trahie. Celle qui avait été sa meilleure amie, Kathy Ford, est même allée jusqu'à vendre les lettres que lui avaient envoyées Karla à un journal populaire. Kathy prétendait que cela constituait une sorte de compensation pour le fait que son vidéo de mariage avait été gâché par la simple présence de Karla et Paul dans plusieurs scènes du film. Karla avait toujours été un peu jalouse du beau mariage de Kathy avec un *marine* nommé Alex. Un mariage parfait, du moins en apparence. Peu après son arrivée à Sainte-Anne-des-Plaines, Karla eut vent qu'ils étaient maintenant divorcés. Comme quoi les belles histoires ne finissent pas toujours bien. Karla trouva quelque réconfort à penser qu'elle n'était pas la seule à avoir tout gâché.

Depuis son arrivée à Sainte-Anne-des-Plaines, Karla se surprenait parfois à penser à des choses sans importance, comme ses lettres à Kathy Ford, qui ne signifiaient pourtant plus rien pour elle. Tant de choses avaient changé au cours de ses sept années passées en prison. Après le témoignage de sa fille à l'été 1995, et le retour de celle-ci à Kingston, la mère de Karla s'était mise à faire de sérieuses dépressions. C'était ainsi chaque année entre l'Action de grâce et Noël. Son état était si grave qu'elle devait être souvent hospitalisée, parfois durant des mois. Et maintenant il y avait son père qui était atteint de sclérose en plaques, lui qui avait toujours été un solide gaillard. En plus, voilà que les jours de son cher Buddy, son chien rottweiler, étaient comptés. Du côté des bonnes nouvelles, Lori, la seule sœur qui lui restait et avec qui elle était toujours liée, s'était enfin mariée et avait eu un bébé. Karla était littéralement tombée amoureuse de cet enfant. Sa sœur l'avait emmené à Joliette pour le lui montrer alors qu'il avait à peine deux mois. Il était magnifique. Karla aurait tellement voulu avoir un enfant que cette visite l'avait particulièrement troublée.

Après des années de tergiversations, le Service correctionnel avait finalement décidé de fermer pour de bon la prison délabrée de Kingston. Karla fut donc transférée à Joliette le 1er juin 1997. Joignant la communauté carcérale ordinaire, Karla eut l'occasion de se faire de nouvelles amies, comme Tracy Gonzalez, Christina Sherry et Linda Véronneau.

Trois ans et demi après son arrivée à Joliette, dans un coup de publicité de nature politique, Karla fut transférée sans cérémonie au Centre psychiatrique régional de Saskatoon où elle fut confinée à l'isolement en sécurité maximum. Avec le recul, Karla arrivait presque à se remémorer Saskatoon avec un peu d'humour. Pour une fois en six ans que sa mère avait réussi à sortir de sa foutue coquille, voilà qu'elle, sa fille, était enfermée dans une cellule six mille kilomètres plus loin ! Les deux en riaient entre elles au téléphone. Au début, chaque fois qu'elle tentait de joindre sa mère par téléphone, rien ne marchait ; elle devait alors recomposer le numéro deux ou trois fois, signe évident que la prison devait surveiller ses appels. Elle alla s'en plaindre au directeur. Ce dernier nia y être pour quoi que ce soit mais comme par hasard, à la suite de cette plainte, les appels se mirent à passer du premier coup.

Après plusieurs années passées dans le milieu ouvert de Joliette, en compagnie de quatre-vingt autres femmes, Karla n'avait plus que sa mère à qui parler, si l'on excepte, bien entendu, les deux infirmières, les deux psychiatres et la psychologue Cindy Presse. Et cela dura quatre longs mois.

Karla fut finalement ramenée au Québec en janvier 2001, mais elle ne fut pas immédiatement envoyée à Sainte-Anne-des-Plaines, car il n'y avait pas de place. Il fallait attendre qu'une cellule se libère. Elle fut temporairement placée à l'Institut Philippe-Pinel, un hôpital psychiatrique situé dans la partie nord de Montréal.

À Pinel, curieusement, on ne l'hébergea pas dans l'aile de sécurité mais dans une salle ouverte avec les patients ordinaires. Pendant son séjour de trois mois à Pinel, Karla aurait eu au moins une douzaine d'occasions de se lever et de partir. Elle est plutôt restée sagement sur place, à ne rien faire, Pinel n'ayant non plus aucune thérapie à lui offrir. Cela n'avait aucun sens.

De tous les établissements correctionnels que Karla a fréquentés, Joliette a été le préféré de Karla. Elle appréciait la discipline et l'ordre qui y régnaient. Les détenues étaient obligées de travailler et de participer à divers programmes et elles étaient responsables de l'entretien de leur résidence. Elles faisaient elles-mêmes leur cuisine et achetaient leur nourriture en mettant leur salaire en commun.

Chaque femme gagnait 6,90 $ par jour, une somme minuscule considérant qu'un sac de croustilles coûtait 3,50 $ au magasin ou à la cantine de la prison. À Joliette, le magasin était dirigé par les détenues et toujours bien approvisionné. Par contre, les denrées y coûtaient cher, parfois plus que dans les dépanneurs des environs. Avec un maigre salaire et des prix exorbitants, les femmes n'avaient pas d'autre choix que de coopérer. Chacune devait donc contribuer à la caisse commune de sa résidence car c'était le seul moyen d'acheter assez de nourriture pour toute la maisonnée. Certaines femmes ne savaient pas cuisiner, tandis que d'autres refusaient de le faire. Pratiquant une forme primitive de démocratie, les membres de chaque maisonnette devaient se répartir les tâches de façon à peu près équitable en désignant celles qui s'occuperaient de la cuisine, du lavage, de l'entretien ménager, etc. Ce n'était pas chose facile. Dès que tout semblait bien fonctionner, voilà qu'une détenue obtenait sa libération conditionnelle. Et il fallait la remplacer par une toute nouvelle, quelque peu désorientée et mécontente, et toute l'organisation se trouvait fragilisée.

En 1998, à l'occasion d'une fête d'anniversaire, toujours à Joliette, Karla, Christina et Tracy se parèrent de leurs plus beaux atours. Karla portait une petite robe fourreau noire et les trois s'étaient fortement maquillées. Ce n'était pas la grosse affaire, mais elles se firent un gâteau et s'amusèrent beaucoup.

Le comité de loisirs de la prison mettait un appareil photo à la disposition des détenues afin qu'elles puissent envoyer des photos à leur famille. Le 22 septembre 2000, une photo de Karla prise lors de cette fête parut en première page du quotidien *The Gazette*.

Une vague d'indignation populaire s'ensuivit. Les yeux maquillés de noir de Karla, ses lèvres fortement colorées, ses cheveux blonds bien coiffés, sa robe sans manches, tout ce que la photo montrait enflamma l'opinion publique. Que croyait-on ? Que les détenues portaient encore des habits en toile rayée et se promenaient avec des chaînes aux pieds ? En prison, toutes les femmes portaient leurs propres vêtements. Pour autant que Karla le sache, il en avait toujours été ainsi : « Ça me fait rire, écrivit-elle quelque temps après la tourmente, de voir à quel point le public ignore ce qui se passe vraiment en prison. »

D'un bout à l'autre du pays, les journaux reprirent les photos de la fête et les éditorialistes indignés ne se gênèrent pas pour exagérer l'histoire. Les lecteurs réagirent en envoyant quantité de lettres ouvertes. Les députés, le solliciteur général et le commissaire du Service correctionnel furent inondés de téléphones, de télécopies et de courriels. Les députés de l'extrême droite du parti allianciste en profitèrent pour hurler leur indignation.

Bien que les fêtes d'anniversaire et autres célébrations soient fréquentes en prison, les autorités de Joliette exprimèrent leurs regrets et leur sentiment d'impuissance. La manœuvre était un peu grosse puisque c'étaient eux qui avaient fourni l'appareil avec lequel les photos tant controversées avaient été prises.

Karla n'avait aucune idée de la personne qui l'avait trahie dans cette affaire. Ce ne pouvait être Tracy Gonzalez, car elle était toujours détenue à Joliette. Linda Véronneau n'aurait jamais fait une telle chose. Pas plus que Stivia Clermont. Quand à Christina Sherry, elle bénéficiait d'une libération conditionnelle et elle ne tenait pas plus que Karla à ce que ces photos soient publiées. D'ailleurs, Christina s'était péniblement déniché un emploi comme serveuse et elle le perdit à cause de ce scandale. Le journal prétendait avoir acheté les photos d'une ex-détenue pour la somme de 500 $. Ce pourrait être cette chienne de Mary Smith, car c'était tout à fait son genre. Comme Karla, Mary avait écopé de dix ans pour homicide involontaire. Elle était terriblement autoritaire et agressive envers les autres détenues. Les filles avaient été ravies de la voir partir lorsqu'elle obtint sa libération conditionnelle.

Toutefois, un doute persistait encore aujourd'hui dans la tête de Karla. Même une idiote comme Mary Smith savait qu'elle pouvait facilement vendre les photos pour des milliers de dollars à un des quotidiens de Toronto, tout comme un oncle l'avait fait avec les photos de mariage de Karla quelques années auparavant. Compte tenu du moment choisi, et du mal que cela lui faisait, Karla ne pouvait écarter la possibilité que la prison ait pu être derrière la fuite. Les photos représentaient Karla comme une dévergondée aux allures de vamp menant la grande vie dans le « Club Fed » ou le « Pen de poules », ainsi que les médias avaient baptisé Joliette.

La presse laissait entendre que Joliette n'était qu'un lieu de plaisir où des femmes ayant commis des crimes sexuels se payaient du bon temps dans de belles maisons dotées de télés couleur. La colère du public face aux photos de la fête rejaillit sur l'aile et provoqua l'ostracisme du personnel de la prison et des autres détenues envers elle. Cette affaire servit de prétexte aux autorités pour faire ce qu'ils avaient prévu faire de toute façon.

La fin de semaine de l'Action de grâce qui suivit l'événement, une visite de la famille de Karla fut annulée, même si le rendez-vous avait été prévu depuis longtemps. Ils ne s'étaient pas vus depuis un an et tous avaient très hâte de se revoir.

Seize jours seulement après la parution des photos dans *The Gazette*, à 23 h le vendredi précédant la longue fin de semaine de l'Action de grâce, Karla fut embarquée comme seule passagère d'un Pilatus 7 équipé de sept sièges. L'avion filait dans la nuit noire des Prairies. Karla était enchaînée à son siège par les pieds, flanquée de deux gardiens armés et silencieux, un sandwich aux œufs tout humide posé sur ses genoux.

* * *

Tout en songeant à ces événements, Karla plaçait ses affiches de Disney et des Calinours et rassemblait les quelques douzaines de photos de son cher neveu. Elle avait décidé d'aménager sa nouvelle cellule à Sainte-Anne-des-Plaines. Inspectant les lieux, elle en conclut que sa cellule avait à peu près les mêmes dimensions que la chambre qu'elle avait jadis occupée dans le sous-sol de la maison de ses parents. Le lit en métal avec son matelas qui s'enroule et le siège du cabinet en acier inoxydable créaient une atmosphère un peu différente, mais il y avait un bureau et une chaise, ainsi qu'un canapé encastré. La lourde porte en acier était caractéristique des cellules à sécurité maximum. Il y avait aussi une fenêtre avec des barreaux. Comme à la maison, la fenêtre était située au niveau du sol et s'ouvrait très grand, ce qui permettait à la brise de cette belle journée de printemps de pénétrer.

Au fond d'une de ses caisses, Karla trouva la carte professionnelle du docteur Hans Arndt. Tout en glissant ses doigts sur les mots imprimés en relief, elle se remémora avec plaisir l'homme et ses thérapies par le sommeil. À plusieurs reprises, entre leur première rencontre, le 4 mars 1993, et le début de son procès, le 2 juillet suivant, le docteur Arndt était venu l'examiner à l'hôpital général Northwestern, au nord de Toronto. Il lui administrait un cocktail de médicaments qui l'assommait complètement pendant au moins trois jours. C'était merveilleux. Une fois, Il l'avait gardée à l'hôpital pendant huit semaines, lui prescrivant de fortes doses de médicaments et lui donnant une thérapie quotidienne. Le docteur Arndt était le premier psychiatre qu'elle rencontrait. Il l'avait grandement aidée et elle avait beaucoup apprécié cet homme très doux.

D'origine allemande, grand et mince, il aurait mieux personnifié Freud que Montgomery Cliff dans le film biographique de John Huston, en 1962. Toujours vêtu d'une veste de tweed, il portait des lunettes à monture métallique qui avaient tendance à lui glisser sur le nez. Son crâne dégarni luisait de façon charmante. Le docteur Arndt était du bord de Karla. Elle n'avait aujourd'hui plus personne de son bord.

Durant ses premières années d'incarcération, Karla avait entretenu une correspondance assidue avec le docteur Arndt. Elle lui disait tout. Elle lui parlait de sa vie en prison, des autres détenues, des cours universitaires qu'elle suivait par correspondance, des visites régulières des policiers et des procureurs, de sa confiance en soi qui s'améliorait, etc. Elle lui demandait son opinion ou des conseils sur son état psychique et sur les médicaments que lui prescrivait le psychiatre de la prison.

Le docteur Arndt lui répondait avec enthousiasme et compréhension. Dans une des fameuses lettres envoyées par Kathy Ford aux journaux, Karla disait qu'elle détestait son psychiatre. Le docteur Arndt lui écrivit aussitôt pour lui demander si c'était à lui qu'elle faisait ainsi allusion. Cela fit bien rire Karla et elle lui fit immédiatement parvenir sa réponse. Bien sûr, il ne s'agissait pas de lui. Elle parlait du psychiatre de la prison, le docteur Roy Brown.

Mais aujourd'hui, à Sainte-Anne-des-Plaines, loin des jours heureux, avant son procès, où elle était suivie par le docteur Arndt, Karla éprouvait un curieux sentiment de vide en contemplant la carte professionnelle de son docteur. Il y avait longtemps qu'ils avaient cessé de s'écrire. Le docteur Arndt, ni personne d'autre d'ailleurs, ne pouvait plus rien pour elle maintenant. Les psychiatres et les psychologues qu'elle rencontrait étaient plus des agents de sa détention que de sa réhabilitation. Elle jeta la carte.

Quelques jours après ce geste, on lui remet son courrier. Il y avait les lettres habituelles des gens fêlés qui lui offraient de l'argent en échange d'un de ses slips. Il y avait aussi une lettre de sa sœur où elle causait de son enfant et du bonheur de la vie de couple. Karla tomba soudain sur une lettre venant d'une personne qu'elle méprisait vraiment et dont elle avait espéré ne plus jamais entendre parler.

Même si l'enveloppe avait déjà été ouverte par la prison[1], Karla décida de ne pas la lire et la lança au loin. Ce faisant, un feuille tomba sur le plancher. Il s'agissait d'une photocopie de la rubrique nécrologique consacrée au docteur Arndt, provenant de l'édition du 9 avril 2001 du *Globe an Mail*. Un mot y était écrit d'une main élégante : « J'ai pensé que vous aimeriez être mise au courant. »

La rubrique disait que le docteur Arndt, qui n'était âgé que de soixante ans, était mort dans sa maison après une longue maladie et qu'il avait passé ses derniers moments entouré de sa famille. On le décrivait comme étant un père et un grand-père dévoué.

Dans une lettre datée du 27 avril 2001, Karla écrivit : « Peut-être que, à un certain niveau, je savais qu'il était mort. *Ce genre de chose m'arrive souvent.* » Les coïncidences ont toujours eu une signification particulière aux yeux de Karla. Dès son adolescence, elle y voyait quelque présage ou quelque signe du destin. Tel ce chat tigré qui avait réussi à se trouver un chemin à travers les bois et la clôture barbelée à Joliette. Imaginez un chat qui apparaît, comme ça, sur le seuil de *sa* porte, alors qu'il y a dix maisons à côté, et ce, juste au moment où elle apprend que son chien Buddy, qui vivait encore dans la maison de ses parents à St. Catharines, était sur le point de mourir.

Après cet incident, plusieurs autres chats pénétrèrent dans la cour de la prison. Les autorités cédèrent à la demande de Karla et les détenues eurent par la suite la permission de garder ces animaux errants. L'arrivée de ce chat fut pour elle un réconfort parmi tant de mauvaises nouvelles. Karla aimait tellement son chien qu'elle avait l'habitude de laisser une paire de ses chaussettes sales à son intention lorsque sa famille repartait pour St. Catharines après une visite. Ainsi, le chien pourrait garder l'odeur de sa maîtresse et se souvenir d'elle lorsqu'ils seraient de nouveau réunis. Mais, à cause de sa détention, elle savait qu'elle ne pourrait jamais plus le revoir vivant. Cela l'attristait et la bouleversait.

Karla venait tout juste de proposer aux autorités un projet visant à permettre aux détenues de garder des chiens à Joliette en guise de thérapie, quand on décida de la mettre précipitamment dans ce foutu avion.

Toutes ces coïncidences n'étaient pas grand-chose : son chien qui tombe malade tandis qu'elle trouve un chat errant, la rubrique nécrologique d'un être cher qui arrive précisément au moment où elle vient de jeter sa carte professionnelle... Mais, bien plus significatif aux yeux de Karla, était le fait qu'elle tenait la carte du docteur Arndt en main et pensait à lui au moment où il venait tout juste de rendre son dernier souffle.

Magnolia, un film à grand succès de 1999, traitait justement des effets dramatiques que peuvent avoir les coïncidences sur la vie de six personnages différents. Le film commence par une série de scènes racontées à mi-voix par Ricky Jay, le prestidigitateur de réputation internationale.

Tandis que défilent une après l'autre sur l'écran de courtes histoires montrant les désastres causés par les pires coïncidences, Jay répète inlassablement aux spectateurs qu'« il essaie de croire qu'il ne s'agit que de pures coïncidences ».

La dernière scène du prologue raconte l'histoire vraie de Sidney Barringer, un adolescent de dix-sept ans de Los Angeles, dont le suicide raté se termine malgré tout par sa mort.

Sidney était un garçon malheureux. Ses parents, Faye et Walter, se disputaient sans cesse et, au point culminant de leurs querelles, Faye s'emparait immanquablement d'un fusil de chasse rangé dans le placard et menaçait de tirer sur Walter. L'arme n'était pas chargée.

Sidney vivait avec ses parents au sixième étage d'un édifice en comportant neuf. Sidney décida un jour d'attenter à sa vie en sautant du toit. Il rédigea une note de suicide et la mit dans une de ses poches. Juste avant de monter sur le toit, Sidney prit le fusil de chasse dans le placard, le chargea puis le remit à sa place

Un jeune ami de Sidney rapporta à la police que Sidney lui aurait dit : « Tout ce qu'ils veulent faire c'est s'entretuer, alors je vais les aider à le faire… »

Sidney sauta du toit le 23 mars 1958. Alors qu'il sautait, ses parents se disputaient de plus en plus fort trois étages plus bas. Sa mère s'empara du fusil et mit Walter en joue. Au moment précis où Sidney passait devant la fenêtre du sixième étage, le coup partit, manquant Walter mais atteignant Sidney.

Un filet de sûreté posé trois jours plus tôt, par des laveurs de vitre aurait sans doute freiné la chute de Sidney et lui aurait certainement sauvé la vie, « à l'exception », note cyniquement Ricky Jay dans le film, du trou qu'il avait dans le ventre. Faye Barringer fut par la suite accusée du meurtre de son fils et le pauvre Sidney déclaré complice de son propre meurtre !

Et Jay d'ajouter : « À mon humble avis, il ne s'agit pas d'un événement qui arrive comme ça, tout simplement ; je dirais que ça ne peut pas être que ça, si je peux me permettre, je dirais qu'un tel drame n'est pas qu'une question de hasard. Des événements semblables arrivent tous les jours. »

Dans l'univers de Karla, « des choses étranges se produisent tout le temps ». Selon elle, certains événements, comme l'arrivée de la rubrique nécrologique du docteur Arndt au moment où elle se débarrassait de sa carte professionnelle, ne sont pas que des coïncidences. Ils *doivent* avoir une signification.

Et la façon dont cette rubrique nécrologique lui était parvenue donnait à l'événement encore plus de sens. Elle décida donc de lire la longue lettre de huit pages, dactylographiée à simple interligne, qui accompagnait la photocopie de la rubrique.

NOTE

1. Le Service correctionnel canadien peut, par mesure de sécurité, au cas où elle contiendrait des substances interdites, ouvrir toute lettre envoyée à un détenu. Mais le service correctionnel n'a aucun droit de regard ou de censure sur le contenu de la lettre.

2

Le docteur Arndt

C'est par pure coïncidence que j'ai fait la rencontre du docteur Arndt. C'était en septembre 1993, quelques mois après le procès de Karla. Je dînais avec mon comptable un dimanche soir, dans un petit café appelé *Episode* situé dans le quartier Cabbagetown près du centre-ville de Toronto. Un individu plutôt malingre et bien vêtu s'est approché de notre table pour y prendre place. Je ne l'avais jamais vu auparavant, mais mon comptable semblait le connaître. Il s'appelait Doug Elliot. C'était un avocat spécialisé dans les droits des homosexuels et les causes civiles. À cette époque, il était impliqué dans un recours collectif de cent millions de dollars relativement au scandale du sang contaminé de la Croix-Rouge.

L'arrivée de M. Elliot créait une heureuse diversion. Il était volubile et spirituel. Se tournant vers moi, il me dit que mon visage lui était familier. Il faut dire que ma photo avait fait récemment la page couverture d'un magazine en raison de mon projet de livre sur le couple Bernardo-Homolka.

– C'est sans doute à cause de ça, ai-je avancé.

– Je connais très bien son psychiatre, dit-il. Je siège dans un conseil consultatif avec Hans. Nous évaluons les demandes de libération faites par les détenues de Penetanguishine. Hans est quelqu'un que j'estime beaucoup.

– Nous parlons bien du psychiatre de Karla ? demandai-je sans y croire.

– Parfaitement. Karla était à l'hôpital général Northwestern, n'est-ce pas ?

Je le savais, puisque j'avais assisté à son procès plutôt expéditif un mois et demi plus tôt.

– Justement, c'est Hans qui l'a fait admettre à l'hôpital. Et c'est Hans aussi qui l'a soignée pendant quatre mois. Il avait été recruté par l'avocat de Karla.

J'avais fini par me convaincre qu'il parlait bien du docteur Hans Arndt. C'était le psychiatre auquel George Walker, l'avocat de Karla, avait fait allusion pendant son plaidoyer lors du procès qui n'avait duré qu'une seule journée.

Walker avait aussi déposé devant la cour deux autres rapports d'experts où l'on concluait que Karla était une femme battue souffrant d'un « trouble du stress post-traumatique ». Je me souviens m'être dit à ce moment-là que j'aurais sacrifié un bras pour pouvoir jeter un coup d'œil à ces rapports.

Lors du procès de Karla, le juge avait décrété une ordonnance de non-publication sur les détails des crimes reprochés à Karla et sur presque tout ce qui s'était dit en cour ce jour-là. Les rapports d'experts ne furent pas retenus comme éléments de preuve, tel qu'il avait été convenu entre le procureur Murray Segal et George Walker. Ils purent être déposés comme documents d'archives et versés au dossier de Karla. Aucun témoin ne fut cité et aucune preuve ne fut présentée. Les médias n'eurent accès à absolument rien. Le juge doutait que le grand public et les journalistes américains respecteraient son ordonnance ; il leur refusa donc l'accès au tribunal. Il permit cependant aux journalistes canadiens de rester, mais il leur imposa un bâillon pernicieux. Pendant la lecture des accusations pesant contre Karla, quelque quatre-vingt-dix journalistes restèrent cois, médusés et incrédules. Les détails des actes incriminant Karla étaient si horribles que plusieurs se mirent à pleurer. L'ordonnance de non-publication et l'expulsion des journalistes américains donnèrent au procès de Karla une dimension internationale. Toute information sur les détails des crimes de Karla valait son pesant d'or auprès des médias, toutes sortes de rumeurs couraient dans les cafés, les réunions et sur Internet.

– Vous ne connaissez pas vraiment le docteur Arndt, n'est-ce pas ? Voulez-vous que je vous le présente ? demanda Doug Elliott spontanément.

Je croyais que M. Elliot avait pris un verre de Claret de trop.

Dans la semaine qui suivit, nous convînmes d'un repas au *Bistro 990* avec Hans. C'était un restaurant accueillant, qu'un film avait rendu populaire. On y servait de l'agneau provenant de la ferme de mon épouse. Doug Elliot avait raison. Le docteur Arndt était un homme intelligent et chaleureux qui avait de très bonnes manières à table.

Après avoir discuté de bien des choses, de Bora Bora en passant par et les capteurs de rêves ojibwés, j'abordai le sujet de Karla. En guise de réponse, le docteur Arndt me demanda si je savais dans quelles circonstances George Walker était devenu l'avocat de Karla.

Avec le recul, je réalise que la question constituait un test pour savoir si je connaissais vraiment les personnes que je prétendais connaître – à commencer par George Walker, l'avocat de Karla. Walker ne parlait jamais aux journalistes et il n'aurait jamais discuté avec moi comme il l'a fait s'il n'avait pas eu confiance en moi. Je racontai donc à Hans ce que seul un petit nombre de personnes savait à l'époque. George et Laurie, sa seconde épouse, avaient trois chiens, deux dalmatiens et un bâtard. Il y avait ces années-là sûrement quelques centaines de cliniques vétérinaires dans la péninsule du Niagara, mais il avait fallu que les Walker choisissent la clinique vétérinaire Martindale, juste au moment où Karla commençait à y travailler. En fait, un des dalmatiens, dont le nom m'échappe, était sourd. Il avait été offert en cadeau aux Walker par l'un des vétérinaires de la clinique, le docteur Patti Weir, et Karla avait contribué à l'adaptation du chiot à son nouveau milieu. Mais ce furent surtout les soins affables que Karla avait prodigués à Spenser, le dalmatien favori des Walker, qui incitèrent l'avocat à accepter de la prendre comme cliente. Celle-ci avait accompagné la pauvre bête durant une longue et onéreuse lutte contre un cancer qui s'avéra fatal.

À la première heure, le matin du 10 février 1993, Karla appela Laurie Walker à la maison pour demander s'il lui était possible de voir George pour une « affaire privée ». George Walker ne pratiquait pas le droit civil. Il se spécialisait dans les affaires criminelles les plus importantes. Il pratiquait depuis assez longtemps et il connaissait suffisamment de succès pour se permettre de choisir ses clients. Par égard pour les bonnes relations qu'ils avaient entretenues avec Karla à la clinique vétérinaire, Laurie accepta de lui fixer provisoirement un rendez-vous avec George pour le lendemain à 3 h.

Le docteur Arndt écoutait tout cela avec plaisir : « Tout à fait. Tout à fait, dit-il, les chiens. Elle adore les chiens. Moi aussi, de même que George. Les chiens constituent un lien commun entre nous ! »

Les lunettes penchées sur le nez, il leva les yeux au-dessus de son assiette de poulet grillé et poursuivit de façon énigmatique, son lyrique accent allemand lui donnant un air résolument freudien : « Vous savez, c'est exactement ce que je disais à George ; je ne saurais dire si elle est folle ou mauvaise. Évidemment, cela n'a aucune d'importance. Je ne suis ni Dieu ni son juge. Je n'ai été que son médecin. »

Je ne le savais pas alors, mais le docteur Arndt prit ce soir-là certaines décisions. Je pensais qu'il s'ouvrait un peu à moi parce qu'il me considérait comme quelqu'un de crédible. Ou, peut-être réalisa-t-il que tous les convives partageaient la même fascination mêlée de répulsion envers ce « petit brin de fille », comme George Walker se plaisait à appeler sa petite cliente. Mais il y avait bien plus que cela dans son attitude. « Vous savez, à l'hôpital, nous confia-t-il, elle restait assise en petit déshabillé, serrant fort son ourson en peluche contre elle. Je ne sais pas ce que c'était car, en général, je suis plutôt du genre à serrer les gens dans mes bras, mais je me disais que je ne pourrais le faire avec Karla.» Captivés, nul ne soufflait mot. Il continua :

«Et que dire de sa consommation de médicaments! Je n'en reviens toujours pas. C'était phénoménal. Je crois aux vertus de la thérapie par les médicaments, mais Karla dépassait largement la dose de mes prescriptions. Chaque jour, elle restait parfaitement lucide, même si elle avait pris une quantité de médicaments suffisante pour assommer un cheval.»

Le jour suivant notre repas, à sa demande, j'allai retrouver le docteur Arndt au palais de justice de Toronto où il devait se prononcer en tant que témoin expert sur l'état psychologique d'un individu accusé d'avoir poignardé sans motif un chauffeur de taxi. Je pris place, seul dans la vaste tribune de la cour, et j'écoutai, plutôt perplexe. Je ne voyais aucun lien entre l'accusé sur lequel il témoignait et Karla Homolka.

Son devoir accompli, il insista pour me raccompagner en voiture jusqu'au Sutton Place Hotel, coin Bay et Wellesley, où se situait mon appartement. Alors que je descendais de la voiture, il me rappela de ne pas oublier mes bagages et ouvrit le hayon du véhicule. Comme je me penchai vers le coffre, je vis deux grands attachés-cases bruns quelque peu usés.

– Ils ne sont pas à moi, dis-je.

– Oui, cela vous appartient, répondit-il avec un clin d'œil. Emportez-les.

J'obéis, ne comprenant pas très bien le sens de son geste. Ce n'est que lorsque que j'ouvris les valises sur la table de ma salle à manger que j'en saisis toute l'importance. Il y avait là tous les dossiers scolaires et médicaux de Karla, y compris les plus récentes fiches d'hôpital remplies par les infirmières, avec leurs notes et observations. Il y avait aussi tous les documents concernant son séjour de huit semaines à l'hôpital général Northwestern, en mars et avril 1993, dont les prescriptions des médecins et les fiches relatives à sa consommation de médicaments. Les trois rapports d'experts que j'avais tant espéré lire s'y trouvaient également. Il y avait même les bouts de papier sur lesquels le docteur Arndt prenait des notes durant les séances de thérapie de même que le journal intime de Karla où elle consignait à la main les mauvais traitements que lui infligeait son mari. Mais le document le plus troublant et le plus bizarre était la lettre qu'elle avait écrite à ses parents pour s'excuser d'avoir tué sa sœur.

Chers maman, papa et Lori,
C'est la lettre la plus pénible que j'aie jamais eu à écrire et
vous me haïrez probablement tous après l'avoir lue. Mais j'ai
gardé tout ça en moi si longtemps et je ne peux plus continuer à
vous mentir. Paul et moi sommes tous deux responsables de la mort
de Tammy...

La lettre continuait ainsi sur deux longues pages, dans une prose parfaitement cohérente et claire, même si son auteur prenait alors, entre autres médicaments, quelque 150 mg de Valium, par jour. La lettre se terminait ainsi :

Je ne m'attends pas à ce que vous me pardonniez un jour et je
sais que je n'arriverai jamais à me le pardonner. Je vous aime
tous, Karla. xxxx.

Les psychiatres ne transmettent jamais les dossiers de leurs patients, et voilà que le docteur Arndt m'offrait ceux de Karla, me tendant les clés du royaume de la jeune femme. J'avais maintenant en main tous les éléments me permettant de raconter la véritable histoire de Karla Homolka et, n'eût été ce geste insigne, personne n'en aurait jamais rien su.

3

Un passé sans histoire

Le docteur Arndt n'avait pas vraiment besoin de connaître le père de Karla. Mais, étant donné les circonstances plutôt inusitées de l'affaire et le caractère odieux des crimes commis par Karla, la curiosité l'emporta et il décida d'interviewer le père, la mère et la sœur, et de les inclure dans sa démarche.

Quand il lui arrivait de parler, Karel Homolka s'exprimait avec des haussements d'épaules et de courts grognements. Même après une quarantaine d'années passées au Canada, il avait conservé un fort accent tchèque, ce qui rendait ses grognements encore plus incompréhensibles. Il était né en Tchécoslovaquie le 24 janvier 1943, dans la ville industrielle de Stokov, au plus fort de la Seconde Guerre mondiale. Il était arrivé au Canada en 1950, à l'âge de sept ans, en compagnie de sa mère, de son père et de ses dix frères et sœurs.

On le mit aussitôt au travail à Woodstock, en Ontario, sur la ferme de celui qui avait parrainé leur entrée au Canada. On y cultivait le tabac. Il n'était pas inhabituel à cette époque que des fermiers parrainent des familles entières d'immigrants, qu'ils faisaient travailler dans des conditions de quasi-esclavage, du moins pendant la période du contrat d'apprentissage qui les liait au ministère de l'Immigration.

Bon nombre de fermes des régions de Woodstock et de la rive nord du lac Érié, à l'ouest de Windsor, cultivaient alors le tabac et en produisaient des dizaines de milliers de tonnes par année. La récolte se faisait manuellement comme on le fait encore parfois aujourd'hui. C'était un travail dur et accablant. En comparaison, les vergers et les luxuriants jardins maraîchers de la péninsule du Niagara étaient de véritables paradis. Il n'y manquait jamais de travail pour les cueilleurs itinérants. Vaclav, le père de Karel, décida donc de retirer sa famille des champs de tabac. C'est ainsi qu'au milieu des années cinquante, le jeune Karel, alors âgé de quatorze ans, connut sa première expérience de cueilleur de fruits dans la région de St. Catharines. Pour ce fils de cueilleur itinérant, cette petite ville prospère, sise au confluent des rivières Dick et Twelve Mile, paraissait une oasis au sein du paradis.

Vers la fin des années 1950, le grand-père de Karla décida de devenir vendeur à son propre compte et se mit à traîner sa grande famille à travers les grands espaces vides des prairies canadiennes, colportant ses babioles à gauche et à droite. En 1957, Vaclav Homolka mourut soudainement. Ayant vécu en nomade depuis son arrivée au Canada en bateau, le père de Karla n'avait réussi à terminer qu'une cinquième année à l'école. Vu la situation financière difficile de sa famille après la mort de son père, Karel ne put même pas achever sa sixième année.

Le jugement un peu rapide que portait le docteur Arndt envers le père de Karla tenait davantage de ses préjugés personnels que d'une évaluation professionnelle. Lui-même un immigrant, le docteur Arndt était arrivé au pays dans la même décennie que les Homolka, et il était devenu un psychiatre aisé et respecté. Son anglais était irréprochable. On serait même tenté de croire que le brave docteur cherchait à conserver un léger accent autrichien, parfaitement conscient que cela ajoutait à son charme.

Au moment où le docteur Arndt le rencontra, Karel Homolka était devenu tout comme son père: un colporteur têtu, irritable et rébarbatif. Sur le plan psychiatrique, le docteur Arndt ne put rien tirer de Karel Homolka, que ce soit dans son passé ou dans sa relation avec sa fille. Il ne trouva chez lui aucun indice pouvant l'aider à comprendre le psychisme de Karla. Il n'aimait tout simplement pas cet homme.

Par contre, il n'avait que des bons sentiments à l'égard de la mère de Karla. Pour le docteur Arndt, Dorothy Homolka était l'image même de la « mère nourricière ». Il la voyait comme une paysanne solide, séduisante et déterminée. Elle était exactement le genre de personne pouvant susciter de l'empathie chez un psychiatre autrichien. Cette image était d'ailleurs assez près de la réalité: les Homolka étaient presque les derniers paysans urbains.

Dorothy et Karel s'étaient rencontrés au début des années 1960, dans un lotissement de « maison mobiles » à Mississauga qui, à l'époque, n'était qu'une enclave rurale en périphérie ouest de Toronto. Après le décès prématuré de Vaclav, la famille de Karla était retournée en Ontario et s'était installée à cet endroit; c'était tout ce qu'elle pouvait se permettre. Karel y fit la connaissance de Dorothy Seger qui habitait dans les environs avec ses parents.

Avec son grand visage épanoui, sa peau douce et ses formes bien remplies, Dorothy était une fille très séduisante. Elle avait terminé sa douzième année et s'était trouvé un emploi de secrétaire à l'hôpital psychiatrique Lakeshore situé dans les environs. Pour des raisons indépendantes de sa volonté, Dorothy avait jusque-là, comme Cendrillon, mené une vie bien en deçà de ses espérances. La mère de Dorothy n'était ni une femme méchante ni une marâtre, mais elle avait une santé fragile. Aussi loin que Dorothy pouvait se souvenir, elle avait dû exercer à la fois les rôles de fille, de mère et de femme de maison. Elle confia au docteur Arndt que son enfance n'avait pas été un conte de fées, mais une sorte de comédie dramatique comme on en voit à la télé.

Son père, Donald Seger, était le véritable sosie de Archie Bunker, le personnage fort en gueule et misogyne joué par l'acteur Carroll O'Connor dans *All in the Family*, la série télé à succès des années 1970. Travailleur de la construction, il partait la plupart du temps à l'aube pour revenir à la brunante. Donald Seger, comme Archie Banker, traitait affectueusement sa femme de « cruche ». Bien que Dorothy ait décrit sa jeunesse comme ayant été heureuse, le docteur Arndt estimait que le rôle qu'on lui avait fait assumer à la maison devait bien lui avoir causé quelques ennuis [1].

Dorothy avait pratiquement élevé toute seule son frère et sa sœur cadette. Avant et après l'école, elle devait se taper tout le ménage. Elle connut à peine son deuxième frère, Calvin. Il était né « par erreur » quelques mois avant que Dorothy ne quitte la maison. S'occuper de Calvin en plus de tout le reste, ç'en était trop. Elle se dit que, tant qu'à entretenir une maison et à élever des enfants, aussi bien qu'elle le fasse pour elle-même.

Le 22 novembre 1963, John Kennedy était assassiné à Dallas. Le jour de Noël 1964, Myra Hinkley et Ian Brady, surnommés les « Tueurs de la lande », enlevaient une fillette de dix ans nommée Lesly Ann Dowley dans un marché public du quartier de Ancoats à Manchester, en Angleterre. En 1965, le leader noir Malcolm X était assassiné, et l'astronaute américain Ed White effectuait une sortie de vingt et une minutes dans l'espace. C'est dans ce contexte mouvementé que, le 11 décembre 1965, Dorothy Seger et Karel Homolka se marièrent à Cooksville, un petit village tranquille situé à une heure de route au nord de Toronto. Dorothy Christine Seger, née le 26 septembre 1946, avait dix-neuf ans lorsqu'elle devint Mme Dorothy Homolka.

Les nouveaux mariés emménagèrent dans un appartement à Port Credit, une petite banlieue de l'ouest de Toronto, à proximité du lac Ontario et de l'hôpital où travaillait Dorothy. Karel, comme ses frères, faisait alors tout ce qu'il pouvait pour gagner sa vie, mais ce n'était pas assez. Les nouveaux mariés pouvaient désormais compter sur le salaire de Dorothy.

Karla Leanne Homolka naquit par césarienne le 4 mai 1970 à l'hôpital général de Mississauga[2]. On était alors à l'aube d'un Nouvel Âge.

Des critiques désignèrent le concert donné par les Rolling Stones à la piste de courses Altamont, près de San Francisco, comme étant la fin de l'âge du Verseau. Selon eux, le mouvement *Peace and Love* se serait éteint en cette soirée du 6 décembre 1969 où Mick Jagger entonna son hymne lugubre *Sympathy for the Devil*, tandis que les Hell's Angels poignardaient un homme à mort au bas de la scène. Les enfants du *Flower Power* se voyaient tout à coup remplacés par les acolytes de la Bête.

* * *

Par un samedi matin ensoleillé du mois d'août 1969, Mme Winifred Chapman sortit en courant de la maison où elle travaillait comme domestique. La maison était perchée au bout du Cielo Drive, dans le quartier Benedict Canyon, au nord de Beverly Hills à Los Angeles. Elle traversa l'immense parc et le stationnement, franchit la grille d'entrée et se mit à crier au secours en pleine rue : « Il y a des cadavres et du sang partout ! »

Toutes les victimes avaient été poignardées ou tuées à bout portant. Steven Parent gisait dans sa Rambler blanche et Wojciech Frykowski était étendu devant la maison. Vingt mètres plus bas, Abigail Folger était couchée sous un sapin, pelotonnée dans sa chemise de nuit ensanglantée. À l'intérieur de la maison, Jay Sebring et Sharon Tate reposaient à côté du divan du salon ; une corde de nylon suspendue à une poutre passait autour de leur cou. Sebring avait un oreiller sur la tête.

Le procureur du comté de Los Angeles examina minutieusement la pile de photos polaroïds couleur prises par les photographes du bureau du coroner et du service de police de Los Angeles. Il tentait de les interpréter comme s'il s'agissait de cartes de tarot.

Certaines de ces photos étaient floues, ce qui les rendait encore plus terrifiantes, telles les séries de papes peintes par Bacon ou les vieilles photos sépia des victimes de Jack l'Éventreur à la fin du XIXe siècle. Tous les détails pertinents y étaient de façon très crue : les blessures, les corps nus, le sang, les photos de chacune des pièces de la maison avec les trous de balle, et le message énigmatique écrit en lettres de sang sur les murs : ASCENSION, SAUVE-QUI-PEUT et COCHONS.

Malgré tous les efforts du procureur, les photos restaient aussi impénétrables que le temps futur. Même si ce genre de meurtres gratuits et insensés avait une véritable industrie de spécialistes et d'interprètes depuis la Seconde Guerre mondiale, il demeurait impossible d'interpréter un tel jeu de photos aussi semblables. Bon Dieu, qu'est-ce qui avait bien pu pousser un groupe de jeunes filles à poignarder aussi brutalement une douzaine d'inconnus, y compris la femme enceinte d'un réalisateur bien connu d'Hollywood? Charles Manson n'avait même pas été sur place. Il n'avait été que l'investigateur du massacre.

« Le printemps est la plus cruelle des saisons... » En ce mois de mai 1970, Charlie, assis dans une cellule de la prison du comté de Los Angeles, fredonnait une chanson des Beatles : « Partout il y a des tas de cochons. Vivant leur vie de cochons. On peut les voir sortir pour dîner. Avec leurs épouses de cochons. »

Entre-temps, des milliers de lettres lui parvenaient de tous les coins du pays. Une femme d'âge mur de Bel Air voulait devenir sa « maman ». Des adolescentes du New Hampshire, du Minnesota, de Los Angeles, de Toronto et de St. Catharines inondaient la prison de lettres d'amour comme celle-ci : « Dès que j'ai vu votre photo dans le journal, j'ai su que vous n'y étiez pour rien, Avec tout mon amour... »

* * *

En ce qui concernait Dorothy, alors âgée de vingt-deux ans, la naissance de son premier enfant représentait à la fois la fin et le commencement d'un monde. À ses yeux, Karla Leanne Homolka était une petite princesse qui ressemblait à un ange et se comportait comme tel dans un monde où il faisait bon vivre. À l'été 1970, alors que Charles Manson et les douze jeunes filles de sa « famille » subissaient leur procès à Los Angeles, les choses s'étaient considérablement améliorées dans la vie de Karel Homolka. Suivant les traces de leur père, Karel et ses frères s'étaient lancés dans un lucratif commerce de bibelots et de babioles – cadres d'Elvis ou de mulâtres sur fond de velours noir et autres choses du genre – qu'ils vendaient dans les marchés publics. En même temps que les banlieues se développaient la fausse culture et le mauvais goût, créant une forte demande pour ce genre d'objets. Les affaires allaient si bien que Dorothy put se consacrer à plein temps à son rôle de mère et d'épouse. Elle ne retournerait travailler que douze ans plus tard.

La première sœur de Karla, Lori Priscilla, ainsi nommée en l'honneur de Priscilla Presley, naquit le 22 juin 1971. Quelques mois après la démission forcée de Richard Nixon de la présidence des États-Unis, le troisième et dernier enfant des Homolka, Tammy Lyn, venait au monde le jour de l'An 1975. En mars, les Homolka déménagèrent à St. Catharines où ils louèrent une maison mobile dans un lotissement, au 241 rue St. Paul Ouest.

La Mecque du commerce des babioles, Niagara Falls, n'était qu'à dix minutes de là, et les marchés publics et les centres commerciaux abondaient à St. Catharines. Pour Karel Homolka, St. Catharines était aussi le jardin d'Eden dont il avait été banni étant enfant. Pour autant que lui et sa jeune famille étaient concernés, rien ne les ferait jamais plus quitter cet endroit.

Puis, sans crier gare, Karel Homolka se mit à faire comme son père. À peine était-il retourné au paradis qu'un dérèglement inexplicable de ses neurones le poussa à partir... Il abandonna les babioles, qui étaient pourtant très rentables pour lui et ses frères, et se fit vendeur itinérant d'appareils d'éclairage ; il devait maintenant se rendre dans des centaines de magasins d'ameublement de tous les coins de la province. Durant les vingt années qui suivront, tel Willy Loman [3], Karel Homolka passera beaucoup plus de temps sur la route qu'à la maison.

En septembre 1975, la petite Karla fut inscrite à la maternelle de l'école publique de Westdale. Son institutrice, Mme Joanne Berry, l'a décrite comme étant « une petite fille bien sage qui se plaît dans tous les aspects du programme de la maternelle. Elle participe pleinement, se comporte très bien et n'éprouve de difficulté dans aucun domaine [4] ». L'année suivante, Karla commença sa première année dans la même école. Après la première étape, son bulletin affichait d'excellents résultats, avec des notes au-dessus de la moyenne [5].

Dans la section réservée aux commentaires de l'enseignante, Mme Maureen Nield écrivit directement à Karla : « Félicitations, Karla ! Tu sais très bien lire. Nous regrettons beaucoup que tu doives nous quitter. Nous espérons que tu aimeras ta nouvelle école [6]. »

La vie dans un lotissement de maisons mobiles ressemblait trop à celle que Dorothy avait connue avant de quitter le vaudeville de la famille Seger. Les Homolka déménagèrent donc dans une petite maison de ville située au 64, rue Foster.

Karla fut envoyée à l'école publique de Parnall pour la deuxième et la troisième étape de sa première année. Ce changement n'affecta pas ses résultats scolaires, comme Mme Betty Bates, sa nouvelle enseignante, le reconnut.

Karla s'est très bien adaptée à sa nouvelle école. Je suis satisfaite de son assiduité... Karla est une élève curieuse. Elle a fait de gros progrès. Karla peut lire dans son cahier d'étude avec beaucoup d'aisance et d'expression et arrive à en faire tout autant avec les livres de la bibliothèque ou les articles de magazines... Karla

a fait d'excellent progrès dans toutes les matières au programme
de la première année. Elle est prête pour la deuxième année[7]*.*

Mme Diane Lawless, l'enseignante de Karla en deuxième année, était
tout aussi enthousiaste : « Karla est une élève curieuse qui semble aimer
apprendre. Je suis très satisfaite de son travail au cours de cette étape. C'est
une élève enthousiaste qui s'efforce de toujours de faire du mieux qu'elle
peut. »

Pendant que son père se promenait joyeusement de ville en ville, la
petite Karla avait beaucoup de peine à respirer. Elle dut être hospitalisée
une douzaine de fois entre 1976 et 1978 pour des crises d'asthme. Les
médecins tentaient de contrôler sa maladie à l'aide de médicaments et d'in-
halateurs, mais chaque fois qu'elle avait peur ou qu'elle était nerveuse,
notamment à l'approche des congés, des anniversaires, de la rentrée des
classes, de l'arrivée ou du départ de son père, une forte crise éclatait.

On a beaucoup spéculé au sein de la communauté médicale, et dans les
disciplines connexes, sur l'origine psychosomatique de l'asthme.

Toutefois, en 1964, l'année précédant le mariage de Dorothy et Karel,
un savant néerlandais du nom de Voorhorst mettait plutôt en cause les aca-
riens (*Dermatophagoides pteronyssinus*). Ces organismes microscopiques
se développent par millions autour de nous, se nourrissent de poussière, de
petits morceaux de peau ou de cheveux et de tous les autres petits détritus
qui gisent un peu partout dans nos maisons. Ceux qui sont sensibles à la
présence de ces insectes, comme c'était le cas pour Karla, sont particulièrement affectés durant la nuit ou tôt le matin.

Conséquemment, Karla apprit très tôt à se servir des produits émol-
lients et à utiliser des méthodes radicales dans l'entretien ménager. Tout
comme sa mère, Karla développa une manie obsessive de la propreté ; sa
maison devait être aussi propre qu'un hôpital. D'une certaine manière,
cette obsession allait la sauver.

En septembre 1978, Karla commença sa troisième année. Son enseignante, Mme Sarah McLaughlin, observa que « Karla est une personne qui
sait travailler seule. Son travail est toujours des plus soignés[8] ».

Plus tard au cours de la même année, les Homolka achetèrent la maison où leurs enfants allaient être élevés. Situé au cœur d'un nouveau quartier ouvrier appelé Merriton, le 61 rue Dundonald se trouvait immédiatement derrière le cimetière Victoria Lawn. Le cimetière fit l'objet d'une
mention dans le *Ripley's Believe It or Not*, car il était le seul cimetière au
monde à être traversé par une autoroute. Plus de soixante mille tombes
s'alignaient le long de la route, de part et d'autre de Merriton. À la fin des

années 1970, on pouvait acheter un terrain double à Merriton pour 1 600 $, soit environ le huitième du prix de la nouvelle maison des Homolka. Dessiné suivant les plans de Frederick L. Olmsted, cet architecte du XIXe siècle qui avait aménagé Central Park à New York, le cimetière Victoria Lawn avait un carillon qui diffusait à partir d'une bande huit pistes. À cette époque, pour une raison inconnue, le carillon jouait sans cesse l'indicatif musical du film *La Mélodie du bonheur* : «Les collines s'animent au son de la mélodie du bonheur...».

Le «semi-détaché» du 61 Dundonald paraissait beaucoup plus grand aux Homolka que ses maigres 75 mètres carrés puisqu'il était réparti sur quatre étages. Pour une famille de cinq personnes qui avait vécu la majeure partie du temps dans de petits appartements ou des maisons mobiles, cette demeure avait les allures d'un manoir sur une colline, terrasse et piscine creusée en sus ; par contre, ces installations occupaient presque tout l'espace de la petite cour arrière. Cette illusion de grandeur était amplifiée par le fait que le terrain des Homolka jouxtait celui d'une ligne de haute tension de la compagnie d'électricité. Les immenses pylônes supportant le vaste réseau de fils électriques qui s'étendait à travers le continent s'alignaient tels des colosses sur un horizon sans fin.

Karla dut encore une fois changer d'école.

Mme Mary Steele, la nouvelle enseignante de Karla en troisième année à l'école Consolidated, nota : «Karla démontre beaucoup d'intérêt et d'assiduité dans ses études. Elle a développé de très bonnes habitudes de travail [9].»

Mais, avant même qu'elle n'ait pu terminer sa troisième année, Karla changea d'école une nouvelle fois ; elle fut inscrite à l'école publique de Ferndale, qui était plus près de chez elle.

Déjà se dessinait ce qui allait devenir le profil scolaire de Karla pendant plusieurs années : plutôt faible en mathématiques et en sciences, mais douée pour l'anglais, les langues et les arts. Son institutrice de quatrième année, Mme Marcella Goodwin, écrivait : «Karla a éprouvé quelques difficultés en mathématiques lors de cette étape. Elle a dû travailler fort pour venir à bout des multiplications à deux chiffres et des longues divisions. Karla a cependant très bien réussi dans tous ses travaux reliés aux langues. Très bien Karla [10].»

Elle termina sa quatrième année avec une moyenne de 80, tandis que la moyenne de la classe était de 69,2, passant en cinquième année avec distinction.

Karla termina sa cinquième année avec une moyenne de 84,3, résultat encore une fois nettement au-dessus de la moyenne de la classe à 68,4.

Poursuivant son allure, Karla obtint 86 de moyenne en sixième année. Son instituteur, M. Paul Kachan, mentionna que « les bons résultats de Karla témoignent de l'application et du soin qu'elle met à son travail [11].» Les commentaires des enseignants de Karla étaient devenus une litanie d'éloges. Partageant l'avis des collègues qui l'avaient précédé, son instituteur de septième année, M. D. Goring, ajouta : « Une excellente conduite et de très bonnes habitudes de travail. Une excellente année. Cela a été un plaisir d'avoir Karla dans ma classe [12].» À cette époque, Karla avait pratiquement maîtrisé son problème d'asthme. Elle finit sa septième année avec une moyenne de 82,1, achevant ainsi sa dernière année du primaire avec distinction.

Vu que ses filles étaient maintenant à l'école durant le jour et que le coût de la vie augmentait, Dorothy Homolka retourna travailler comme secrétaire à la clinique Shaver, l'hôpital pour soins prolongés de St. Catharines. Le père de Karla continuait à parcourir les routes tandis que Karla continuait à exceller en classe.

Le jour de la remise des diplômes, elle fut encore une fois encensée par son instituteur, M. G. P. Hammond : « Félicitations pour ton bon travail dans toutes les matières, Karla [13].» Sa note finale en huitième année était de 83,9.

À l'école publique, Karla était non seulement une excellente élève, mais elle participait activement aux épreuves d'athlétisme, à la gymnastique, à la chorale et aux activités parascolaires. En dehors de l'école, elle suivait des cours de patinage artistique et faisait partie d'un groupe de filles à l'église anglicane, les *Pioneer Girls*.

Sa mère a conservé une photo de Karla dans son petit costume des *Pioneer Girls* : avec ses cheveux blonds, ses beaux grands yeux et son tendre sourire, elle est l'image même de la douceur et de l'intelligence.

Karla avait parlé et marché à un très jeune âge. Elle avait également presque aussitôt appris à lire. Lorsqu'on lui fit passer un test d'intelligence vers la fin du primaire, elle se fit attribuer un quotient intellectuel élevé, soit 131 [14]. Karla Leanne Homolka était donc une petite fille aussi intelligente que belle.

Une fois rendue à l'école secondaire, Karla regardait ses parents avec une certaine indulgence qui n'était pas dénuée d'ironie. Elle était plus intelligente qu'eux et elle en était consciente. À la maison, sa mère était une force dominante mais curieusement soumise. Karla saisit instinctivement la dynamique qui prévalait entre son père et sa mère. Elle comprit qu'une bonne partie de la force de sa mère résidait dans sa capacité d'agir avec soumission.

Dorothy Homolka n'hésitait jamais à exprimer ce qu'elle ressentait ou ce qu'elle pensait, en particulier sur les questions d'argent, surtout lorsqu'il en manquait. C'était un sujet qui la préoccupait de plus en plus à mesure que les années passaient.

Le père de Karla, par contre, ne parlait jamais de rien, ce qui était particulièrement frustrant pour une petite fille intelligente et curieuse comme Karla. Elle avait un peu honte du fait que son père baragouinait encore la langue anglaise après avoir vécu au Canada pendant vingt-cinq ans[15].

Karla reconnaissait tout de même qu'il y avait une certaine force intérieure chez son père. Non seulement percevait-elle cette force, mais elle comprenait que cela devait provenir du sentiment de déracinement et de désespoir qui animait encore le pauvre immigrant qu'il avait été. C'était, somme toute, une force ancrée dans la peur.

Karla se dit également qu'il était tout à fait possible que son père ne dise rien tout simplement parce qu'il n'avait rien à dire. En pensant ainsi, Karla rejoignait le cœur des femmes Homolka qui parlaient de Karel en disant « le Tchèque muet ».

Lorsque l'une ou l'autre se disputait avec Karel pour une raison quelconque, elles se mettaient toutes à plaisanter à propos du « Tchèque muet ». Cette moquerie devint une sorte de blague récursive au sein de la famille, à laquelle Karel participait lui-même par son silence.

« Je ne marierais jamais un homme comme lui », déclara un jour Karla, en faisant un signe dans la direction de son père qui s'affairait devant le barbecue dans un coin de la cour. « De plus, il est toujours parti et il n'a jamais un sous en poche. Ça ne marcherait pas du tout avec moi[16] », ajouta-t-elle d'un ton sévère.

Karla était tellement obsédée par les défauts de son père qu'elle choisit la pièce d'Arthur Miller, *La Mort d'un commis voyageur*, comme activité dans un cours d'anglais en dixième année. En compagnie de deux de ses meilleures amies, elle réalisa un montage vidéo assez innovateur dans lequel certains traits du personnage de Willy Loman étaient simplifiés.

Karla voyait en Willy une caricature de son père. Elle joua le rôle de Willy à la manière du comédien Steve Martin et en fit une sorte d'immigrant fou ridicule et gesticulant, arrogant et inconscient à la fois.

Les Homolka s'étaient liés d'amitié avec leurs voisins, et ils s'amusaient souvent avec eux autour de la piscine. Le père de Karla, lui, n'avait pas vraiment d'amis. Pour Karla et sa sœur Lori (Tammy était alors trop petite pour comprendre cela), leur père avait toujours l'air d'être « en dehors de tout cela ».

Karla, par contre, était toujours le centre d'attraction, perpétuellement entourée d'une bande d'amis ; elle n'était seule que lorsqu'elle désirait l'être. À l'époque, tout le monde s'entendait pour dire que Karla était une jeune fille brillante, charmante, active, extravertie, qui aimait s'amuser et qui avait des qualités de leader.

De son propre chef, Karla se mit à fréquenter la nouvelle bibliothèque de St. Catharines, située en plein centre-ville, près du Market Square. Ces visites devinrent vite un rituel hebdomadaire que Karla maintint jusqu'à son entrée en prison. Sa mère disait souvent à ses collègues de travail et à ses amis que Karla ressentait sans cesse le besoin d'avoir du temps à elle pour lire et méditer, indépendamment de ce que lui apportaient ses activités scolaires ou sociales.

« Karla s'entendait bien avec ses sœurs ; c'était aussi une enfant bien élevée », dit Dorothy au docteur Arndt. Karla était une petite fille comme les autres qui aimait bien jouer avec ses amies. Elle aimait la natation et les jeux de petites filles. Cela dit, quelque chose a changé quand elle arriva à l'école secondaire. »

Même si les jeunes venaient toujours nombreux à la maison et continuaient à s'amuser dans la piscine ou dans la salle de jeu du sous-sol, leurs relations avec Karla n'étaient plus « aussi franches qu'avant [17] ».

* * *

Il y a un vieux dicton tchèque qui dit : « Le point le plus sombre se cache sous la lumière. » Instinctivement, Karla semble avoir cherché à être sous la lumière dès le moment sa naissance. Au début, la parenté l'avait encouragée, sans doute inconsciemment, à rivaliser avec son oncle encore enfant, Calvin Seger, le plus jeune frère de sa mère. Mais en grandissant, Karla voulut être la seule à briller. Elle ne souffrait plus la concurrence.

Karla avait aussi un côté très sombre. Elle avait une attirance pathologique pour les livres, racontant les crimes, réels ou imaginaires, les plus macabres. Elle aimait aussi les livres sur l'occultisme et les rituels sataniques ainsi que les histoires d'horreur aux titres hors du commun comme *Brainchild* ou *Michelle Remembers*. Peu de gens connaissaient ce côté sombre ou avaient pu le remarquer.

Karla connaissait parfaitement cet aspect de sa personnalité. Elle le voyait aux seuls endroits où ces choses peuvent se voir, c'est-à-dire devant son miroir ou sur les photographies. Il existe un instantané montrant Karla en compagnie de deux copines dans le gymnase de l'école, juste avant la cérémonie de remise des diplômes de la huitième année. Karla est la petite fille qui, au centre de la photo, passe les bras autour des épaules de ses deux copines. Une des filles a l'air vraiment malheureuse, tandis que l'autre semble tout à fait radieuse. Elles portent toutes trois des robes de bal luisantes de teintes pastel en polyester. Karla est la seule à porter un corsage. À l'arrière de cette photo, Karla a écrit : « Moi-même et mes deux meilleures copines, Vicky et Lisa. Pauvre Lisa, elle pleurait son beau Tom. Mais qu'est-ce que je suis en train de préparer ? (il y a cet éclat diabolique dans mes yeux), 21 juin 1984. » Karla venait tout juste d'avoir 14 ans [18].

* * *

L'ambiance culturelle dans laquelle baignait l'école secondaire de Karla reflétait celle d'une ville comme St. Catharines, majoritairement blanche, plutôt col bleu, imprégnée de culture écossaise et d'homophobie. Avec quelque 2 000 étudiants, l'école secondaire Sir Winston Churchill était la plus grande de la ville, et Karla n'était plus désormais la seule jolie blonde à circuler dans les corridors. Il y avait plein de jolies blondes à St. Catharines. Les feux des projecteurs se mettaient à faiblir de plus en plus, la lumière vacillait autour d'elle. Ses notes demeuraient au-dessus de la moyenne, mais son image devenait de plus en plus floue.

Il n'y avait pas beaucoup de restrictions chez les Homolka. Les gens d'origine européenne voyaient la consommation d'alcool différemment des autres Nord-Américains, ainsi était Dorothy Homolka. Si les parents de Karla lui permettaient de boire, elle devait le faire à la maison et elle n'avait pas le droit de sortir en auto avec les garçons. On était loin des contraintes de la Tchécoslovaquie sous Dubček, mais c'était assez pour enflammer un esprit aussi rebelle et indépendant que Karla [19].

Les amies les plus intimes de Karla, comme Lisa Stanton, Debbie Purdie et Kathy Wilson, ont évoqué plus tard les disputes fréquentes de Karla avec ses parents, particulièrement avec son père. À les entendre, celui-ci avait une volonté aussi forte que celle de sa fille [20].

Certains autres, qui étaient plus proches de la famille comme les Anderson et les Young, les voisins d'à côté, y voyaient une tout autre sorte de tyrannie, plus près de la réalité. Selon eux, le père de Karla était plutôt un homme du type Willy Loman, subjugué par la volonté collective d'un foyer entièrement dominé par des femmes ayant de fortes personnalités. Non seulement les quatre femmes traitaient-elles le père de « Tchèque muet » par mépris et par dérision, mais aussi Karla et Lori lui disaient souvent « d'aller se faire foutre [21] ». Lorsque l'homme n'en pouvait plus d'être assiégé, il fuyait la cuisine pour se réfugier au sous-sol [22].

Après l'arrestation de Karla, quand son implication dans des crimes atroces fut connue du public, la police et les médias incitèrent ses amis et à sa famille à fouiller dans leurs souvenirs pour y trouver tous les petits détails qui auraient pu faire ressortir le côté sombre de Karla. Amanda Whatling, une sorte de garçon manqué de forte corpulence avec qui Karla s'était liée d'amitié, mentionna à ce propos le livre *Brainchild*. Karla le lui avait offert avec une dédicace quand elles étaient en septième année. La police et les procureurs soulignèrent que le livre en question racontait une histoire d'horreur inspirée des travaux du psychologue B. F. Skinner, où des psychologues du comportement programment des êtres humains pour accomplir leur desseins sordides.

Vers cette période de sa vie, l'intérêt de Karla pour les choses occultes s'était accru. Elle se maquillait exagérément les yeux de tons foncés, ne portait plus que du noir et changeait de style de coiffure et de couleur de cheveux à peu près tous les jours.

Elle se mit aussi à s'inventer des rites durant lesquels elle allumait des chandelles et brûlait de l'encens. Parmi les dossiers des procureurs, on trouve le témoignage fébrile d'Amanda dans lequel elle raconte que Karla a *même* fait de la publicité dans les journaux pour les oui-jas. Selon le témoignage, Karla parlait alors sans cesse des esprits et du « tunnel hurlant ».

Le « tunnel hurlant » était le surnom donné à un viaduc de chemin de fer des environs de St. Catharines, à une douzaine de minutes de Niagara Falls. Construit en pierres grossièrement taillées, il avait une hauteur d'environ 5 m et une longueur de 38 m. Il passait sous une autre voie ferroviaire dans un endroit isolé, près du chemin Warner, non loin de l'autoroute Queen Elizabeth. Le cinéaste David Cronenberg a utilisé ce lieu lors du tournage de son film *The Dead Zone*, en 1983.

Selon la légende, une jeune fille aurait été brûlée vive dans ce tunnel. On prétendait que ses cris d'agonie pouvaient être entendus si l'on entrait dans le tunnel et que l'on frottait une allumette. D'après Amanda, Karla a allumé plusieurs allumettes dans le « tunnel hurlant » et prétendait avoir entendu chaque fois des cris horribles. Amanda ne savait pas où se trouvait ce tunnel et n'y était jamais allée. Elle en avait seulement entendu parler.

« À l'école secondaire, c'était une petite rebelle, vous savez… rapporta à la police Debbie Purdie, une de ses amies intimes. Elle se mettait du vernis à ongles noir, portait des culottes d'homme et des boxer-shorts. Personne n'imposait sa volonté à Karla. Elle menait elle-même sa vie et était son propre chef [23]. »

Une autre copine de classe, Iona Brindle, a fait état de curieuses entailles sur le bras de Karla, comme des scarifications. Cela ressemblait à des cercles taillés dans la peau et recouverts de vernis à ongles [24]. Karla a aussi écrit une dédicace à Iona au verso de la couverture du livre *Michelle Remembers* : « Il reste toujours quelque chose à dire [25]. » Paru en 1980, *Michelle Remembers* fut le premier et sans doute le plus marquant des livres racontant une « histoire vraie » de sévices intervenus au cours de rites sataniques ; les coauteurs en étaient, le thérapeute Lawrence Pazder et sa « victime-patiente » Michelle Smith [26]. Le livre fait le récit détaillé des prétendues tortures subies par Mme Smith au sein d'un culte satanique. À lui seul, *Michelle Remembers* a lancé tout le mouvement *SRA* (*Satanic Ritual Abuse*) au début des années 1980.

Le contenu du livre émane bien plus des études personnelles menées par le docteur Pazder sur les rites de tribus africaines que des souvenirs de Michelle Smith. Lorsque la véracité du livre fut remise en question, le docteur Pazder prétendit que ni lui ni sa patiente n'avaient jamais affirmé que les faits rapportés dans l'ouvrage correspondaient vraiment à la réalité, même si tout portait à le croire.

Au cours des années 1980, quantité de cas de « souvenirs reconstitués » ont été ainsi portés devant les tribunaux et des milliers de vies ont été ruinées à cause de ces mauvaises plaisanteries. Ironiquement du moins, en ce qui concerne la vie de Karla, le docteur Pazder a changé son fusil d'épaule depuis et parle maintenant de sévices « sadiques » plutôt que « sataniques ».

Karla a avoué au docteur Arndt qu'elle s'était mise à fumer un peu de drogue à cette époque et que, en dixième année, elle avait une fois avalé une petite pilule appelée « Croix blanche ». Elle lui dit que la pilule l'avait d'abord fait se sentir très bien, mais qu'ensuite « tout avait sauté », de sorte qu'elle avait dû se déclarer malade à son travail. Depuis le début du secondaire, elle travaillait à temps partiel à l'animalerie Number One, dans le centre commercial Pen [27]. Selon le docteur Arndt, la pilule était probablement du Ritalin de contrebande.

Le dossier scolaire de Karla montre qu'on l'a fait passer au cours d'anglais de douzième année alors qu'elle était encore en onzième année. Mais elle avait beaucoup de difficulté avec le théorème de Pythagore ou avec la règle de la moyenne proportionnelle. Même si elle adorait disséquer des grenouilles, elle n'eut que la note de passage en biologie.

Ce fut la même chose en histoire, par contre ses notes en anglais étaient excellentes et elle obtint un A dans son cours de droit. Ses aptitudes pour les langues étaient telles qu'elle exerçait le rôle de tuteur auprès des élèves moins doués en français.

Une de ses amies, Tracy Collins, a décrit Karla à la police comme «une femme de trente ans dans le corps d'une adolescente de dix-sept ans». «Tu sais ce que j'aimerais faire? murmura Karla à l'oreille de Tracy un après-midi dans la cafétéria. Je voudrais dessiner des points partout sur le corps de quelqu'un, prendre un couteau et jouer à "relier les points". Je verserais ensuite du vinaigre partout [28].» Tracy fut estomaquée par cette remarque et elle ne l'oublia jamais.

Karla se mit aussi à parler de suicide. Son ami de cœur au secondaire, Doug Liddell, qu'elle avait rencontré au cours de dactylo, aimait son humeur morose et était fasciné par ses perpétuelles menaces de suicide [29]. Doug n'était pas le seul à remarquer que Karla était obsédée par la mort. «Rappelle-toi : le suicide est une jouissance et s'y accrocher est super! Ce sont les os qui nous mènent. C'est la mort qui nous mène. La mort est une jouissance. J'aime la mort. Tuons ce foutu monde», avait-elle écrit dans l'agenda de Lyn Cretney, une autre collègue de classe. Bien qu'elle n'ait été qu'une simple connaissance de Karla, Lyn fut bouleversée par cette sinistre note et ne l'oublia jamais [30].

Karla et deux de ses meilleures amies, Debbie Purdie et Kathy Wilson (qui deviendra plus tard Kathy Ford) formaient une petite clique qu'elles avaient appelée le *Exclusive Diamond Club*. Le but du club était à la fois très simple et très conservateur : se trouver un homme riche, un peu plus âgé et de belle apparence, se faire offrir un diamant et se marier, puis, mener ensemble une vie heureuse pour toujours. Ce petit détail savoureux fut découvert plus tard par la police. Karla n'en avait jamais parlé au docteur Arndt.

Le *Exclusive Diamond Club* n'était, en fait, qu'une copie d'un groupe semblable, tel qu'on pouvait le voir dans le film culte *Heathers*, réalisé en 1988 par la Canadienne Denise Di Novi. Winona Ryder, Shannon Doherty et Lisanne Falk y jouent les rôles de trois étudiantes d'une école secondaire de Los Angeles qui ont décidé de prendre le prénom de Heather et de former un groupe appelé «*The Heathers*». Les *Heathers*, comme les filles du *Exclusive Diamond Club*, sont obsédées par leur apparence et leur ascension sociale. Teintées d'un humour noir et désopilant, leurs aventures se terminent dans le meurtre et le chaos.

La relation qui unit la leader des *Heathers* (jouée par Winona Ryder) et son amoureux (joué par Christian Slater) devient une arme redoutable et destructrice. Le lien morbide qu'ils entretiennent les transforme en un instrument de vengeance et de châtiment dont ils sont les seuls à connaître les rouages.

Le prude personnage de Ryder devient une sorte de conduit par où les forces sombres de la misanthropie de Slater peuvent passer. Les deux personnages se transmettent mutuellement en ce que les psychiatres appellent la « folie à deux ».

Le concept de « folie à deux » est connu depuis longtemps. Dans un traité de psychiatrie traduit du français par A. A. Brill et publié à New York en 1930, on dit que la folie à deux ou « double démence » apparaît lorsque « des patients paranoïdes ou paranoïaques arrivent non seulement à faire entrer leurs proches dans leur délire, mais aussi à les infecter au point où celui qui est nouvellement atteint se met à nourrir ce même délire… »

Les psychiatres se sont servis de ce concept pendant des décennies pour dépeindre la situation où deux personnes étroitement liées souffrent simultanément de psychose, après que l'un des membres de la paire eut vraisemblablement entraîné l'autre.

De la façon dont le *Textbook of Psychiatry* décrit les choses, si un épisode psychotique tourne à l'agitation, l'influence d'une personne sur l'autre peut alterner arbitrairement entre eux. Est-ce Macbeth ou Lady Macbeth qui a perdu l'esprit en premier et lequel des deux a entraîné l'autre dans la folie qui devait mener à sa perte ?

Comme bien des notions psychiatriques, telles les notions modernes de « trouble de la personnalité antisociale » ou de « psychopathie » (cette dernière ne figure d'ailleurs plus parmi les troubles psychiques dans le *Diagnostic and Statistical Manual of Mental Disorders*), la folie à deux est une fiction. C'est une notion qui décrit bien une situation, mais elle n'offre aucun intérêt du point de vue diagnostique, car elle n'explique rien. La folie à deux ne se prête à aucun traitement et ne peut être guérie ni même soulagée. Elle n'est diagnostiquée que rétrospectivement. On ne peut ni la prévenir ni agir sur elle. Ou bien une des deux personnes quitte l'autre qui sombre dans la folie, et elle cherche à avoir de l'aide, ou bien elle reste et participe à sa folie.

Dans le *Diamond Club*, Karla était le numéro un, « la dure du groupe », comme l'a déclaré sa compagne du groupe, Kathy Wilson. Karla possédait une vraie paire de menottes « avec les clés et tout [31] ».

À la manière d'une vraie *Heather*, Karla avait suspendu les menottes au-dessus de son déshabillé, derrière sa porte de chambre, de manière à ce que toutes les *initiées* du *Diamond Club* puissent les voir.

À l'école secondaire, à part penser au suicide et diriger le *Diamond Club*, Karla était membre du club de danse et participait aux spectacles de variétés et aux comédies musicales. Pendant trois ans, elle a suivi des cours de musique, apprenant à faire des vocalises et à chanter.

Tout comme sa mère, Karla était tracassée par l'argent. C'est pourquoi elle s'était mise à travailler à temps partiel dès sa septième année. Elle fit de la sollicitation téléphonique pour un photographe du coin, garda les deux enfants d'un voisin, puis travailla le soir et les week-ends à l'animalerie Number One [32].

Le 4 mai 1987, Karla célébrait ses dix-sept ans autour de la piscine avec les membres du *Diamond Club*. Au mois de juillet suivant, les parents de Tracy Collins interdirent à leur fille de continuer à fréquenter Karla. Ils furent parmi les tout premiers à entrevoir le côté sombre de Karla. Les résultats scolaires de Tracy diminuaient et ses parents voyaient d'un très mauvais œil les changements qui s'opéraient en elle, sous l'influence de la petite Homolka, cette fille étrange et dominatrice [33].

Éperdue d'amour, cet été-là, Karla défia l'autorité parentale : en août, elle acheta un billet d'avion et s'envola pour le Kansas. Quelques mois plus tôt, Doug Liddell était déménagé là-bas avec sa famille. Les deux amoureux avaient comploté cette petite fugue en correspondant par lettres. Bien que Karla ait appelé ses parents dès son arrivée, elle resta au Kansas pendant deux semaines.

Karla raconta au docteur Arndt que, durant ce séjour avec Doug, elle avait « sniffé » de la cocaïne et eu sa première relation sexuelle. Doug Liddell dit plus tard à la police qu'il ne s'était rien passé d'anormal, qu'il n'y avait eu « que du sexe » entre eux. Il omit bien sûr de parler de la cocaïne.

Les amies de Karla racontèrent une tout autre histoire. À son retour, Karla les avait régalées avec des histoires de débauche où il était question de fouets, de colliers de chien et de cocaïne. Elles étaient estomaquées. Tout le monde avait bien ses petites histoires intimes à raconter à l'époque, mais Karla était allée beaucoup plus loin.

Quelques années plus tard, Dorothy Homolka repassera la vie de Karla et la sienne, ressassant chaque événement, chaque petit détail dont elle se souvenait, cherchant désespérément à comprendre ce qui avait pu mal tourner... Finalement, cette réflexion la conduira dans une institution psychiatrique, non pas en tant qu'employée, comme au début de son mariage, mais en tant que patiente souffrant d'une grave dépression. Elle était une candidate idéale pour une des spécialités du docteur Arndt, la thérapie par électrochocs, ou le *buzzing*, comme il disait familièrement [34].

Pour le docteur Arndt, il n'y avait aucune explication à trouver dans l'histoire de Karla. La soif de contrôle ou le fait d'être une chipie dominatrice ne constituaient pas, à sa connaissance, les symptômes de quelque pathologie que ce soit. Bien au contraire. La plupart des adolescents se montrent rebelles jusqu'à un certain point. Des millions de gens, au demeurant parfaitement sains d'esprit, s'intéressent à l'ésotérisme. Il y a des centaines d'associations de sorcières, un peu partout en Europe et en Amérique du Nord, composées de femmes de banlieue on ne peut plus « normales » qui n'ont jamais commis quelque crime que ce soit. Ni les habitudes ou les choix de lecture d'une personne ne permettent de prévoir son comportement ou ne constituent les signes d'une quelconque pathologie.

Il n'y a jamais eu aucune preuve attestant que Karla a été soumise à des sévices physiques ou psychologiques. Des dizaines de milliers de pères de famille sont appelés à voyager souvent pour leur travail, comme le docteur Arndt lui-même. Les pères absents étaient d'ailleurs la norme au XXe siècle, comme le montre le personnage universel de Willy Loman. Somme toute, il n'y a rien dans les antécédents de Karla qui puisse expliquer pourquoi elle a fait ce qu'elle a fait. Son enfance heureuse et son adolescence sans histoire rendent encore plus mystérieux le comportement déviant et meurtrier qu'elle eut par la suite.

NOTES

1. Voir les notes de séances du docteur Hans Arndt ; rencontres avec Dorothy Homolka, de mars à mai 1993, archives de l'auteur.
2. Selon les archives de cet hôpital.
3. NdT : Personnage de la pièce *La Mort d'un commis voyageur*, de Arthur Miller.
4. Bulletin scolaire, formule de suivi d'élève n° 1, École publique de Westdale, 130 rue Rykert, St. Catharines. Professeur : J. Berry, maternelle, juin 1976.
5. Bulletin scolaire, formule de suivi d'élève n° 2, École publique de Westdale, 130 rue Rykert, St. Catharines. Professeur : M. A. Nield, première année, nov. 1977.
6. Bulletin scolaire, formule de suivi d'élève n° 2, École publique de Westdale, 130 rue Rykert, St. Catharines. Professeur : M. A. Nield, première année, 29 nov. 1976.
7. Bulletin scolaire, formule de suivi d'élève n° 2, École publique de Parnall, 575 rue Geneva, St. Catharines ; professeur : B. Bates, première année, 24 juin 1977.
8. Bulletin scolaire, formule de suivi d'élève n° 2, École publique de Parnall, 575 rue Geneva, St. Catharines ; professeur : Mme Sarah McLaughlin, troisième année, 27 octobre 1977.
9. Bulletin scolaire, formule de suivi d'élève n° 4, École Consolidated, 421 rue Queenston, St. Catharines. Professeur : M. Steele, troisième année, 28 juin 1979.
10. Bulletin scolaire, formule de suivi d'élève n° 4, École Ferndale, avenue Ferndale, St. Catharines. Professeur : Mme Marcella Goodwin, quatrième année, 28 juin 1980.
11. Bulletin scolaire, formule de suivi d'élève n° 4, École Ferndale, avenue Ferndale, St. Catharines. Professeur : M. Paul Kachan, sixième année, 25 juin 1982.
12. Bulletin scolaire, formule de suivi d'élève n° 4, École Ferndale, avenue Ferndale, St. Catharines. Professeur : M. D. Goring, septième année, 28 juin 1983.
13. Bulletin scolaire, formule de suivi d'élève n° 4, École Ferndale, avenue Ferndale, St. Catharines. Professeur : M. G. P. Hammond, huitième année, 22 juin 1984.
14. Voir aussi la fiche A du test en prélecture Clymer-Barrett de Theodore Clymer et Thomas C. Barrett, Nom : Karla Homolka, Professeur : Mme. Nield, École : Westdale, Ville : St. Catharines, Date : 13 octobre 1976, Âge : 6 ans 5 mois. Rang percentile total : 90, Évaluation de prélecture globale : Excellente ; voir aussi le graphique en lecture – niveau 1, Profil de lecture élémentaire, Stroud – Hieronymus – McKee Éditeurs, 1967. Nom de l'élève : Homolka, Karla, Deuxième année, Date : octobre 1977, Résultat com-

biné 113 sur un total possible de 116. Voir aussi le graphique en lecture – niveau 2, Profil de lecture élémentaire, Stroud – Hieronymus – McKee Éditeurs, 1967.

Nom de l'élève : Homolka, Karla, Troisième année, Date : septembre 1978, Résultat combiné 109 sur un total possible de 110.

15. Notes du docteur Hans Arndt lors de ses rencontres avec Karel, Dorothy, Lori et Karla Homolka, entre mars et juin 1993.

16. Extrait des minutes, *La Reine c. Bernardo*, Divulgations de la Couronne, vol. 13, p. 311.

Interview n° 3 : Pauline Coyle

Occupation : étudiante, école secondaire Sir Winston Churchill

Date de l'interview : 23 février 1993 à 10 h 36

Policier enquêteur : inspecteur-chef Mickey Riddle

17. Notes du docteur Hans Arndt lors de ses rencontres avec Dorothy Homolka, entre mars et mai 1993, archives de l'auteur.

Voir aussi Extrait des minutes, *La Reine c. Bernardo*, Divulgation de la Couronne, vol. 16, p. 192- 302.

Interview : Dorothy Homolka, Karel Homolka

Occupation : secrétaire, vendeur

Date de l'interview : 14 février 1993 à 20 h 55

Policiers enquêteurs : dét. Mary Lee Metcalfe et dét. Ron Whitefield (interviews menées au quartier général de l'escouade Green Ribbon à Beamsville)

18. La photo originale fait partie des archives de l'auteur.

19. Voir aussi *La Reine c. Bernardo*, Divulgations de la Couronne, vol. 4, p. 1-45, Analyse contextuelle sur Homolka, Karla.

20. Voir aussi *La Reine c. Bernardo*, Divulgations de la Couronne, vol. 15, p. 124-220.

interview : Kathy (Wilson) Ford

Occupation : conseillère auprès des Cayuga

Date de l'interview : 18 février 1993 à 16 h 25

Policier enquêteur : constable Brent Symonds

21. Voir aussi *La Reine c. Bernardo*, Divulgations de la Couronne, vol. 4, p. 1-45, Analyse contextuelle sur Homolka, Karla ; voir aussi *La Reine c. Bernardo*, Divulgations de la Couronne, vol. 21, p. 283-300

Témoins : Young, John et Kristen Joy

Occupation : voisins des Homolka

Date : 18 février 1993 à 18 h 25

Policier enquêteur : constable Brent Symonds

22. *Ibid.*

23. Voir aussi *La Reine c. Bernardo*, Divulgations de la Couronne, vol. 4, p. 64.

Témoins : Debbie Dagleish, née Purdie

Date : 14-15 février 1993

Policiers enquêteurs : inspecteur-chef John. McNiven, constable Brent Symonds

24. Voir aussi *La Reine c. Bernardo*, Divulgations de la Couronne, vol. 4, p. 1-45, Analyse contextuelle sur Homolka, Karla

25. *Ibid.*

26. Smith, Michelle et Pazder, Lawrence, M.D., *Michelle Remembers*, Congdon & Lattes, New York, 1980. L'exemplaire que Karla a obtenu à la bibliothèque portait la mention « Pour adultes seulement – descriptions explicites des activités d'un culte ».

27. Notes du docteur Hans Arndt lors des sessions de thérapie avec Karla Homolka, entre mars et juin 1993.
28. Voir aussi *La Reine c. Bernardo*, Divulgations de la Couronne, vol. 4, p. 1-45, Analyse contextuelle sur Homolka, Karla ; voir aussi Chronologie des avocats de la défense, archives de l'auteur.
29. Voir aussi les conversations de l'auteur avec les avocats de la défense de Bernardo. Pour une raison inconnue, les conversations de Doug Liddel avec la police ont été omises des divulgations de la Couronne.
30. Voir aussi *La Reine c. Bernardo*, Divulgations de la Couronne, vol. 4, p. 1-45, Analyse contextuelle sur Homolka, Karla ; voir aussi Chronologie des avocats de la défense, archives de l'auteur.
31. Voir témoignage de Debbie Purdie, note 23.
32. Voir interview de Dorothy et Karel Homolka, note 17.
33. Voir aussi *La Reine c. Bernardo*, Divulgations de la Couronne, vol. 4, p. 1- 45, Analyse contextuelle sur Homolka, Karla ; aussi Chronologie des avocats de la défense selon les archives de l'auteur.
34. NdT : en anglais « buzzing ».

4

Une lettre étonnante

La lettre était adressée à Karla Leanne Teale, institution de Sainte-Anne-des-Plaines. Elle était datée du mardi 10 avril 2001. Karla s'assit à son pupitre et se mit à la lire. « Vous avez un avenir, et ce dernier est plutôt prometteur si on peut en croire ce que me disent mes feuilles de thé », disait la première ligne. Personne n'avait parlé à Karla d'« avenir prometteur » depuis qu'elle avait fini l'école ! Elle poursuivit sa lecture.

Qu'il me suffise de vous rappeler que, dans l'histoire, il y a eu plusieurs femmes exceptionnelles dans la même situation que vous, c'est-à-dire condamnées pour des crimes odieux puis remises en liberté ultérieurement. D'un point de vue féminin, on peut dire qu'elles ont tout de même réussi à mener une vie prospère... Vous n'avez jamais eu autant de pouvoir qu'en ce moment...

Mais de quoi cette personne parlait-elle ? Karla ne s'était jamais sentie aussi faible et démunie. De plus en plus intriguée, elle continua à lire.

Ça se voyait déjà dans les lettres que vous faisiez parvenir au docteur Arndt. Vous disiez qu'il vous fallait lutter pour vous-même et vos droits parce que personne d'autre ne le ferait à votre place. La déclaration sous serment que vous avez envoyée à la Cour fédérale pour en appeler du refus de la directrice de Joliette de vous accorder une sortie sous escorte relevait du même esprit.
Je crois aussi que vous avez fait une erreur en retirant cet appel. De toute façon, c'est du passé, et je ne veux pas suggérer que le résultat aurait pu être différent.

Je crois que vous avez commis une autre erreur en refusant de comparaître devant la Commission des libérations conditionnelles pour plaider vous-même votre cause et vous défendre. Votre cause est telle que personne, pas même un avocat (encore moins un qui est payé par le Service correctionnel et l'aide juridique offerte aux prisonniers), ne peut plaider à votre place. Votre instinct était juste. Vous devez revenir aux principes de base et la seule façon de bien mettre les choses en perspective, c'est de ne jamais oublier d'où vient l'argent.

Lorsque les docteurs Arndt, Long et Malcolm vous ont évaluée et ont rédigé leurs rapports, ils étaient à votre service. Ils ont fait correctement le boulot pour lequel ils étaient payés.

Lorsque les docteurs Hatcher, Hucker et Jaffe ont cautionné ces rapports, ils étaient tous trois payés par le ministère de la Justice et par la province de l'Ontario pour faire exactement cela.

N'oublions surtout pas ce bon vieux docteur Roy Brown de la prison des femmes. Il constituait un de vos meilleurs atouts, mais vous ne vous en êtes pas servi. Rétroactivement, on peut dire qu'il fut un de vos alliés les plus sûrs. Peu de gens ont entendu parler du docteur Brown. Et du point de vue de ses employeurs du Service correctionnel, c'est une très bonne chose. Ni eux, ni les gens de la Commission nationale des libérations conditionnelles, ni ceux du gouvernement fédéral ne tiennent à ce qu'on ébruite ce que le docteur Brown avait à dire.

Mais ces médecins ne sont plus à votre service aujourd'hui. Conséquemment, aucun d'entre eux ne se portera à votre défense à moins que vous ne le sollicitiez.

Oui, n'oubliez jamais d'où vient l'argent. Pendant et après le procès de votre ex-mari, plusieurs spécialistes ont exprimé des vues identiques à celles du docteur Hubert Van Gijseghem, celui qui a rédigé le fameux «rapport d'experts» qui a servi à vous faire transférer au Centre psychiatrique régional de Saskatoon. Dans votre cas, ce n'était pas la première fois qu'on vous classait comme une «psychopathe» ou comme une personne souffrant de «trouble de la personnalité antisociale ou narcissique» ou quelque chose du genre. Cependant, il ne faut surtout pas perdre de vue que les quelques spécialistes qui ont tenu ces propos étaient payés pour le faire. D'ailleurs, à ce moment-là, ces diagnostics ont été contestés par votre propre cohorte d'experts.

Vous devriez retenir de tout cela que les avis des docteurs Arndt, Long, Malcolm, Hatcher, Hucker, Jaffe et Brown sont aussi valables que ceux fournis par la bande de «psys» engagés par le Service correctionnel pour justifier la procédure d'«obstruction» employée par celui-ci dans votre dossier (Je crois d'ailleurs savoir qu'il y aurait eu au moins une opinion discordante à ce sujet à Saskatoon ; c'est un fait important à souligner.).

Il y a, en effet, de bonnes raisons de croire que les avis donnés par vos experts soient les plus fiables, surtout si l'on considère la réputation des docteurs Peter Jaffe et Chris Hatcher comme psychologues.

Plus Karla lisait, plus elle était intriguée par cette lettre. Non seulement était-elle étonnée par l'écart qui existait entre sa perception des faits et celle de l'auteur de la lettre, mais aussi par le fait que ce dernier connaissait le rapport du psychologue Hubert Van Gijseghem. Ce spécialiste ne travaillait pas pour le Service correctionnel, mais il avait été engagé par celui-ci comme consultant dans un but très spécifique, tel que souligné dans la lettre.

À la connaissance de Karla, personne n'était supposé être au courant de l'existence de ce rapport. Même si quelques médias avaient eu accès à son dossier à la Cour fédérale, le rapport Van Gijseghem n'en faisait pas partie. Les autorités de la prison s'étaient bel et bien servies de cet ignoble rapport pour justifier son transfert à Saskatoon, juste avant le congé de l'Action de grâce précédente.

La lettre poursuivait :

À ce sujet, vous semblez penser qu'il est préférable de garder certaines choses secrètes, comme les rapports d'évaluation du Service correctionnel.

Or, c'est précisément ce que les autorités veulent que vous pensiez. La dernière chose que le Service correctionnel et la Commission des libérations conditionnelles souhaitent, c'est être contestés. La dernière chose qu'ils désirent est que votre dossier carcéral ainsi que ces évaluations faites sur commande soient connues du public. Cela attirerait trop l'attention sur eux et mettrait au défi leur autorité et ternirait leur image de sagesse.

Réfléchissez bien à ceci : lors de votre arrivée en prison, vous étiez diagnostiquée comme étant une femme déprimée et une épouse souffrant d'un «trouble du stress post-traumatique». Après huit ans de détention dans un système qui, selon la version officielle, est voué à la guérison et à la réhabilitation des détenus, vous seriez devenue une incurable psychopathe. Comment serait-ce possible ? Qu'est-ce que cela voudrait dire quant à l'efficacité du système ? Quel paradoxe ! Plaise au ciel qu'une anomalie aussi impardonnable ne parvienne à l'attention du public et ne déclenche toute une controverse.

Non, tout ce qu'ils veulent, c'est vous garder tranquillement à l'ombre, à l'écart de l'opinion publique. La soumission dont vous faites preuve à cet égard soulage le Service correctionnel de l'énorme pression politique qui s'exerce sur lui et le met à l'abri des critiques du public à l'endroit de vos conditions de détention. Pour autant que je sache, vous avez toujours été une prisonnière modèle, mais cela a joué contre vous.

Si votre nom n'avait pas été Karla Homolka, vous seriez sûrement devenue le modèle à suivre pour les tenants de la nouvelle approche carcérale développée au Canada après la parution du cinglant rapport de Mme « Justice » Arbour, en 1993. (C'est ce rapport qui est à l'origine de la fermeture de la prison des femmes de Kingston et de l'ouverture, en grandes pompes, des institutions régionales de Grand Valley et de Joliette.). Le Service correctionnel ne désire sûrement pas que l'on réfléchisse aux scandaleuses contradictions qui caractérisent son comportement envers vous.

Une autre chose encore. Pourquoi tenez-vous tant à votre vie privée ? De quelle vie privée s'agit-il ? Aucune vie privée n'a jamais été aussi publique que la vôtre. Jamais plus vous n'aurez de vie privée, autant oublier cette idée... du moins, jusqu'à ce que vous sortiez de prison et que vous arriviez à vous faire oublier. D'ici là, vous n'aurez droit à aucune vie privée.

Cette lettre donna le vertige à Karla. Plusieurs points étaient fort pertinents. Karla était stupéfaite de constater que quelqu'un d'autre ait pu se poser toutes ces questions à son sujet, et surtout s'y attarder autant.

La lettre abordait même son obsession à vouloir à tout prix préserver sa vie privée contre les médias. Même si cela allait à l'encontre de ce que son instinct le plus sûr lui avait dicté au cours des huit dernières années, elle reconnut qu'il y avait là une part de vérité. Son correspondant faisait remarquer :

Que peuvent dire de nouveau à votre sujet les psychologues ou les psychiatres du Service correctionnel ? Qu'y a-t-il dans ces nou-

veaux rapports qui n'a pas déjà été dit par d'autres spécialistes, notamment par ceux qui avaient été recrutés par les avocats de votre ex-mari ? Je songe ici aux docteurs Graham Glancy et Nathan Pollack, ainsi qu'aux docteurs John Money et Fred Berliner, du centre hospitalier Johns Hopkin. Il y a aussi les criminologues et autres spécialistes cités par Patricia Pearson dans le long article qu'elle a écrit sur vous dans le Saturday Night Magazine. *Plus récemment, il y a encore cet autre article de Trish Wood dans le* Elmstreet Magazine, *où celle-ci émet l'hypothèse que vous avez délibérément tué votre sœur. Rendez-vous compte ! On vous a traitée de tous les noms du dictionnaire, et de bien d'autres encore.*

Un jour, vous avez écrit qu'«il reste toujours quelque chose à dire» dans un livre que vous avez offert à une amie du secondaire. Dans votre cas, il y a en effet des tonnes de choses qui n'ont pas été dites. Mais personne ne les dira à votre place. Vous devez avoir le courage et la force de les dire vous-même de façon claire et mesurée, peu importe combien cela vous sera difficile.

Les autorités, vous pouvez me croire, ne veulent pas écouter ce que vous avez à dire, et encore moins que le public l'entende. Ces gens-là ne veulent surtout pas de publicité autour de cette affaire. Ils craignent qu'on ne dévoile l'imposture de ces pseudo-spécialistes recrutés dans le seul but d'accréditer le rapport d'un seul homme.

Ils ne veulent pas être inondés de lettres de citoyens qui prendraient votre défense, à commencer par ces deux jurés au procès de Bernardo. Le fait que deux membres de ce jury ont cru à votre version des faits et au portrait de femme battue que la Couronne avait brossé de vous renforce votre position. Mais votre réticence à vous défendre a complètement détruit cet acquis.

Les autorités ne veulent pas non plus se faire rappeler que de nombreux experts ont vu en vous une femme battue souffrant d'un trouble du stress post-traumatique. Autant de raisons pour lesquelles ils ne veulent tout simplement pas que votre dossier soit rendu public. Ils ne veulent plus entendre parler de vos succès scolaires et de vos réussites dans les nombreux programmes offerts en prison. Ils ont parié sur le fait que vous vous écraseriez et que vous capituleriez. Et c'est précisément ce que vous avez fait.

En ce qui concerne les spécialistes de l'aide psychologique, ils n'ont plus rien de neuf à dire à votre sujet. Tout comme les médias, ils ne font que ressasser de vieux concepts éculés.

Nous savons tout ce qu'il y a à connaître sur votre personna-
lité antisociale ou sur la forme perverse de narcissisme qui vous
afflige. Tous les «ismes» ont dû y passer. Les seules questions qu'il
faut maintenant se poser sont les suivantes: «Qu'est-ce que tout
cela signifie? Quelle est la pertinence de tous ces constats eu
égard à votre situation actuelle? Quel impact cela peut-il avoir
sur votre libération statutaire, prévue pour le 6 juillet 2005? Et
comment cela affectera-t-il votre vie une fois sortie de prison?» Je
soupçonne que cet impact ne sera pas nécessairement celui auquel
vous pourriez vous attendre. Voilà le genre de réflexion que vous
devriez avoir!

Cela surprenait d'autant Karla qu'il s'agissait justement du genre de
questions qui la tracassaient depuis un certain temps. Que serait sa vie, une
fois à l'extérieur? Elle n'avait aucune idée de ce qu'elle allait en faire.
Elle relut aussitôt la lettre une deuxième fois. Le texte s'articulait
autour d'une série d'observations et de réflexions que l'auteur présentait
sous forme d'énumération:

TROISIÈMEMENT: Je pense que vous êtes bien trop préoccu-
pée par ce que disent les médias. De plus, votre avocat ne s'est pas
adressé aux bons médias lorsqu'il parlait en votre nom.

Il y a d'importantes différences entre les médias et leur impact
varie considérablement. Ainsi, une émission comme A Current
Affair *a une portée beaucoup plus grande que* 60 Minutes.

Lorsque ces émissions étaient diffusées, elles étaient toutes
deux classées comme «magazines d'affaires publiques». Par
contre, leur formule, leur impact, leur rigueur journalistique, leur
sens de l'intégrité et leur public n'étaient pas du tout les mêmes.

Certains médias pourraient vous être utiles, mais ne comptez
pas sur les quotidiens écrits et télévisés, les agences de presse, les
tabloïds ou les émissions comme A Current Affair.

Vous devriez éviter par-dessus tout de vous adresser (directe-
ment ou indirectement par votre avocat) à tout média de nouvelles
quotidiennes, les agences de presse en particulier.

Si cet avocat de Montréal vous représente toujours, et qu'il a
toujours la permission de s'exprimer en votre nom, dites-lui de se
taire au plus vite. Personne au pays ne se soucie de ce que vous
pouvez penser ou désirer. La masse des gens n'a que faire de
savoir si vous souhaitez rester en prison ou non. Personne, à l'ex-

ception de vos proches, ne se préoccupe du fait que vous craignez pour votre vie.

En passant, je soupçonne que le site Internet « Forum de la mort » cité par votre avocat pour démontrer que votre vie était menacée a probablement été créé par le journal torontois qui en a révélé l'existence. C'est une technique bien connue des tabloïds appelée « fabrication de nouvelle ». Il n'y avait aucun « Forum de la mort » ni aucune autre forme de menace envers vous sur l'Internet avant la sortie de cette histoire dans le journal. Nous surveillons attentivement l'Internet depuis 1993, et nous savons nous y prendre. Les avocats, le vôtre compris, sont craintifs comme les Luddites lorsqu'il s'agit des nouvelles technologies. La plupart d'entre eux ne sauraient pas faire la différence entre un disque dur et un cédérom.

Ah! pour l'homme ou la femme de la rue, s'il vous arrivait quelque chose, un accident tragique par exemple, ce ne serait que justice. Et alors? C'est aussi le propre de la justice que d'être parfois aveugle. Laissez donc les gens dire et penser ce qu'ils veulent. Vous ne pouvez d'ailleurs pas les empêcher de le faire. Le public canadien vous déteste, plus ou moins. Soit! Mais ce sentiment général ne signifie pas grand-chose dans la réalité. Dans le même ordre d'idées, le public américain, ou britannique, ne sait même pas que vous existez... et vous existez pourtant! Je pourrais parler encore longuement du rapport entre les médias et votre réalité et de la manière dont on fabrique l'opinion publique.

QUATRIÈMEMENT : Les médias sont loin d'avoir le pouvoir que vous leur prêtez. Il y a quelques années, si ma mémoire est bonne, vous aviez été très perturbée par le fait que l'émission américaine A Curent Affair *et le quotidien britannique* The Daily Mirror *avaient divulgué certaines informations sur votre personne, vos crimes et votre procès, alors que cela était interdit par la cour au Canada.*

Si ma mémoire est bonne, vous vous êtes alors précipitée sur le téléphone pour confier à l'inspecteur Vince Bevan votre crainte de voir de telles révélations nuire à votre cause. Vous étiez naïvement persuadée que l'ordonnance de non-publication obtenue par le vieux Doc Kovacs, lors de votre procès, pourrait empêcher le public d'apprendre tous les détails sordides de votre histoire. Les policiers s'étaient d'ailleurs montrés assez chiches cette fois-là en refusant d'assumer vos frais d'appel; par contre, Bevan a

transmis votre message à l'officier Bob Gillies qui vous a rappelé.
En passant, saviez-vous que les collègues de Bob le surnommaient
Bob «Homolka» Gillies à cause de certaines rumeurs selon les-
quelles vous couchiez ensemble.
  Si mes renseignements sont exacts, tant la psychologue de la
prison, Jan Heney, que l'officier Gillies vous ont dit de ne pas trop
vous en faire avec cette affaire de médias car, même si les Cana-
diens ont accès à ces médias étrangers, cela n'a aucun impact
appréciable ici. Ils avaient parfaitement raison. Les médias font
beaucoup de bruit et cela ne signifie généralement pas grand-
chose. Tout ce qu'ils ont fait en s'attardant à votre cas, c'est rap-
porter des choses plutôt évidentes.
  Un autre exemple: certains médias, notamment ce journal
torontois qui part toujours en croisade, ont mené une vive campa-
gne visant à faire annuler votre entente avec les autorités judiciai-
res. Des centaines de milliers de gens du sud-ouest de l'Ontario
ont signé des pétitions en ce sens. De son côté, Tim Danson, l'avo-
cat des familles des victimes, ne cessait de pester et de fulminer. Si
les gens et les médias sont si puissants, comment se fait-il que
votre entente tienne toujours et que votre libération soit toujours
prévue pour le 6 juillet 2005?
  CINQUIÈMEMENT: Devriez-vous, oui ou non, collaborer
avec le Service correctionnel, lui qui, après vous avoir soignée
pendant huit ans en tant que femme battue souffrant d'un trouble
du stress post-traumatique, décide maintenant que vous devez
subir de nouveaux soins en tant que délinquante sexuelle?
  Cela pose plusieurs problèmes et soulève de sérieuses ques-
tions. D'abord et avant tout, il n'y a aucun traitement standard
pour les femmes ayant commis des crimes sexuels. Aimeriez-vous
vraiment servir de cobaye pour la mise au point de tels traite-
ments?
  Saviez-vous que des accusations d'agression sexuelle ont été
envisagées contre vous par la poursuite? Saviez-vous que George
Walker en a été informé par Robert Bigelow, un éminent avocat de
Toronto (qui a été promu juge depuis)? Mais le seul fait qui
compte vraiment aujourd'hui est que vous n'avez jamais été accu-
sée d'aucun crime sexuel, délinquance ou agression, peu importe.
  Rien n'empêchait les représentants de la Couronne d'ajouter
plusieurs agressions sexuelles à l'accusation d'homicide involon-
taire portée contre vous. Dans leur sagesse, ils ont décidé de s'en

abstenir. Ne devriez-vous pas rafraîchir la mémoire de la Commis-
sion des libérations conditionnelles et de vos nombreux détrac-
teurs à ce propos ?
Savez-vous ce qu'impliquerait votre soumission aux vœux des
autorités ? Que se passerait-il si vous acceptiez d'être traitée en
tant que criminelle sexuelle ? N'oubliez pas que les apparences ont
la fâcheuse habitude de se substituer à la réalité. Cela ne
contredirait-il pas le fait que vous n'avez jamais été ni accusée ni
reconnue coupable de quelque délit sexuel que ce soit ?
Croyez-moi, personne, ni le Service correctionnel, ni le minis-
tère de la Justice de l'Ontario, ni l'inspecteur Vince Bevan, ni la
Commission nationale des libérations conditionnelles, ni la bande
de pontifes et de péquenauds qui siègent à Ottawa, je dis bien per-
sonne ne veut se faire dire que vous auriez pu être accusée
d'agression sexuelle, mais que cela n'a pas été fait. Et personne ne
soulignera ce fait si vous ne le faites pas. Vous avez tout intérêt à
le faire, sinon on risque d'invoquer l'article 810 (a) contre vous le
jour de votre libération. Mais cela est une autre histoire... Il faut
aborder les choses une après l'autre, un jour à la fois.

Karla ne savait plus que penser. Que pouvait bien être la section
810 (a) ? Une chose était cependant certaine : cette lettre étonnante comportait un problème évident. L'auteur commettait des erreurs sur des faits
importants. Il faisait un lien entre la fin de sa relation avec Hans Arndt et
son manque de jugement de plus en plus évident. Il soulignait également
que quiconque avait vu des films sur les prisons savait ce qu'il en coûtait
de défier l'autorité d'un directeur de prison, tel que Karla l'avait fait à
Joliette.

Mais ça n'avait pas du tout été le cas. Ce qu'elle avait fait après le refus
de la directrice de Joliette de lui accorder une permission de sortie temporaire sous escorte n'avait rien eu à voir avec un quelconque manque de
jugement ou une quelconque perception de la vie carcérale tirée de films
de série B. La réalité était à la fois beaucoup plus banale et plus étonnante.

Karla décida que, pour la première fois de sa vie, elle répondrait à la
lettre d'un inconnu. Après tout, son silence et sa soumission pendant toutes ces années ne l'avaient pas menée bien loin. Elle ouvrit son tiroir et sortit son papier à lettres. Elle utilisait de petites feuilles de papier bordées de
petits oursons et de fleurs dessinées à plat. Elle s'arma de son stylo et se
mit à écrire.

* * *

À l'origine, toute cette histoire de permissions de sorties n'était pas l'idée de Karla. À l'été 1999, des membres de la société Elizabeth Fry l'avaient fortement incitée à faire une demande de sortie sous escorte dans le but de l'aider à se préparer à sa libération d'office, alors prévue pour le 6 juillet 2001.

Avec de telles permissions, Karla aurait pu faire des sorties graduelles, d'abord escortée d'«un agent de première ligne» (la nouvelle appellation politiquement correcte utilisée pour désigner les gardiens de prison, que les détenus appellent toujours *screws*), puis seule, à raison de quelques jours à la fois, histoire d'amorcer progressivement sa réinsertion sociale.

On avait dit à Karla qu'il était habituel d'accorder ces sorties à une détenue dont la date de libération d'office approchait. Après plusieurs années passées sous les verrous, le monde extérieur apparaît souvent hostile et menaçant à la personne libérée. Karla était bien consciente de cela lorsqu'elle écrivit :

> *J'ai une peur bleue de sortir de prison. Tous ceux qui ont été en dedans aussi longtemps que moi vivent la même peur. Tout le monde ici pense que le mot « ex-détenu » est gravé sur notre front. Dans mon cas, c'est encore pire, car j'ai l'impression que tout le monde me connaît et qu'il n'attend que l'occasion de me mettre la main au collet ; non pas physiquement car, contrairement à ce qu'on a dit, je ne crains pas pour ma vie. Ça, c'est une invention des médias et de mon avocat, ils ont tout mélangé... Mais je sais que tout le monde voudra savoir où je suis, ce que je fais...*

Karla ne voulait pas faire de demande de sortie sous escorte. De toute façon, elle était sûre que la prison refuserait. Elle s'était depuis longtemps résolue à ne pas faire de demande de libération conditionnelle hâtive, de sortie de jour ou d'autre chose de ce genre ; elle estimait que c'était préférable ainsi. Après tout, elle avait été admissible à une sortie sous escorte après seulement dix-huit mois de prison, mais elle n'en avait jamais fait la demande.

Elle avait répondu aux gens d'Elizabeth Fry qu'elle préférait attendre le jour de sa libération d'office pour sortir, soit le 6 juillet 2001. Après cela, elle respecterait à la lettre toutes les conditions que la Commission des libérations conditionnelles ne manquerait pas de lui imposer jusqu'au terme de sa sentence, en juillet 2005. Elle avait déclaré en des termes on ne peut plus clairs aux bénévoles de la société Elizabeth Fry, dont l'avocate Sylvie Bordelais, qu'elle ne ferait jamais ce genre de demande puisque la prison n'accepterait jamais de lui accorder de permission en ce sens. Les gens de la société Elizabeth Fry étaient d'accord là-dessus, car ils ne croyaient pas non plus que la prison autoriserait Karla à sortir sous escorte. Par contre, le fait de demander une telle permission constituait une requête implicite de libération statutaire. Si Karla ne le faisait pas, la prison pourrait en déduire qu'elle ne manifestait aucun intérêt pour sa réhabilitation. Cela donnerait ainsi une excuse facile aux autorités pour faire ce qu'ils avaient sans doute déjà décidé, c'est-à-dire la garder en prison jusqu'à la toute fin de sa peine. Les manœuvres de la prison visant à prolonger la détention de Karla au-delà de sa date de libération d'office du 6 juillet 2001 étaient communément appelées « obstruction ». La procédure était la suivante : on constituait un dossier noir sur le détenu à partir de n'importe lequel de ses écarts de conduite puis, six mois avant la date de sa libération d'office, on faisait une requête à la Commission des libérations conditionnelles visant à le garder en prison jusqu'à la toute fin de sa peine.

Quatre-vingt-dix-neuf pour cent des prisonniers détenus dans les pénitenciers fédéraux étaient de fait relâchés à leur date de libération d'office. La prison ne faisait « obstruction » que dans les cas où des prisonniers enfreignaient systématiquement les règles ou commettaient des délits à l'intérieur des murs. Cela comprenait ceux qui avaient eu des actes violents envers des gardiens ou des codétenus, ceux qui avaient commis une série de délits, tels l'ivresse ou le trafic de drogue, bref, le genre de prisonniers que la prison n'arrivait pas à « dompter ».

Dans l'histoire pénale, les prisons n'ont pratiquement jamais cherché à prolonger la période de détention d'une femme. Le rares prisonniers contre lesquels on a fait obstruction étaient de sexe masculin.

Le cas de Karla était différent. Selon les gens d'Elizabeth Fry, celle-ci compromettait encore plus ses chances de libération d'office si elle ne faisait pas la demande de sortie prescrite. Même si elle se comportait en prisonnière modèle, Karla devait lutter avec acharnement pour bénéficier de sa libération d'office, chose que même les prisonniers les plus récalcitrants obtenaient automatiquement.

Karla et les membres de la société Elizabeth Fry mirent donc au point une stratégie en vue de contrer le refus éventuel de la directrice de Joliette. Ceux-ci accepteraient à l'avance que Karla puisse utiliser une de leurs maisons de transition à Montréal comme « domicile » si on lui accordait sa libération. Cela donnerait un peu plus de crédibilité à sa demande. Lorsque la demande serait refusée, tel qu'on le prévoyait, Karla en appellerait aussitôt de cette décision devant la Cour fédérale. La société Elizabeth Fry lui fournirait alors les services d'un avocat de Montréal, Mme Pascal Carbonneau, un spécialiste en la matière. Dans les faits, Karla tentera effectivement de poursuivre le Service correctionnel et la directrice de Joliette pour obtenir ce à quoi elle avait droit.

La directrice de Joliette, Marie-Anne Cyrenne, opposa comme prévu un refus catégorique à la demande de sortie de Karla. Me Pascal Carbonneau déposa donc la demande d'appel de Karla devant la Cour fédérale le 20 septembre 1999.

La déclaration sous serment qui constituait l'appel comprenait cinq pages écrites à la main. Karla y décrivait son évolution personnelle et son sentiment croissant de confiance en soi. Me Carbonneau et les membres de la société Élizabeth Fry corrigèrent le texte à au moins six reprises afin qu'il devienne assez convaincant pour être présenté en cour.

Karla y présentait ses réalisations, notamment le baccalauréat en psychologie qu'elle avait obtenu de l'université Queen's. Elle mentionnait aussi ses bonnes notes. Mis à part ce diplôme, elle se disait très fière de sa transition sans heurt entre sa cellule d'isolement de la vieille prison pour femmes de Kingston et le milieu communautaire de Joliette, en juin 1997.

Avant mon transfert à Joliette, les gens prédisaient que j'éprouverais beaucoup de difficulté à m'intégrer à la population carcérale. Au début, j'ai bien eu quelques difficultés avec certaines femmes, mais j'ai été acceptée par la majorité d'entre elles. Je me suis adaptée rapidement sans problème majeur. Considérant ma vie antérieure, je crois qu'il s'agit d'une grande réussite. Je crois que tout le travail que j'ai effectué sur moi-même à Kingston est en grande partie responsable de cette réussite.

Karla rappelait aussi sa bonne conduite générale ainsi que sa réussite dans tous les programmes de la prison auxquels elle avait participé, comme «l'amélioration de soi», la «maîtrise de la colère» et «l'art de réduire son sentiment de victime face aux sévices». Elle estimait qu'elle avait ainsi gagné de l'assurance et de l'estime de soi et qu'elle avait atteint tous les objectifs de son programme correctionnel.

En conclusion, Karla écrivait:

Même si certains renseignements contenus dans mon dossier peuvent paraître négatifs, les nombreuses recommandations et mentions favorables qu'il contient ont certainement de quoi faire pencher la balance en ma faveur.

La cause ne sera jamais entendue par la cour.

Mᵉ Carbonneau avait assuré Karla que la requête auprès de la cour ne serait jamais connue du public. Tout ce qu'il avait à faire était de remplir une demande de huis clos et cela lui serait accordé. La Cour fédérale, en effet, ne fonctionnait pas de la même façon que les cours provinciales. Mais Karla n'avait une expérience directe que de celles-ci. Malheureusement, Mᵉ Carbonneau oublia ou omit de faire sa demande de huis clos. Conséquemment, les médias furent vite mis au courant. Ils s'empressèrent d'aller au greffe de la cour et mirent la main sur des centaines de pages du dossier carcéral de Karla. Ce dossier confidentiel avait été déposé devant la cour par le Service correctionnel pour s'opposer à l'appel de Karla. Ironiquement, ce fut un quelconque greffier de la Cour fédérale qui demanda de son propre chef une ordonnance de non-publication de ces documents, mais le mal était déjà fait.

Trois mois après que Karla eut déposé son appel, les détails les plus juteux de son dossier confidentiel étaient étalés à la une des journaux de tout le pays. Prise au dépourvu, Karla en fut complètement décontenancée. Elle congédia Mᵉ Pascal Carbonneau et se trouva un nouvel avocat. Ce dernier lui dit que, même si la cour avait rendu une ordonnance de non-publication, les médias contesteraient sans doute la légitimité de cette ordonnance et risquaient fort de l'emporter. Selon lui, la seule façon de protéger son dossier et sa vie privée était d'abandonner la poursuite. C'est précisément ce qu'elle fit.

Les événements ne s'étaient pas du tout déroulés comme l'auteur de la lettre le décrivait. Ça n'avait rien eu à voir avec le docteur Arndt ou un manque de volonté de sa part à se défendre. Ce n'était pas de sa faute si elle avait été bannie de Joliette. On l'avait trahie. En guise de récompense pour sa bonne conduite, on l'avait enfermée dans une prison pour hommes à sécurité maximale.

En définitive, tout ça découlait du fait que Karla avait écouté l'avis de gens qu'elle croyait mieux renseignés qu'elle. Sans oublier le rôle des médias. Quand il était question de Karla, il était impossible de faire abstraction des médias. Le moment où tout ça s'était déroulé était aussi tout à fait inopportun. Il y avait eu des élections fédérales et le gouvernement libéral en place avait eu peur des critiques des forces conservatrices au sujet de sa prétendue mollesse envers les criminels. Le cas de Karla était devenu un enjeu électoral de second plan, une sorte de diversion... Des forces qui lui échappaient totalement avaient fait d'elle le bouc émissaire de l'heure.

Même si Karla avait préparé ses explications, elle décida de ne pas les divulguer tout de suite à son correspondant. Elle était plus qu'hésitante à s'engager, surtout envers cette personne. Elle rédigea plutôt une courte note, datée du 27 avril 2001.

J'ai reçu votre lettre cette semaine. Je voudrais vous remercier de m'avoir informée du décès du docteur Arndt. Je n'étais pas au courant. Le monde a perdu un homme extraordinaire et capable d'une grande compassion. Comme vous devez le savoir, il m'a beaucoup aidée au cours d'une période particulièrement difficile de ma vie...

Il ne faut jamais dire jamais, dit-on, et c'est vrai. Jamais en cent ans je n'aurais pensé écrire un jour une lettre à quelqu'un comme vous...

J'ai toutefois été bien élevée, et les filles bien élevées envoient toujours des lettres de remerciement. Vous aviez certainement une idée en m'informant ainsi de la mort du docteur Arndt. Évidemment, ce pourrait n'être qu'un stratagème pour mieux me leurrer. Qui sait ? Je suis devenue, avec raison, très méfiante depuis ces huit dernières années.

Je dois dire que votre lettre m'a beaucoup intriguée...

Vous prétendez avoir beaucoup plus à dire que ce que disait votre lettre. Je suis curieuse de savoir de quoi il s'agit...

Elle signa simplement Karla et, comme elle le faisait toujours après avoir écrit, elle se redressa sur sa chaise, se demandant ce qui allait maintenant se passer.

5

Des diagnostics contradictoires

L'engouement de Karla pour le monde de Walt Disney, et particulièrement la célèbre souris Mickey, intriguait beaucoup le psychologue montréalais Hubert Van Gijseghem. Le fait que Karla ait décoré sa chambre de la maison n° 10 à Joliette avec des affiches de personnages aussi puérils avait selon lui une signification symbolique, un peu comme le cigare de Freud. Le docteur Van Gijseghem n'arrivait pas à mettre le doigt dessus, mais il était persuadé que cela cachait quelque chose de suggestif, d'infâme, de malfaisant. Il pensait la même chose à propos de ses choix de lecture et de l'habitude qu'elle avait prise de remplacer son nom de famille par « Teale ».

Le docteur Van Gijseghem n'avait jamais rencontré ou examiné Karla. Quand il fut mandaté par la prison pour évaluer son cas, au début de l'été 2000, Karla se rendit compte qu'elle était victime d'un coup monté et que les psychologues et les psychiatres à la solde du Service correctionnel avaient bien autre chose en tête que sa santé mentale ou sa réhabilitation. Comme c'était son droit selon les règles mêmes de la prison, Karla refusa de rencontrer le docteur Gijseghem. Aucunement intimidé par ce geste, il rédigea un rapport à partir des informations contenues dans le dossier de prison de Karla et d'interviews du personnel de la prison. Puisqu'il n'avait jamais rencontré ou même parlé à Karla, il ne pouvait pas savoir que l'emploi du patronyme Teale en prison n'était pas l'idée de Karla, mais quelque chose qu'on lui avait indirectement imposé lors de son arrivée en prison.

Après leur mariage, le 29 juin 1991, Karla Homolka et Paul Bernardo avaient décidé de changer de nom. Pour diverses raisons, ni l'un ni l'autre n'aimait son patronyme. Karla avait suggéré le nom de Teale, d'après celui d'un personnage de film. Le nom de ce personnage s'épelait en fait « Thiel », mais Karla ne pouvait le savoir simplement pour avoir regardé le film. Tandis qu'ils étaient en Floride, cette année-là, elle et Paul sont tombés par hasard sur un blason de la famille Teale dans une boutique de cadeaux. Ils firent par la suite une demande officielle aux autorités compétentes pour changer le patronyme de Bernardo par celui de Teale. Ironiquement, l'avis d'approbation de ce changement leur parvint au moment où leurs méfaits éclatèrent au grand jour, peu de temps après l'arrestation de Paul Teale, le 17 février 1993. Légalement, le nom de famille de Karla était donc devenu Teale. En juillet 1993, Karla fut traduite en justice sous le nom de « Karla Bernardo », aussi connue sous le nom de « Karla Teale ». Le docteur Arndt trouva d'ailleurs curieux que les lettres qu'elle lui envoyait de prison fussent signées « Karla Teale » et il l'interrogea à ce sujet.

« Dès le début de cette affaire, j'ai été réticente à utiliser le nom d'Homolka, expliquait Karla dans une lettre datée du 24 octobre 1994, parce que je ne voulais pas que ma famille soit entraînée dans tout ce cirque médiatique.»

Elle avoua que cette stratégie n'avait pas fonctionné; la presse s'entêtait à utiliser son nom de jeune fille. Mais, selon elle, c'était la prison qui avait réglé cette question. Comme elle avait été jugée en tant que « Karla Bernardo aussi connue sous le nom de Teale », on l'intima de faire un choix dès son arrivée en prison : c'était ou bien Karla Bernardo ou bien Karla Teale. Comme il fallait s'y attendre, elle opta pour Teale, d'après le nom d'un monstre fictif.

Ce qui ébranlait tant le docteur Van Gijseghem était le fait que Karla avait pris le nom d'un tueur en série fictif, Martin Theil. Ce personnage, interprété par Kevin Bacon, évoluait dans le film *Criminal Law*, un thriller de série B de 1987, qui était l'un des films préférés du couple.

Le docteur Van Gijseghem ignorait que c'était Karla elle-même qui avait spontanément donné l'origine de ce nom à la police lors de sa déposition quelque peu forcée de mai 1993. Si elle ne l'avait pas fait, personne n'aurait jamais même pensé à établir ce lien !

Elle avait expliqué que, une fois que Paul et elle avaient pris la décision de changer de nom, Paul l'avait fortement incitée à en trouver un qui soit convenable. En regardant le fameux film, elle avait entendu « Teal » (sarcelle, en français), et comme elle aimait la couleur de cet oiseau, Paul accepta la suggestion avec empressement.

En ce qui concerne ses choix de lecture, que le docteur Van Gijseghem mettait en cause, des millions et des millions de gens lisent les romans de Stephen King, de Dean Koontz et bien d'autres histoires d'horreur, de meurtres et d'occultisme. De plus, la police était parfaitement au courant du penchant de Karla pour ce genre de littérature. Les procureurs avec qui elle avait fait un marchandage judiciaire ne s'en étaient pas offusqués outre mesure non plus lorsqu'ils lui avaient proposé une sentence de douze ans de prison en échange de plaidoyers de culpabilité à deux chefs d'accusation d'homicide involontaire, et d'un témoignage contre son ex-mari.

Les extrapolations du docteur Van Gijseghem étaient absurdes. Les deux livres que Karla avait le plus appréciés étaient deux classiques souvent étudiés à l'école, soit *The Bell Jar*, de Sylvia Plath, et *A Separate Peace*, de John Knowles. C'était un fait qu'elle aimait les romans policiers écrits par Michael Connely et Ed Bain, et qu'elle tentait de mettre la main sur tout ce que ces auteurs avaient écrit, tout comme des centaines de milliers d'autres lecteurs d'ailleurs. Elle aimait beaucoup Dean Koontz, mais pas tellement Stephen King, sauf peut-être *Christine, Cujo, Thinner*, et *Gerald's Game*. Oh là là ! qu'aurait donc pensé ce cher docteur du fait qu'elle préférait Koontz à King ? Et que dire de son choix parmi les œuvres de King ? *Gerald's Game*, par exemple...

Il est indéniable que Karla appréciait beaucoup les récits de crimes authentiques, surtout lorsqu'ils étaient bien écrits et provocateurs comme *The Perfect Victim*, de Christine McGuire. Mais cela ne voulait nullement dire qu'elle boudait les autres genres littéraires pour autant.

En l'évaluant ainsi à distance, le docteur Van Gijseghem se contentait d'éléments superficiels et ne cherchait qu'à faire du sensationnalisme, comme tout le monde. D'un point de vue psychologique, le choix de son nom de famille ou ses habitudes de lecture n'avaient aucune signification. On ne pouvait en déduire quelque forme de maladie mentale que ce soit. Son emballement pour *The Bell Jar* et *A Separate Peace* n'en révélait pas plus sur son état mental, sa dangerosité ou son risque de récidive.

Karla était en eau trouble. Lorsqu'elle lut le rapport du docteur Van Gijseghem, peu après son dépôt au mois d'août 2000, elle comprit finalement qu'elle était perdue et que, peu importe ce qu'elle ferait, elle ne pourrait gagner. Elle était dans le pétrin. Elle savait que, quoi que disent les gens des libérations conditionnelles, les gardiens ou la directrice, les promesses qu'on lui avait faites ne seraient pas tenues.

Peu de temps après que la directrice de Joliette eut refusé la demande de sortie temporaire de Karla et que celle-ci eut manifesté son intention d'en appeler de cette décision, le docteur Van Gijseghem fut engagé par le directeur régional des services psychologiques du Service correctionnel, M. Jacques Bigras, pour effectuer une autre évaluation de Karla en tant que consultant privé. Le Service correctionnel n'était pas satisfait du rapport de son propre psychiatre, le docteur Sharon Williams, qui avait rencontré et évalué Karla à deux reprises, en 1996 et en 1999. Le docteur Williams, une spécialiste dans le traitement des délinquants sexuels et des psychopathes emprisonnés, avait estimé que Karla n'était pas une psychopathe et que, selon elle, ses chances de récidive étaient très minces. Cette conclusion ne servait pas les objectifs de la prison. On fit donc spécifiquement appel au docteur Van Gijseghem, sachant que ses conclusions iraient davantage dans le sens recherché.

Avec le recul, Karla réalisait que, dès sa deuxième année passée à Joliette, le Service correctionnel avait eu recours à plusieurs psychologues, telle Joanne Racine-Rouleau, dans le but précis de remettre en question les diagnostics figurant à son dossier, même si ces derniers avaient été acceptés d'emblée jusque-là.

Le docteur Rouleau était professeur titulaire à l'université de Montréal. Elle avait collaboré à la rédaction de quelques articles sur le rôle des témoins experts dans les procès, ainsi que sur les troubles sexuels et les agresseurs sexuels. Auteur peu prolifique, assez peu connu, le docteur Rouleau était cependant habile à se servir d'un nouvel outil d'évaluation, auquel Karla n'avait jamais été soumise : le test de dépistage Abel. Au milieu de 1998, la prison demanda donc au docteur Rouleau de faire passer ce test à Karla.

Le test Abel est un instrument d'évaluation, à base de logiciels mis au point et exploité par le docteur Gene Abel, un psychiatre d'Atlanta en Géorgie, avec qui le docteur Rouleau avait écrit un article sur les troubles sexuels [1].

Le test est passé par ordinateur et dure plusieurs heures. Les logiciels requis doivent être achetés au docteur Abel au prix de 2 500 $ US. Peu importe l'endroit où le test est passé et par qui, les données brutes doivent être envoyées au laboratoire du docteur Abel, en Géorgie, pour y être compilées, moyennant une somme assez rondelette.

Sur l'écran, le sujet voit une suite d'images d'enfants des deux sexes entièrement vêtus, de même que divers objets associés au fétichisme sexuel. Le test mesure les réactions du sujet aux stimuli visuels en enregistrant le temps qu'il prend à passer d'une image à l'autre en appuyant sur la touche appropriée.

Ces temps de réaction fournissent l'essentiel des données. Le test repose sur l'hypothèse que les pédophiles homosexuels, par exemple, s'attarderont inconsciemment davantage sur la photo d'un jeune garçon que sur celle d'une jeune fille. Il a été conçu pour dépister les préférences sexuelles et le niveau de fétichisme chez les hommes adultes.

Les résultats de ce test peuvent servir de diverses façons. Par exemple, un groupe de psychiatres et de psychologues de Toronto travaillant pour le compte de l'archidiocèse catholique a proposé d'utiliser le test Abel pour identifier les pédophiles chez les jeunes séminaristes avant qu'ils ne soient ordonnés prêtres.

Le docteur Abel, un grand homme au corps élancé et à la tignasse blanche, est bien connu des milieux professionnels pour ses travaux sur les délinquants sexuels. Il a construit une vaste banque de données standard concernant les hommes. Conséquemment, faire passer ce test à Karla était un exercice purement symbolique. Il n'y avait pratiquement pas de femmes dans les données du docteur Abel ; son test n'était donc pas adapté aux femmes.

Toute conclusion quant aux préférences sexuelles ou au degré de fétichisme de Karla qui serait tirée du test Abel serait donc forcément orientée et non fondée. Même si ce test était infaillible – ce qu'il n'est pas –, les résultats de Karla n'auraient aucune valeur et ne résisteraient pas à la moindre analyse scientifique.

Karla ne se souvenait plus de quoi le docteur Rouleau avait l'air ni de son âge. Elle se rappelait seulement ne pas avoir aimé cette femme. « Son rapport était truffé d'erreurs et de mensonges, écrivit-elle plus tard à une de ses confidentes. Je n'ai pas du tout été impressionnée. Moi, je dis la vérité et cela m'ennuie quand les autres ne le font pas. Si une personne n'est même pas capable de rapporter les faits tels qu'ils sont, que faut-il penser des autres choses qu'elle raconte ? »

Compte tenu de ses failles, le rapport du docteur Joanne Racine-Rouleau, daté du 2 octobre 1998, se révéla délibérément négatif. Ce document inepte n'avait aucune pertinence. Il laissait entendre que Karla était peut-être bisexuelle, mais ne décelait en elle aucune forme de déviance ou de fétichisme. La bisexualité n'a évidemment rien à voir avec les crimes sexuels ou les meurtres, pas plus qu'elle ne représente un risque de comportement dangereux.

Les prisonniers avaient accès à leur dossier et pouvaient le consulter en tout temps. Mais Karla faisait un peu des manières et n'y portait pas attention. Elle ne rendit compte que trop tard qu'une mer de changements avaient eu lieu depuis deux ans dans ce que les psychiatres et les psychologues du Service correctionnel disaient d'elle.

Depuis son incarcération, elle avait tellement passé de temps avec ces spécialistes qu'elle en était devenue blasée. Son propre avocat, George Walker, l'avait assurée qu'il était à son avantage de se montrer ouverte et coopérative avec les thérapeutes de la prison. Au début, cela avait été vrai.

À la prison pour femmes de Kingston en Ontario, où Karla fut incarcérée en premier lieu, il y eut d'abord ce brave vieux docteur Roy Brown.

Suivant les directives de la prison, celui-ci l'avait soignée selon le diagnostic reconnu, à savoir qu'elle était une femme battue fortement déprimée souffrant d'un trouble du stress post-traumatique et affectée d'une grave dépression.

À cette époque, il y eut aussi la toute jeune psychologue Jan Heney; les détenues l'appréciaient grandement, car elle militait pour les droits des prisonnières avec la permission tacite de la prison. Sous les soins des docteurs Brown et Heney, Karla avait eu droit à trois ou quatre séances de thérapie par semaine.

Après son témoignage contre son ex-mari, à l'été 1995, Karla rencontra le docteur Sharon Williams pour la première fois. Karla venait tout juste de passer dix-neuf jours à la barre des témoins à Toronto, et la prison voulait la faire examiner pour s'assurer qu'elle allait bien. Karla décrivit le docteur Williams comme étant «une personne chaleureuse et ouverte».

Mme Williams était conseillère spéciale auprès du «commissaire au programme sur les délinquants sexuels» du Service correctionnel, de même que professeur adjoint en psychologie et en psychiatrie à l'université Queen's.

Les premières séances de thérapie de Karla avec le docteur Williams avaient été longues et compliquées. Karla croyait déjà avoir passé tous les tests possibles... Avant et après son arrivée en prison, on lui avait fait passer une batterie complète de tests: test de neuropsychologie Halstead Reitan, test de catégorie Halstead, test de reconnaissance tactile, test d'écriture de chiffres du bout des doigts, test de dépistage de l'aphasie Reitan Indiana, examen sensori-perceptuel Reitan Klove, test rythmique Seashore, test de perception de phonèmes Seashore, test de performance tactile, formes A et B du test des tracés, dynamomètre manuel, test d'intelligence pour adultes Wechsler révisé, test de mémoire Wechsler révisé, test de phrases à compléter Forer, liste de vérification d'adjectifs, sections A et B du test de perceptions thématiques, test 16 P F Cattell, profil psychologique de Californie et formule E d'évaluation de la personnalité Jackson, outil psychodiagnostique Rorschach dit test des taches d'encre, rapport interprétatif Rainwater et enfin, profil de la personnalité multiple du Minnesota, connu sous l'acronyme MMPI-2 [2] (*Minnesota Multiphasic Personality Inventory*). Karla se souvenait avoir passé ce dernier au moins trois fois!

Le docteur Williams refit passer à Karla le MMPI-2, de même que quelques autres tests dont Karla n'avait jamais entendu parler, soit l'outil clinique de la personnalité multiple du Minnesota (ou MMCI – *Minnesota Multiphasic Clinical Instrument*), le SMAST et le DAST (Karla ne se souvenait pas de ce que ces acronymes voulaient dire), outre quelques autres sur les connaissances sexuelles et la tendance au déni et à la minimisation. Le SMAST (*Short Michigan Alcoholism Screening Test*, ou court test de dépistage de l'alcoolisme du Michigan) et le DAST (*Drug Abuse Screening Test*, ou test de dépistage de l'abus de drogue) sont utilisés pour reconnaître les problèmes d'alcool et de drogue chez un individu. Puisque Karla ne consommait pas de drogue et qu'elle n'avait pas bu depuis son arrivée en prison, ces tests étaient peu pertinents dans son cas. Il s'agit essentiellement de longues séries de questions du genre « Avez-vous déjà eu un sentiment de malaise face à votre abus de drogue ? » ou « Consommez-vous plus d'une drogue à la fois ? ». Le sujet doit invariablement répondre par oui ou non. Les deux autres tests sur les connaissances sexuelles et la tendance au déni et à la minimisation étaient plutôt anodins, et les résultats de Karla furent tout à fait normaux.

De tous ces tests, le MMPI-2 et le MMCI étaient les plus importants, car ils servaient de points de références à tous les autres tests psychologiques.

Au cours de ces tests, le sujet est confronté à des centaines d'énoncés sur le comportement, les émotions, les attitudes sociales et les symptômes psychopathologiques. Il doit répondre chaque fois par V (vrai), F (faux) ou ? (ne sait pas). Les réponses sont ensuite notées selon des échelles établies par les auteurs des tests, un psychiatre nommé J. C. McKinley et un psychologue nommé Starke Hathaway. Le score global est habituellement calculé par ordinateur. Le docteur Long, qui était déjà assez âgé en 1993, calculait les résultats à la main.

Le docteur Williams termina son premier rapport d'évaluation psychologique de Karla le 12 mars 1996. Karla l'accueillit avec bienveillance. « Je ne vois pas de problème à ce que l'on dise des choses négatives à mon sujet, dans la mesure où ça correspond à la réalité », écrivit Karla.

Le docteur Williams avait été une étudiante et une collègue du spécialiste qui avait élaboré à Kingston un programme mondialement connu à l'intention des délinquants sexuels. Cet homme, le docteur William Marshall, avait perfectionné son programme au cours des trente dernières années, de concert avec l'université Queen's et le Service correctionnel canadien. Or, en tant que spécialiste du domaine, le docteur Williams ne trouvait pas que Karla était une psychopathe dangereuse. Elle pensait même qu'il valait mieux poursuivre la thérapie que Karla recevait en tant que « femme battue souffrant d'un trouble du stress post-traumatique », plutôt que de l'inscrire à un programme destiné aux délinquants sexuels. Le docteur William soulignait aussi l'attitude positive que Karla avait toujours eue face aux programmes de la prison au cours des dernières années.

Le Service correctionnel se basa sur l'avis du docteur Williams, de même que sur les deux rapports du docteur Roy Brown et les notes cliniques de la jeune psychologue Jan Heney, pour recommander le transfert de Karla à la prison de Joliette, le premier juin 1997.

Après son arrivée à Joliette, Karla entreprit une thérapie avec la psychologue interne, une certaine France Aubut. Cependant, parler avec Mme Aubut était aussi utile que parler à un mur. Karla cessa donc de la voir après quelque huit mois.

Au cours de sa seconde séance de thérapie avec Karla en 1999, à Joliette, le docteur Williams fit passer à celle-ci le test de contrôle de la personnalité psychopathe du docteur Robert Hare. De mémoire, Karla obtint un score très bas, soit cinq ou quelque chose du genre. Pour être diagnostiquée psychopathe, une conclusion rarissime chez les femmes, Karla aurait dû avoir un score d'au moins vingt ou trente. Le rapport déposé par le docteur Williams ne sembla pas correspondre aux attentes de la prison puisque, tout de suite après, le dossier de Karla fut remis au docteur Van Gijseghem.

Dans son rapport subséquent, le docteur Van Gijseghem admet dès le début qu'il n'a pas pu procéder à une évaluation «de première source», Karla ayant refusé de le rencontrer ou de se soumettre à ses tests. En conséquence, il a dû, dit-il, se baser sur certains «éléments choisis» dans le dossier de Karla de même que sur les opinions personnelles de l'équipe qui en était responsable. Commodément, le docteur Van Gijseghem précise que, à la demande des personnes concernées, il s'abstiendra de donner leurs noms ou de citer nommément leurs opinions. Selon lui, les personnes responsables de Karla avaient exigé l'anonymat en vue de préserver leurs bons rapports futurs avec Karla.

Le docteur Van Gijseghem continue en affirmant que, à son avis, les impulsions et la personnalité de Karla n'avaient pas changé depuis son entrée en prison[3].

Utilisant le «nous» de majesté, il attaque son rapport avec une tautologie: «Nous partageons la thèse selon laquelle la structure d'une personnalité ne change pour ainsi dire pas avec les années, ce qui nous amène à continuer à nous interroger sur son état d'esprit lorsque les crimes furent commis.»

Le seul problème avec ce genre de rumination tient au fait que les interrogations sur la véritable personnalité de Karla étaient déjà dans tous les esprits lorsque Karla Homolka devint un personnage public au tout début de 1993.

Pendant le procès de Karla, en juillet de la même année, ce débat sur son état mental prit une dimension nationale. L'ordonnance de non-publication concernant tous les détails révélés au cours du procès alimenta les rumeurs les plus insidieuses et fit de l'affaire une légende.

Au cours du procès de Paul Bernardo, à l'été 1995, quand les détails les plus sordides de l'histoire furent révélés à petites doses au public, tel un poison, les interrogations sur l'équilibre mental de Karla suscitèrent l'indignation générale tellement la réponse paraissait évidente.

Après la condamnation de Bernardo à l'emprisonnement à vie, le 31 août 1995, 320 000 citoyens signèrent une pétition demandant au ministre de la Justice d'annuler l'entente judiciaire conclue avec Karla.

Mais les autorités avaient déjà apporté leurs propres réponses à ce débat relatif aux impulsions de Karla, à sa véritable personnalité et à son état mental. La police et le ministère de la Justice avaient décidé de conclure une entente avec elle en se basant sur l'évaluation que neuf experts avaient faite à son sujet. Plusieurs de ces spécialistes étaient d'ailleurs mieux qualifiés que le docteur Van Gijseghem en ce domaine.

Néanmoins, devant le tollé de la population, le gouvernement fit marche arrière et confia à deux juges le mandat de mener une enquête « indépendante » sur l'entente judiciaire conclue avec Karla et sur l'enquête policière relative aux viols et aux meurtres.

Après un examen long et ardu, les juges déposèrent leurs rapports en 1996.

Pour sa part, l'honorable juge Archie Campbell affirma que la police avait complètement raté son enquête et que les médecins légistes avaient failli à la tâche.

Le juge Patrick Galligan, d'autre part, déclarait que l'entente conclue avec Karla était honnête et correcte, et qu'elle se justifiait tant par les circonstances que par la loi. En conséquence, l'entente demeurait en vigueur. Le débat était ainsi clos une fois pour toutes.

Mais ce n'était pas l'opinion des politiciens, des autorités de la prison et du docteur Van Gijseghem.

Dans son rapport, le docteur Van Gijseghem reconnaît qu'un certain nombre de spécialistes ont diagnostiqué Karla, lors de son entrée en prison, comme étant une femme battue souffrant d'un trouble du stress posttraumatique et d'une grave dépression. Même si le docteur Van Gijseghem n'en dit pas davantage, trois de ces spécialistes – les docteurs Hans Arndt, Alan Long et Andrew Malcolm – avaient été sollicités par l'avocat de Karla, George Walker, et leurs diagnostics remontaient à 1993.

Quatre autres spécialistes – les docteurs Chris Hatcher, Stephen Hucker, Peter Jaffe et Angus McDonald – ont par ailleurs été engagés par la Couronne en 1994 et 1995 pour effectuer des diagnostics indépendants.

Finalement, ces spécialistes arrivent aux mêmes conclusions que les précédents. Deux d'entre eux, soit le docteur Peter Jaffe de London, en Ontario, et le docteur Chris Hatcher, de Los Angeles, jouissaient d'une réputation mondiale en tant qu'experts du syndrome de la femme battue et du trouble du stress post-traumatique.

Ce n'était pas du tout le cas du docteur Van Gijseghem. Ce dernier était effectivement reconnu comme un expert par les tribunaux québécois, mais dans un tout autre domaine, soit celui du « traitement des problèmes causés par la violence sexuelle [4] ». Il est quand même étonnant qu'on ait choisi un tel spécialiste pour évaluer si Karla avait suffisamment changé pour qu'on la libère à sa date de libération d'office.

Il tombe sous le sens qu'un expert en traitement des victimes d'agression sexuelle risque d'avoir une opinion orientée lorsqu'on lui demande d'évaluer impartialement quelqu'un qui, comme Karla, a été impliqué dans des crimes comportant de la violence sexuelle et même des meurtres.

Si le seul souci du Service correctionnel avait été de chercher à savoir si Karla était prête pour une libération conditionnelle, il y avait alors quantité de psychologues reconnus comme spécialistes en ce domaine dans la région de Montréal, tels les docteurs Alain Fournier, Daniel Henroteaux, Suzanne Léveillée et Michel Huard, pour ne nommer que ceux-là. Le Service correctionnel n'est que le bras punitif ou l'outil de réhabilitation de notre système judiciaire ; il ne devrait jamais, du moins en principe, assumer le rôle de juge ou de jury. Quoi qu'il en soit, aucun de ces spécialistes ne fut même approché pour procéder à l'évaluation de Karla.

Dans son rapport, le docteur Van Gijseghem affirme faussement qu'aucun des spécialistes qui avaient évalué Karla avant lui n'avait examiné des documents aussi accablants que les fameuses vidéocassettes. En réalité, celles-ci ont été vues par les docteurs Hucker, Hatcher et MacDonald de même que par le psychologue de la prison, le docteur Roy Brown. Seul « spécialiste » à n'avoir jamais rencontré Karla en personne, le docteur Van Gijseghem rejette de la main les diagnostics cohérents des docteurs Arndt, Long, Malcolm, Hucker, Hatcher, Jaffe, MacDonald, Brown, Heney et Williams. « Il nous apparaît, écrit-il, que ce diagnostic de dépression, de trouble du stress post-traumatique et de femme battue est erroné. »

Le docteur Van Gijseghem ajoute que, dans les rapports précédents, les auteurs « tiennent tous pour acquis que le trouble de Karla découlerait des mauvais traitements que lui a fait subir Bernardo ainsi que des horreurs qu'il lui aurait ordonné de commettre ».

À propos du docteur Arndt, le psychiatre qui avait passé le plus de temps avec Karla, le docteur Van Gijseghem fait la remarque suivante :

«Nulle part dans son rapport l'auteur n'indique de quel traumatisme il s'agit. Pourtant, la première chose à faire, selon le DSM-IV, est de définir la nature du traumatisme en question.» Le DSM-IV (*Diagnostic and Statistical Manual of Mental Disorders*, IVᵉ édition) est une sorte d'encyclopédie utilisée par les psychologues et les psychiatres pour identifier et classer les troubles de santé mentale.

NOTES

1. Winokur et P. Clayton (dir.), *Medical Basis of Psychiatry*, W. B. Saunders, Philadelphie, 1994.
2. Notes du docteur Hans Arndt; rencontres avec Karla Homolka, mars à juin 1993; aussi, transcriptions d'interviews avec le docteur Arndt par l'auteur. Voir aussi les archives de l'hôpital général Northwestern, graphiques et notes des infirmières sur la patiente Karla Seger, de même que les dossiers pharmacologiques de ce même hôpital, archives de l'auteur; voir aussi le rapport du docteur Alan Long envoyé à George Walker, dans le dossier client Karla Homolka.
3. Voir le «Rapport d'expert» du docteur Hubert Van Gijseghem, Ph. D., daté du 8 août 2000, dans les archives de l'auteur.
4. Voir *La Reine c. Jean-Pierre Hamelin* (Québec), Cour suprême du Canada, 14 janvier 1997.

6

Un conte de fées qui finit mal

Le jour où, en septembre 1993, j'ai fait la rencontre du docteur Arndt au Bistro 990, en compagnie de Doug Elliott, il était déjà atteint de leucémie. La maladie avait été dépistée quelque six mois avant que George Walker ne lui demande de voir Karla. Il recevait un traitement intensif de chimiothérapie pour ralentir la marche de cette maladie mortelle. Je ne me souviens pas exactement où nous étions quand il me l'a appris, mais c'était peu de temps après le dîner où il m'avait confié les dossiers de Karla. Il avait donné à ceux-ci le nom de «Lorenzo» dans le but de protéger la vie privée de sa célèbre patiente. Tant le docteur Arndt que le personnel de l'hôpital général Northwestern s'attendaient à un blitz médiatique dès que la nouvelle de l'admission de Karla à l'hôpital serait connue. L'hôpital décida de l'inscrire sous le nom de jeune fille de sa mère, soit Karla Seger, mais Hans continua néanmoins à inscrire «Lorenzo» sur tous ses dossiers concernant Karla. C'était son petit côté malicieux.

Entre le moment où il me remit les dossiers et le procès de Paul Bernardo, en 1995, nous nous sommes souvent parlé au téléphone et nous nous sommes rencontrés à plusieurs reprises. Parfois, c'était à son bureau de la rue Keele, juste au sud de l'endroit où l'autoroute 401 émerge au-dessus de la ville de Toronto. D'autres fois, nous nous voyions dans le sous-sol de sa belle maison de Hogg's Hollow, non loin de la rue Yonge. Il se mit à me parler de sa maladie dès le début de notre relation.

Pendant un an, il s'était senti fiévreux et fatigué ; il était donc allé passer un examen médical complet et le redoutable diagnostic était tombé. Peu de gens connaissaient son état et il n'avait pas du tout l'air malade, bien au contraire. Le docteur Arndt était un solide gaillard du genre athlétique. À l'entendre, la maladie aurait ralenti son allure, mais je ne vis aucun indice en ce sens. Il continuait à voir tous ses patients et n'avait pas changé ses heures de garde à l'hôpital. Il ne refusait jamais d'aller en cour en tant que témoin expert. Agréé comme tel dans les Territoires du Nord-Ouest, il se rendait souvent à Yellowknife pour témoigner. De plus, avec sa femme qui était travailleuse sociale, il donnait des conseils conjugaux deux soirs par semaine dans le sous-sol de leur maison.

Cependant, il était sur le point de mourir. Et, comme dans le cas de tout cancer avancé, il était impossible de prédire si la mort viendrait rapidement ou non.

Le docteur Arndt prit la copie du DMS-III-R (le DMS-IV ne serait publié qu'en 1995) sur une étagère derrière son bureau, entre son chasseur de rêves ojibwé et un morceau du mur de Berlin.

Ayant moi-même examiné soigneusement tous les dossiers de Karla, je lui laissai entendre que je trouvais un peu trop simple son diagnostic, qui la décrivait comme une femme battue et déprimée souffrant d'un trouble du stress post-traumatique. «Tammy a été l'élément déclencheur», me révéla-t-il finalement un soir.

Je citai en exemple le procès de Lorena Bobbit, cette femme qui avait été disculpée d'avoir tranché le pénis de son mari pendant qu'il dormait. Les experts avaient aussi dit dans ce cas que l'accusée avait été battue par son mari et qu'elle souffrait d'un trouble du stress post-traumatique. Je suggérai ainsi l'idée que le trouble du stress post-traumatique était peut-être devenu une mode. Au tournant des années 1990, ajoutai-je, toutes les femmes accusées de crime violent recevaient un diagnostic de trouble du stress post-traumatique lorsque des experts témoignaient devant la cour. Il rejeta mes arguments en disant que les diagnostics des psychiatres soulevaient toujours la controverse, aussi bien entre eux qu'avec le grand public. Il m'expliqua ensuite l'origine du trouble du stress post-traumatique.

D'abord associé à la «psychose traumatique du soldat», le trouble du stress post-traumatique fut observé pour la première fois chez les vétérans de la Première Guerre mondiale. Les symptômes de ce trouble mental ont été décrits en 1941 dans un livre de Arthur Kardiner intitulé *La névrose de la guerre*. Le trouble a depuis lors été repris et abondamment diagnostiqué par les spécialistes, notamment en ce qui concerne les vétérans de la guerre du Viêt-Nam.

Je lui demandai alors avec un peu de sarcasme comment Karla aurait pu développer un trouble étroitement associé à l'expérience des pires atrocités de la guerre. Quels événements dramatiques de sa vie personnelle auraient pu provoquer chez elle une telle névrose ? Certes, il est vrai que Paul Bernardo a battu Karla, mais cela ne signifie pas pour autant qu'elle ait souffert du syndrome de la femme battue. Du moins, pas dans le sens classique, tel qu'il a été défini dans le livre de Lenore Walker, *La femme battue*, paru en 1979.

Ce livre propose un modèle diagnostique permettant de reconnaître le syndrome de la femme battue [1]. Toutes les expériences cliniques menées d'après ce modèle en ont démontré la validité. Le cycle de la violence en trois phases proposé par Walker a été reconnu par la communauté thérapeutique internationale.

Mme Walker postule que le syndrome de la femme battue existe lorsqu'une femme expérimente plusieurs fois les trois étapes de ce cycle de violence [2]. La première phase est celle de la « montée de la tension ». La femme est alors victime de violence verbale et de sévices mineurs. Elle réagit en cherchant à apaiser l'agresseur afin d'éviter qu'il ne commette des actes encore plus violents.

La seconde phase est celle de la « violence continuelle », caractérisée par des agressions physiques répétées. Elle est suivie d'une dernière phase, celle de l'« amour-repentir », où l'agresseur exprime des remords et promet de ne plus recommencer.

Dans une relation violente, ce cycle doit se répéter plusieurs fois pour que le syndrome puisse se développer. La femme éprouve alors un sentiment d'impuissance face à sa situation, d'où l'emploi de l'expression « impuissance acquise [3] » pour caractériser le syndrome.

Cette expression décrit une situation où la femme, sous l'effet de la répétition des cycles de violence, « apprend » à devenir une sorte de coquille passive, anxieuse, déprimée, confuse et effacée, qui se croit piégée dans une situation sans espoir. Beaucoup de femmes sont battues et violentées, mais peu d'entre elles développent le syndrome de la femme battue [4].

Je dis au docteur Arndt que, selon les dépositions de ses amis et de sa famille, Karla était une lectrice avide et une élève studieuse et que, en conséquence, elle aurait pu emprunter à d'autres personnes les deux fameuses expressions « cycle de la violence » et « impuissance acquise [5] » de Lenore Walker.

Lorsqu'elle fut hospitalisée, après que Paul l'eut battue avec une lampe de poche, tous ceux qui sont venus la voir – policiers, médecins, infirmières, travailleurs sociaux, amis et membres de la famille – lui ont dit qu'elle était une femme battue et ont ainsi contribué à lui inculquer cette fausse perception.

L'avocate engagée lors de son divorce, Virginie Workman, l'a même encouragée à rédiger un « journal intime de ses mauvais traitements », lequel fut inclus dans les dossiers « Lorenzo » du docteur Arndt. Ce journal, tel un roman sur son passé, décrivait avec force détails tous les sévices physiques et psychologiques que Paul Bernardo lui aurait fait subir au cours de leur vie commune. Le document écrit d'une main soigneuse comptait une trentaine de pages.

Je soumis donc au docteur Arndt l'idée que ce bel exercice de composition aurait pu pousser Karla à se concentrer sur le thème de la violence conjugale et à intérioriser le statut de femme battue. Elle répéta son histoire au docteur Arndt et aux autres spécialistes, leur racontant par le menu détail les agressions qu'elle avait consignées dans son journal, mettant ainsi en évidence les notions d'«impuissance acquise» et de «cycle de la violence» qui caractérisaient sa situation.

N'avait-elle pas aussi raconté au docteur Arndt que Paul la frappait régulièrement, de manière imprévisible, qu'il la forçait à manger des excréments et à boire de l'urine et qu'il la mettait dehors toute nue sur la pelouse, à trois heures du matin, tandis qu'il la surveillait de l'intérieur en se masturbant dans la pénombre du salon.

Comment peut-on être certain que ces histoires sont vraies? À ma connaissance, Bernardo n'a sévèrement battu Karla qu'une seule fois, et elle l'a quitté aussitôt après. Une femme vraiment atteinte du syndrome de la femme battue ne serait pas partie ainsi. En plus d'avoir été la complice de Paul Bernardo dans le crime, Karla n'aurait-elle pas été aussi la complice du docteur Arndt en ce qui concerne son diagnostic?

Avec un sourire entendu, le docteur Arndt écoutait patiemment ce que j'avais à lui dire. À ma grande surprise, il déclara que j'avais raison et que beaucoup de choses ne collaient pas dans cette histoire de femme battue.

Pendant les premières années de sa liaison avec Paul, Karla vivait chez elle, protégée par ses parents et ses amis. À cette époque, Paul travaillait à plein temps à deux heures de chez elle. Ils ne se voyaient que les weekends. Même après leur mariage, Karla continua à voir ses amis et ses collègues de travail presque tous les jours.

Le docteur Arndt admettait qu'il était plutôt rare qu'une femme souffrant du syndrome mentionné continue à avoir une vie sociale, l'agresseur tentant généralement d'isoler sa victime du monde extérieur. Bien qu'il ne se prétendît pas spécialiste en la matière, il en avait tout de même une solide expérience.

Une autre faille dans la théorie du docteur était le fait que Karla, après avoir abandonné le domicile conjugal, s'était mise aussitôt à dénigrer systématiquement Bernardo. Elle a elle-même entamé les procédures de divorce. C'est encore elle qui a averti le service des douanes que Paul s'adonnait à la contrebande de cigarettes. Elle l'a aussi dénoncé à la SPCA pour avoir battu leur chien. Elle a harcelé les amis de Paul par téléphone en vue de leur soutirer le plus d'information possible à son sujet[6]. Le docteur Arndt reconnaissait que rien de tout cela ne ressemblait au comportement typique d'une femme battue.

Il y a eu aussi cette aventure avec un vendeur rencontré dans un bar de Brampton. Moins d'un mois après avoir rompu son mariage, elle se retrouvait au lit avec un étranger.

Elle raconta au docteur Arndt qu'elle l'avait fait «pour son plaisir à elle, pour le sexe». Selon elle, il s'agissait d'un acte «thérapeutique». Bien sûr, personne n'agit de la même manière, mais une femme fortement déprimée et souffrant d'un trouble du stress post-traumatique ne se comporte pas habituellement de la sorte.

Cette façon d'agir avec son nouvel amant, comme elle l'avait fait lorsqu'elle avait rencontré Bernardo, n'était-elle pas le signe d'un mode de comportement plutôt étrange ?

Et le fait que Karla continua d'entretenir une correspondance avec cet amant, lui envoyant des photos où elle posait nue, même si son avocat le lui avait vivement déconseillé, était-il aussi compatible avec un diagnostic de trouble du stress post-traumatique[7] ?

Pendant qu'elle était à l'hôpital, Karla s'assurait que les infirmières notent dans son dossier le fait qu'elle se réveillait à quatre heures du matin. Une telle vigilance se rencontre-elle chez une femme dépressive souffrant du trouble du stress post-traumatique ?

Le docteur Arndt m'avoua qu'il n'avait jamais réussi à concilier ces contradictions ni à dissiper tous ses doutes. Il m'expliqua aussi que son rôle comme évaluateur de Karla avait pris fin le jour où le bureau du procureur de la Couronne avait clairement laissé entendre à George Walker que son diagnostic et celui du docteur Alan Long ne suffiraient pas. La Couronne avait alors retenu les services du docteur Malcolm et le docteur Arndt avait dû revoir son rôle.

« Voyez-vous, poursuivait-il, j'étais devenu le médecin traitant et le thérapeute de Karla plutôt que son évaluateur[8]. Il était donc moins pertinent pour moi de chercher à résoudre les contradictions et les incohérences liées à son évaluation. Cette tâche appartenait maintenant à d'autres.» Désormais, sa seule responsabilité était de voir au bien-être de Karla.

Mais cela ne l'empêchait pas de concéder que j'avais raison. Dans une large mesure, ses collègues et lui, n'avaient jamais remis en question l'histoire racontée par Karla. Mais ce ne sont pas des idiots. Que pouvaient-ils faire d'autre que de s'acquitter consciencieusement de leur tâche et tenter d'évaluer le tout à la lumière des faits qu'on leur présentait ?

Ils avaient tous à s'occuper de centaines d'autres patients. La médecine, et particulièrement la psychiatrie, est tout autant un art qu'une science. Ils ne disposaient pas de fonds illimités pour mener des enquêtes à la Watergate. Après tout, la police n'avait-elle pas englouti des millions de dollars à mener subrepticement une enquête au bout de laquelle elle s'est montrée incapable de prouver la culpabilité de Karla?

Selon le docteur Arndt – et le point à retenir ici est que ses collègues lui donneront finalement tous raison –, il y a eu dans la vie de Karla un traumatisme incroyable, un événement particulièrement dramatique auquel elle restera «accrochée», et cet événement a été la mort de sa sœur Tammy. C'est à partir de ce moment que le trouble du stress post-traumatique s'est développé chez elle.

Cela n'expliquait rien ni ne disculpait Karla de ce qu'elle avait fait. Mais le docteur Arndt ne croyait pas que Karla avait vraiment eu l'intention de tuer sa sœur. Ce n'était pas mon opinion, mais enfin, «tout le monde a droit à son opinion», disait-il. Le problème était d'en faire la preuve devant un tribunal, ce qui était une tout autre histoire. Sauf erreur, la mort de Tammy en janvier 1991 avait été reconnue comme étant accidentelle. Si Karla n'avait pas elle-même fourni les informations exactes au sujet de cet «accident», personne n'aurait jamais su ce qui s'était vraiment passé. Et le fait d'avoir donné ces informations au docteur Arndt était aussi accablant, sinon plus, pour elle que pour lui.

«Quelle conclusion tirer de tout ça?», se demanda-t-il. La question était fort pertinente.

«Il est important de se rappeler, ajouta-t-il, que les individus sont tous différents et qu'ils ne réagissent pas de la même façon.» Les études scientifiques démontrent qu'à peine dix pour cent de la population est susceptible de développer un trouble du stress post-traumatique. Selon lui, Karla faisait partie de ce groupe.

Dans un cas aussi extrême que celui de Karla, il m'expliquait que le trouble du stress post-traumatique consistait à vivre dans un état de choc psychologique marqué par des «absences psychiques». Le plus souvent, en pareil cas, l'individu continue à fonctionner dans sa vie quotidienne et mène en même temps un combat contre ses propres démons, mais il n'a pas vraiment conscience de ce qu'il fait. Aux yeux des autres, cette personne semble fonctionner de façon tout à fait normale, alors que, en fait, elle vit dans un état traumatique permanent. Le docteur Arndt suggérait ainsi que, dans le cas de Karla, «chaque événement subséquent» au traumatisme d'origine – c'est-à-dire les crimes perpétrés contre Leslie Mahaffy, Kristen French ou n'importe qui d'autre – constituait un traumatisme s'ajoutant au premier. Contrairement au docteur Van Gijseghem, le docteur Arndt établissait clairement cet état de traumatisme permanent dans son rapport. Pour paraphraser le docteur Arndt, Karla se sentait comme une touriste assistant à un massacre.

À un moment donné, à cette époque, il y eut en effet cette nouvelle absolument incroyable à propos de deux touristes britanniques qui s'étaient rendus au Rwanda pour visiter les charniers des milliers de personnes tuées au cours de la guerre civile. La façon dont le docteur Arndt décrivait Karla, c'était comme si elle était l'un de ces touristes, sauf qu'elle avait été entraînée malgré elle dans un massacre. Selon lui, le mariage contemporain ressemble souvent à une guerre de guérilla où les belligérants s'infligent mutuellement des supplices physiques et psychologiques. Le docteur Arndt suggérait implicitement que, si vous étiez déjà en situation de guerre, le fait d'être impliqué dans un massacre n'avait rien d'inattendu. Contrairement à moi, le docteur Arndt avait, tout comme ses collègues, une telle expérience des batailles conjugales qu'il lui était facile d'imaginer un tel scénario. Ainsi, pour Karla, tout devenait une simple question d'autodéfense et de survie, comme pour les soldats à la guerre. «Une fois impliquée dans un crime, ce qui pouvait arriver par la suite n'avait aucune importance... elle ne pouvait que continuer», disait-il.

Il évoqua aussi le rêve de mariage idéal de Karla ainsi que son penchant naïf pour le merveilleux qui avaient transformé sa vie en une sorte de conte de fées aussi irréel que malsain. «Voyez-vous, continua le docteur Arndt, il n'y a que dans notre culture occidentale, où les jeunes sont élevés en regardant "le monde merveilleux de Walt Disney" et apprennent très tôt à croire "aux fins heureuses", que de telles chimères peuvent devenir pathologiques.»

Comme lui, j'ai moi aussi lu les ouvrages des spécialistes du folklore, comme les Anglais Iona et Peter Opie et l'Américain Bruno Bettelheim. Le docteur Bettelheim condamne vivement le révisionnisme contemporain qui consiste à ne raconter aux enfants que des histoires politiquement correctes, où tout est léger et rose bonbon. Les Opie sont remontés aux sources de plusieurs contes pour illustrer ce phénomène.

L'histoire de Cendrillon est un bon exemple de ce révisionnisme. Ce conte de plus de mille ans n'a rien à voir avec la version que Disney raconte aux jeunes enfants d'Amérique du Nord depuis une cinquantaine d'années.

Dans la version originale, la princesse Cendrillon est expulsée du royaume de son père et est amenée à travailler ailleurs comme subalterne. La ressemblance avec l'histoire de Disney s'arrête là. Dans la version ancienne, l'état de domestique dans lequel se retrouve Cendrillon n'a aucun rapport avec une quelconque méchante belle-mère, des pieds qui ont la bonne pointure ou de bizarres pantoufles de verre.

En fait, la mère de Cendrillon, sur son lit de mort, fait jurer à son mari qu'il ne se remariera pas à moins de trouver une femme aussi charmante qu'elle le fut elle-même jadis. Le roi reconnaîtra cette femme au fait qu'elle sera la seule à qui le jonc de mariage de la défunte siéra parfaitement.

Après avoir cherché longtemps, le roi réalise que la seule personne digne de la beauté de sa femme est nulle autre que sa propre fille. Lorsqu'il découvre que le jonc de la reine va à merveille au doigt de sa fille, il décide de se marier avec elle. Fuyant l'inceste, Cendrillon s'en va au loin.

Le docteur Arndt évoqua aussi l'histoire des «Trois têtes dans un puits», datant du XIVe siècle, où une princesse cueille des têtes coupées qui parlent, les lave, les coiffe et les range doucement l'une à côté de l'autre. Le fait d'accomplir avec autant de calme des gestes aussi bizarres nécessite beaucoup de courage de sa part.

«Vu sous un certain angle, commenta le docteur Arndt, Karla est un peu comme cette princesse. Elle a fait preuve d'un certain courage en agissant de manière impassible dans des situations difficiles et insolites. Plusieurs femmes partagent d'ailleurs ce trait de personnalité, ne croyez-vous pas?»

Peut-être. Ayant grandi dans un monde où les jeunes filles sont bourrées de chimères, telles ces Heathers ou autres Exclusive Diamond Clubs, Karla en est venue à commettre des gestes absurdes et son horrible histoire pleine de rebondissements peut se comparer à bien des égards à un ancien conte de fées.

Dans les anciens contes de fées, comme dans la vraie vie, de nombreux événements désagréables se produisent. On y trouve invariablement des personnages aux prises avec des situations incroyables, il y a toujours quelque part une fée qui intervient dans le récit et l'histoire se termine par quelque mauvais sort ou événement surnaturel. Ce côté magique ou surnaturel réside le plus souvent dans les rencontres fortuites que font les personnages ou les bêtes, coïncidences qui les amènent à se révéler tels qu'ils sont vraiment.

Dans le conte de fées de Karla, le chevalier à l'armure rutilante qu'elle a rencontré s'est avéré être un ensorceleur, une sorte de Svengali[9], et les gestes qu'elle a commis comme les situations qu'elle a connues apparaissent incroyables. Si l'on considère que l'accumulation de tels événements fortuits relève du surnaturel – de la Providence ou du Malin, tel que le disent les religions et les superstitions –, alors tous les éléments de l'histoire de Karla cadrent bien avec le modèle des anciens contes de fées, comme un pied chaussant une pantoufle de verre.

Par ailleurs, Karla était particulièrement douée pour compartimenter les divers aspects de sa vie, ce qui l'aidait à persévérer malgré toutes les difficultés qu'elle rencontrait. Selon le docteur Arndt, ce phénomène n'était pas inhabituel chez les gens souffrant du trouble du stress posttraumatique.

De manière tout à fait pathologique, Karla s'accrochait à l'idée que son histoire aurait une «une fin heureuse», comme dans les contes de fées, et ce, d'autant plus que ses parents aimaient bien Paul et voyaient en lui le fils qu'ils n'avaient jamais eu.

«Je crois que c'est Tammy qui a scellé la fin pour elle, dit le docteur Arndt, car Karla venait de participer au meurtre de leur fille.» Il m'offrit alors une bière froide et se leva pour aller la chercher au frigo. «D'après moi, reprit-il, le choc fut terrible. Elle ne voulait pas que ce soit ensuite le tour de leur "fils", puis de son autre sœur, et ainsi de suite…»

Le docteur Arndt m'expliqua qu'il n'avait pas été facile de «vendre» cette idée à ses collègues. Le docteur Andrew Malcolm, l'éminent psychiatre à qui la Couronne avait demandé à son tour d'évaluer Karla, se montra plutôt sceptique. L'implication de Karla dans des crimes aussi graves le rendait assez perplexe.

Au début, le docteur Arndt avait été engagé pour évaluer l'état psychique de Karla. Il devenait maintenant son thérapeute. Il la suivit régulièrement pendant plus de quatre mois, lui prodiguant ses soins et de nombreuses séances de thérapie. On peut dire que c'est lui qui a eu le plus de contacts directs avec elle et qui l'a le plus longtemps soignée, à l'exception du docteur Roy Brown, le psychiatre de la prison. C'est pourquoi il fut le premier à présenter un diagnostic à son sujet.

«Loin de moi l'idée de prétendre que le docteur Malcolm soit quelqu'un d'influençable», me lança le docteur Arndt.

En boutade, Hans ajouta qu'il n'aurait pu hypnotiser un tel homme et que Karla n'aurait pas non plus été capable de lui jeter un mauvais sort.

Le docteur Malcolm n'agit d'ailleurs pas du tout comme quelqu'un qui n'est pas en possession de tous ses moyens. Il chercha inlassablement à savoir qui était Karla et quel avait pu être son état psychique au moment où elle avait commis ses crimes. Il n'acceptait pas d'emblée le diagnostic proposé par le docteur Arndt. Mais la thèse de ce dernier voulant que la mort de Tammy ait provoqué chez Karla un traumatisme d'une ampleur inimaginable eut finalement raison de son scepticisme.

Le docteur Arndt poursuivit :

Si Karla avait avoué la vérité à propos de la mort de Tammy, elle aurait alors été menacée sur plusieurs plans. Cela équivalait pour elle à un geste suicidaire. D'un côté, cela aurait prouvé à ses parents qu'elle avait joué un rôle dans la mort de sa sœur – et elle perdrait ainsi définitivement leur confiance. D'un autre côté, elle se retrouverait seul avec Paul qui la menacerait sans cesse de s'attaquer aussi aux autres membres de la famille. Je ne sais pas si c'est ce qui est vraiment arrivé, mais c'est l'explication qu'elle m'a donnée. Et je ne peux pas dire que ce soit insensé [10]...

NOTES

1. Lenore E. Walker, *The Battered Woman*, Harper & Row, New York, 1979.
2. *Ibid.* Voir aussi les transcriptions du procès : contre-interrogatoire du docteur Chris Hatcher.
3. *Ibid.*
4. *Ibid.*
5. Dossiers de la bibliothèque de St. Catharines : Homolka, Karla, dans les archives de l'auteur.
6. *La Reine c. Bernardo*, Divulgations de la Couronne, vol. 13.
   Témoin : Michael Stephen Donald
   Occupation : chômeur
   Date : 17 et 22 février 1993 à 16 h 25
   Policiers enquêteurs : sergent Brian Nesbitt, constable Scott Kenney
   Voir aussi, *La Reine c. Bernardo*, Divulgations de la Couronne, vol. 14, p. 249-400.
   Témoin : Gus Drakopoulos
   Occupation : chômeur
   Date : 18 février 1993 à 19 h 30
   Policiers enquêteurs : détective Chris Ostler, constable Tom Whiteway
7. Extrait des notes de l'auteur lors de ses rencontres avec le docteur Hans Arndt.
8. Notes du docteur Hans Arndt lors des séances avec Karla Homolka, entre mars et juin 1993 ; voir aussi les notes de l'auteur lors de ses rencontres avec le docteur Hans Arndt. Voir aussi le dossier patient de l'hôpital général Northwestern, fiches quotidiennes et notes des infirmières pour la patiente Karla Seger, de même que les dossiers pharmacologiques de cet hôpital, dans les archives de l'auteur.
9. NdT : personnage d'hypnotiseur, héros du film éponyme (1931), d'après le roman *Trilby* de Georges du Maurier.
10. Sharon B. Zeitlin (Ph.D.), Richard J. McNally (Ph.D.), Karen L. Cassiday (Ph.D.), «Alexithymie chez les victimes d'agression sexuelle : l'effet d'un traumatisme répété ?», *American Journal of Psychiatry*, 1993 ; n° 150, p. 661-663. Sur l'échelle d'alexithymie de Toronto, les auteurs ont comparé les scores de douze victimes de viol souffrant du TSPT (trouble du stress post-traumatique), de douze victimes de viol sans TSPT et de douze sujets non traumatisés servant de groupe de contrôle. Les victimes de viol démontraient plus d'alexithymie que le groupe de contrôle, et les victimes de plus d'un viol en démontraient plus que celles qui en avaient subi un seul. (NOTE : l'alexithymie est trouble de lecture où le sujet voit l'écriture mais ne peut la comprendre.)

7

La rencontre fatidique

En janvier 2002, après avoir passé son premier Noël dans l'aile de détention A de Sainte-Anne-des-Plaines, Karla écrivait à son nouveau correspondant : « Comme je le disais, je n'ai pas eu toute ma tête ces derniers jours. » En fait, c'était plutôt le contraire : Karla était de plus en plus absorbée dans ses pensées depuis son arrivée dans sa nouvelle prison, beaucoup plus qu'elle ne l'avait jamais été. À Sainte-Anne-des-Plaines, il n'y avait rien d'autre à faire, nulle part où aller ailleurs que dans ses souvenirs.

Ses premières années à Kingston avaient été les plus faciles, car elle avait alors une occupation de choix : parler. Parler d'elle-même, de son ex-mari, de leurs crimes et du rôle qu'elle y avait joué, de ses émotions, de ses peurs, etc. Et les interlocuteurs se pointaient les uns après les autres – policiers, procureurs, psychiatres, psychologues –, tous venus pour lui soutirer le plus de renseignements possible en prévision de son témoignage imminent au procès de son ex-mari.

Ce faisant, ceux-ci veillaient à son confort et à sa sécurité. Dans ces conditions, raconter les événements de façon détaillée avait un côté libérateur et Karla subissait la curiosité insatiable de ses visiteurs comme une véritable sinécure après tout le drame qu'elle avait vécu. Le rôle d'informatrice qu'on lui faisait impunément jouer lui permettait de prendre ses distances par rapport à elle-même. Les nombreux médicaments que lui administraient les docteurs Arndt et Brown ajoutaient aussi une sorte de baume sur son terrible passé et contribuaient à accroître ce sentiment d'apaisement. Elle percevait alors ce passé comme une histoire tordue à la Dean Koontz ou une suite d'épisodes de son feuilleton télévisé préféré, *Passions*.

Lorsque Karla revint à Kingston après avoir témoigné au procès de Paul, à la fin de juillet 1995, elle se sentait vidée et complètement épuisée.

Les policiers et les procureurs la félicitèrent pour sa performance à la barre des témoins. Elle en fut transportée de joie et soulagée. Elle se sentait heureuse comme elle ne l'avait jamais été depuis la mort de sa sœur. Elle se souvenait de son retour de la cour comme si c'était la veille. Une de ses gardiennes l'attendait à la porte arrière de la prison. L'été avait été torride et il faisait plus de 30 °C cette journée-là. La prison était un véritable enfer – il devait y faire au moins 40 °C – et le visage de la gardienne était rouge betterave, mais Karla n'en avait que faire, car elle était si heureuse d'en avoir fini avec son témoignage qu'elle avait envie de pleurer. La gardienne l'escorta dans l'escalier de quatre étages et la conduisit à sa cellule de deux mètres et demi sur trois. Ce petit chez-soi lui apparaissait comme un sanctuaire, un coin de paradis dans un monde cruel, l'endroit où elle se sentait le mieux au monde, avec ses affiches sur les murs, ses photos et ses livres.

Habituellement, la prison de Kingston était animée et bruyante comme dans les films d'Hollywood. Mais, à ce moment, elle était particulièrement tranquille, car elle devait être définitivement fermée à la fin de l'été et la moitié des femmes avaient été transférées ailleurs.

Les officiers Bob Gillies et Gary Beaulieu vinrent la voir une dernière fois, comme ils l'avaient promis. Gary – Karla appelait tout le monde par son prénom – lui envoya une très belle lettre pour la remercier de sa collaboration et lui conseiller de ne pas prêter attention à tout ce qu'on pouvait dire à son sujet. Par contre, elle ne revit pas les procureurs. De temps à autre, elle appelait Bob Gillies et celui-ci lui transmettait quelques bons mots de la part de Me Ray Houlahan.

La seule autre femme qui restait avec Karla dans la section d'isolement était son amie Kim. Celle-ci avait été condamnée à quatre ans de prison pour avoir tué son fils de deux ans. Dès son arrivée, elle s'était bien entendue avec Karla. Karla écrivit même une lettre au docteur Arndt pour lui demander s'il voulait bien prendre Kim comme patiente une fois que celle-ci aurait obtenu sa libération conditionnelle.

En principe, les détenues devaient rester enfermées dans leur cellule toute la journée et ne sortir que quelques heures en soirée. Toutefois, en raison du départ de nombreuses prisonnières, les gardiennes se montrèrent plus tolérantes envers Karla et Kim et les laissèrent sortir de leur cellule pendant tout le reste de l'été.

Les deux amies purent donc traîner à leur guise dans la salle communautaire, parlant de choses et d'autres, buvant des cappuccinos et faisant du bricolage. Tous les soirs, Karla appelait sa mère pour avoir des nouvelles fraîches du procès de Paul Bernardo.

Lorsque le jury commença ses délibérations le 31 août, Karla était seule dans la section privée réservée aux visites familiales. Elle entendit parler aux nouvelles de soi-disant « messages de suicide » enregistrés par Paul Bernardo. C'était pour elle quelque chose d'absolument surréaliste. Elle retourna dans sa cellule et, quelques heures plus tard, les médias annoncèrent le verdict du jury : « coupable selon tous les chefs d'accusation ». Alors, la prison jusque-là tranquille connut un véritable délire. Toutes les femmes présentes se mirent à crier et à hurler leur approbation dans une cacophonie indescriptible. Karla éclata en sanglots. Elle avait cru que, comme par enchantement, elle se sentirait mieux lorsque Paul serait condamné, mais il n'en était rien.

Vers la fin de 1996, le docteur Brown tomba malade et quitta la prison pour de bon. Karla n'avait plus vraiment besoin de lui et, de toute façon, elle ne le voyait plus qu'à l'occasion. Mais il lui manquait. Elle commençait à apprécier ce vétéran qui, disait-on, avait servi dans l'armée britannique. Il avait été bon envers elle, parfois dur, mais toujours bon.

Au début de 1997, les choses changèrent considérablement à la prison. De la centaine de femmes qui y demeuraient encore l'année précédente, il ne restait plus que dix-sept détenues à sécurité maximum ainsi que les prisonnières souffrant de maladie mentale. Toutes les autres avaient été transférées ailleurs, la plupart dans le nouveau complexe de Grand Valley, près de Kitchener, en Ontario.

La prison de Kingston était pratiquement vide et Karla se retrouvait complètement seule dans sa section. Elle était la dernière prisonnière à sécurité moyenne sur place. Selon elle, ce fut un bon moment. Non seulement lui avait-on confié l'entretien de sa section, on la faisait aussi travailler dans le jardin et à la bibliothèque. Karla avait toujours valorisé le travail et aimait bien être occupée.

Elle ne vit pas le temps passer et ce fut de nouveau l'été. Le vendredi 30 mai, on lui dit de faire venir sa famille pour une dernière visite durant le week-end, car elle allait être transférée le mardi suivant. On l'autorisa à occuper la « petite maison », comme elle appelait la maisonnette réservée aux visites familiales, jusqu'à ce qu'on vienne la chercher.

Sa sœur et sa mère répondirent aussitôt à l'invitation. Ce fut la meilleure visite qu'elles aient jamais eue. Le lundi soir, Karla se sentait nerveuse et ne pensait pas pouvoir dormir, mais elle y arriva. Très tôt le lendemain, elle fut amenée à l'aéroport de Kingston, où on la fit monter à bord d'un avion Pilatus de la GRC qui avait pour mission de la conduire à Joliette, au Québec. Le vol ne dura que quarante-cinq minutes et se déroula sans incident. Karla réalisa que les choses allaient être très différentes à

Joliette lorsqu'elle aperçut les maisons de ville de la prison derrière une mince clôture métallique ainsi que les beaux jardins environnants. Elle devint soudain très nerveuse. Pendant quatre ans, elle avait été l'objet d'une surveillance constante, entre quatre murs, et voilà qu'elle serait pour la première fois livrée à elle-même. Cela lui faisait peur.

On l'achemina d'abord vers le service de santé mentale pour faire son évaluation, mais elle y resta à peine vingt-quatre heures. Elle put ensuite aller librement dans la cour. Les deux premières détenues qu'elle croisa ne parlaient que le français. Cela lui déplut fortement. Puis elle eut plus de chance et fit la rencontre de Ines Barbosa, la plus robuste et la plus respectée des quelque quatre-vingts femmes détenues à Joliette. Ines prit Karla sous son aile et la présenta aux autres. Elle voulait personnellement s'assurer que son intégration se fasse le plus facilement possible. Elle connaissait l'histoire de Karla et savait qu'elle avait passé beaucoup de temps dans une section d'isolement, ce qui risquait de rendre son adaptation plus difficile. Ines fit donc quelques promenades aux côtés de Karla afin d'indiquer aux autres que la nouvelle venue avait de bonnes amies et qu'il valait mieux ne pas chercher à lui causer d'ennuis. Angel, une amie d'Ines, fit de même, ainsi que d'autres détenues venues également de Kingston. Il n'y avait rien de sexuel dans cette attitude, même si bien des gens s'entêtèrent à croire le contraire. C'est ainsi que Karla fut rapidement acceptée par l'ensemble des détenues.

La règle, à Joliette, était de se débrouiller par soi-même. La première chose qu'une nouvelle arrivante devait faire était de se trouver une maison qui non seulement avait une place libre, mais aussi dont les occupantes étaient disposées à accepter une nouvelle recrue. En moins d'une journée, Karla fut acceptée par quatre maisonnées différentes. Elle en choisit une et s'y installa sans tarder. Le troisième jour, elle se mit au travail dans le service alimentaire. Après quelques mois, à l'exception de quelques périodes difficiles, elle s'était parfaitement adaptée et s'entendait bien avec les autres.

À Joliette, chaque détenue avait la responsabilité de s'adapter à la vie communautaire de sa maisonnée (chaque maison abritait environ huit femmes et il y avait dix maisons à l'intérieur de la prison). Les détenues devaient aussi participer à un certain nombre de programmes visant à les aider, par exemple, à « maîtriser leur colère » ou à « se remettre des sévices ou d'un traumatisme ». Elles devaient en plus travailler. Toutes ces activités obligatoires étaient évaluées selon des critères de performance et de ponctualité, comme si elles s'étaient déroulées à l'extérieur. Les résultats obtenus avaient une incidence sur les privilèges des détenues et sur leur admissibilité à une libération conditionnelle.

Karla poursuivit les cours par correspondance qu'elle avait entrepris à Kingston et obtint finalement un baccalauréat en psychologie de l'université Queen's en 1999. Elle réussit également tous les des programmes obligatoires de la prison. Elle était une prisonnière modèle. Elle ne commit aucune infraction au code disciplinaire, s'entendit bien avec tout le monde et ne fut jamais mise sous surveillance spéciale. Elle travailla sans relâche au service alimentaire, trente-trois heures par semaine, jusqu'à ce qu'elle soit envoyée à Saskatoon, en octobre 2000. Entre les travaux ménagers, ses études, son travail et les programmes de la prison, Karla n'eut pratiquement pas une minute à elle pendant les trois ans et quatre mois qu'elle séjourna à Joliette.

À Sainte-Anne-des-Plaines, Karla n'avait que cela, du temps. Elle suppliait les autorités de lui donner du travail et en proposait à chaque occasion qui se présentait. Elle défilait la liste de ses compétences à qui voulait bien l'entendre : elle savait se servir d'un ordinateur, elle s'était occupée de l'inventaire et de la facturation pour le service alimentaire de Joliette, elle savait taper à la machine, de soixante à soixante-dix mots à la minute, elle pouvait faire ceci ou cela, etc.

Surtout pour la faire taire, on lui confia la tâche de préparer les dossiers des détenus masculins qui arrivaient à la prison dans un flot continu. Comme les femmes logées dans le Centre régional de réception n'avaient pas la permission de travailler à l'extérieur de leur aile de détention, son patron venait lui porter une pile de dossiers à sa cellule chaque vendredi en fin d'après-midi. Mais la tâche était si simple que, même en s'appliquant aux moindres détails, elle n'en avait que pour une heure le vendredi soir, puis une ou deux autres heures le samedi.

Noël 2001 fut, pour elle, le pire temps des Fêtes qu'elle ait connu en prison. « Vous savez, je ne deviens pas plus forte, mais plus faible. Je ne me demande plus si je vais retourner à Joliette ou non… Je suis très découragée. Je vois ici des choses qui me font perdre tout espoir envers les êtres humains. »

Chaque matin, sa porte était déverrouillée à 7 h 30, mais Karla ne sortait jamais du lit avant 8 h 30. Pourquoi l'aurait-elle fait ? Rien ne la poussait à se lever. À Joliette, elle devait se lever à 6 h et aider à préparer le petit-déjeuner pour sept colocataires. Il lui fallait ensuite ranger les lieux puis se préparer à aller travailler. À Sainte-Anne-des-Plaines, une fois levée, elle avait deux heures devant elle pour prendre sa douche, faire sa toilette et se maquiller. Les matinées étant particulièrement oisives, elle se mit à passer beaucoup de temps à faire de l'introspection, ce qui n'était pas à recommander dans son cas.

Se regardant dans la glace de sa table à maquillage, Karla se rappela tout à coup le coup d'œil qu'elle avait jeté au-delà de son image lorsqu'elle se mirait dans la grande glace argentée du Bluffer's Atrium, le bar-restaurant de l'hôtel Howard Johson's, à Scarborough. Elle pouvait presque voir la voiture qui s'arrêtait dans le stationnement... Elle se souvenait qu'elle se trouvait alors rudement jolie. Elle avait cet «éclat diabolique» dans les yeux. Elle savait parfaitement à quoi elle voulait en venir. Il était environ 23 h, le 17 octobre 1987. Elle et son amie «Dirty» Debbie Purdie étaient en mission dans le but remplir un des grands objectifs du Exclusive Diamond Club : rencontrer un beau gars plus âgé qu'elles et de belle apparence qui pourrait leur offrir un diamant et un bel avenir. D'après ce qu'elle voyait dans le miroir du restaurant, Karla se dit que ceux qui étaient en train de sortir de la voiture stationnée étaient sûrement de ceux-là...

Karla avait la ferme intention de rencontrer quelqu'un ce soir-là. Le fait que ce fut Paul Bernardo n'était que pure coïncidence. Karla n'avait que dix-sept ans et ses parents ne lui donnaient pas encore la permission de sortir en auto avec les garçons. C'était son premier voyage à Toronto. Elle s'y était rendue avec sa patronne, Kristy Mann, la gérante de l'animalerie Number One du centre commercial Penn, où elle et son amie Debbie travaillaient comme vendeuses. Il y avait une foire de fournisseurs d'animaleries et Kristy avait demandé à Debbie et Karla si elles voulaient l'accompagner, juste pour le plaisir.

Plus tôt dans la soirée, elles s'étaient déjà accroché deux gars à la discothèque de l'hôtel. Mais, sous la lumière crue de leur chambre d'hôtel, les deux cavaliers leur étaient apparus beaucoup moins séduisants que sous l'éclairage tamisé du bar. Kristy, accompagnée de son directeur, avait dû venir au secours de Debbie et Karla et demander au service de sécurité de l'hôtel d'expulser les deux soûlons.

Si ça ne marche pas la première fois... dit le proverbe.

Comme si le destin de Karla avait frappé, un bel homme aux cheveux blond sable et élégamment vêtu accourut à la fenêtre du restaurant et regarda attentivement la jeune fille. Elle lui plut sûrement puisqu'il entra aussitôt dans le restaurant. Il ne fit pas attention au panonceau demandant d'attendre qu'on lui assigne une table, écarta le maître d'hôtel et vint s'asseoir à la table des filles. C'est, du moins, l'impression qu'avait eue Karla. Elle ne se souvenait pas de ce qu'ils s'étaient dit ou même s'ils avaient échangé quelques mots. La seule chose dont elle se souvenait, c'était qu'ils s'étaient vite retrouvés en haut, dans sa chambre, à faire l'amour encore et encore.

Karla se dit qu'elle n'avait pas toute sa tête à ce moment-là non plus, mais que c'était quand même très différent. Elle n'avait eu qu'une seule expérience sexuelle auparavant. Son escapade au Kansas avec son amoureux du secondaire ne remontait qu'à quelques mois à peine, mais cela lui paraissait si lointain. Avec Doug, cela avait été bien ordinaire. Mais ça, ces trucs qu'elle faisait avec ce garçon, c'était la véritable extase. Il savait s'y prendre. Il lui murmurait à l'oreille des obscénités qui l'excitaient. Il lui faisait aussi dire des choses qu'elle n'avait jamais dites. Elle n'avait jamais joui autant. Il la touchait à des endroits où on ne l'avait jamais touchée avant. Cette nuit la transforma de façon irrévocable.

L'endroit était une de ces petites chambres typiques des hôtels Howard Johnson's, avec un lit double et un canapé. Debbie et l'ami de Paul étaient occupés sur le canapé, juste à côté, mais Karla n'avait aucune idée de ce qu'ils faisaient et elle s'en foutait royalement. Elle n'en avait que pour Paul et les choses qu'il lui faisait. Pour Karla, ça y était : elle avait enfin rencontré son homme. Après avoir pris leur douche ensemble le lendemain matin, ils échangèrent leur numéro de téléphone. C'est ainsi qu'eut lieu l'exécution diabolique de la charte du Exclusive Diamond Club.

Le week-end suivant, Karla invita Paul à venir chez elle à St. Catharines. Il accepta sans se faire prier. Après avoir verrouillé la porte de la petite chambre de Karla, au sous-sol, il la prit dès qu'il le put par l'arrière, rapidement, silencieusement, tandis que des amis s'amusaient dans la salle de séjour adjacente ou dans la piscine extérieure, près de la fenêtre grande ouverte. Même si ce comportement de Paul n'avait rien d'inhabituel – avec le recul, Karla se rendait compte qu'il était en fait un piètre amant –, il y avait là quelque chose de délicieusement interdit. Elle devint complètement obsédée, non pas par Paul en lui-même, mais par le côté défendu qu'il représentait.

Les menottes scellèrent leur alliance. Lorsqu'elle montra son fétiche à Paul, ce jour-là, elle vit tout de suite de la surprise, voire de la gratitude, dans ses yeux. Il lui révéla alors qu'il en avait une paire exactement pareille. C'est à ce moment précis qu'ils comprirent qu'ils étaient faits l'un pour l'autre – enfin, que Paul le comprit, car Karla en était déjà consciente. Peut-être entrevoyait-elle un destin différent de celui qu'il imaginait, mais cela, elle ne saurait le dire.

Tout ce dont elle se souvenait maintenant, dans cette prison maudite, c'était ce qui était arrivé par la suite. Un cortège de souvenirs défilait dans sa tête : leurs ridicules chansons d'amour, leurs nuits somptueuses à Niagara Falls, leurs lettres lubriques et leurs billets doux, leurs fiançailles et son anneau, leur folle envie l'un de l'autre, leur frénésie sexuelle, leurs photos et leurs vidéocassettes cochonnes. Et, par-dessus tout cela, elle se rappelait cette fatidique nuit de Noël 1990...

Alors que ses parents et son autre sœur dormaient paisiblement à l'étage, elle étendait sa sœur Tammy, qu'elle et Paul avaient bourrée de drogues, au pied de l'arbre de Noël, en bas dans le sous-sol. Elle passait son doigt sur la vulve de sa jeune sœur comateuse, tandis que Paul filmait la scène en se masturbant, s'apprêtant à remplacer le doigt de Karla par sa verge.

8

Des relations obsessionnelles

Paul Bernardo répondait à tous les critères de Karla. Il était plus âgé qu'elle : il avait vingt-six ans lorsqu'ils se sont rencontrés, alors que Karla en avait dix-sept. Il avait une belle auto et semblait être à l'aise matériellement. Il avait un bon emploi dans une grande entreprise et une scolarité universitaire. Il avait des cartes de crédit et de l'argent et offrait à Karla tout ce qu'elle désirait, tels que bijoux, peluches et sorties au restaurant. Entre le moment où Karla est entrée à l'école secondaire et celui où elle a fait la rencontre de Paul Bernardo, elle s'est mise à aspirer obsessivement à une existence des plus conventionnelles, rêvant de se faire offrir un diamant et de vivre avec un mari dans une belle maison entourée d'une clôture à piquets blancs ; elle n'avait alors aucune expérience de la vie ni aucune maturité.

Lorsqu'elle rencontra Paul, toutes les filles du Exclusive Diamond Club étaient d'avis que Karla avait gagné le gros lot. Il était beau (pour autant qu'on aime le genre minet blond bouteille, ce qui était le cas de la majorité des filles qui avaient grandi avec Karla). Il était l'archétype de ce qu'elles cherchaient toutes et elle en était très fière. Il avait l'air d'un jeune étudiant de collège américain, spécimen que les filles de cols bleus de St. Catharines ne rencontraient pas souvent. Quelques-unes des copines de Karla étaient visiblement jalouses, et elle en était ravie.

Paul était du genre à en remettre. À l'entendre, il était allé partout. Le jour où lui et Karla s'étaient rencontrés à l'hôtel Howard Johnson's, il revenait de la noce d'un ami au Texas. Il prenait souvent des vacances en Floride. Un jour, il l'emmena une semaine avec lui à Disney World. Elle mentit à ses parents et leur raconta qu'elle allait faire un tour au chalet des grands-parents de Paul pour une semaine, ou quelque chose du genre.

Paul avait de grandes ambitions et il était sûr qu'il allait devenir très riche. Lorsqu'ils sont allés voir le film *Wall Street*, Paul s'est identifié au personnage de Gordon Gekko. Il lui emprunta plusieurs de ses répliques et les transcrivit en grosses lettres noires sur des feuilles qu'il colla un peu partout sur les murs de sa chambre à coucher. «Ce sont des paroles qui doivent nous inspirer», dit-il.

Paul raconta à Karla qu'une de ses anciennes amies, Joanne Gillen, lui avait dit qu'il lui faisait penser à Jay Gatsby, le personnage d'un gros bouquin qu'elle avait lu. «Tu lis beaucoup, dit-il à Karla, tu dois sûrement le connaître.» Comme ce n'était pas le cas, il la pria alors de lire le livre pour lui et de lui dire ce qu'elle en pensait. Karla se mit à l'appeler «mon gros méchant homme d'affaires».

Entre le moment où Karla a rencontré Paul, en octobre 1987, et celui où ils ont tué Tammy, en décembre 1990, un nouveau monde s'était ouvert à elle. Ils ont eux-mêmes filmé les moments marquants de cette folle période.

À l'été 1988, Karla servit de modèle pour une série de photographies plus ou moins pornographiques. À cette époque, Paul vivait toujours chez ses parents à Scarborough. Si elle s'était attardée à ce fait, elle aurait pu trouver cela étrange. Avec le recul, elle se demandait si elle en savait alors assez sur lui pour pouvoir réorienter sa vie dans une meilleure direction. Mais elle était en amour. Peut-être avait-elle succombé à une sorte d'envoûtement qu'exacerbait sa fureur hormonale. Quelle autre explication pouvait-il y avoir? Pendant son séjour en prison, elle avait regardé une émission télévisée où on disait que les Italiens restaient souvent chez leur mère jusqu'à ce qu'ils aient atteint la cinquantaine. Or Paul Bernardo était d'origine italienne, ce qui aurait pu expliquer bien des choses. Par contre, dans l'émission, les hommes adoraient tous leur mère, alors que Paul haïssait littéralement la sienne. Il ne disait pas vraiment pourquoi, mais Karla le savait. La mère de Paul était une truie. Elle se terrait toujours dans le sous-sol de la grande demeure des Bernardo, dans le quartier Guildwood Village, près des falaises de Scarborough. La maison était au moins cinq fois plus grande que celle des Homolka et il y avait une très grande piscine dans la cour. Mais la mère de Paul préférait rester dans la pénombre du sous-sol, voûtée comme un gros troll. Lors des belles journées d'été, on pouvait l'entendre fouiller un peu partout ou voir son ombre se dessiner au pied de l'escalier. Elle parlait fort et criait beaucoup. Paul disait qu'elle avait un problème de glande thyroïde, ou quelque chose du genre, et que c'était la raison pour laquelle elle était si grosse et se cachait dans le sous-sol. En y repensant bien, toute la famille avait quelque chose d'étrange. Le frère aîné de Paul, David, avait une quelconque maladie qui lui avait fait perdre tous ses cheveux. Il portait une moumoute mal ajustée qui lui donnait un air de pédophile. Il faut dire que, sans sa moumoute, il ressemblait à un extraterrestre.

Au moment où Paul avait rencontré Karla, sa sœur aînée, Debbie, avait quitté la maison pour déménager plus au nord. Elle était mariée et avait un enfant. Ensuite, il y avait le père de Paul. C'était un homme dégingandé, aux jambes cagneuses, qui vous regardait à travers des lunettes épaisses comme des bouteilles de coke. Ses yeux paraissaient grands comme des soucoupes, et cela indisposait Karla. Aux dires de Paul, c'était un comptable qui avait réussi à gagner beaucoup d'argent. Parfois, au beau milieu de la nuit, Paul entendait l'escalier du sous-sol craquer tandis que son père descendait faire l'amour à sa légitime. Karla se serait fort bien passée de commentaires aussi dégoûtants.

Paul lui révéla aussi que son père n'était pas vraiment le sien. Lors de son seizième anniversaire de naissance, sa mère lui avait annoncé qu'il était un bâtard et lui avait montré la photo de son vrai père, un riche homme d'affaires de Kitchener. Les parents de Paul venaient aussi de cette ville. La mère de Paul traitait Karla de « salope » mais, avec ce qu'elle savait sur cette femme, Karla en riait, pensant aux marmites qui accusent toujours les bouilloires d'être sales.

Plus tard, Karla apprit que le père de Paul (son beau-père, en fait) avait agressé la sœur de Paul. Mais lorsqu'il se mit à agresser sa petite-fille de sept ans, la sœur de Paul se décida à appeler la police et à porter plainte contre lui. Lors des visites familiales, alors qu'il y avait beaucoup de monde, le bonhomme faisait sauter la fillette sur ses genoux et, tout en faisant semblant de regarder les dessins animés à la télé, il lui enfilait son doigt dans le vagin. À peu près à la même époque où Karla apprit cela, elle découvrit aussi que Paul était un voyeur impénitent. Il avait même une longueur d'avance sur son beau-père au chapitre de la déviance sexuelle. Peu de temps après leur rencontre, Paul était devenu un violeur en série. Même s'il parlait beaucoup de viol lorsqu'ils faisaient l'amour, il fallu quelques années à Karla pour comprendre qu'il n'y avait aucune différence entre fantasme et réalité dans la tête de Paul.

Un été, un des grands-parents de Paul mourut et ses parents partirent en Italie faire une sorte de pèlerinage. Par une magnifique journée ensoleillée, Paul décida de faire des photos. Il mit la caméra sur un trépied, bâillonna Karla, lui mit des menottes et alla déclencher la minuterie de l'appareil. Ensuite, il prit un couteau, le mit sur la gorge de Karla et se mit à l'enfiler par-derrière. Le flash de l'appareil se déclencha juste au moment où Karla eut son orgasme. La séance de photos dura des heures. Il prit un cliché où elle s'enfilait une bouteille de vin dans le vagin. Pour une autre photo, il lui mit de la crème fouettée sur le bout des seins et le vagin. La photo est ridicule : on dirait que quelqu'un a tamponné du blanc sur ces points stratégiques. Sur une autre photo encore, Karla a un bâillon noir sur la bouche et les mains menottées au-dessus de la tête. Elle a les jambes écartées et du sperme dégouline de son vagin. Enfin, il y a cette photo où elle lui fait une fellation alors qu'il la menace d'un couteau qu'il tient dans sa main levée au-dessus d'elle. Paul lui disait sans cesse des obscénités. Elle savait lui répondre du tac au tac. Elle avait beaucoup lu sur ce genre de choses, ce qui la rendait provocante. Paul adorait cela. Elle régalait les filles du Exclusive Diamond Club avec ses histoires osées. Omettant sciemment de mentionner les couteaux, elle leur parlait abondamment de colliers de chien, de menottes, de bâillons, et de la façon de se faire prendre en levrette. Cela les offusquait beaucoup et Karla adorait les provoquer de la sorte. Faire étalage de l'interdit lui procurait une sensation de pouvoir.

L'obsession sexuelle de Karla grandit avec les années et l'expérience. Elle aimait le fait que derrière leur apparence ordinaire se cachait une dépravation toujours plus prononcée. Paul travaillait cinq à six jours par semaine, parfois jusqu'à quatorze heures par jour pendant la période des impôts. Son employeur était Price Waterhouse, une importante firme comptable de Toronto. Il travaillait à la succursale de Scarborough. Karla assista à une de leurs fêtes de Noël. Parlant d'eux, un des associés principaux de l'entreprise demanda à voix haute : « Qui est-ce qui a emmené ses enfants à la fête ? »

Ils ont effectivement l'air très jeunes sur la photo les montrant à table ce soir-là. Au dessert, ils s'esquivèrent et firent l'amour dans une cage d'escalier, en souvenir du bon vieux temps. Par pure coïncidence, la réception avait lieu dans l'hôtel Howard Johnson's où ils s'étaient connus.

Pendant les six premiers mois de leur idylle, Paul arrivait souvent par surprise, le mardi ou le mercredi soir, et frappait à sa fenêtre. Ils sortaient pour se défouler et faisaient l'amour dans l'auto de Paul, dans des endroits déserts près du lac Gibson. Il la raccompagnait ensuite à la maison et retournait chez lui. Cela lui faisait beaucoup de route – deux heures à l'aller et deux heures au retour – et il ne pouvait garder un tel rythme. Il entreprit donc de ne venir que les week-ends.

Au début, il faisait l'aller et le retour la même journée, mais la mère de Karla, qui l'aimait beaucoup et l'appelait son « fils des week-ends », lui dit que c'était idiot de toujours courir ainsi. Elle lui proposa de rester à coucher sur le canapé du sous-sol (juste à côté de la chambre de Karla). Leur maison était petite, mais elle était construite sur trois étages et, avec le sous-sol, elle paraissait beaucoup plus grande. Ils purent donc s'envoyer en l'air comme des lapins à chaque week-end. Pour tenter le diable, ils faisaient parfois la chose rapidement tandis que maman Homolka préparait le repas du midi. Si Karla levait les yeux et se penchait un peu la tête en arrière, alors que Paul était par-dessus elle, elle pouvait apercevoir les pieds de sa mère qui allaient et venaient dans la cuisine, juste en haut du petit escalier du sous-sol. Si l'occasion ne se présentait pas, ils attendaient que tout le monde dorme à poings fermés.

En y repensant, Karla se disait que Paul l'avait sûrement ensorcelée, ou quelque chose du genre. Autrement, comment expliquer tout ce qui s'était passé ? Encore que ses premières années avec Paul avaient été euphoriques. Comme elle le dit au docteur Arndt : «Il me traitait comme une princesse, je n'avais plus les pieds sur terre… Vous devez me comprendre, à cette époque, je l'aimais. Il était le premier gars qui ait été vraiment gentil avec moi ; je ne m'ennuyais jamais auprès de lui comme avec les autres. Avec les autres gars, je pouvais faire tout ce que je voulais, c'était d'un ennui. Dans mes relations antérieures, j'avais un contrôle absolu. Je ne me souciais jamais de l'opinion qu'on avait de moi.»

* * *

À Sainte-Anne-des-Plaines, l'été venu, on ouvrait la cour des femmes à 9 h 30 ; s'il ne pleuvait pas à verse, Karla y allait avec la seule autre femme de sa section avec qui elle s'entendait. C'était une grande cour d'environ un demi-acre de superficie. Elles en faisaient le tour tout en causant ou s'assoyaient sur le banc, près de la baie vitrée du hall, regardant de loin les hommes qui se promenaient ou prenaient un bain de soleil. Mais maintenant, après avoir terminé sa toilette, il ne lui restait plus qu'à regarder l'horizon vaste et terne des champs enneigés qui entouraient la prison. Elle avait peine à imaginer qu'il existait encore des arbres.

Chaque été, on plantait du maïs dans les champs, mais aux autres moments de l'année, lorsque le vent soufflait fort, Karla devait fermer sa fenêtre pour se réfugier dans la chaleur sèche et oppressante de la prison. L'hiver québécois était implacable dans un endroit comme Sainte-Anne-des-Plaines, situé au pied des Laurentides et exposé aux vents dominants. Il faisait souvent tellement froid qu'on ne pouvait rester dans la cour plus de cinq minutes.

Un bonne âme avait fait don du livre de James Elroy, *L.A. Confidential*, à la bibliothèque de la prison (en version originale anglaise, heureusement pour Karla, car elle n'arrivait pas à s'abandonner aussi facilement dans les œuvres écrites dans la langue de Molière). Madeleine, la responsable de la bibliothèque municipale, savait que Karla aimait les intrigues policières. Le jeudi matin, la bibliothécaire s'occupait exclusivement des femmes de la prison. Madeleine porta deux livres à l'attention de Karla, celui de Elroy et *Solomon Gursky Was Here*, de Mordecai Richler. Les détenues avaient droit à cinq livres par semaine (Karla trouvait complètement aberrant qu'on limite ainsi le nombre de livres aux détenues. À Saskatoon, la limite avait été de deux ! Que croyait-on ? Que trop de lecture était malsain pour elles ?)

Toujours est-il qu'elle entreprit la lecture de *L.A. Confidential* pendant la saison de Fêtes. Mais cela ne s'avéra pas une bonne idée car le livre était dense et sombre, contrairement aux livres de Ed Bain ou Michael Connelly. D'autant plus que les états d'âme de Karla, en cette saison où elle avait tué sa sœur Tammy, étaient tout aussi sombres et lourds. C'était le creux de l'hiver et elle se sentait abandonnée à elle-même. Inévitablement, cette atmosphère lugubre lui ramenait à l'esprit le corps nu, bleu et inanimé de Tammy Lyn étendu sur le tapis aux couleurs criardes du sous-sol de la maison de ses parents.

C'est au cours de leurs fiançailles romanesques dans le petit village de Noël de Niagara Falls, en 1989, que Paul lui avait fait offert une bague et une licorne de verre... Entre ce moment et les vacances de Noël 1990, il réussit à la persuader que, si elle l'aimait vraiment, elle devait l'aider à satisfaire l'obsession sexuelle qu'il avait envers sa jeune sœur. C'était absolument dément. Avec le recul, Karla n'arrivait pas à croire qu'elle ait pu tomber dans un tel panneau. Ce qu'elle avait fait était complètement insensé.

Il mit beaucoup de pression sur elle pour qu'elle accepte. Après deux ans passés avec Paul, Karla commençait à réaliser que ce dernier était loin d'être le prototype d'homme idéal comme se l'imaginaient les filles du Exclusive Diamond Club. Il ne lui était pas fidèle et ne faisait aucun effort pour le dissimuler ; cela l'enrageait et la stimulait à la fois. Après que Karla se fut vantée devant sa famille et ses amies d'avoir décroché le gros lot, il était hors de question qu'une vulgaire chatte de bureau montée sur des talons aiguilles vienne le lui ravir.

Elle en savait plus sur Paul Bernardo que quiconque. Elle connaissait bien son côté sombre et pervers. Et elle n'ignorait pas que beaucoup de femmes se seraient volontiers pliées à ses caprices, du moins jusqu'à un certain point. Mais Karla croyait qu'elle avait un avantage sur elles. Elle se croyait plus intelligente que la plupart des autres femmes. Elle connaissait aussi les faiblesses de Paul. Elle savait qu'il avait un côté poltron. Non seulement croyait-elle qu'il fallait contrôler cet homme, mais aussi qu'elle en était capable. Qui plus est, elle était fermement résolue à ne pas le perdre. Elle avait trop investi dans leur relation.

Évidemment, elle était jalouse de l'attirance de Paul pour sa jeune sœur. Après leurs fiançailles, la petite s'était mise à tourner autour de lui. Il ne faisait évidemment rien pour l'en dissuader. Toutefois, Karla n'était pas jalouse de sa sœur au point de la tuer. L'idée même de commettre un tel geste lui semblait absurde. Tant sa mère que ses sœurs n'en avaient que pour Paul. Il plaisait aux femmes Homolka et, dans leur esprit, toutes les autres femmes devaient forcément être comme elles.

À l'été 1990, les parents de Karla improvisèrent un jour une petite fête de quartier autour de leur piscine. Paul s'arrangea pour partir au milieu de l'après-midi avec Tammy Lyn, histoire de réapprovisionner le bar en alcool en effectuant un petit saut de l'autre côté de la frontière. Ils disparurent pendant six ou sept heures. Karla frôla la crise d'hystérie. Les invités avaient quitté la fête depuis longtemps lorsque Paul et Tammy revinrent enfin. Tout le monde avait assisté à l'humiliation de Karla. Cet incident fut sans aucun doute un point tournant car, dès ce moment, Karla se mit à collaborer avec Paul pour qu'il puisse satisfaire l'« envie de plus en plus pressante » qu'il avait de sa jeune sœur. Il continuait de lui dire qu'elle devait le faire par amour pour lui. Elle l'aimait, certes, mais cela ne suffit pas à expliquer qu'elle l'ait fait finalement et pour quel motif. Une chose est certaine : aucune autre femme n'aurait été prête à aller aussi loin.

Même si Paul et Karla ne consommaient pas de drogues, préférant les stimulants alcoolisés classiques de la classe moyenne, Karla pensa tout de suite faire appel à un stupéfiant. Elle avait une certaine expérience de ce genre de substance car elle était responsable de la pharmacie à la clinique vétérinaire où elle travaillait. Elle servait souvent d'assistante aux vétérinaires lors des opérations et elle avait la responsabilité d'administrer l'anesthésique. Qui plus est, sa mère prenait parfois des somnifères et il y avait toujours des Valium dans la pharmacie de la maison. Nonobstant la folie furieuse de vouloir aider son fiancé à coucher avec sa sœur, n'importe qui d'autre aurait abandonné une idée aussi complètement dépravée après une première tentative infructueuse. Karla, en effet, avait saupoudré un peu de Valium dans l'assiette et la boisson de Tammy, mais en vain. Mais Karla n'était pas du genre à renoncer facilement. Ce n'était pas tant pour démontrer son amour que pour s'assurer qu'elle contrôlerait la situation. Laissé sans surveillance, Paul trouverait sans doute le moyen d'arriver seul à ses fins. Et qu'arriverait-il de leur couple en ce cas ?

A posteriori, Karla arrivait difficilement à rationaliser comment elle avait fait pour passer la période de septembre à décembre à chercher le moyen de satisfaire les désirs pervers de Paul tout en préparant aussi soigneusement avec lui leurs noces extravagantes prévues pour le mois de juin suivant. Entre son agenda de mariage et son carnet de téléphone, elle gardait avec elle le *Compendium des spécialités pharmaceutiques*, un ouvrage légèrement périmé qu'elle avait « emprunté » à la clinique vétérinaire. Elle l'étudiait pour trouver un produit susceptible de faire perdre conscience à sa sœur suffisamment pour que Paul puisse assouvir son désir.

Le jour où, comme cela arrivait souvent le mercredi, elle fut réveillée en sursaut par des coups répétés à la fenêtre de sa chambre du sous-sol, son plan était déjà au point. C'était le 20 novembre.

À la clinique vétérinaire, il arrivait souvent que l'on donne un sédatif aux gros chiens pour les calmer avant de les anesthésier. À l'occasion, on se servait de l'Halcion, un somnifère courant pour lequel la mère de Karla avait même une prescription. Comme Karla appelait fréquemment la pharmacie située en face de la clinique pour commander des prescriptions au nom des vétérinaires, elle pourrait se servir de ce moyen pour se procurer une quantité suffisante de pilules d'Halcion. Elle réduirait les pilules en poudre et mélangerait celle-ci à la boisson de Tammy Lyn. Puisque sa première tentative avec des pilules seules avait échoué, elle décida de se procurer aussi une substance anesthésiante commercialisée sous le nom de Halothane. Ce produit est utilisé par les vétérinaires pour endormir les chiens avant les opérations chirurgicales. Elle voulait ainsi s'assurer qu'une fois que sa sœur serait endormie, elle le resterait.

Dans le *Compendium*, Karla marqua au surligneur les passages décrivant les effets de l'Halcion et de l'Halothane. Plus tard, les policiers qui découvrirent le livre y virent un indice que le geste de Karla avait été prémédité et qu'elle était parfaitement au courant des dangers de l'utilisation de l'Halothane dans un contexte non professionnel. Le livre disait que l'Halothane n'est pas comme le chloroforme et qu'il ne peut être versé à l'état pur sur un chiffon que l'on applique sur la figure de quelqu'un, comme on peut le voir dans les films. Malgré cet avertissement, c'est exactement ce que Karla décida de faire. Paul fut ravi d'entendre Karla lui raconter ce plan qu'elle avait mis au point.

Contrairement à la plupart des médicaments vendus sous prescription, incluant tous les narcotiques, l'usage de l'Halothane n'était pas soumis à certaines restrictions ou règles spéciales d'enregistrement. Il faisait partie des réserves habituelles des vétérinaires, réserves dont Karla avait la responsabilité. Elle vola donc une bouteille de ce gaz anesthésique à la clinique et la cacha dans sa chambre.

Par ailleurs, elle fit preuve de précaution en perpétrant son larcin. Afin d'éviter que les vétérinaires ne s'interrogent sur la diminution suspecte des réserves d'Halothane, elle raconta à ces derniers que l'atomiseur avec lequel on mélangeait l'oxygène à l'Halothane au cours des opérations était défectueux et utilisait trop d'anesthésique. Ils prirent note de sa remarque et firent prestement remplacer l'atomiseur.

* * *

Toc, toc ! Surprise, c'était Paul à la fenêtre ! Il ne venait pourtant plus les jours de semaine. Lorsque Karla ouvrit la fenêtre cependant, elle passa du plaisir à l'inquiétude.

– Que se passe-t-il ? demanda-t-elle.

– J'ai besoin de te parler. Ne dis rien à ta mère. Dis-lui que tu sors faire une promenade.

Il était dans tous ses états. Il arrivait du poste de police de Toronto où on l'avait longuement interrogé comme suspect dans le cadre de la vaste enquête menée sur la série de viols survenue à Scarborough.

De fait, un mois après avoir rencontré Karla, Paul Bernardo s'était mis à violer des inconnues dans son quartier. Sa façon de procéder le trahissait. La plupart des viols avaient eu lieu dans des lieux avoisinant la maison de ses parents, sur Sir Raymond Drive. De plus, ces derniers mois, il avait également effectué quelques incursions à Mississauga en se rendant chez Karla.

Il roulait aux environs des arrêts d'autobus et, dès qu'il voyait une femme descendre seule d'un autobus, il la suivait. Parfois, il traquait ses victimes, d'autres fois pas. Invariablement, la poursuite le conduisait vers une banlieue assez peuplée. Là, il attaquait sa victime par-derrière et l'entraînait entre deux maisons. La plupart du temps, c'était à quelques pas seulement du domicile de la malheureuse. Il la violait alors brutalement, et à plusieurs reprises, par pénétrations vaginales et anales, et ce supplice pouvait durer jusqu'à une heure et demie. Armé d'un couteau, il menaçait de tuer la femme si elle criait. Souvent, il lui passait un bout de câble coaxial autour du cou. Il exigeait toujours que la victime lui fasse une fellation.

Au cours de l'été 1990, la police publia le portrait-robot de l'agresseur dans les journaux de Toronto ; plusieurs personnes appelèrent pour dire que le portrait-robot ressemblait à Paul Bernardo. La police passa chez lui et il fut convoqué à un interrogatoire. Il fournit volontiers les échantillons de cheveux et de salive qu'on lui demandait. Que pouvait-il faire d'autre ? Ce pourrait être une simple erreur de la part de la police. Ou peut-être voulaient-ils seulement le pincer pour pouvoir dire que l'affaire des viols était enfin classée. Après tout, les policiers subissaient beaucoup de pression de l'opinion publique. Plus de quinze viols n'avaient pas été résolus depuis 1987 et ça chauffait de plus en plus dans les médias à ce sujet. La police dit à Bernardo que les résultats des tests seraient connus dans environ deux semaines. Karla ne l'avait jamais vu aussi bouleversé. Elle fit de son mieux pour le rassurer. Elle lui dit que la police ne procédait jamais comme il se l'imaginait. On n'arrêtait pas les gens comme ça, à l'aveuglette, simplement parce qu'une affaire était devenue trop gênante. Ce week-end-là, ils se rendirent à la bibliothèque pour se documenter sur les viols en question et ils dressèrent un tableau indiquant le jour, l'heure et l'endroit exact où chacun des viols avait eu lieu. Pour autant que Karla se souvenait, au moins six des viols avaient été commis un jour ou un soir où Paul se trouvait en sa compagnie. Elle serait son alibi ! Elle tenta de le distraire en lui racontant le plan qu'elle avait concocté concernant sa sœur. Une semaine plus tard, Paul se calma et porta de nouveau son attention sur Tammy Lyn.

Ils durent suspendre leur vil complot à plusieurs reprises en décembre. Soit parce que Tammy Lyn gardait une de ses amies à coucher, soit qu'elle était elle-même allée coucher chez une amie ou encore parce que tout le monde avait veillé plus tard qu'à l'habitude.

Karla se souvenait très nettement de certains événements qui eurent lieu durant la journée précédant la nuit d crime.

Elle entendait encore le son du marteau avec lequel Paul pulvérisait les pilules d'Halcion dans le sous-sol ; sa mère était venue s'enquérir de l'origine de ce bruit désagréable. Elle se rappelait aussi la violente déception éprouvée par Paul lorsqu'ils apprirent que Tammy Lyn attendait encore une amie à coucher ce soir-là. Une fois de plus, ils se voyaient contraints d'abandonner leur projet et ils partirent magasiner de l'autre côté de la frontière. En fin d'après-midi, toutefois, une tempête s'abattit sur la péninsule du Niagara et la mère de l'amie de Tammy appela pour annuler la sortie de sa fille. Karla voyait encore très nettement l'enseigne au néon de la boucherie Meatland qui brillait comme un phare dans les bourrasques de neige. Dans l'auto de Paul stationnée juste en face, ils écrasèrent les pilules d'Halcion qui leur restaient. Ils rentrèrent à la maison vers 18 h.

Ces images défilaient dans la tête de Karla comme autant de bandes-annonces de film. Dans son état actuel de solitude et d'oisiveté, elles lui paraissaient encore plus précises qu'elles ne l'avaient jamais été auparavant.

Elle a amplement raconté ce qui s'était passé par la suite. Ils ont préparé un mélange de boisson pour Tammy et l'ont observée tandis qu'elle sombrait de plus en plus. L'autre sœur de Karla, Lori, fit remarquer qu'il se passait quelque chose d'anormal. Même Tammy Lyn, malgré son état d'abrutissement, déclara qu'elle était convaincue que Paul et Karla étaient en train de l'empoisonner. Karla fut d'abord estomaquée et complètement prise au dépourvu, mais elle se sentit soulagée et reprit de l'assurance quand elle constata que ses parents ne semblaient pas avoir entendu les remarques de ses deux sœurs.

Karla revoyait tout ça comme s'il s'agissait d'un rêve. Tammy était manifestement soûle mais, au lieu de perdre connaissance et de se faire gentiment porter au lit par son père, elle insista pour rester debout et regarder le film loué par Paul et Karla.

Karla ne se souvenait plus du titre du film en question car ils n'avaient jamais eu l'intention de le regarder. Tammy s'étendit sur un des deux canapés de la petite salle de jeu du sous-sol. Karla inséra la cassette dans le magnétoscope, appuya sur le bouton de lecture puis, probablement avant même que le générique n'apparaisse à l'écran, elle secoua légèrement sa sœur et s'aperçut que la drogue avait finalement produit son effet. Tammy était complètement inerte.

Karla dira plus tard à la police qu'elle n'avait eu l'intention que de mettre deux comprimés de 10 mg d'Halcion dans la boisson de Tammy, mais que Paul en avait finalement mis une bonne douzaine. À ses yeux, cela n'avait aucune importance puisque les pilules à elles seules n'auraient pas pu tuer sa sœur. Elle aurait sans doute dormi pendant plus de seize heures, mais elle se serait réveillée.

Karla savait pertinemment qu'un individu ou un animal doit être à jeun pendant au moins douze heures avant de recevoir un anesthésique. Or, Tammy avait bu et mangé toute la soirée. Malgré cela, Karla alla chercher la bouteille d'Halothane dans sa chambre, en versa sur un chiffon et l'appliqua sur la bouche et le nez de sa sœur. Pendant ce temps, Paul enleva le pantalon d'athlétisme de Tammy et lui releva le chemisier et le soutien-gorge de manière à lui dévoiler les seins. Tandis que Lori et ses parents dormaient paisiblement à l'étage, Karla imbiba de nouveau le chiffon d'Halothane et le maintint au visage de sa sœur, tout en jetant un coup d'œil là-haut. De son côté, Paul lubrifiait le vagin de la jeune fille inconsciente à l'aide de son pénis tout en cherchant à filmer la scène sur bande vidéo.

Karla constata tout à coup que sa sœur était menstruée. D'un ton énervé, elle murmura à Paul de se dépêcher et d'en finir au plus vite. Elle l'implora aussi de mettre un condom. Plutôt que de l'écouter, il lui demanda de lécher le vagin de sa sœur. Il lui dit ensuite d'y insérer ses doigts et de les nettoyer avec sa langue. Karla lui obéit et en fut très mécontente. Elle regarda directement la caméra et dit dans un soupir profond : «C'est foutrement dégoûtant.» Elle remplaça alors Paul à la caméra et le filma en train de pénétrer Tammy par l'anus. Paul demanda ensuite à Karla si elle voulait le sucer. Amusée, elle lui dit oui, mais le pria une nouvelle fois de faire vite. Puis, sans raison apparente, Paul mit un terme au viol. C'est à ce moment que Tammy vomit. Ils réalisèrent alors qu'elle avait cessé de respirer. C'est ainsi que les choses se seraient passées, du moins d'après leurs témoignages. Est-ce bien la vérité ? Il n'y a aucun doute là-dessus.

En regardant le film de cette scène avec les policiers, en février 1995, au moment où elle se préparait à témoigner au procès de Paul, Karla remarqua un détail qui lui avait échappé. Pendant toute la scène qui durait cinq bonnes minutes, la main droite de Tammy était restée posée sur sa poitrine nue. Or à la fin, juste avant que la bande vidéo ne devienne noire, cette main se pose soudainement à son côté, inerte. Karla se demanda si sa sœur ne mourut pas à cet instant, juste devant la caméra.

9

Entre l'enfer de *Passions* et l'enfer de Pinel

L'accès à la cour des femmes était verrouillé à 11 heures, juste avant que le repas du midi ne soit servi. Karla ne prenait que quatre ou cinq repas par semaine à la cafétéria de la prison. Beaucoup de femmes prenaient du poids en prison et Karla ne voulait pas subir le même sort. La nourriture qu'on y servait était riche en féculents et les légumes étaient toujours trop cuits.

Une des choses qui manquaient le plus à Karla était les bonbons. Elle avait toujours eu le bec sucré. Elle avait fait beaucoup d'efforts pour se contrôler, mais la tentation était toujours là. À Sainte-Anne-des-Plaines, il lui était plus facile d'éviter les sucreries, car elle ne trouvait pas de bonbons à son goût.

Elle adorait aussi prendre un bon verre de vin rouge à l'occasion, du Beaujolais ou du Chianti, mais pour ça, il lui faudrait attendre la liberté. Enfin, elle raffolait des salades. Depuis le tout début de son incarcération, elle rêvait d'une salade du Harvest Barn, avec du pain au fromage et une pointe de tarte aux mûres géantes.

Le Harvest Barn était un petit marché-boulangerie situé sur la même rue que la clinique vétérinaire Martindale où Karla travaillait. Elle allait souvent y manger le midi.

À Joliette, elle n'avait pas manqué de grand-chose en raison de la nature coopérative du service alimentaire et du fait que c'était Stivia Clermont qui faisait la cuisine pour la maisonnée. Avant cela, la cuisine des restaurants lui avait manqué, mais, à Joliette, Stivia était aussi douée que n'importe quel chef de restaurant.

Les cuisines de l'aile de détention A n'étaient pas très bien équipées, n'ayant qu'un four et quelques poêlons et casseroles. On permettait aux femmes de faire une commande toutes les deux semaines à l'épicerie de

Sainte-Anne-des-Plaines. Comparée à celle de Joliette, la liste des produits permis était cependant très limitée : steak, poulet, brocoli, pommes de terre, bacon, carottes et autres aliments du genre. La facture était portée au « compte de cantine » des détenues. Les produits d'épicerie coûtaient cher mais, au moins, avaient-elles la possibilité d'en commander si elles avaient assez d'argent pour les payer.

Karla s'était liée d'amitié avec une autre détenue qui suivait un régime végétarien agrémenté de poulet. Elle avait elle-même demandé à la prison qu'on lui accorde un régime semblable, mais elle savait qu'elle avait le temps de se rendre au bout de sa sentence avant qu'on ne lui accorde cette faveur. Elles mirent en commun le peu de nourriture qu'elles avaient et purent ainsi se préparer trois ou quatre repas par semaine. Elles mangeaient souvent une salade accompagnée de pain au fromage.

Depuis son arrivée au Centre régional de réception, Karla comptait surtout sur ces quelques repas et sur ce qu'elle achetait à la cantine pour se nourrir.

Lorsqu'il lui arrivait de dîner à la cantine, cela ne lui prenait pas plus d'une demi-heure. Si elle décidait de ne pas manger, elle se tournait les pouces jusqu'à ce que la cour soit rouverte à 13 heures ; elle allait alors prendre l'air ou un bain de soleil durant une heure. L'hiver, il n'y avait rien à faire pour meubler ces heures creuses du midi. Elle attendait jusqu'à la diffusion du feuilleton *Passions*, à 14 heures.

Karla adorait *Passions* parce que c'était très différent des autres feuilletons de l'après-midi. Ce feuilleton allait beaucoup plus loin que les histoires d'inceste et de trahison, avec des Jim et John s'échangeant des Jill et Jane, comme on en voyait dans *Days of Our Lives* ou *Young and Restless*. Les intrigues étaient bizarres, à la manière de Kootnz, avec du surnaturel en plus. Le 2 janvier, par exemple, il y avait eu un épisode parfaitement surréaliste : dans un hôpital psychiatrique, une patiente déguisée en médecin menaçait d'une hache une femme blonde d'âge moyen du nom de Tabitha. Cette dernière se trouvait par ailleurs être une sorcière qui avait changé sa poupée en un petit garçon en chair et en os nommé Timmy. Le rôle du petit était joué par un enfant qui ressemblait à s'y méprendre au maléfique Howdy Dowdy [1].

Tabitha était très contrariée car, après avoir accédé au souhait de Noël de Timmy d'être transformé en vrai petit garçon, elle avait perdu tous ses pouvoirs magiques et n'arrivait plus à créer une autre poupée. Elle avait fabriqué la poupée Timmy selon la taille d'un être humain afin d'avoir de la compagnie. Elle était maintenant persuadée que Timmy grandirait et la quitterait un jour.

Norma, le faux médecin à la hache de l'hôpital psychiatrique, voulait tuer Tabitha et Timmy sous prétexte qu'ils auraient offensé son défunt père dont elle trimballait le squelette dans un sac.

Les scènes délirantes de *Passions* rappelaient à Karla les trois mois qu'elle avait passés à l'institut psychiatrique Philippe-Pinel, à Montréal, où on l'avait placée en attendant qu'une cellule se libère à Sainte-Anne-des-Plaines. Là-bas, la réalité dépassait souvent la fiction. Il n'y avait peut-être pas de faux médecin à la hache courant après des sorcières entichées de poupées qui marchent, mais il y avait à peu près tout ce qu'on peut imaginer d'autre.

Karla n'aurait jamais cru que des endroits comme Pinel puissent encore exister. Placée dans une salle commune entièrement ouverte, Karla observait avec stupéfaction des hommes et des femmes qui déambulaient en sous-vêtements dans les couloirs. Elle revenait tout juste d'un séjour de quatre mois d'isolement au Centre psychiatrique régional de Saskatoon et elle n'avait pas été en contact avec un seul homme depuis au moins sept ans. De plus, la Commission nationale des libérations conditionnelles venait tout juste de statuer qu'elle était encore trop dangereuse pour qu'on lui accorde une libération conditionnelle. Dans ce contexte, la placer ainsi dans une salle commune, sans aucune mesure de sécurité, constituait presque de la démence institutionnelle. Mais personne ne semblait s'en être rendu compte. Au cours des dernières années, elle en avait appris assez pour savoir qu'il valait mieux ne pas trop parler.

Elle ne dit donc rien de ce qu'elle pensait, et cela valait mieux pour elle car, à Pinel, dès que l'on s'avisait de protester, deux espèces de gorilles vous attrapaient et vous attachaient solidement à un lit dans une chambre d'isolement où l'on vous bourrait de médicaments.

À Joliette, Karla avait entendu toutes sortes d'histoires de la part de détenues qui avaient déjà séjourné à Pinel. Elle s'était toujours montrée sceptique car les femmes qui les racontaient souffraient souvent de maladie mentale. Puis elle vit ce qu'il en était de ses propres yeux. Une détenue qu'elle avait bien connue à Joliette fut envoyée à Pinel alors que Karla s'y trouvait encore. C'était une femme qui avait un lourd passé de mauvais traitements et qui s'était montrée trop agitée au goût des autorités de Joliette ces derniers temps. Celles-ci avaient même avisé les gens de Pinel qu'elles «en avaient peur». Aussi, dès son arrivée à Pinel, deux surveillants se sont emparés de la pauvre femme et l'ont traînée en chambre d'isolement. Comme elle se débattait, ils l'attachèrent au lit. Puis on vint lui administrer des tranquillisants et on la laissa ainsi durant trois jours. Karla en fut très choquée. Voilà que deux gros gaillards attrapaient et enfermaient de force une femme qui avait déjà eu plus que sa part de mauvais traitements. On se serait cru dans le film *Vol au-dessus d'un nid de coucou.*

À Pinel, le déjeuner était servi à 8 heures Après, les hommes prenaient leur douche – les femmes ne la prenaient que le soir. Ensuite, il n'y avait rien d'autre à faire que de s'asseoir et d'attendre. À midi, tout le monde était enfermé pour la sieste. Puis les portes s'ouvraient de nouveau afin que tout le monde puisse sagement continuer à ne rien faire.

Karla avait l'impression que tout le monde, patients comme employés, fumait à Pinel. Contrairement à ce qui se passait dans les autres prisons canadiennes, il n'y avait que dans la petite salle de télévision où il était interdit de fumer. Pour fuir la fumée, Karla errait un peu partout ou se réfugiait dans sa chambre. Pour cette raison, le personnel lui reprochait de ne pas se mêler aux autres patients.

Contrairement à ce que les préposés aux patients disaient, Karla avait des rapports avec plusieurs d'ente eux. Il y en avait un qui s'appelait Guy. Elle le trouvait très gentil, mais un peu fêlé. Il ne pouvait pas rester enfermé et il pétait les plombs chaque fois qu'on voulait le mettre dans sa chambre.

Elle connut aussi Yannick, un gars plutôt effacé. Il était très mignon mais aussi très étrange. Il se mettait à pleurer chaque fois qu'on l'enfermait. Exaspérée, Karla lui dit qu'elle avait été enfermée pendant huit ans sans se plaindre et qu'il devrait cesser de pleurnicher parce qu'on l'enfermait pour deux petits mois. Il lui en fut reconnaissant et lui dit qu'il l'attendrait lorsqu'elle sortirait de prison.

Elle se lia aussi avec Raymond, un type qu'elle l'aimait bien. Karla avait l'impression qu'on l'avait classé comme schizophrène et que c'était la raison pour laquelle il avait abouti à Pinel. Raymond avait d'abord été enfermé à Archambault, l'infâme institution à sécurité maximum rattachée au Centre régional de réception de Sainte-Anne-des-Plaines. Karla lui parlait de son expérience à Kingston et, à son tour, il lui racontait ce qui se passait dans « La Bottine », ainsi que les détenus surnommaient dédaigneusement l'institut Archambault.

Elle fit aussi la rencontre d'Audrey, une jeune fille de dix-huit ans avec qui elle s'entendait bien. Celle-là était à Pinel pour être évaluée en attendant d'être transférée dans une maison d'accueil, ou quelque chose du genre. En fait, il n'y avait absolument rien d'autre à faire à cet endroit que d'établir des contacts avec les autres et Karla le fit amplement. Seulement, elle le faisait à sa manière, discrètement.

Après le souper, tout le monde devait retourner à sa chambre pour une autre sieste. Ensuite, c'était le temps de la douche des femmes puis des appels téléphoniques (quinze minutes, pas plus). À 19 h 30, on proposait enfin des activités. On pouvait faire de la natation (une fois par semaine), du patin à glace ou de la luge et, quelques fois, regarder un film. Karla trouva la présentation d'un film comme *Girl, Interrupted* d'une ironie consommée. Il y avait d'autres activités en été, mais Karla partit en avril et elle ne sut jamais en quoi elles consistaient.

Les activités prenaient fin à 21 h 30. Tous devaient regagner leur chambre avant 10 h 30 et les portes étaient verrouillées pour la nuit. Les patients ne pouvaient pas emprunter plus de deux livres par semaine. Cependant, Alain, le préposé de Karla, s'arrangeait pour lui en trouver ailleurs. Elle en recevait aussi de sa mère, de sorte qu'elle passait le plus clair de son temps à lire et à écrire des lettres à ses amies. Elle correspondait régulièrement avec une douzaine de ses anciennes codétenues de Joliette. Ces dernières étaient tout aussi indignées qu'elle de son injuste transfert à Pinel.

Bien que Pinel soit un hôpital psychiatrique, on n'offrit jamais à Karla quelque forme de thérapie ou de soutien psychologique que ce soit. Elle rencontra une seule fois un certain docteur Brault-Da Silva et quelqu'un d'autre, dont elle avait oublié le nom, pendant une courte période. Elle leur dit qu'il était hors de question qu'elle raconte son histoire une fois de plus car elle l'avait déjà fait plus que nécessaire. Elle ne voyait aucune utilité à répéter sans cesse des choses qui, de toute façon, étaient déjà dans son dossier. Elle s'enquit à quelques reprises du début de son traitement, mais les intervenants se bornaient à lui demander ce qu'elle voulait, elle. Elle leur dit que, en principe, on devait lui faire suivre un programme destiné aux délinquants sexuels, mais ils ne firent absolument rien. Ils s'obstinaient à lui demander quel genre de thérapie elle voulait suivre et avec qui. Finalement, son préposé lui dit qu'elle avait été envoyée à Pinel uniquement pour qu'on la réévalue. C'était insensé. Elle avait l'impression d'être tombée dans un terrier de lapin, comme Alice. Elle ne comprenait plus rien à ce qui se passait.

Par contre, le feuilleton *Passions* signifiait quelque chose pour Karla de même que pour beaucoup de monde, car il demeura à la télé pendant plusieurs années. L'action se déroulait dans le Maine, dans une ville imaginaire appelée Harmony, et était centrée sur la famille Crane, notamment la grand-mère Ivy qui était confinée à un fauteuil roulant. Tout le monde à Harmony semblait être catholique, mais Karla ne comprit jamais pourquoi.

Il y avait dans la télésérie un personnage nommé Kay Bennett qui avait vendu son âme au Diable pour pouvoir s'acoquiner avec Miguel, l'ami de cœur de sa cousine Charity. Ce pacte fit en sorte que l'enfer s'installa au cœur même d'Harmony, plus précisément dans l'armoire de la chambre à coucher de Charity. Kay assista avec nonchalance à la disparition de

Charity lorsque celle-ci ouvrit la porte de son armoire et fut aspirée en enfer. Kay avait une sœur nommée Jessica... Or ce prénom avait indirectement été associé à Karla dans une histoire rapportée par les journaux quelques années auparavant. On racontait que Karla aurait eu une affaire de cœur avec Linda Véronneau, une de ses codétenues de Joliette. L'article en question disait que Linda avait avoué à sa famille être amoureuse d'une détenue de Joliette nommée Jessica et qu'elles comptaient vivre ensemble après leur sortie de prison. Le journaliste faisait ensuite un lien entre cette Jessica et Karla, la mère de Karla lui ayant dit qu'un des personnages préférés de sa fille s'appelait justement Jessica. C'était sauter un peu vite aux conclusions. En fait, le personnage préféré de Karla n'était pas Jessica, qui était plutôt secondaire, mais Theresa.

Pendant un bon bout de temps, Karla vibra au rythme de son feuilleton quotidien favori. Elle se sentait comme un personnage de *Passions* qu'on ne voyait jamais à la télé parce qu'il était en prison...

Pour sa plus grande déception, *Passions* vira au pire à la fin janvier, juste au moment où l'hiver se montre le plus cruel. « Ils ont décidé de revenir à une intrigue classique ! écrivit Karla à une amie. Il y a au moins cinq personnages qui ont menacé de tuer Julian Crane. Il s'est fait abattre hier, et maintenant ils vont passer leur temps à chercher à savoir "qui est le coupable", avec l'inévitable procès qui s'ensuit. Dommage ! »

NOTE
1.   Personnage d'une émission télévisée pour enfants dans les années 1950.

10

La pointe de l'iceberg

L'amour peut fleurir dans les coins les plus sombres... Lors du procès de Bernardo, à l'été 1995, l'inspecteur Vince Bevan avait trié sur le volet une douzaine de policiers de l'escouade Green Ribbon pour mener à bien les poursuites judiciaires contre l'accusé. L'équipe se terrait au Colony Hotel de la rue Chesnut, à deux pas du palais de justice de l'avenue University. Sur le papier à lettres de l'escouade, Bevan avait fait mettre un entête comportant l'adresse et le numéro de téléphone de l'hôtel. Il avait aussi obtenu une carte de crédit Visa pour chacun de ses aides. Tout le monde était installé à l'hôtel en vue d'un long siège. Après les heures de travail, le grand bar attenant au hall de l'hôtel devenait une oasis pour ces défenseurs de la loi et de l'ordre.

Au cours des dix jours de juillet 1995, au moment où Karla subissait le contre-interrogatoire de l'avocat de Bernardo, John Rosen, je me suis retrouvé un soir dans ce bar en compagnie de quelques représentants de la poursuite, dont Leslie Baldwin, l'adjointe du procureur de la Couronne (alors procureur dans le district de Toronto, Mme Baldwin a depuis été promue juge à St. Catharines). C'était une très belle blonde avec beaucoup de prestance qui partageait avec ses deux collègues Scott Atkinson et Shawn Porter une soif hors du commun. Ces derniers avalaient un petit verre de bière tous les quarts d'heure. De son côté, pendant les deux heures et demie que j'ai passées à leur table, Mme Baldwin dut boire six à sept grandes coupes de vin blanc.

Plus Leslie Baldwin buvait, plus elle parlait. Avec moi, elle se montrait discrète mais elle se gênait moins avec ma recherchiste. Elle riait, poussait des cris et lui chuchotait à l'oreille les détails les plus sordides des images vidéo présentées chaque jour à la cour comme éléments de preuve. Le juge avait décidé que seule la bande sonore pouvait être écoutée lors des scènes touchant les viols de Tammy Lyn Homolka, Jane Doe, Leslie Mahaffy et Kristen French. On éteignait alors les télés, mais on augmentait le volume des haut-parleurs.

Mme Baldwin dit à ma recherchiste combien elle avait trouvé Karla disgracieuse dans une séquence où Paul Bernardo incitait celle-ci à jouer les «petites amies d'école» avec Kristen French. À un moment donné, Paul ordonnait aux filles de se pencher et de relever leur jupe de tartan. Karla laissait voir une culotte trop grande qui se froissait entre ses fesses alors que Kristen portait une culotte seyante qui moulait avantageusement son jeune postérieur. La tenue de Karla avait dégoûté et captivé à la fois Mme Baldwin. Cette image était devenue pour elle une sorte de gouffre émotif dans lequel s'accumulaient toutes les atrocités et les cruautés qu'elle avait vues dans les bandes vidéo. La scène l'avait fait éclater en sanglots. Elle disait que la cour l'avait désignée pour informer les familles des victimes du contenu des bandes vidéo et qu'elle se sentait traumatisée à l'idée que sa voix résonnerait dans la tête des membres de ces familles chaque fois qu'ils se rappelleraient ce que leur fille avait enduré. Puis je fus tout étonné de la voir capable de se lever et se diriger, quoique avec un peu d'hésitation, vers les toilettes des dames.

Tandis que nous buvions ainsi, l'inspecteur Bevan est venu un instant s'asseoir à notre table. Une queue de billard à la main, il cala une bière et s'excusa de devoir partir, expliquant qu'il avait beaucoup à faire pour se préparer au procès du lendemain. La chose me semblait un peu cocasse, car son rôle se bornait à superviser le travail du policier responsable du magnétoscope, lequel devait faire avancer ou reculer les images des cassettes selon les demandes exprimées par les parties.

Pendant les quelque dix minutes qu'il resta à table, il ne donna aucun signe comme quoi lui et moi avions déjà eu de très bons rapports. Il se montra abrupt et distant avec tout le monde, sauf avec Mme Baldwin. J'ai eu l'impression qu'il y avait entre eux plus que de simples rapports professionnels.

Après son départ, j'exprimai l'avis que Bevan était seul responsable du fait que Karla Homolka était témoin à ce procès plutôt que coaccusée avec Bernardo. Les trois procureurs présents protestèrent aussitôt avec véhémence, mais celle qui le défendit le plus, tout en faisant son éloge, était Leslie Baldwin. Elle s'exclama en bafouillant: «Vous saurez que c'est un grand homme!»

Beaucoup plus tard ce soir-là, vers minuit, j'arpentai le bar à la recherche d'un journaliste traînard avec qui prendre un dernier verre. Je trouvai la place déserte, à l'exception d'un homme et d'une femme qui s'étaient blottis l'un contre l'autre dans un coin sombre : c'était Mme Baldwin et l'inspecteur Bevan. Ils ne m'ont pas vu passer.

* * *

J'avais fait la rencontre de l'inspecteur Bevan un an et demi plus tôt, le 11 février 1994 à midi, au bureau de Grant Waddell. À l'époque, Grant Waddell était le chef du service de police de la région de Niagara. Depuis l'arrestation de Paul Bernardo l'année précédente, le 17 février 1993, j'avais consacré beaucoup de temps et d'énergie pour obtenir une interview avec Bevan. Ce jour-là, dans le bureau du chef Waddell, je recevais ma récompense pour toute une année de travail.

Au cours de cette année, j'avais appris que plusieurs collègues de Bevan le trouvaient quelque peu fantasque. J'ai entendu de nombreuses anecdotes à propos de son manque d'expérience, de son incompétence et de son mauvais jugement. Il avait, disait-on, une aventure avec une fougueuse fonctionnaire d'origine italienne. Même si la vertu et la compétence ne sont pas toujours nécessaires pour obtenir une promotion, il y avait tout de même certains dirigeants du service régional de la police de Niagara qui pensaient du bien de lui, sans quoi l'inspecteur Bevan n'aurait jamais pu atteindre le poste qu'il occupait. Le chef Waddell, pour sa part, ne semblait pas faire partie de ce second groupe.

Le chef Waddell était un homme au caractère agréable qui laissait paraître un gros accent écossais du terroir. Originaire de la police de Toronto, on l'avait nommé récemment à la tête de la région de Niagara dans le mince espoir qu'un homme aussi expérimenté que lui et venu de l'extérieur puisse mettre fin à des décennies de corruption et de querelles intestines. Dans les milieux policiers et judiciaires, on se moquait alors ouvertement des tares qui affligeaient ce corps policier de quelque huit cents membres. (Finalement, Waddell échoua dans sa mission et il prit sa retraite.)

À l'époque, je ne saisissais pas très bien le rapport de force existant au sein de la police. J'avais travaillé d'arrache-pied pour amener le chef à m'organiser un rendez-vous avec l'inspecteur Bevan. Le chef et l'inspecteur Bevan ne s'entendaient sur aucun sujet, en particulier sur la manière de se comporter envers les médias. Ce différend jouait en ma faveur, mais il ne constituait pas une garantie de succès pour autant. Le chef ne pouvait forcer l'inspecteur Bevan à faire quoi que ce soit. Il devait user de persuasion.

Peu de temps après la découverte du corps dénudé de Kristen French au fond d'un fossé, le 30 avril 1992, mais avant la nomination de Waddell, le gouvernement avait accepté de financer une escouade tactique qui travaillerait sous les ordres de l'inspecteur Bevan. À partir de ce jour, Bevan devint son seul maître, n'ayant à répondre vaguement de ses actes qu'à quelques hauts fonctionnaires du ministère de la Justice à Toronto. Chose certaine, il n'avait pas de comptes à rendre au chef Waddell. Les pouvoirs respectifs de ces deux hommes étaient, en fait, inversement proportionnels à leur rang dans la police de Niagara.

Bevan était natif de St. Catharines. Il appartenait à une famille irlandaise bien enracinée dans la police de la région. Son père avait été chef adjoint du service de police et sa mère était la fille d'un policier de haut rang. Son frère était l'aumônier de la police. Même le beau-père de Bevan avait eu des liens étroits avec la police et avait fait fortune en vendant de la machinerie à celle-ci.

Le service de police de Niagara est né de la fusion forcée des dix-huit petits corps policiers locaux qui parsemaient la région de Hamilton et de Niagara Falls depuis les années 1950. Du jour au lendemain, dix-sept chefs de police locaux sont redevenus de simples policiers. Dès ce moment, un profond ressentiment de même qu'un népotisme chronique ont rendu impossibles toute stabilité et toute solidarité au sein du nouveau corps policier.

Le travail policier, dans la vraie vie, est essentiellement un test visant à éprouver la capacité d'un individu à résister à l'ennui. La grande majorité des policiers n'ont jamais à se servir de leur arme. Ainsi, tout le monde avait envisagé avec convoitise d'obtenir un poste au sein de la fortunée escouade Green Ribbon, ce qui avait conféré à Bevan un pouvoir assez exceptionnel. Comme pourvoyeur de nouveaux postes, il avait en fait plus de pouvoir que n'importe lequel des dix chefs de service à qui il pouvait prendre les hommes de son choix.

Après avoir tenté de joindre l'inspecteur Bevan par téléphone des douzaines de fois et lui avoir envoyé au moins une demi-douzaine de demandes de rendez-vous, je me résolus à passer par le chef Waddell, peu après sa nomination en mai 1993. Il lui a fallu huit mois pour réussir à organiser la fameuse rencontre.

En regardant sa photo dans les journaux, on pouvait trouver à l'inspecteur Bevan une vague ressemblance avec l'acteur américain Tom Selleck. En personne, cependant, il était moins grand, moins bâti et moins beau que lui. Ses sourcils formaient un sillon noir et épais sur toute la largeur de son front, comme on en voit chez certains méchants personnages de bandes dessinées. Et là s'arrêtait la ressemblance. Il portait un costume brun et des bottes de cow-boy.

Le chef avait à peine terminé les présentations que l'inspecteur déclara que « j'avais mal orthographié son nom ».

– Je vous demande pardon ? répondis-je.

– Dans votre lettre à la famille French, vous avez mal orthographié le nom de Kristen, répéta-t-il en me tendant une copie de la lettre.

Lorsque j'ai commencé mes recherches en vue d'écrire un livre sur l'affaire Homolka-Bernardo – qui s'appellera *Invisible Darkness* –, j'ai écrit des lettres de condoléances aux familles des deux jeunes filles assassinées. Dans ces lettres, je disais qu'il ne serait probablement pas nécessaire que je les rencontre, à moins, bien entendu, qu'elles ne veuillent elles-mêmes me voir.

Je disais aussi que, par pure coïncidence, j'entretenais déjà des liens étroits avec des parents qui avaient perdu un enfant dans des circonstances semblables. Par exemple, la petite Sharon Morningstar Keenan avait été la fille de mes voisins. Cette fillette de neuf ans avait été enlevée dans un parc, puis violée et assassinée avant d'être jetée dans un vieux congélateur abandonné. Sharon jouait avec ma propre fille lorsque nous vivions dans le quartier des Beaches de Toronto, dans les années 1980.

Je racontais aussi que j'avais travaillé dans une agence de publicité multinationale avec Leslie Parrot, la mère d'Allison Parrot. En plein cœur de Toronto, par un bel après-midi d'été de 1983, sa fillette de douze ans avait été tuée par un homme qui se faisait passer pour un photographe. En conséquence, ajoutais-je dans ma lettre, j'en suis venu à m'intéresser de plus en plus à ce genre de crimes ainsi qu'aux personnes qui se montrent capables de commettre de telles atrocités.

J'avais écrit ces lettres dans un esprit de compassion et de respect envers ces familles éprouvées. En les relisant, je réalise qu'elles étaient beaucoup trop longues et égocentriques. Rien de ce que peuvent dire ou faire les autres n'a d'importance aux yeux de ceux qui ont vécu ce que les Mahaffy et les French ont vécu. J'avais pris soin de faire relire mes brouillons à Leslie Parrot pour m'assurer que je n'écrirais rien de déplacé. Toutefois, le simple fait qu'un inconnu comme moi leur envoie des lettres aussi bavardes était idiot et indélicat. Il n'était pas plus brillant de ma part de leur dire qu'il n'était pas nécessaire que je les rencontre. Une des seules choses que ces familles auraient pu vouloir faire était justement de me parler.

« Regardez ! dit l'inspecteur en me montrant un endroit qu'il avait marqué d'un surligneur. Vous avez écrit K-i-r-s-t-e-n. Son nom est Kristen, pas Kirsten ! »

C'était le genre de coquille qui échappe aux correcteurs les plus avertis. J'avais inversé le *r* et le *i* et, malgré la douzaine de correcteurs qui avaient lu le texte, la stupide erreur était restée.

Comme l'inspecteur Bevan l'avait souhaité, cela m'a désarçonné. J'allais plus tard me rendre compte que Bevan était le genre d'homme à voir beaucoup de signification dans les plus petites erreurs. Il pouvait fixer son esprit sur les détails les plus anodins, ce qui ne manquait pas de l'induire en erreur.

L'inspecteur semblait satisfait de m'avoir remis à ma place en dévoilant ainsi mon ignorance et mon indélicatesse. Il parut alors disposé à m'écouter poliment. Je lui fis un petit laïus d'environ cinq minutes lui expliquant pourquoi il avait intérêt à m'accorder une interview. Lorsque j'eus terminé, il me dit qu'il n'avait aucune objection à le faire. Le chef et moi en fûmes abasourdis. Le chef nous fit passer dans la petite salle attenante à son bureau.

Je commençai par demander à l'inspecteur Bevan si je pouvais enregistrer notre conversation. « Aucun problème », répondit-il.

Je mis l'enregistreur sur la table et lui demandai si certaines rumeurs qui circulaient étaient fondées. On m'avait raconté que c'était par pur accident que la police régionale de Niagara avait appris à St. Catharines qu'un homme était placé sous étroite surveillance par la police de Toronto. Selon la rumeur, deux policiers de Niagara en auraient été informés par hasard par deux policiers en civil de Toronto. Cela se serait passé au Robin's Donut Shop de Port Dalhousie, près de St. Catharines, là où habitaient Karla et Paul Bernardo.

Il était notoire que l'inspecteur Bevan exerçait un contrôle absolu sur tout ce qui concernait l'escouade Green Ribbon, dont les relations avec les médias. En raison de la façon dont il avait traité ou, plutôt, maltraité les médias au cours de sa très longue enquête, il s'était mis à dos de nombreux journalistes, en particulier ceux de la presse nationale à Toronto. J'avais l'impression que cette histoire de policiers et de beignets était plutôt douteuse et qu'on l'avait répandue dans le seul but de mettre Bevan dans l'embarras à mon tour et de dénigrer le travail de son escouade. Sa réponse me surprit.

« C'est peut-être vrai. Je ne sais pas de quels gars il s'agit, mais je crois que c'est vrai… Mais, évidemment, ce n'est pas ainsi que nous l'avons appris. » L'inspecteur Bevan était une autre de ces personnes qui parlent d'elles-mêmes en utilisant le « nous » de majesté…

« J'ai reçu un appel de la *Métro* (la police métropolitaine de Toronto) m'invitant à aller à une réunion là-bas, continua-t-il. C'était en janvier, peu de temps après qu'ils eurent obtenu des résultats positifs sur quelques tests d'ADN relatifs à quelques viols. »

Il semble qu'une bonne partie des problèmes que rencontrait Bevan avec la presse tenait aux nombreuses contrevérités contenues dans ses propos. Face à moi, il ne faisait pas exception à la règle. Peu de temps après notre rencontre, je découvris en effet que son affirmation ne correspondait pas à une de ses dépositions sous serment. Dans l'une de celles-ci, il relatait à l'intention des avocats de chacune des parties tous les détails chronologiques de l'enquête qu'il avait menée durant deux ans et demi sur les viols et les meurtres de Leslie Mahaffy et Kristen French. Or, selon cette déposition, la réunion à laquelle il faisait allusion avait eu lieu, non pas en janvier, mais le huit février 1993, à 10 h, soit une bonne semaine après que la police de Toronto eut placé Paul Bernardo sous étroite surveillance. On y apprend que ce n'est que le 5 février 1993 que le chef David Boothby avait appelé Bevan pour l'inviter à cette réunion. Avant cet appel, toujours selon la déposition de Bevan, ce dernier n'était pas au courant de cette filature.

Bevan disait dans son rapport – et il l'a même répété en ma présence – que les policiers expérimentés ne se fient généralement pas aux déclarations de témoins oculaires. Pourtant, peu de temps après l'enlèvement de Kristen French, l'inspecteur Bevan se disait convaincu, sur la base de simples témoins oculaires, que la jeune étudiante avait été enlevée par deux hommes à l'allure débraillée conduisant une vieille Camaro de couleur crème. Non seulement cette idée fixe amena-t-elle l'ensemble de son escouade à agir avec une incroyable myopie, mais elle donna lieu à une véritable chasse aux sorcières envers les détenteurs de ce modèle de véhicule.

Coiffant son chapeau de rédacteur, l'inspecteur Bevan se lança dès lors dans une vaste campagne de publicité visant à enjoindre à tous les propriétaires de Camaro de se livrer à la police. Coiffant son chapeau d'administrateur, il mit au point un système par lequel chaque Camaro inspectée recevait un autocollant spécialement approuvé par l'escouade Green Ribbon. La dénonciation d'un père, d'un fils et d'un oncle jugés suspects devint un passe-temps favori au sein des familles désunies de la région de Niagara. Toute les énergies et les fonds de l'escouade de l'inspecteur Bevan furent ainsi dépensés à repérer de pseudo-suspects et à les innocenter par la suite.

Puis, coiffant son chapeau de réalisateur de télévision, l'inspecteur Bevan passa des mois à produire une émission spéciale d'une heure et demie intitulée *L'enlèvement de Kristen French*, en collaboration avec une station de télé de Hamilton. L'émission montrait une vieille Camaro crème, des dessinateurs de portraits-robots du FBI ainsi que toutes les faussetés que l'inspecteur Bevan avait pu accumuler.

L'inspecteur n'aurait jamais pu se douter que je tombe un jour sur les dépositions qu'il avait faites en cour. Ce genre de document est connu dans l'appareil judiciaire sous le nom de « déclaration par anticipation ». Ces dépositions font partie des divulgations faites à la Couronne et ne sortent jamais des milieux policiers ou judiciaires.

Lors d'une enquête d'envergure, comme ce fut le cas pour l'affaire Bernardo-Homolka, les procureurs et les policiers amassent une quantité importante de renseignements et d'éléments de preuve, tels que des entrevues avec des victimes, leurs familles ou leurs amis, des expertises médicolégales de toutes sortes, des avis d'experts, etc. Les divulgations faites à la Couronne forment une sorte d'iceberg. Seules quelques-unes d'entre elles sont finalement présentées comme preuves devant la cour. La plupart demeurent sous la surface, dans le secret. Il s'agit de documents potentiellement dangereux pour tout le monde car, tout au fond, entre les comptes rendus d'entrevues et les chronologies des événements, sous cet amoncellement inextricable de renseignements, se trouve la vérité. Et la vérité n'est pas toujours bonne à connaître...

Dans l'affaire Bernardo, par exemple, il y a eu approximativement deux cent cinquante déclarations par anticipation. Certaines ne comportent que quelques paragraphes, comme les comptes rendus des policiers affectés aux déplacements de Bernardo, alors que d'autres constituent de véritables romans, comme c'est le cas des déclarations de l'inspecteur Bevan.

Une déclaration par anticipation est censée contenir tout renseignement obtenu de manière directe par un policier, ou tout fait dont il peut témoigner sous serment devant une cour de justice. Pour reprendre mon image de l'iceberg, seuls deux policiers ont finalement été appelés à témoigner au procès de Bernardo. Et l'inspecteur Bevan n'était pas un de ceux-là.

Les déclarations par anticipation font partie des divulgations faites à la cour parce que, en vertu de la loi, les procureurs de la Couronne doivent «divulguer» à la défense tous les éléments d'information et de preuve sur lesquels l'accusation repose. Très peu de gens hors du milieu juridique connaissent l'existence de ces divulgations ou en comprennent le sens. En majorité, les représentants de la presse couvrant le procès Bernardo furent très surpris d'apprendre l'existence de telles divulgations quand, longtemps après la publication de mon livre, *Invisible Darkness*, des poursuites furent intentées contre moi en 1998. On me reprocha à cette occasion d'avoir violé l'ordonnance de la cour interdisant la divulgation du contenu de certains passages des vidéocassettes présentées en cour.

Même si les divulgations de la Couronne font techniquement partie du domaine public, il existe un accord tacite entre les juges, les procureurs et les avocats de la défense pour que le public n'y ait pas accès. Historiquement, ces documents ne sont jamais sortis de ces milieux.

Dans mon cas, quelqu'un a fait une entorse à la règle.

Tel qu'il est précisé dans une déclaration de l'inspecteur Bevan, deux inspecteurs ont interrogé Paul Bernardo à la demande de Bevan à la mimai 1992, peu de temps après la découverte du corps de Kristen French.

Jusque-là, l'inspecteur Bevan et l'un de ses policiers avaient eu de nombreux entretiens avec divers représentants de la police de Toronto, y compris Steve Irwin, l'inspecteur responsable de l'enquête sur les viols en série de Scarborough.

Le premier échange entre Bevan et Irwin eut lieu peu de temps après qu'on eut confié à Bevan la responsabilité de l'enquête sur la mort de Leslie Mahaffy, dont le corps mutilé avait été découvert en janvier 1992. Bevan, ou l'un de ses hommes, est resté en communication avec le détective Irwin jusqu'en mars 1992, soit quelque semaines seulement avant l'enlèvement de Kristen French.

Même si deux femmes de St. Catharines s'étaient plaintes d'avoir été poursuivies par un homme qu'elles identifièrent comme étant Paul Bernardo, et même si Bevan savait, ou aurait dû savoir, que Bernardo était sur la liste des principaux suspects dans l'enquête sur les viols de Scarborough, il ne fit jamais le moindre lien entre ce dernier et les étranges crimes de nature sexuelle qu'on avait rapportés dans la région depuis que Bernardo y avait emménagé avec les Homolka, à la fin de 1990.

Ce n'est qu'à la suite d'une dénonciation anonyme, en mai 1992, que l'inspecteur jugea pertinent d'interroger Bernardo. En prévision de cet interrogatoire, il ne tint compte ni des plaintes des deux femmes ni du fait que Paul Bernardo et Karla Homolka avaient été les derniers à voir Tammy Lyn vivante avant qu'elle ne meure mystérieusement dans le sous-sol de la maison de ses parents. S'il y avait peu de communication entre l'escouade de Bevan et la police de Toronto, il n'y en avait pas plus entre l'escouade Green Ribbon et son employeur, le service de police régional de Niagara. C'était comme si la tête était séparée du reste du corps, personne ne faisant le lien entre les deux.

Après 1990, les viols de Scarborough cessèrent tout à coup. Lors de l'interrogatoire de mai 1992, les enquêteurs de Bevan purent établir que Paul Bernardo ne travaillait pas et n'avait pas d'alibi (sauf la parole de sa femme) au moment de la disparition de Kristen French. En outre, son nom avait été évoqué au moins dix-sept fois sur la liste des personnes suspectes du Centre d'information de la police canadienne. Malgré tous ces faits, l'inspecteur Bevan avait rayé Bernardo de sa liste de suspects. Celui-ci ne conduisait pas une Camaro crème...

Dans un article publié dans le *St. Catharines Standard*, le 6 février 1993, quelques jours avant que Bevan ne se rende précipitamment à sa réunion de

Toronto, celui-ci affirmait que « rien ne semble indiquer qu'il y ait un lien entre les deux crimes (les meurtres de Leslie Mahaffy et Kristen French) ».

Dans sa déclaration par anticipation, l'inspecteur Bevan confirme que la première fois où il a fait un lien entre Paul Bernardo et ces deux meurtres fut lors de la réunion de Toronto, lorsque le chef adjoint Boothby lui avait dit qu'il devait sérieusement considérer Paul Bernardo comme un suspect important dans ces « deux affaires ».

Parmi les techniques d'enquête enseignées aux inspecteurs de police figure celle de « la ruse et du mensonge ». Au cours de leurs enquêtes criminelles, ceux-ci sont autorisés à jouer avec la vérité et à utiliser divers subterfuges pour sauvegarder la loi et l'ordre. À la limite – et celle-ci est souvent franchie –, les policiers mènent toutes sortes d'opérations secrètes ou douteuses dans le but d'attraper des criminels, selon le principe de « qui veut la fin prend les moyens ». Une fois ce principe admis, il leur est difficile de revenir à des gestes plus réguliers.

* * *

Dans la petite pièce attenante au bureau du chef Waddell, un an après la fameuse réunion de Toronto, l'inspecteur Bevan se jouait allègrement de la vérité et me racontait certains faits à sa manière.

« Lorsqu'on nous a consultés au sujet des tests d'ADN positifs de Paul Bernardo, nos soupçons se sont renforcés… » dit-il en fronçant les sourcils.

Il m'expliqua que ce n'était pas seulement à cause des exhortations du chef Boothby qu'il avait décidé de jeter son dévolu sur Bernardo, mais aussi pour « un certain nombre de raisons, notamment des éléments de preuve retrouvés sur les lieux de l'enlèvement (de Kristen French) ». Kristen French avait été enlevée en plein jour, vers 15 h, le jeudi 14 avril 1992, dans le stationnement d'une église située sur le chemin Linwell, alors qu'elle revenait de l'école.

L'inspecteur se pencha vers moi et me dit tout bas, d'un air complice : « Un morceau de carte très révélateur a été trouvé sur les lieux de l'enlèvement, ainsi que des cheveux et un soulier. Comme les autres objets abandonnés sur le parking, la mèche de cheveux a probablement été arrachée à la victime alors qu'elle se débattait contre ses agresseurs. »

Ces objets avaient été découverts le lendemain de la disparition de Kristen, soit deux semaines avant la découverte de son cadavre et un mois avant l'interrogatoire de Paul Bernardo par les hommes de Bevan, au domicile de ce dernier, à Port Dalhousie. Le morceau de carte déchirée provenait d'une carte de la région de Scarborough, la banlieue de Toronto où seize viols avaient été commis – d'où le nom de « viols de Scarborough » donné à toute cette affaire. La mèche de cheveux de Kristen, présumait-on, avait été accidentellement coupée par Bernardo, car celui-ci avait l'habitude de se servir d'un couteau lors de ses agressions. Quant au soulier-mocassin rouge foncé de marque Bass, il était probablement sorti du pied de Kristen au moment où on avait voulu la forcer à entrer dans l'auto. Ces trois indices constituaient les pièces d'un puzzle que l'inspecteur Bevan n'avait pas été capable de reconstituer, ainsi qu'il le reconnut lui-même dans une déclaration sous serment.

Fait encore plus étonnant, l'inspecteur Bevan me servait toute sa rhétorique fallacieuse quelque huit mois après que la participation de Karla à ce crime eut été amplement prouvée au cours de son procès patenté de juillet 1993. Il me racontait tous ces détails de manière sélective, sur un ton de mystère, comme s'il s'agissait du Saint-Graal.

Dans les faits, la police de Toronto avait en sa possession, dès février 1993, trois tests d'ADN positifs de Paul Bernardo démontrant qu'il était l'auteur des « viols de Scarborough ». Sur la foi de ces preuves médico-légales, elle aurait pu l'arrêter à tout moment. Lors de leur rencontre du 5 février avec Bevan, les inspecteurs de Toronto dirent à ce dernier qu'ils étaient prêts à patienter quelques jours pour qu'il puisse prendre l'affaire en main. Le 11 février 1993, l'inspecteur Bevan ne détenait toujours pas la moindre parcelle de preuve lui permettant de rédiger un mandat de perquisition contre Paul Bernardo. S'il n'agissait pas, la police de Toronto arrêterait ce dernier à sa place et des procès risquaient de s'ensuivre pour au moins une demi-douzaine d'années. Entre-temps, l'inspecteur Bevan pouvait faire une croix sur sa carrière…

Le 11 février, donc, à 11 h 30, il donna l'ordre à ses inspecteurs de se rendre à la maison de l'avocat George Walker pour l'aviser qu'il était prêt à conclure toute entente jugée nécessaire avec la cliente de ce dernier, Karla Homolka, afin qu'elle témoigne contre son mari, Paul Bernardo.

En réponse à un commentaire que je fis sur l'apparente animosité qui existait à l'époque entre son escouade, la police de Niagara et celle de Toronto, l'inspecteur Bevan répliqua :

« Vous n'êtes qu'à six ou sept pieds sous la pointe de l'iceberg. La nature des relations qui existaient entre les différents corps de police au moment de l'arrestation de Paul Bernardo appelle un certain nombre d'explications… Les inspecteurs de la Niagara et de la Métro préparaient chacun de leur côté des mandats de perquisition très détaillés afin de procéder conjointement à son arrestation. C'était le plan prévu, mais je vous concède que l'entente avec Karla exige quelques commentaires. »

11

L'entrevue qui changea tout

Le lundi 8 février 1993, l'inspecteur de police Mary Lee Metcalfe rentrait au travail après une semaine de vacances. Les choses avaient beaucoup évolué entre-temps. Le 1er février, le Centre médicolégal avait donné les résultats des tests d'ADN de Paul Bernardo et ces derniers démontraient que Bernardo était impliqué dans trois des viols de Scarborough. Cette série de viols particulièrement brutaux avait débuté juste après que Paul eut fait la rencontre de Karla en 1987 et s'était poursuivie avec la même intensité jusqu'à la fin de 1990, alors qu'il avait emménagé avec la famille Homolka à St. Catharines. L'inspecteur Metcalfe travaillait au sein de l'escouade de prévention contre les agressions sexuelles de la police métropolitaine de Toronto avec Ron Whitefield, un collègue de longue date. Au début, ceux-ci n'avaient pas été affectés à l'enquête sur les viols de Scarborough. L'affaire avait été confiée à Steve Irwin, un autre inspecteur de l'escouade. Comme les agressions avaient cessé en 1990, l'affaire était en suspens depuis ce temps.

Les violeurs en série sont relativement rares sur la scène criminelle. Quiconque a une certaine expérience en ce domaine sait qu'il n'y a que trois hypothèses pouvant expliquer qu'un violeur en série cesse tout à coup ses forfaits : ou il est mort, ou il est en prison pour d'autres crimes ou encore il s'est déplacé vers une autre région. Dans ce cas-ci, évidemment, c'était la troisième hypothèse qui s'appliquait.

Assise dans la salle de conférence du troisième étage du quartier général de la police de Toronto, dans College Street, l'inspecteur Metcalfe commença sa journée en lisant les rapports d'enquête sur cette affaire de viols. Elle put constater que ses collègues avaient placé Paul Bernardo sous surveillance permanente depuis le 3 février. Selon ces rapports, Bernardo était accusé d'avoir agressé sa femme avec une arme le 5 janvier 1993. La femme en question s'appelait Karla Bernardo, née Homolka, et elle avait dû être hospitalisée en raison des blessures subies lors de cette agression. Le rapport était accompagné de photos prises à l'hôpital général de St. Catharines, le 6 janvier. À l'aide d'une torche électrique en acier, le suspect avait frappé si fort derrière la tête de Karla que l'on pouvait observer d'importantes ecchymoses autour de ses yeux. Après l'avoir examiné, le médecin en poste à l'urgence de l'hôpital écrivait :

Karla est dans un état de détresse et d'anxiété, ce qui est normal dans son cas. Elle a des ecchymoses tout autour des yeux et une large plaie sur la tête comme si elle avait subi une profonde fracture, bien qu'une radiographie ait montré qu'il n'en était rien. Elle a une hémorragie sous la membrane conjonctive de l'œil gauche qui a été examinée par le docteur Marriott, ce qui a rassuré la patiente. Elle a plusieurs ecchymoses sur le côté gauche du cou et le long des bras, dont une très grosse en haut du bras droit qui fait près de trois centimètres carrés. Environ les trois quarts de ses jambes sont sérieusement tuméfiées à partir du milieu de la cuisse, de sorte qu'elle peut à peine les bouger en raison de la douleur. Sur la cuisse droite, à trois centimètres au-dessus du genou, elle a une plaie à vif causée, selon elle, par le tournevis de Paul. Sur la jambe gauche, il y a une autre blessure tout aussi vive d'environ 15 cm sur 8 cm.

La photo de Karla montrait clairement les ecchymoses autour de ses yeux, telle une face de raton laveur. Ces « yeux de raton laveur » étaient le contrecoup du violent choc qu'elle avait reçu derrière la tête. Dans ce genre de choc, le cerveau va frapper le devant du crâne, provoquant ainsi une hémorragie sur les tissus qui entourent les yeux.

Après avoir quitté l'hôpital, le 7 janvier, Karla est allée habiter chez son oncle et sa tante, à Brampton. Le 3 février suivant, l'inspecteur Whitefield rendit visite à la famille Homolka mais, pour une raison inconnue, Karla évita de le rencontrer. En lisant le rapport, l'inspecteur Metcalfe se rendit compte qu'elle était censée rencontrer Karla avec Whitefield le lendemain, le 4 février. Leur directeur immédiat, le sergent Bruce Smollett, devait également les accompagner à Brampton.

À 9 h 35, Mme Metcalfe reçut un appel de Smollett l'invitant à assister à une réunion. L'inspecteur Steve Irwin et le procureur Mary Hall, de Scarborough, participaient aussi à cette réunion. À la fin de celle-ci, Metcalfe et Whitefield furent présentés à l'inspecteur Vince Bevan et on leur enjoignit de coopérer pleinement avec lui.

Au cours des deux années précédentes, l'enquête de l'inspecteur Bevan s'était avérée stérile. Il sortait alors d'une réunion tenue un étage plus haut avec l'état-major de la police de Toronto. Comme Mme Metcalfe l'a écrit dans une déclaration par anticipation, l'inspecteur Bevan était au courant à ce moment-là qu'elle et Whitefield devaient rencontrer Karla Bernardo le lendemain soir.

* * *

Karla ne voulait être mêlée à aucune action policière contre son mari de qui elle était maintenant séparée. Paul était complètement fou. Si Karla collaborait avec la police, il la ferait aussitôt impliquer dans les meurtres. Pour sa part, Karla commençait à apprécier sa nouvelle vie et elle ne voulait pas gâcher les premiers bons moments qu'elle avait depuis longtemps.

Le 2 février, l'inspecteur Whitefield avait tenté une première fois de joindre Karla, mais en vain. Il téléphona chez sa mère à St. Catharines. Même si Karla y était, sa mère et sa sœur lui dirent qu'elles ne savaient pas où elle se trouvait exactement et qu'elles lui transmettraient le message. Lorsque Karla rappela enfin, le 4 février, elle dit à Whitefield qu'elle ne pourrait pas le rencontrer avant le mardi suivant, le 9 février, en soirée. Elle avait des rendez-vous qu'elle ne pouvait annuler pendant l'après-midi et la soirée de vendredi. Il fallait aussi oublier le week-end, car sa tante et son oncle recevaient de la visite et Karla voulait qu'ils soient présents lors de l'interview. Le lundi, elle avait un rendez-vous avec son avocate à propos de son divorce et un autre avec son médecin. Il ne restait donc plus que le mardi comme jour possible. L'inspecteur Whitefield convint alors d'un rendez-vous à Brampton, le mardi 9 février à 19 h 30.

Sans le savoir, Karla venait de repousser son interrogatoire à une date postérieure à la fameuse réunion de Bevan à Toronto. C'était une autre de ces « étranges coïncidences » qui arrivaient sans cesse à Karla. Cette coïncidence allait avoir une immense répercussion sur sa vie, comme d'ailleurs sur celle de l'inspecteur Bevan.

* * *

Tandis que Mary Lee Metcalfe s'activait à sa réunion, l'inspecteur Bevan était à l'étage supérieur avec le chef adjoint Chuck Maywood, le chef David Boothby ainsi que les inspecteurs Steve Marrier et Bob Strathdee.

L'inspecteur Bevan ne le dit pas clairement dans sa déclaration par anticipation, mais le ton avec lequel il décrit sa réunion au sommet laisse entendre que celle-ci fut plutôt orageuse et qu'il en sortit assez perplexe [1].

Même s'il avait eu auparavant plusieurs échanges avec Steve Irwin et d'autres policiers qui plaçaient Paul Bernardo parmi les principaux suspects des viols de Scarborough, Bevan avoue que c'est à cette réunion qu'il apprit le « modus operandi » de Bernardo et le fait que, selon les témoignages mêmes de ses victimes, ce dernier les menaçait toujours à l'aide d'un couteau.

Il évita soigneusement de mentionner à cette auguste assemblée de hauts gradés qu'il avait déjà interrogé puis relâché Paul Bernardo en mai 1992[2]. Il ne parla pas non plus du cas du viol non résolu de Henley Island dont le modus operandi correspondait exactement à celui de plusieurs des viols de Scarborough. Il révélera éventuellement cette information, mais il préféra ne pas en souffler mot à ce moment.

Bevan dut se sentir comme un cerf sous les phares d'une automobile. Il se trouvait soudainement emporté dans le maelström de sa propre incompétence. Sa fixation maladive sur la Camaro l'avait empêché de voir l'évidence. Le fragment de carte, le soulier et la mèche de cheveux, combinés aux plaintes des deux femmes désignant nommément Bernardo, de même que les renseignements obtenus par l'inspecteur et son équipe auprès de l'escouade de prévention contre les agressions sexuelles de Toronto au cours des derniers dix-huit mois, tout cela avait été négligé par Bevan au profit d'une peu judicieuse obsession. Il y avait là de quoi provoquer sa disgrâce.

Comme il était de son devoir, le chef Boothby avait conseillé à Bevan de regarder sérieusement du côté de Bernardo dans le cadre de son enquête. En fait, Bevan n'avait alors absolument aucune preuve, circonstancielle ou autre, lui permettant de lier Paul Bernardo aux assassinats de Leslie Mahaffy et Kristen French. Le petit fragment de carte, la mèche de cheveux et le soulier Bass ne constituaient pas en soi de véritables preuves. Ils n'étaient que des indices et il se montra incapable de les décoder.

Mais l'opinion de Boothby n'avait aucune valeur aux yeux de Bevan. Il avait très bien noté que ces messieurs de la Métro n'avaient pas jugé bon de l'informer lorsqu'ils avaient eu les tests positifs de l'ADN de Bernardo et décidé de le mettre sous surveillance permanente. Il n'était certes pas Sherlock Holmes, mais il était suffisamment habile et futé pour réaliser qu'on avait manqué de respect à son endroit.

Au cours de la réunion, les policiers de Toronto lui avaient clairement fait savoir qu'ils s'apprêtaient à arrêter Bernardo à tout moment, dès que le mandat de perquisition serait prêt. Après tout, ils avaient placé le suspect sous surveillance pendant dix jours et en avaient vu assez pour juger qu'il représentait un danger pour la société. Ils avaient la meilleure des preuves en leur possession : l'ADN. Ils étaient en position de procéder à son arrestation que cela plaise ou non à Bevan. Malgré tout, ils acceptèrent de donner quelques jours à Bevan pour qu'il puisse se décider à agir. Mais quelle différence quelques jours pouvaient-ils faire ? Comment pouvait-il agir à partir de rien ?

Puis on lui dit que des détectives de Toronto étaient sur le point d'interviewer la femme de Paul Bernardo, Karla Homolka. L'inspecteur Bevan n'était pas invité à participer à cette entrevue, mais on avait donné aux détectives la consigne de coopérer avec lui. Bevan avait la permission de s'entretenir avec eux. C'est à ce moment qu'il décida de prendre le taureau par les cornes.

L'inspecteur Whitefield avait pris la peine d'avertir Karla et sa mère que la police n'en avait pas contre Karla mais qu'ils cherchaient plutôt à coincer son mari. Dans ce genre de situation, leur avait-il dit, la police interroge toujours les femmes les plus proches du présumé violeur. En effet, c'était toujours auprès de celles-ci – mère, sœur, épouse ou amantes – que la police obtenait la meilleure description des événements ainsi que les renseignements les plus pertinents sur les habitudes et tendances sexuelles du suspect.

* * *

Si l'inspecteur Bevan avait perdu sa contenance devant les hauts gradés de la police torontoise, ce fut une tout autre chose avec les Metcalfe, Whitefield et Smollett. Il agit avec eux comme un homme de son rang devait le faire et leur donna ses instructions sans détours, comme en fait foi la déclaration de Mary Lee Metcalfe :

À ce moment, l'inspecteur Bevan donna les instructions suivantes au sujet de l'entrevue prévue avec Karla :

– Obtenir les empreintes digitales de Karla Homolka afin de les comparer avec celles qui avaient été relevées sur le morceau de carte trouvé sur les lieux de l'enlèvement de Kristen French.

– Donner un compte rendu de tous les mauvais traitements subis par Karla Homolka.

– Se renseigner sur le type de relations ainsi que les tendances sexuelles des époux durant leur période maritale.

– Se renseigner sur tout changement qui aurait eu lieu dans l'apparence physique de Paul Bernardo.

– Connaître les activités du couple au cours des périodes du 15 au 29 juin 1991 et du 16 au 30 avril 1992.

– Faire la description de tout bijou porté par Paul Bernardo ou Karla Homolka. *Plus spécifiquement, lorsque Karla Homolka a été photographiée par la police régionale de Niagara après l'arrestation de Paul Bernardo pour violence conjugale, elle portait une montre-bracelet Mickey Mouse. Nous avons été informés que Kristen French portait une montre semblable le jour de son enlèvement, et que cette montre n'a jamais été retrouvée.* (Texte souligné par l'auteur.)

Et le texte continue ainsi :

Vers 11 h 20, j'ai assisté à une autre réunion dans la même salle. Les personnes présentes à ce moment étaient :
– Le sergent Smollett
– L'inspecteur Ron Whitefield
– L'inspecteur Vince Bevan, de l'escouade Green Ribbon
– Le sergent Robert Waller, de l'escouade Green Ribbon
– Le sergent Murray Macleod, de l'escouade Green Ribbon
Au cours de cette réunion, il fut question de l'entrevue prévue avec Karla Homolka et des requêtes formulées par l'inspecteur Bevan à cet effet : bijoux portés par Paul Bernardo, empreintes digitales de Karla Homolka, renseignements sur la montre-bracelet Mickey Mouse.

* * *

Karla était si sûre d'elle face à cette entrevue qu'elle ne prit pas la peine de demander conseil à l'avocate qui s'occupait de son divorce, Virginia Workman, ni à personne d'autre.

Elle ne se sentait pas menacée, puisque les policiers ne s'intéressaient qu'à Paul et à l'affaire des viols de Scarborough. En plus, c'était des gens de Toronto et non pas de St. Catharines ou même de la péninsule du Niagara. Tout cela se tenait.

Karla n'avait nullement l'intention d'en dire plus qu'il ne fallait. Ce qui était fait était fait. Après tout, elle ne pouvait ressusciter les morts. Tout ce qu'elle souhaitait maintenant, c'était, comme elle le notait dans son journal, de « poursuivre sa vie » et se payer un peu de bon temps, et aussi pouvoir récupérer certaines choses auxquelles elle tenait, comme « son coffret personnel, ses verres à champagne et tout ce qui lui appartenait de droit [3] ».

Au cours de la journée prévue pour l'interview, le mardi 9 février 1993, Karla songea à retarder de nouveau la rencontre, mais sa curiosité l'em-

porta. Les policiers devaient sûrement avoir des choses importantes à dire à propos de Paul, se disait-elle, sinon ils n'insisteraient pas autant pour la voir. Elle était curieuse de savoir ce qui en était.
L'entrevue débuta à 19 h 30 par une question sur son statut marital. « Ex-épouse ! », s'empressa-t-elle de répondre. L'entrevue se déroula sans anicroche et Karla semblait se sentir à l'aise. Puis, après quelque deux heures trente de discussion, vint *la* question. Si Karla avait passé l'entrevue le jour où les policiers le lui avaient demandé la première fois, l'inspecteur Bevan n'aurait pas eu le temps de leur donner ses instructions, et la fameuse question ne lui aurait pas été posée. Cette seule question a tout changé et tout ce qui s'en est suivi ne serait pas arrivé.

Metcalfe :	O.K. Parlons maintenant de montres. Vous a-t-il déjà acheté…
Karla :	Oh oui, il m'a acheté une montre ; parfaitement, une montre Alfred Sung avec un bracelet en cuir. C'était pour ma fête ou, non, c'était pour Noël. Oui, je pense que c'était pour Noël 1990, peut-être. Je ne me souviens plus (reniflement).
Metcalfe :	O.K. Nous avons ici des photos…
Karla :	Oui.
Metcalfe :	Elles ont été prises après votre agression.
Karla :	*Oh, vous avez celles-là ?*
Metcalfe :	Oui.
Karla :	O.K.
Metcalfe :	Vous portez une montre sur ces photos…
Karla :	*Celles que la police a prises ?*
Metcalfe :	Oui.
Karla :	*Oh. O.K., O.K., c'est, c'est une montre Mickey Mouse ?*
Metcalfe :	Exactement.
Karla :	C'est à ma sœur.
Metcalfe :	C'est la montre de votre sœur ?
Karla :	Oui. Nous avons échangé nos montres parce que je ne voulais plus porter aucun des bijoux qu'il m'avait donnés. Alors, j'ai donné la montre Alfred Sung à ma sœur et elle m'a donné sa montre Mickey Mouse.
Metcalfe :	Je vois. Et quand avez-vous procédé à cet échange ?
Karla :	À l'hôpital. C'était, c'était après le 4 janvier.
Metcalfe :	Qui aurait pu offrir cette montre à votre sœur ?

Karla :	La montre Mickey Mouse ? Je ne saurais vous dire, hum, mes parents peut-être, ou elle l'aurait eue de son petit ami, je ne sais vraiment pas.
Metcalfe :	Quand l'avez-vous vue pour la première fois...
Karla :	La montre Mickey Mouse ? Je ne sais pas. Personne n'a jamais vraiment remarqué...
Metcalfe :	D'accord.
Karla :	Je ne sais vraiment pas.
Metcalfe :	L'avez-vous encore en votre possession ?
Karla :	Oui, vous voulez la voir [4] ?

Karla était étonnée du fait que l'inspecteur Metcalfe, une policière de Toronto, ait eu en sa possession une photo prise à l'hôpital de St. Catharines. De plus, cette femme s'intéressait beaucoup trop à la montre qu'elle portait ce soir-là. Dans l'esprit de Karla, cela ne pouvait signifier qu'une chose : la police avait établi un lien entre les viols de Scarborough et les meurtres auxquels elle avait été mêlée. Kristen French avait porté la montre Mickey Mouse le jour où Paul et Karla l'avaient enlevée et Karla l'avait gardée après le meurtre.

Au cours de l'interrogatoire sur la montre Mickey Mouse, Karla se mit à respirer difficilement. Elle n'avait pas eu de crise d'asthme depuis son enfance mais, soudainement, elle ressentit le même sentiment de panique. Contrairement à ce que les policiers lui avaient dit, ils en avaient contre elle aussi. Toutes ces questions à propos de Paul... Paul par-ci, Paul par-là, comment il était alors, comment étaient ses mains lorsqu'il l'avait frappée, fermées ou ouvertes, aimait-il les pénétrations anales, et puis soudain ces mots « Mickey Mouse » qui jaillirent de la bouche de Mme Metcalfe, tout cela n'était que subterfuge pour la mettre à l'aise et ne pas éveiller ses soupçons.

Le fait que ces policiers aient remarqué sur les polaroïds un détail aussi anodin que la montre Mickey Mouse, alors que ces photos devaient servir de preuves pour accuser Paul, en disait long sur leurs véritables intentions. Juste au moment où l'entrevue tirait à sa fin, le ciel lui étai tombé sur la tête. Karla ne pouvait pas savoir – n'étant pas au courant des instructions de l'inspecteur Bevan – d'où sortait cette question, mais c'est à ce moment précis qu'elle sentit que, elle aussi, était dans l'eau bouillante.

L'inspecteur Metcalfe ne manqua pas de remarquer le soudain changement de comportement de Karla [5]. « Cette question sembla déranger Mme Homolka ; elle expliqua son désarroi en disant que c'était sa seule montre et qu'elle l'avait empruntée à sa sœur, Lori Homolka. Le détective

Whitefield prit la montre et quitta les lieux dans le but d'obtenir un papier officiel attestant de sa propriété.»

La déclaration de Mme Metcalfe note aussi que le visage de Karla avait blêmi et que, pour la première fois depuis le début de l'entrevue, elle s'était mise à balbutier et que des gouttes de sueur perlaient au-dessus de sa lèvre supérieure[6]. L'inspecteur rapporte que Karla a ensuite posé une étrange question. Elle voulait savoir quelle peine d'emprisonnement un crime comme celui sur lequel les policiers enquêtaient pouvait entraîner. Quand les policiers lui demandèrent de fournir ses empreintes digitales, Karla fut consternée : «Karla voulait absolument savoir à quelles fins on utiliserait ses empreintes. Je lui expliquai que je ne pouvais divulguer quoi que ce soit au sujet d'un élément de preuve. Cette explication sembla la satisfaire.»

Loin d'être rassurée, Karla était en fait complètement affolée. Cette capacité de camoufler ses sentiments véritables en disait long sur ses talents de comédienne. Elle réussit si bien à reprendre le contrôle sur elle-même que, dans sa déclaration, l'inspecteur Metcalfe attribua ses diverses réactions au cours de l'entrevue (difficultés respiratoires, sueur, nervosité face à certaines questions) au fait que c'était la première fois qu'on l'interrogeait et qu'on prenait ses empreintes digitales[7].

Karla était terrorisée à l'idée que l'on prenne ses empreintes digitales, mais elle n'avait pas perdu ses esprits pour autant. Elle possédait le pouvoir étrange, presque magique, de se dissocier du moment présent, de sortir d'elle-même et de regarder avec un certain détachement une situation difficile dans laquelle elle se voyait plongée. Voyant que la policière avait remarqué son soudain énervement et que cela risquait de faire prolonger l'entrevue, elle fit appel à cette petite gymnastique mentale.

* * *

En réalité, les inspecteurs Metcalfe, Whitefield et Smollett étaient entièrement concentrés sur l'affaire des viols de Scarborough. Les meurtres de St. Catharines avaient été commis en dehors de leur territoire et ne les concernaient pas directement. C'était l'ADN de Paul Bernardo qui avait été associé à trois des victimes de viol, pas celui de Karla. Et Karla n'avait pas de pénis. Les chances que ce petit bout de femme ait été une violeuse et une meurtrière étaient fort minces. En fait, l'idée ne leur était jamais passée par la tête.

Les changements de comportement de Karla durant l'entrevue auraient dû alerter les policiers, mais il n'en fut rien. Tout de suite après les questions sur la montre, l'inspecteur Metcalfe passa à des choses banales.

Citant le rapport effectué par la police régionale de Niagara, le soir de son hospitalisation, l'inspecteur demanda à Karla s'il était vrai que Paul l'avait déjà faite aboyer comme un chien. Karla se montra surprise qu'un tel détail se soit retrouvé dans un rapport de police touchant les sévices qu'elle avait subis de la part de son mari.

« Ce doit être ma sœur qui a parlé de ça, car je dormais le soir de Noël et je ne me souviens pas de ce détail. Ma sœur m'a raconté que Paul m'a alors réveillée et m'a dit : "Jappe, Karla !" J'imagine que je l'ai fait mais je ne m'en souviens pas. » L'inspecteur Metcalfe lui demanda si elle avait pris cela comme une blague. Karla eut un petit sourire et dit : « Oui, j'ai pris ça comme une blague [8]. »

Vers la fin de l'entrevue, le sergent Smollett, qui avait laissé les policiers Metcalfe et Whitefield poser la plupart des questions, demanda à Karla si elle avait quelque chose à dire à propos du fait que la police enquêtait sur Paul Bernardo relativement à de violentes agressions sexuelles. Karla répondit : « Plus rien ne m'étonne à son sujet. Je savais que vous veniez pour cela. » Cette réponse apparaît dans les déclarations par anticipation des trois policiers.

Ces derniers avaient commencé l'interview à 19 h 30. Ils repartirent quatre heures et demie plus tard. Dès que la porte fut refermée, la tante et l'oncle de Karla comprirent qu'il se passait quelque chose de très grave. Karla était livide et tremblait. Elle s'assit devant eux et se mit à vider son sac tout d'un coup. Elle leur dit qu'elle avait été là et qu'elle avait regardé Paul faire lorsqu'il avait violé à répétition puis assassiné Leslie Mahaffy et Kristen French. Elle leur dit aussi qu'il l'avait forcée à l'aider au cours de ces crimes. La tante de Karla lui dit qu'elle ferait mieux d'appeler un avocat [9].

* * *

La première chose que Karla fit le lendemain matin fut d'appeler Laurie Walker à Niagara Falls. Celle-ci lui organisa un rendez-vous avec son mari, le célèbre criminaliste George Walker. Le rendez-vous fut fixé au jour suivant, le jeudi 11 février 1993, à 15 h [10].

De manière plutôt étrange, ou peut-être dans l'espoir de rester en bons termes avec Karla, l'inspecteur Metcalfe lui avait offert la veille de la conduire en voiture quand elle en aurait besoin. Dès le jeudi matin, Karla profita de son offre.

NOTES

1. Voir *La Reine c. Bernardo*, Divulgation de la Couronne, déclarations des policiers. Déclaration de Kenny Scott, constable, matricule 4197, vol. 25, p. 2-170. Voir aussi Divulgations de la Couronne, déclarations des policiers. Déclaration de Brian Nesbitt, sergent, matricule 6159, vol. 34, p. 254-329.
2. *Ibid.*
3. Voir les notes du docteur Hans Arndt, rencontres avec Karla Homolka dans le bureau de George Walker, à l'hôpital général Northwestern de même que dans les bureaux du docteur Arndt entre mars et juin 1993. Voir aussi les notes et les rapports des docteurs Alan Long et Andrew Malcolm, rencontres avec Karla Homolka à l'hôpital général Northwestern de même qu'au bureau du docteur Alan Long, entre mars et mai 1993.
4. Extrait de *La Reine c. Bernardo*, Divulgations de la Couronne, vol. 4, p. 64, Entrevue n° 3 : Karla Homolka.
   Occupation : aide-vétérinaire
   Adresse de travail : Clinique vétérinaire Martindale, St. Catharines
   Date : 9 février 1993 à 19 h 45
   Policiers enquêteurs : détectives Ron Whitefield et Mary Lee Metcalfe, sergent détective Bruce Smollett
5. Divulgations de la Couronne, vol. 24, p. 253-340, déclaration par anticipation de la détective Mary Lee Metcalfe.
6. Voir *La Reine c. Bernardo*, Divulgations de la Couronne, déclaration de la détective Mary Lee Metcalfe, matricule 2080, vol. 24, p. 64 à 177. Voir aussi *La Reine c. Bernardo*, Divulgations de la Couronne, déclaration du détective Ronald Whitefield, matricule 3759, vol. 36, p. 15 à 267. Voir aussi *La Reine c. Bernardo*, Divulgations de la Couronne, déclaration de l'inspecteur Vincent T. Bevan, matricule 1489, vol. 23, p. 109-240.
7. *Ibid.*
8. *Ibid.*
9. Voir *La Reine c. Bernardo*, vol. 53, mandats de perquisition. Voir aussi *La Reine c. Bernardo*, Divulgations de la Couronne, déclaration de la détective Mary Lee Metcalfe, matricule 2080, vol. 24, p. 64-177. Voir aussi *La Reine c. Bernardo*, Divulgations de la Couronne, déclaration du détective Ronald Whitefield, matricule 3759, vol. 36, p. 15-267.
10. Voir le dossier client de George Walker pour Karla Homolka dans les archives de l'auteur ; voir aussi la transcription des rencontres de l'auteur avec Laurie et George Walker.

12

Une victime complaisante

Le 11 février 1993, à 9 h, débarquait à l'aéroport international de Toronto un homme de grande taille, aux cheveux gris et à l'air plutôt anonyme. C'était l'un des rares Canadiens formés par le service des sciences du comportement du FBI, à Quantico, pour établir des profils psychologiques de criminels. L'inspecteur Ron McKay, de la Gendarmerie royale du Canada à Ottawa, servait souvent d'expert-conseil auprès de la police métropolitaine de Toronto. Comme il l'a mentionné dans sa déclaration, il se rendait à Toronto ce jour-là pour une réunion conjointe de l'escouade de prévention des crimes sexuels et du groupe de travail Green Ribbon. McKay s'était dit qu'il fallait faire appel également au docteur Peter Collins, un psychiatre légiste de l'institut Clarke de Toronto avec qui il travaillait souvent. L'inspecteur McKay appela le docteur Collins et lui demanda d'apporter à la réunion une copie de l'article « Victimes complaisantes du sadique sexuel ».

Le sadique sexuel était un personnage relativement nouveau sur la scène toujours mouvante du crime. Plus le taux de criminalité diminuait, plus on semblait redoubler de créativité pour donner des explications dramatiques aux comportements criminels.

Dans les milieux policiers, le sadisme sexuel était une notion mise de l'avant par Roy Hazelwood, un agent spécial du FBI, Park Dietz, un psychiatre californien renommé, et Janet Warren, une infirmière en psychiatrie. En 1990, les trois avaient décrit cette forme hideuse de criminalité dans un article intitulé « Le sadique sexuel criminel et ses délits » paru dans le *Bulletin of the American Academy of Psychiatric Law*.

Entre 1990 et 1993, la même équipe publia d'autres études sur les traits et caractéristiques de ce type de criminel, mais leur recherche atteignit son point culminant avec l'article « Victimes complaisantes du sadique sexuel », qui était destiné à la revue australienne *The Australian Family Physician*.

Entre l'aéroport et le poste de police, l'inspecteur McKay téléphona à Roy Hazelwood pour vérifier le statut de l'article et s'assurer qu'il avait la permission de s'en servir.

Expliquer les comportements criminels et dresser le profil psychologique de tueurs encore inconnus étaient devenus une industrie de plusieurs milliards de dollars. Le prédécesseur immédiat de Hazelwood était l'homme dont Jonathan Demme s'était inspiré pour créer le personnage du profileur du FBI, Jack Crawford, patron de Clarice Starling dans *Le Silence des agneaux*. Cet homme s'appelait John Douglas. Il avait fait des millions de dollars à donner des conférences savantes dans le circuit judiciaire au sujet du profilage criminel et de personnages types comme le sadique sexuel.

Ainsi, Roy Hazelwood évoquait sa retraite imminente du FBI et disait : « Je vais bientôt pouvoir faire de l'argent pour de vrai ! »

Selon l'article « Victimes complaisantes du sadique sexuel », l'agent spécial Hazelwood avait rencontré sept femmes qui auraient été des « victimes complaisantes » mais il n'identifiait ni ne décrivait aucune de ces femmes, ni d'ailleurs les crimes dans lesquels elles avaient été impliquées.

Après une brève définition du sadisme sexuel, l'article décrivait les nombreux sévices endurés par les partenaires féminines des sadiques :

Toutes les femmes ont été violées par les hommes. Trois victimes ont été pénétrées de force par des objets de fort calibre. Un individu a utilisé une torche électrique à douze piles et un long cylindre en bois. Presque invariablement, ces objets furent insérés dans l'anus pour infliger un maximum de souffrance.

Six des femmes ont déclaré que leur partenaire sexuel sadique préférait la pénétration anale pour se soulager sexuellement. Les sept ont mentionné que la fellation forcée était pratique courante et que les sadiques aimaient éjaculer sur différentes parties de leur corps, notamment le visage et la bouche.

Trois de ces femmes ont été forcées d'avoir des relations sexuelles avec des tierces personnes : deux ont été violées par des amis du sadique, tandis qu'une autre a été forcée d'avoir des relations sexuelles avec une autre femme, qui avait été enlevée au préalable par son mari.

L'article concluait ainsi :

Cet attachement complexe à la perversion soulève d'intéressantes questions sur la responsabilité criminelle. Comme on l'a vu, certaines femmes ont fini par devenir complices du sadique dans de graves activités criminelles. Au cours de la décennie précédente, on a souvent reconnu le « syndrome de la femme battue » comme preuve d'autodéfense lorsque qu'une femme tuait celui qui avait abusé d'elle. Dans une perspective légèrement différente, Patty Hearst a prétendu que ses ravisseurs lui avaient fait subir un lavage de cerveau, diminuant ainsi sa part de responsabilité criminelle. Le premier cas renvoie aux notions de culpabilité et d'innocence, l'autre concerne une capacité amoindrie. Mais aucun des deux ne suggère que la situation critique, vécue par l'une ou l'autre de ces femmes, corresponde à la définition légale d'aliénation mentale, donnée dans l'arrêt McNaughten ou dans le code pénal.

Dans l'échantillon considéré, la femme du sadique sexuel qui s'est trouvée impliquée dans l'enlèvement et le meurtre des victimes de son mari a plaidé coupable et purge actuellement sa peine. Bien que son comportement criminel ait commencé dans le cadre de sa relation avec son mari et s'y soit limité, elle a préféré plaider coupable pour obtenir une peine plus courte que celle qu'elle aurait dû purger.

Cet article non scientifique et hautement spéculatif devint l'argument majeur pour décider du sort de Karla.

* * *

Pour l'inspecteur Bevan, le 11 février 1993 fut sans doute l'un des jours les plus occupés et les plus importants de ses vingt-deux ans de carrière, mais il n'en fait aucune mention dans son rapport. En lisant ses longues dépositions pour les 9, 10 et 12 février, on pourrait présumer qu'il avait pris congé le 11.

Donc, si l'on se fie au rapport de l'inspecteur Bevan, rien de notable ne s'est passé ce jour-là en rapport avec l'affaire Bernardo.

Pour bien comprendre ce qui s'est passé, et à quel point cela a profité autant à Karla qu'à l'inspecteur Bevan, il faut se reporter aux déclarations des autres policiers : celle de l'inspecteur McKay de la GRC, celles des détectives Metcalfe, Whitehead, Smollett et Marrier, de l'escouade de prévention des crimes sexuels de Toronto, de même que celles des membres de l'équipe de Bevan comme le sergent Mike Riddle, Bob Waller, le sergent Bob Gillies et l'agent Michael Matthews.

D'après les déclarations de Metcalfe, Whitefield, Smollett et Marrier, l'inspecteur Bevan a été mis au courant de tout ce qui s'était dit lors des quatre heures et demie d'entrevue avec Karla, le mardi 9 février 1993 au soir.

D'après ce qu'il entendit et ce qu'il lut dans leurs notes, Bevan était d'avis que Karla avait menti à la police et qu'elle en savait beaucoup plus que ce qu'elle disait. La montre Mickey Mouse notamment tombait trop à point. Mais aucun document ne mentionne qu'il ait fait part de son opinion à quiconque, ce qui indique qu'il ne l'a probablement pas fait. La supposition que Karla avait menti à la police de Toronto se trouva confirmée dans l'esprit de l'inspecteur Bevan quand le sergent d'état-major Bruce Smollett lui apprit ce que Karla avait fait le lendemain de son entrevue. Les détectives Metcalfe et Whitefield avaient conduit la jeune femme à un cabinet d'avocats de Niagara Falls, pour rencontrer un homme que l'inspecteur connaissait bien: le célèbre avocat criminaliste George Walker. Ce n'était certainement pas par hasard que Karla se rendait soudain chez le plus important avocat criminaliste de la région de Niagara, le lendemain même de sa rencontre avec la police. Pour un policier d'expérience comme Bevan, les agissements de Karla en disaient long sur le sentiment de culpabilité qui devait la tenailler.

* * *

En date du jeudi 11 février 1993, voici ce qu'a noté le sergent Mike Riddle:

> J'ai assisté à une réunion de l'escouade de prévention des crimes sexuels de la police métropolitaine de Toronto… Nous sommes arrivés au bureau de l'escouade vers 11 h. Nous y avons rencontré le sergent d'état-major Bruce Smollett, le détective Steve Irwin et d'autres… L'inspecteur Ron McKay de la GRC était aussi présent et nous a fourni des informations sur le profil psychologique de ce genre de criminels.

Pour l'inspecteur Bevan, l'article «Victimes complaisantes du sadique sexuel» fut un véritable cadeau du ciel. Il expliquait le comportement criminel de Karla comme celui d'une femme à qui on avait jeté un maléfice et qui avait été battue jusqu'à la soumission totale par un sadique sexuel. Elle ne pouvait donc être tenue tout à fait responsable des gestes qu'elle avait posés, ce qui la rendait autant victime que complice. L'explication fournie était non seulement bien élaborée, mais elle justifiait en quelque sorte le comportement criminel de Karla Homolka. Elle n'était pas la seule dans ce cas, il y en avait eu bien d'autres qui s'étaient trouvées comme elle impuissantes devant la volonté d'un sadique sexuel à la Raspoutine. Il sauta aussitôt aux conclusions comme il l'avait fait avec la vieille Camaro beige.

Il ne fallait pas s'en étonner. Son doute au sujet de la montre Mickey Mouse l'avait mis sur la bonne piste. Si Karla était le moyen de racheter son enquête mal ficelée et de sauver sa carrière, cet article lui livrait la clé du comportement de la jeune femme. Il y avait là une description presque clinique de son cas, et l'inspecteur pressentait que sa relation avec Karla serait la plus longue qu'il aura jamais entretenue, de toute sa carrière, avec une personne du sexe opposé. L'article fut également le catalyseur qui lui permit de reprendre au détriment de la police de Toronto le contrôle de l'enquête en cours. Il suffisait de jeter un coup d'œil aux photos prises à l'hôpital, le 6 janvier, pour comprendre que Karla était une femme battue. De toute évidence, son mari était un homme violent, violeur compulsif et sadique sexuel. C'était indéniable.

Cette notion de «victime complaisante» s'imposa dans son équipe avec la même ferveur que la première idée erronée au sujet de la Camaro beige, comme en fait foi une remarque du sergent Riddle lors de sa rencontre avec Nicki Tessier.

Nicki Tessier était une autre adolescente du voisinage que Karla avait entraînée dans les jeux sexuels de son mari sadique à la fin de 1992. Le sergent Riddle commença l'entrevue avec la jeune Tessier en disant :

> Rien ne peut nous surprendre. Nous avons beaucoup étudié le phénomène des victimes complaisantes, qui étaient toutes victimes d'abus, et Karla a été une femme battue. Cet homme – je ne sais ce que vous en pensez maintenant – exerce une sorte de pouvoir magique sur certaines personnes. Nous savons que Karla a enduré un long calvaire. Aussi, rien de ce qu'elle aura pu faire sous l'emprise d'un homme comme Paul Bernardo ne peut plus nous étonner...

* * *

Selon les archives, l'inspecteur Bevan dit n'avoir appris que le 12 février 1993 que «l'avocat de Karla Bernardo, femme séparée de Paul Bernardo, désirait parler avec un procureur de la Couronne à propos de sa cliente».

Selon le sergent d'état-major Smollett, Bevan l'aurait appris bien avant. Dans sa déclaration, Smollett rapporte qu'il a eu une conversation téléphonique le 11 février 1993, à 17 h 50, avec les policiers qui ont conduit Karla à Niagara Falls.

Le détective Whitefield a informé Smollett que lui et sa collègue, Mary Lee Metcalfe, avaient reconduit Karla au bureau de Mᵉ George Walker ; que leur rencontre avait duré une heure et quart ; que Karla ne voulait plus leur adresser la parole à sa sortie et qu'elle n'avait rien dit sur le chemin du retour jusqu'à Brampton. Whitefield dit à Smollett que Walker avait signifié son intention de parler à un procureur de la Couronne. Le détective

Smollett a précisé qu'à ce moment il avait invité l'inspecteur Vince Bevan à participer à la conversation téléphonique.

Le détective de Toronto ajoute qu'il a prévenu le procureur principal de Scarborough, Mary Hall, des démarches que Karla Homolka et George Walker entendaient faire auprès du procureur de la Couronne. Ce soir-là, Mary Hall fit plusieurs appels au bureau et à la résidence de Walker, mais on ne répondit à aucun.

* * *

Lors de ses réunions avec la police torontoise le 11 février, l'inspecteur Bevan apprit une chose qui allait influencer profondément son état d'esprit et ses actions subséquentes. Le sergent Riddle l'évoque ainsi :

> Dans nos discussions il a été question des preuves que l'escouade de prévention des crimes sexuels avait à l'encontre de Bernardo, des preuves d'ADN, et du fait que la police de Toronto était sur le point de lancer un mandat de perquisition.

Du point de vue de l'inspecteur Bevan, c'était la catastrophe. La police de Toronto avait la meilleure des preuves sur laquelle fonder un mandat. Elle pouvait le lancer à tout moment, tandis que lui, Bevan, n'avait rien en son pouvoir. Si un mandat d'arrêt était lancé à l'encontre de Bernardo, le contrôle de l'enquête resterait pour de bon entre les mains de Toronto. Paul Bernardo serait emmené à Scarborough pour y être jugé pour viol. L'inspecteur Bevan devrait alors laisser tomber l'affaire et, comme tant d'autres, attendre sagement l'heure de sa retraite.

* * *

Dans leurs déclarations, le sergent Bob Gillies et l'agent Michael Matthews affirment avoir assisté à une réunion de l'escouade Green Ribbon, menée par l'inspecteur Bevan, le 11 février à 22 h.

Conformément aux instructions de Bevan, comme il le précise dans sa déclaration, le sergent Gillies a appelé George Walker à 23 h et s'est présenté à son domicile à 23 h 25 :

> J'ai expliqué à Me Walker que la police s'intéressait au mari de sa cliente et que, si sa cliente avait des révélations à faire et était prête à collaborer, le procureur de la Couronne serait vraisemblablement disposé à négo-

cier les termes de cette collaboration. À 23 h 45, l'agent Matthews et moi avons quitté la résidence de M⁰ Walker pour rejoindre l'inspecteur Bevan...

La déclaration de l'agent Matthews correspondait en tout point à celle du sergent Gillies. Ils ont tous deux affirmé que Walker avait l'intention de s'adresser au procureur de la Couronne dès le lendemain. Walker leur dit aussi qu'il avait évité toute la soirée les appels de Mary Hall, le procureur de Scarborough, et qu'il n'avait aucune intention de la rappeler. Ce détail ne fut mentionné dans aucune déclaration. Walker avait plutôt l'intention de s'adresser au procureur de l'endroit, Ray Houlahan, à la première heure le lendemain. Il était d'avis que les gens de la région devaient s'entraider. Les crimes auxquels était mêlée sa cliente avaient été commis à St. Catharines et devaient être élucidés à St. Catharines. George Walker s'en faisait un point d'honneur. L'inspecteur Bevan fut ravi de constater que Walker se comportait exactement comme il l'avait attendu.

Bevan travaillait d'habitude au quartier général de l'escouade Green Ribbon à Beamsville, une petite ville au nord de St. Catharines, à environ trente-cinq minutes du centre de Niagara Falls. Néanmoins, cette soirée-là, il avait demandé à son équipe de se réunir au quartier général de la police régionale de Niagara, à Niagara Falls, à quelques pas de la maison de George Walker. Bevan voulait connaître les réactions de Walker sur-le-champ et de première main.

* * *

La visite nocturne de ses émissaires chez Walker apprit à l'inspecteur Bevan tout ce qu'il désirait savoir, ce qui scella du même coup l'avenir de Karla.

Walker avait été estomaqué par ce que Karla lui avait révélé cet après-midi-là. En une heure et quart à peine, il avait appris plusieurs détails sur l'implication de Karla dans les viols et les meurtres de sa jeune sœur, de Leslie Mahaffy et de Kristen French : de quoi faire se retourner Gilles de Rais [1] dans sa tombe. Mais Walker ne fut pas troublé au point de ne pas savoir tirer parti de la situation.

Karla s'était rendue au bureau de Walker dans la voiture des détectives qui enquêtaient sur son mari, soupçonné de viols en série. Elle lui avait dit notamment qu'elle ne comprenait pas pourquoi la police avait mis si longtemps à attraper Paul Bernardo, s'il était bien le violeur de Scarborough.

Au grand étonnement de Walker, les policiers avaient offert à Karla de la conduire où elle voudrait, après l'avoir interviewée le mardi soir, et elle avait accepté d'emblée ! Ou bien elle était très futée, ou bien complètement idiote. Il s'aperçut vite que la première hypothèse était la bonne.

Sitôt après avoir entendu l'histoire de Karla, la thèse de la femme battue lui vint à l'esprit, mais il y renonça presque aussi vite. Il savait qu'il était vain de songer à la défendre avec succès devant un tribunal, à cause de toutes les accusations qui pleuvraient : enlèvement, agression sexuelle grave, administration de stupéfiants et au moins deux cas de meurtre au premier degré... C'était sans issue, on la mettrait derrière les barreaux pour le reste de sa vie.

Même si Paul Bernardo l'avait battue et avait abusé d'elle, cela ne pouvait constituer une défense efficace en raison de la nature délibérée et haineuse des crimes commis par elle et son mari. L'argument de la femme battue fonctionnait rarement dans les cas où la femme perdait la tête et tuait son tortionnaire. Il ne vaudrait jamais pour une femme qui, après avoir participé à l'enlèvement, à la séquestration et au viol d'adolescentes, aurait été en plus complice de leur meurtre.

Par contre, l'argument suffisait largement à l'inspecteur Bevan. Et c'est ce que ses émissaires lui confirmèrent en se présentant chez lui à la fin de la soirée. Après trente ans de pratique en droit criminel, Walker connaissait bien la manière dont les policiers opéraient. Plus que d'autres, il comprenait l'importance du territoire.

Les policiers n'ont pas l'habitude de se présenter à minuit, le képi entre les mains, à la porte d'un avocat criminaliste. Cela confirmait ce que Walker soupçonnait déjà. La police de Toronto était sur le point d'arrêter Paul Bernardo et n'avait nul besoin de sa cliente pour le coffrer. Si celle-ci avait été dans la mire de la police, ou soupçonnée de quoi que ce soit, elle aurait déjà été arrêtée.

Cette visite nocturne montrait donc que l'inspecteur Bevan avait désespérément besoin de Karla et voulait devenir son meilleur ami dans les plus brefs délais. Le ministère de la Justice avait engouffré des millions de dollars dans l'escouade de luxe de l'inspecteur Bevan. Pourtant, pas plus tard que le dernier week-end, dans le journal local, l'inspecteur avait déclaré publiquement qu'il n'avait encore aucune piste valable et doutait que les meurtres de Mahaffy et de French soient même liés ! En envoyant deux de ses détectives négocier n'importe quelle entente pour obtenir la collaboration de sa cliente, l'inspecteur Bevan aurait pu tout aussi bien envoyer une note griffonnée à la main, disant : « Cher voisin, je suis au désespoir, j'ai besoin d'aide. »

Les patrons de l'inspecteur Bevan au ministère le suivraient sans aucun doute dans sa démarche. Ce cas rappelait à Walker les sacs de papier remplis d'excréments que les gamins plaçaient malicieusement sur les seuils des portes les soirs d'Halloween. Après avoir bouté le feu au sac, les petits démons sonnaient à la porte puis s'enfuyaient en courant. La plupart du temps, leurs victimes réagissaient instinctivement en piétinant le sac pour éteindre le feu. Ils se retrouvaient éclaboussés d'excréments.

En parlant à Karla cet après-midi-là, Walker se sentait un peu comme ce jour de 1985, où, dans un tribunal de Toronto, il avait vu, impuissant, son fils adoptif de dix-sept ans, Robin Sloan Walker, reconnu coupable de meurtre au second degré et condamné à la prison à vie. Un sentiment d'incrédulité totale l'avait alors cloué sur son siège. Depuis, il n'essayait plus de concilier ce qu'il voyait avec ce qu'il entendait.

Le drame s'était produit pendant une chaude journée de juillet 1983. Robin Sloan Walker et Janet Zeiter venaient de se rencontrer en matinée. Ils avaient passé la journée à boire de la bière et à fumer un peu de haschich pour se distraire. Janet, une jolie blonde, avait dix-huit ans. Robin en avait seize. Même si Janet avait refusé ses avances, Robin avait insisté pour la raccompagner chez elle, rue Dorchester. Ils avaient coupé par le terrain de l'école Greendale. C'est là que Robin avait assommé la jeune fille. Puis il l'avait étranglée avant de la violer.

Robin avait été un enfant un peu troublé mais rien ne laissait présager qu'il pouvait être capable d'un crime aussi repoussant. C'était un adolescent relativement normal. Les Walker – George et sa première femme Pamela – éprouvaient certains problèmes entre eux mais ils croyaient que, pour le reste, tout allait bien.

Robin avait laissé le corps nu de Janet dans les bosquets à fleurs ornementales devant l'école puis il s'était rendu passer la nuit chez son ami Chris Boyd. La maison des Boyd jouxtait le terrain de l'école. Le lendemain, Robin et Chris regardèrent par la fenêtre de la chambre à coucher un vieux jardinier qui montrait du doigt le corps de Janet à la police.

Au procès de Robin, on avait débattu longuement pour savoir si Robin avait violé Janet avant ou après l'avoir tuée. Le plus difficile pour George fut de regarder une reconstitution du crime sur bande vidéo faite par la police et où Robin assumait son propre rôle.

Le temps que Robin avait passé en prison avant et pendant son procès avait été inclus dans la peine, si bien que Robin était sur le point d'être libéré sous condition quand Karla raconta à George une histoire bien plus diabolique que celle de son fils. C'était un récit cauchemardesque, d'une dépravation inimaginable impliquant sexe, meurtre, mensonges et vidéo. Cela allait au-delà de toute raison, défiant l'imagination la plus détraquée. En somme, ce que Karla reconnaissait avoir fait semblait ramener le crime du jeune Robin Sloan à une incartade de jeunesse.

Il y avait une cruelle coïncidence dans l'histoire. C'est parce que les Walker avaient choisi une certaine clinique vétérinaire pour leur chien (une sur des centaines dans la région de Niagara, où les vétérinaires sont aussi nombreux que les restaurateurs) que George Walker devint le confesseur et le défenseur de Karla.

Il était hors de question de laisser Paul Bernardo quitter la région de Niagara sans l'inculper pour les meurtres de Leslie Mahaffy et de Kristen French. George Walker savait que la seule façon d'y arriver était de négocier une entente pour sa nouvelle cliente. Cela se présentait comme l'une des tractations judiciaires les plus faciles qu'il ait jamais conclues, mais il ne put s'empêcher de penser ce soir-là avant de s'endormir : « Quelle surprise vont-ils tous avoir ! » Bien sûr, la police savait maintenant que Paul et Karla avaient tué Leslie et Kristen. Mais elle était loin de se douter de ce qui était arrivé à la jeune sœur. C'était assez monstrueux pour faire avorter toute forme d'entente. Il ne fallait pas qu'on le découvre autrement que par la bouche de George. Il résolut donc de parler de la sœur dès le lendemain, à la première occasion.

* * *

Dans son rapport, l'inspecteur Bevan se décrit comme un « enquêteur d'expérience ». Mais savait-il ce qu'il faisait en donnant sa liste de questions aux détectives Metcalfe, Whitefield et Smollett, ou en insistant pour que l'on questionne Karla sur la montre Mickey Mouse ? Savait-il que Karla se terrait dans l'appartement de sa tante et de son oncle et qu'elle n'avait nullement l'intention de se repentir ? Savait-il qu'elle resterait interloquée lorsque la question lui serait posée ? S'était-il vu portant un nouveau chapeau en évaluant la suite possible des événements ? Avait-il entrevu son salut au premier coup d'œil jeté à l'article « Victimes complaisantes du sadique sexuel » ? Ou tout cela n'avait-il été que le plus heureux des hasards pour lui ?

Chose certaine, lorsqu'il apprit, le 11 février, que Karla s'en allait rencontrer George Walker, l'inspecteur Bevan ne savait rien de Karla Homolka ni de son rôle dans les crimes commis, ni d'ailleurs de la nature même des crimes... Tout ce qu'il savait c'est qu'il lui fallait rencontrer cette femme.

NOTE

1. NdT : Gilles de Rais (1404-1440) fut le compagnon d'armes de Jeanne d'Arc. Il fut condamné et exécuté pour avoir commis d'innombrables crimes sur des enfants.

13

L'intervention divine

En se plaçant dans la perspective de l'inspecteur Bevan, on peut considérer le sort de Karla comme un sous-produit malheureux de l'intervention divine.

Malheureux non pour elle, ni pour lui, mais au niveau suprême de la justice, de la loi et de l'ordre. Évidemment, des notions aussi élevées ne faisaient pas partie des considérations de l'inspecteur Bevan. Le fait que l'entente conclue avec Karla n'avait rien à voir avec elle mais tout avec Bevan s'ajoutait aux nombreuses contradictions qui jalonnaient la vie de Karla. Elle aurait été vraiment folle de ne pas assumer le rôle de « victime complaisante » que l'inspecteur voulait à tout prix lui donner. Son avenir lui était présenté sur un plateau d'argent. Faut-il se surprendre qu'elle l'ait accepté ?

Karla n'avait pas seulement l'air d'une victime battue, elle l'avait bien été. Le médecin aux urgences de l'hôpital général de St. Catharines n'a-t-il pas déclaré qu'il s'agissait du pire cas de personne battue qu'il ait vu en dix ans de pratique ?

Il restait à savoir si Karla avait été battue au point de ne plus faire la différence entre le bien et le mal et de perdre toute volonté personnelle. Mais, grâce à l'inspecteur Bevan, cette question ne fut jamais soulevée.

Tous avaient dit à Karla qu'elle était une femme battue : le policier qui monta la garde à l'hôpital cette nuit-là, les travailleurs sociaux, sa mère et sa sœur. Des amies et des collègues lui firent même parvenir de la documentation sur le syndrome de la femme battue. La généraliste qui suivit Karla lui confia qu'à une époque de sa vie elle aussi avait été battue. L'avocate de son divorce l'encouragea à écrire le journal des mauvais traitements que Paul Bernardo lui avait fait subir.

Ce «journal» aboutit à une longue liste de détails scabreux, notamment comment il l'avait forcée à manger des excréments, comment il l'avait frappée avec un tournevis et obligée à faire un strip-tease sur la pelouse à trois heures du matin pendant qu'il se masturbait à la fenêtre du salon.

George Walker la ramena rapidement à la réalité. Sans entente judiciaire préalable, elle ferait face à toute une série d'accusations contre lesquelles l'argument de la «femme battue» ne vaudrait pas grand-chose. Karla ne se fit donc aucune illusion sur ce qui l'attendait si jamais la question fatidique sur sa capacité de jugement ou son libre arbitre était soulevée devant juge et jury.

Avant même de la voir en personne ou de connaître l'étendue de ses crimes, l'inspecteur Bevan avait étiqueté Karla une fois pour toutes. Victime elle était et resterait, et l'inspecteur allait voir à ce que cette définition ne soit jamais contestée.

À ce moment, ni Karla ni son avocat ne connaissaient la portée exacte de cette définition, ni dans quelle mesure elle pourrait limiter l'application de la justice. Ils savaient seulement que l'inspecteur était déterminé, et Walker sentit d'instinct que le temps était un facteur crucial dans l'affaire.

Le 12 février 1993, à la première heure, l'avocat se rendit au bureau du procureur Ray Houlahan au palais de justice de St. Catharines. Houlahan avait déjà été mis au fait de la situation par l'inspecteur Bevan. Il déclara à Walker que des négociations de cette ampleur étaient au-dessus de sa compétence. Il avait déjà référé le cas à Murray Segal, directeur de la Division du droit criminel au ministère de la Justice à Toronto.

George et Murray étaient de vieux copains. Ils avaient fait connaissance quelques décennies auparavant dans des cours d'appel à Toronto. Murray était devenu un juriste respecté et George un criminaliste renommé. Ils échangèrent quelques bons souvenirs au téléphone dès le début de l'après-midi. Walker mit Segal au courant de l'implication de sa cliente dans les enlèvements, les viols et les meurtres de Leslie Mahaffy et de Kristen French. Il lui parla également de la petite sœur.

La mort de Tammy Lyn Homolka avait été déclarée accidentelle et l'affaire, classée. Si Karla n'en avait pas parlé, il est probable qu'on n'aurait jamais su exactement ce qui s'était passé. Sauf, évidemment, si Paul Bernardo en avait parlé lui-même par vengeance. Révéler d'emblée ce sinistre épisode fut très habile de la part de Walker. Car, dans des tractations aussi délicates, les mauvaises surprises sont catastrophiques.

En parler dès le début protégeait en outre Karla contre d'éventuelles poursuites pour le meurtre de sa sœur, tout en donnant une base de bonne foi aux négociations. Le criminaliste et sa cliente se présentaient à table sans dissimuler quoi que ce soit. Walker et Segal se comprirent tout de suite. Karla serait poursuivie sous deux chefs d'accusation de meurtre entraînant une peine appropriée. Mais Segal tint à préciser qu'il était contraint d'accepter le marché « sans savoir si c'est du lard ou du cochon », en quelque sorte ; il voulait que George en tienne compte. Dans les circonstances, comment aurait-il pu faire autrement ? C'était à la police de recueillir les preuves. Et, si la police n'avait aucune preuve, les procureurs ne pouvaient pas poursuivre. Il s'agissait ici d'une enquête à haute visibilité pour laquelle le ministère avait créé l'escouade Green Ribbon de l'inspecteur Bevan, engloutissant ainsi des millions de dollars de fonds publics. Et tout ce que l'inspecteur avait réussi à produire comme preuve était le témoignage d'une petite blonde d'une vingtaine d'années de St. Catharines. Son témoignage était, en effet, le seul élément de preuve qu'ils détenaient. Pour plusieurs raisons, notamment financières et politiques, les enquêtes pour meurtre auraient préséance sur les affaires moins graves de Scarborough. Même si les crimes de Scarborough avaient été commis en série, personne n'avait été assassiné. Tout ce qui restait à déterminer aux deux avocats, après leur conversation téléphonique, était la durée de la peine de Karla et l'endroit où elle allait la purger.

Le commentaire de Segal sur le lard et le cochon m'intrigua pendant des années. Lorsque des hommes de la trempe de Murray Segal et George Walker négocient quelque chose qui peut s'avérer aussi explosif et controversé qu'une entente avec Karla Homolka, ils ne prennent pas de notes détaillées. Mais il reste parfois des mots scribouillés sur un bout de papier ou un napperon de restaurant. L'expression « sans savoir si c'est du lard ou du cochon » avait amusé George et il l'avait notée. Il en connaissait bien le sens. Segal voulait dire par là qu'il négociait à l'aveuglette et que cela lui déplaisait. Qui était Karla Homolka et ce qu'elle avait fait exactement, il n'en avait aucune idée à part ce que lui avait dit George. Il ne pensait pas que celui-ci lui mente ou lui cache des choses, mais, forcément, Walker avait un parti pris pour sa cliente et il s'appuyait sur la version des faits qu'elle lui avait donnée. Segal ne savait donc rien des mobiles qui avaient animé Karla ni à quel point elle était vraiment coupable. D'ailleurs il n'avait pas eu le temps de chercher à le savoir.

En envoyant ses hommes chez Walker au milieu de la nuit, l'inspecteur Bevan avait engagé les autorités dans cet arrangement. Segal n'avait d'autre choix que d'en fixer les détails : la durée de la peine et le lieu de l'incarcération. Même à ce chapitre, il n'avait pas le gros bout du bâton. Sans

Karla, l'inspecteur Bevan ne pouvait obtenir de mandat d'arrêt exécutoire et incontestable sur le plan juridique. Karla était, de plus, la clé qui permettait à Bevan de participer à l'arrestation de Bernardo. Si la police de Toronto procédait seule à l'arrestation et que Bernardo était emmené à Scarborough pour y répondre aux accusations de viol, celui-ci risquait d'échapper à l'inspecteur, et donc aux procès pour meurtres, pour plusieurs années.

Les procureurs insistent habituellement pour connaître les individus avec lesquels ils négocient ainsi que leur degré de culpabilité. Mais dans ce cas, l'inspecteur Bevan avait déjà compromis la Couronne et le temps pressait terriblement. La police de Toronto avait presque un mandat en main, il n'était plus temps de tergiverser.

George voulait éviter la prison à sa cliente, mais s'il fallait l'incarcérer, dit-il, ce devait être dans un hôpital psychiatrique.

Murray penchait plutôt pour vingt ans de prison.

Des avocats aussi expérimentés que Segal et Walker surent tout de suite qu'ils trouveraient un terrain d'entente, soit dix ans pour aveu de culpabilité dans les deux meurtres. Ils raccrochèrent après avoir convenu de se rencontrer le dimanche suivant. Segal devait se rendre au bureau de Walker en compagnie de l'assistant procureur Michael Fairburn. Les négociations se poursuivraient là. Ils iraient ensuite voir l'inspecteur Bevan pour la première fois à Beamsville. Puis, pourquoi pas, Walker et les deux procureurs pourraient aller manger ensemble de l'autre côté de la frontière ? George connaissait quelques excellents restaurants italiens du côté américain. Après tout, ce serait la Saint-Valentin !

* * *

À 13 h 45 le 13 février 1993, le sergent détective Bruce Smollett de la police de Toronto fut avisé par son supérieur, l'inspecteur en chef Marrier, qu'il avait reçu un appel de Vince Bevan. Marrier informa Smollett de la nature de cet échange : « George Walker est entré en communication avec le procureur de la Couronne de la région de Niagara et Karla a avoué sa complicité dans les meurtres de Mahaffy et French. »

* * *

Maintenant que le ministère s'en mêlait, les deux corps policiers devaient accorder leurs flûtes. C'est ce qu'ils firent, plus ou moins. Ils devaient s'aider mutuellement à préparer leurs mandats respectifs, mais la balance penchait du côté de Toronto où le mandat était en voie d'approbation tandis que Bevan en était encore aux premiers préparatifs. Mais le mandat torontois était assez bien conçu pour servir de modèle. Il avait été préparé par un expert du ministère de la Justice, maintenant assigné à l'escouade Green Ribbon pour seconder l'inspecteur. Tout ce qui entoure le travail policier à ce niveau exige temps et effort, car les mandats d'arrêt ou de perquisition sont complexes.

Dans sa déclaration, le détective Smollett indique qu'il s'est rendu à Beamsville le 13 février pour rencontrer l'inspecteur Bevan et quelques membres de son équipe, en compagnie de certains de ses collègues de l'escouade de prévention des crimes sexuels, y compris l'inspecteur en chef Marrier :

> Nous avons encore discuté de la préparation des mandats de perquisition du 57 Bayview. De l'avis général, il valait mieux qu'ils soient fin prêts et exécutoires au moment de l'arrestation.
>
> Au cours de la soirée, l'inspecteur Bevan et moi-même avons parlé à l'agent spécial Greg McCrary, du service des sciences du comportement du FBI à Quantico, en Virginie. Le sujet de notre conversation était le profil psychologique de Bernardo. Après une longue discussion avec McCrary, tant l'inspecteur que moi-même étions d'opinion que le profil de Bernardo correspondait bien à celui du sadique sexuel.

Que Bernardo corresponde ou non au « profil du sadique sexuel » était parfaitement dénué d'intérêt en ce qui concernait sa culpabilité ou son procès, mais cela arrangeait bien l'inspecteur Bevan.

* * *

Le dimanche suivant, Murray Segal et George Walker en vinrent à un accord définitif. Karla purgerait deux peines concurrentes de dix ans. En échange, elle renoncerait au droit d'audience préliminaire, coopérerait pleinement avec les autorités policières, plaiderait coupable aux deux chefs d'accusation pesant contre elle lors d'un procès expéditif puis témoignerait contre son mari lors du procès pour meurtre de ce dernier. Pour ce qui est de l'endroit exact où Karla purgerait sa peine, cette décision échappait à la sphère de compétence de Segal. Il appartiendrait au Service correctionnel fédéral de trancher. Par contre, ni Segal ni la police ne s'objecteraient à toute représentation que Walker pourrait faire pour obtenir que sa cliente purge sa peine dans un institut psychiatrique.

C'était une entente en or pour Karla. En vertu des lois existantes, elle pourrait être admissible à libération conditionnelle deux ans et demi seulement après sa première journée de prison. Segal accepta aussi que les autorités ne s'opposent pas aux éventuelles demandes en ce sens déposées par Karla. Si elle se comportait en bonne prisonnière, elle pourrait sortir de prison dès l'été 1996 ! Et, même si tout ne se passait pas bien pour elle, elle aurait droit à la libération d'office au plus tard en 2001, après avoir purgé les deux tiers de sa peine, comme le prescrivait la loi.

Si elle avait été jugée en tant que complice, Karla aurait probablement été reconnue coupable de meurtre au deuxième degré, écopant ainsi d'un emprisonnement à perpétuité. Ainsi, elle n'aurait pu déposer de demande de libération conditionnelle avant un minimum de sept ans, selon sa conduite, et elle risquait fort de purger une peine de dix à douze ans avant qu'on n'accepte de la libérer. Bien entendu, il y avait toujours la possibilité qu'une habile plaidoirie réussisse à l'inculper de toute façon, ce qui, du point de vue de Segal, représentait de longues procédures inutilement coûteuses et hautement médiatisées pour aboutir au même résultat que le marché conclu.

* * *

À propos, puisqu'on parle de dépenses, des détachements de policiers haut gradés faisaient maintenant la navette, presque à toute heure du jour, entre Toronto et Niagara. Le détective Smollett rapporte que lui et certains membres de l'escouade de prévention des crimes sexuels ont dû retourner à Beamsville le dimanche 14 février, cette fois pour une réunion avec l'inspecteur Bevan et Murray Segal.

À 12 h 10 environ ce jour-là, le détective eut une conversation avec son supérieur immédiat, l'inspecteur en chef Marrier. Celui-ci lui annonça que « si l'arrestation s'effectuait sous nos seuls chefs d'accusation (c'est-à-dire les cas de viol), alors Bernardo serait emmené au poste le plus proche de la police métropolitaine de Toronto et il tomberait sous le ressort de cette police ». Il ajouta qu'il mettrait personnellement l'inspecteur Bevan au fait de cette réalité.

Marrier et Bevan se regardaient en chiens de faïence. Ils n'étaient pas sur la même longueur d'ondes à bien des égards. Marrier considérait sans doute Bevan comme un joueur solitaire et inexpérimenté, tandis que Bevan avait une opinion encore moins élogieuse de Marrier. Quoi qu'il en soit, Bevan avait proposé une arrestation conjointe : Bernardo devait être conduit au quartier général de la police de Halton, à mi-chemin entre Toronto et Niagara, sur l'autoroute Queen Elizabeth. Marrier n'était pas du tout convaincu qu'il fallait attendre Bevan ; il signifia à l'inspecteur qu'il était fin prêt à procéder seul à l'arrestation.

* * *

Comme George Walker l'expliqua à Karla le jour suivant, l'entente qu'il avait négociée ne comportait que de bonnes nouvelles. Même si elle redoutait la prison, Karla savait qu'elle était rudement chanceuse d'échapper au pire. Elle implora George de faire tout ce qu'il pouvait pour qu'elle purge sa peine dans un hôpital psychiatrique.

Il fallut beaucoup de temps à Karla pour réaliser que sa bonne étoile n'était pas due à la façon de considérer sa dépravation ni à la relativité de sa culpabilité, pas plus qu'à de mystérieuses forces occultes qui jouaient en sa faveur. Non, la seule cause bien visible de sa bonne fortune était l'inspecteur Bevan, avec l'assistance morale de trois spécialistes de pacotille dont elle ignorait totalement l'existence : le docteur Dietz, l'agent spécial Hazelwood et l'infirmière Warren.

* * *

L'inspecteur Bevan et Murray Segal se rencontrèrent pour la première fois le dimanche après-midi, 14 février 1993. Lors de cette rencontre, Bevan apprit que Segal et Walker avaient déjà jeté les bases d'une entente sur le témoignage de Karla. C'était tout ce qu'il voulait savoir.

Trois jours plus tard, sous le prétexte fallacieux qu'un bulletin de nouvelles de six heures allait révéler publiquement que leur suspect était sous étroite surveillance, l'inspecteur Bevan précipita les choses en faisant arrêter Paul Bernardo. C'était le 17 février 1993, à 15 h. Ce geste avait surtout pour but de couper l'herbe sous le pied à la police de Toronto et à l'arrogant inspecteur en chef Marrier.

À la suite de ses multiples rencontres avec la police de Toronto depuis le 9 février, l'inspecteur Bevan avait vite compris la situation. Le respect mutuel et la coopération entre corps policiers fonctionnent bien en apparence, mais en réalité c'est une guéguerre de tous les instants, motivée par des impératifs territoriaux.

Le geste de l'inspecteur avait été fort imprudent. Même ses supérieurs du ministère comprirent alors qu'il n'était qu'un enquêteur inexpérimenté, servant en bonne partie ses propres intérêts. De fait, l'arrestation a si mal été menée qu'il s'en est fallu de peu que Bernardo obtienne une immunité pour les meurtres de Leslie Mahaffy et Kristen French.

Deux jours plus tard, en effet, le ministère de la Justice retirait discrè
tement les accusations de meurtre portées par l'inspecteur Bevan. Cepen
dant, la police de Toronto détenait toutes les preuves nécessaires justifian
son arrestation pour agression sexuelle et viol. Comme Bernardo était un
criminel à répétition et que sa défense était plutôt mal assurée (à la diffé
rence de sa femme, il n'avait aucun contact dans la communauté juridique
qui aurait pu le diriger vers quelqu'un de compétent), les graves accusa
tions de viols qui pesaient contre lui suffisaient pour le garder en état d'ar
restation, sans possibilité de cautionnement. Les experts du laboratoire
médico-légal avaient en outre bon espoir de découvrir six à huit autres indi
ces à charge, qui permettraient à la police de déposer de nouvelles accusa
tions au fur et à mesure. N'eussent été de ces accusations pour viol, Ber
nardo (et sa femme avec lui) auraient possiblement été blanchis par suite
de l'intervention malhabile de l'inspecteur Bevan.

Lorsque l'inspecteur arrêta Bernardo ce mercredi après-midi, il n'avai
encore jamais vu Karla Homolka ni, encore moins, obtenu de déposition de
sa part. Il avait donc procédé à une arrestation en l'absence totale de preu
ves. D'un point de vue juridique, c'était un acte particulièrement stupide
Ses patrons du ministère n'en croyaient pas leurs oreilles. Ils remerciaien
tous les dieux du ciel que Bernardo soit un véritable monstre, un criminel
à répétition au dossier très chargé.

Mais rien n'arrêtait l'inspecteur Bevan. Le 19 février à 18 h, peu après
le retrait des accusations de meurtre, il utilisa son mandat de perquisition
en bonne et due forme pour prendre le contrôle de l'enquête sur les lieux
du crime. Après l'arrestation bâclée et l'exécution du mandat de perquisi
tion, les jeux étaient faits. Les gestes parlaient plus fort que les mots. L'en
tente sur Karla était maintenant aussi assurée que si elle avait été signée,
cachetée puis livrée. La situation en était déjà rendue à un point de non-
retour.

Extrait du rapport de l'inspecteur Bevan :

Le mardi 22 février 1993, je suis arrivé au poste de commandement
à 10 h 45. J'y ai rencontré l'agent Kershaw. Nous avons discuté de la marche de l'enquête, notamment de la découverte de deux cassettes vidéo.
J'ai visionné une des cassettes. On peut y voir Karla et une jeune fille non
identifiée se livrer à ce qui semble être des activités de nature sexuelle
dans la chambre principale. J'ai pris des dispositions pour que les bandes
soient transférées pour expertise aux laboratoires de la police provinciale.

14

Karla se met à table

Sous la pression de George Walker, Karla avait à contrecœur quitté l'appartement de ses oncle et tante, à Brampton, pour retourner chez ses parents. Lorsqu'elle se présenta au bureau du criminaliste le 19 février, pour son rendez-vous de 14 h 30, elle était mécontente. Tous les médias étaient après elle et sa demande d'immunité avait été rendue publique. Ses parents étaient aux abois. Le petit ami qu'elle venait de rencontrer à Brampton s'était détourné d'elle. Elle voulait savoir qui avait éventé l'affaire. Walker haussa les épaules : « Ce n'est que le début ! »

Plus tard dans la journée, Murray Segal appela Walker pour lui annoncer que les mandats de perquisition avaient été exécutés. Segal laissa entendre qu'il pourrait ne plus avoir le droit de lui parler maintenant que la police avait investi la maison, mais Walker comprit très bien que l'homme du ministère cherchait à prendre ses distances. Sauf que, avec un Bernardo arrêté pour meurtre et la police sur les lieux du crime, l'entente était désormais scellée, enrobée de « sucre de pastèque [1] » comme dirait l'écrivain américain Richard Brautigan.

* * *

Dès lors que l'inspecteur Bevan avait compromis les autorités en arrêtant Bernardo et en se servant de son mandat de perquisition sur la foi du témoignage de Karla, Walker et Segal savaient que les dés étaient jetés. Même si Bevan avait bâclé l'arrestation et que Bernardo avait été emmené au Centre de détention Est de Toronto et inculpé pour viol, son retour à brève échéance dans la péninsule était inéluctable.

* * *

Le mandat de perquisition était un document intéressant en soi. Selon ce qu'il a déclaré, l'inspecteur Bevan l'a rédigé lui-même parce qu'il n'y avait sur place personne d'autre ayant les compétences ou la motivation pour le faire. C'est cependant un officier de la Police provinciale de l'Ontario (OPP), assignée à l'escouade Green Ribbon, qui fit autoriser le document, le 19 février. Dans la section réservée aux raisons qui justifiaient le mandat, l'officier en question précise à plusieurs reprises que le document a été rédigé d'après ce que l'inspecteur Bevan et d'autres membres de l'escouade lui avaient rapporté. L'article « Victimes complaisantes du sadique sexuel » y était annexé.

* * *

À l'exception de deux policiers techniques placés sous ses ordres, l'inspecteur Bevan avait chassé de la région tous les représentants de la police de Toronto. Terminées les consultations avec les Marrier et les Smollett, fini le partage du butin[2].

La maison avait été quadrillée et chaque section dûment numérotée. À l'aide de lasers, de détecteurs de métal, d'aspirateurs industriels de grande puissance, de marteaux-piqueurs et de bonnes vieilles loupes, les policiers entreprirent de recueillir toutes sortes d'éléments visibles ou non : taches sur les murs, desquamations, cheveux, fibres textiles de même que plusieurs sécrétions séchées. Tout ce qui sortait de la maison était codifié et numéroté en fonction du quadrillage. Le nombre de pièces à conviction dépassa éventuellement le millier[3].

À sa première visite des lieux, on montra à l'inspecteur Bevan plusieurs taches de sang, des coupures de presse au sujet des crimes et diverses éprouvettes contenant un étrange liquide bleu. Il y avait aussi une liste chronologique des viols de Scarborough, à laquelle était agrafée la carte du détective Steve Irwin. Écrite à la main sur papier ministre, cette liste était datée de novembre 1990. Elle fournissait une description détaillée des attaques et diverses descriptions de suspects, de même que huit dates par ordre chronologique à rebours, partant du 26 mai 1990 jusqu'au 4 mai 1987. À chacune des dates était associée l'intersection routière la plus proche des lieux de l'agression. La liste était rédigée pour moitié de la main de Karla[4].

Il y avait des centaines de livres dans la maison, y compris l'exemplaire annoté par Karla de la 22e édition du *Compendium des spécialités pharmaceutiques,* ou l'Halcion et l'Halothane étaient surlignés, de même que le livre de Bret Easton Ellis, *American Psycho,* sous le lit, du côté où Karla dormait[5].

Ayant appris du FBI à s'intéresser aux habitudes de lecture des déviants sexuels, les policiers portèrent une attention spéciale à certains types de livres[6].

Au cours des vingt ou trente dernières années, sous l'influence de l'incontournable docteur Dietz, le FBI avait décrété que quatre-vingt-trois pour cent des hommes accusés de crimes sexuels violents collectionnaient des objets à connotation sexuelle ou violente.

Par contre, on ne disait pas dans quelle mesure de telles collections se retrouvaient aussi chez les femmes accusées de crimes sexuels violents ou dans la population en général.

Les policiers saisirent des dizaines de titres correspondant aux paramètres du FBI. Un des hommes fut désigné pour passer au crible le roman *American Psycho* et relever les similitudes entre le héros du livre, un riche courtier de New York nommé Bateman, et Paul Bernardo. La saisie du livre fit l'objet d'une fuite dans les médias, qui en parlèrent comme étant la « bible de Bernardo ». En réalité, tous les livres, y compris *American Psycho*, appartenaient à Karla, mais la police ne se donna pas la peine de rétablir les faits.

Il y avait aussi des centaines de vidéocassettes dans la maison : films ou émissions de télé pour la plupart, achetés ou enregistrés. Il faudra des mois à une demi-douzaine de policiers pour visionner le tout, car on ne voulait rien négliger.

Le dimanche 21 février 1993 à 17 h, dans une mallette au fond d'un placard, on découvrit une cassette contenant un film pornographique maison d'une durée de une minute cinquante-huit secondes. Cette découverte confirmait ce que Karla avait dit à George Walker, soit qu'elle et Paul avaient enregistré leurs ébats sexuels sur vidéo. Mais la cassette montrait quelque chose d'assez inattendu. On y voyait Karla participer lascivement et de plein gré à des actes lesbiens avec deux femmes non identifiées, dont l'une était manifestement dans un état comateux.

Dans la première séquence[7], Karla s'offrait nue sur un très grand lit deux places dans une chambre d'hôtel. Elle était avec une autre femme qui aurait pu être sa doublure de cinéma. À la gauche du cadre, on voyait en partie Paul Bernardo, un verre à la main, assis sur le bord du lit. Il se penchait pour mieux regarder la femme en train de baiser le sein droit et de caresser les parties génitales de Karla. La scène avait été enregistrée par une caméra fixe, dissimulée.

On entendait Karla exprimer le plaisir que lui donnait l'autre. Elle écartait les jambes vers la caméra pour bien montrer la main qui la caressait. Elle s'amusait de la trace de rouge à lèvres laissée autour de son mamelon. Les deux femmes rigolaient. La scène durait environ quarante-cinq secondes.

Dans l'autre séquence, on voyait Karla effectuer un cunnilingus sur une autre femme dans ce qui était, selon toute apparence, la chambre principale de leur maison. Cette mystérieuse femme, nue de la taille jusqu'en bas et jambes écartées, ne pouvait être identifiée car ni sa poitrine ni sa tête n'étaient visibles. La caméra était manifestement tenue par une tierce personne. Un zoom montrait ensuite Karla en gros plan penchée sur le pubis de la femme. Elle levait la tête pour regarder la caméra, se pourléchait les lèvres, souriait et envoyait des baisers. Avec ses yeux mi-clos, elle avait l'air langoureux d'une femme comblée de plaisir.

Dans la troisième séquence, la plus courte, on voyait Karla sur les genoux. Elle soulevait la main droite inanimée d'une fille, qu'on ne voyait pas, tout en relevant sa jupette pour présenter à la caméra sa blonde toison pubienne. Alors elle insérait l'index de la fille dans son vagin, avec un sourire timide en se pourléchant les lèvres.

Les policiers affectés à l'identification visionnèrent d'abord la vidéocassette sur l'équipement disponible dans le salon des Bernardo. Ils pensaient avoir trouvé quelque chose d'important. La cassette fut dûment marquée puis entreposée au poste de commandement mobile, en l'occurrence une grande roulotte stationnée à l'extérieur de la maison.

Selon son rapport, l'inspecteur Bevan a a appris l'existence de la cassette le 21 février mais ne l'a pas visionnée avant le lundi 22, à 10 h.

Puisque la jeune fille présente dans la deuxième et la troisième séquence était manifestement dans un état comateux, que son poil pubien était foncé et que la scène avait été tournée dans la chambre des Bernardo, l'inspecteur Bevan supposa qu'il s'agissait de Kristen French, car Leslie Mahaffy était blonde.

Bevan en parlait de façon plutôt brève et circonspecte, sans mentionner d'ailleurs la première séquence :

> J'ai visionné une copie des cassettes. On peut y voir Karla et une jeune fille non identifiée se livrer à ce qui semble être des activités de nature sexuelle dans la chambre principale. J'ai pris des dispositions pour que les bandes soient envoyées pour expertise aux laboratoires de la Police provinciale de l'Ontario.

Cet après-midi-là, Bevan rencontra Murray Segal ainsi que Jim Trelevan, le directeur pour la région de Niagara, Casey Hill, le spécialiste des mandats de perquisition, et Ray Houlahan, dans le bureau de ce dernier. I leur montra la vidéocassette. Sans pouvoir identifier les partenaires de Karla, on pouvait dire que la première était adulte, bien consciente et apparemment consentante. La seconde, par contre, celle que l'inspecteur Bevan croyait être Kristen French, était indubitablement inanimée.

Cette cassette compliquait les problèmes causés par l'arrestation prématurée de Paul Bernardo. Il y avait, en effet, une différence très nette entre le comportement de Karla sur la bande vidéo et la façon dont son avocat avait décrit son implication dans les crimes. Ce comportement correspondait mal à l'image de la «victime complaisante». Elle semblait éprouver un vif plaisir, n'avait nullement l'air d'agir sous la contrainte ou d'avoir été battue. De fait, elle paraissait en proie à une frénésie de joie monstrueuse.

Une fois de plus, Murray Segal se retrouvait entre l'enclume et le marteau. Maintenant que l'inspecteur Bevan avait arrêté Paul Bernardo et exécuté le mandat de perquisition, le marché judiciaire était irrévocablement scellé. S'ils reculaient maintenant en disant à Walker de tout annuler, la perquisition dans la maison et l'arrestation de Paul Bernardo auraient été vaines. Toutes les preuves que l'inspecteur Bevan avait amassées au cours des deux derniers jours deviendraient inadmissibles en cour et il était peu probable qu'on puisse rédiger un nouveau mandat de perquisition avant des mois, sinon jamais.

C'était un vrai cercle vicieux. Comme le mandat de perquisition avait pour origine ce que Bevan supposait que George Walker avait dit à Murray Segal sur ce que Karla savait, renier ce mandat ramènerait l'enquête à la case départ. La bande vidéo de près de deux minutes (une minute et cinquante-huit secondes) ne pourrait jamais servir de preuve contre Karla, car sa découverte découlait d'informations que la jeune femme avait fournies pour servir aux négociations officielles entre son avocat et un haut fonctionnaire du ministère.

Si la police de Toronto avait utilisé son propre mandat, basé sur trois empreintes génétiques dûment identifiées, elle aurait pu investir elle-même la scène du crime et tout se serait passé autrement. La vidéocassette aurait alors constitué une preuve flagrante de la complicité et de l'état d'esprit de Karla au moment du crime ; elle aurait probablement suffi, à elle seule, à la faire emprisonner à vie.

On fit aussi beaucoup de cas de l'incapacité de l'équipe Bevan à trouver la majeure partie des vidéocassettes compromettantes, qui avaient été dissimulées au-dessus d'un plafonnier de la salle de bain à l'étage. Même si l'inspecteur Bevan a reçu les louanges des milieux policiers puis a été promu (il est maintenant chef des services de police d'Ottawa-Carleton, dans la région de la capitale nationale), le fait qu'il n'ait pas découvert les cassettes est mentionné comme la raison qui explique que Karla s'en soit tirée à si bon compte.

Or, rien n'est plus éloigné de la vérité. L'entente au sujet de Karla était le seul moyen pour l'inspecteur Bevan d'investir la maison de Bernardo, à la recherche d'indices en général. Elle n'avait pas pour but la découverte d'une preuve particulière comme une vidéocassette. Si tel avait été le cas, la cassette de une minute et cinquante-huit secondes aurait constitué une preuve plus que suffisante pour inculper Karla sous de multiples chef d'accusation. À lui seul, cet enregistrement vidéo aurait permis d'étayer sa pleine complicité dans les charges retenues contre Bernardo, notammen deux meurtres au premier degré dont elle était coupable, comme Walker e Karla elle-même le savaient fort bien.

L'inspecteur eut beau renouveler trois fois son mandat de perquisition et passer près de trois mois à fouiller la maison, cette petite bande vidéo mettant en vedette Karla Bernardo fut le seul élément de preuve valable qu'il découvrit. L'équipe Bevan trouva par contre une foule de preuves cir constancielles, du genre de celles qui ajoutent du piquant aux romans sur les tueurs en série. On parle ici de coupures de journaux, de sacs contenant des petites culottes souillées dans un placard et de livres comme *The Per fect Victim* ou *Life with Billy*, mais rien de probant. (Il faudra que la police retourne sur les lieux du crime avec Karla, le 17 juin 1993 – après avoir loué la maison 1 200 $ par mois –, pour que l'accusée indique l'endroit où Kristen French avait vomi et que l'équipe médico-légale puisse y prélever des échantillons génétiques de Kristen French mêlés à des traces microsco piques du sperme de Paul Bernardo.)

Une raison moins connue explique l'incapacité de l'inspecteur Bevan à trouver les vidéocassettes les plus compromettantes. Grand pro moteur de la notion de police communautaire, Bevan avait entretenu une relation inhabituelle, voire inappropriée, avec les propriétaires de la maison louée par Paul et Karla. Les Delaney étaient des entrepreneurs locaux. Rachel vendait de l'assurance-vie et aimait faire des investisse ments immobiliers spéculatifs, tandis que Brian Delaney possédait une entreprise d'extermination tout en menant une carrière à mi-temps de mannequin de catalogues. Bevan prêta une oreille sympathique aux doléances des Delaney. Il offrit de leur payer un loyer à même le budget de l'escouade Green Ribbon et il se comporta en bon locataire, en limi tant les dommages qu'un autre corps de police, comme celui de Toronto, aurait inévitablement causés.

Ainsi, au lieu d'éventrer les murs et les cloisons pour mettre au jour toutes les cachettes possibles, les hommes de Bevan se bornèrent à percer

des trous ici et là. Ils démontèrent plusieurs luminaires, mais sans trop son-
der derrière, de peur de sectionner des fils électriques.

Les précautions de l'inspecteur apparaissent assez risibles quand on
pense que le gouvernement provincial, obéissant à une logique de sorcel-
lerie, acheta ensuite la maison (sans le terrain) pour mieux la raser. La propriété de la rue Bayview devint ainsi l'un des meilleurs investissements
immobiliers des Delaney.

$$* * *$$

C'est à la suggestion de Murray Segal que George fit évaluer Karla
par un psychologue et un psychiatre. Lui et Walker s'étaient rencontrés à
nouveau le 25 février, entre 16 h et 18 h 30, dans les bureaux de Walker.
Murray lui avait présenté une ébauche de l'entente : deux chefs d'accusation pour homicide involontaire, un pour Mahaffy et un pour French.
Karla écoperait de dix ans par victime, mais les deux sentences seraient
purgées concurremment. Une clause restrictive stipulait que la province
n'imposerait pas de moratoire sur son admissibilité à la libération conditionnelle. Si son comportement le permettait, elle pourrait demander une
libération sur parole trois ans et quatre mois après son premier jour de prison.

De plus, Segal accepta que la Couronne adresse une lettre de recommandation à la Commission des libérations conditionnelles, aux noms du
procureur général et de la police. La commission serait ainsi officiellement
avisée que la collaboration de Karla avait été précieuse et que son témoignage s'était avéré essentiel à la condamnation de son ex-mari.

Les deux parties se présenteraient devant un juge en son cabinet pour
obtenir une approbation judiciaire avant la tenue formelle du procès. En
théorie, les juges sont indépendants et peuvent saborder une entente qu'ils
n'approuvent pas. Il est donc très rare qu'on rencontre un juge en son cabinet avant procès pour favoriser une entente, mais Walker ne voulait courir
aucun risque. Pour plus d'assurance, ils convinrent d'y amener un sténo-
graphe judiciaire.

L'ébauche correspondait en tout point à ce qu'ils avaient amplement
discuté au cours des dix derniers jours. La police procéderait à l'arrestation
et à la mise en accusation formelle de Karla. L'accusée serait ensuite placée sous la garde de ses parents, qui s'en porteraient garants. Et Karla
renoncerait à son droit d'audition préalable.

Ils discutèrent ensuite des pièces à conviction que la police avait trouvées, notamment des séquences sur vidéocassette, et sur le fait que

l'inspecteur Bevan faisait grand cas d'un article du FBI intitulé « Victimes complaisantes du sadique sexuel ».

Walker en parlait avec un sourire en coin. L'article était intéressant mais il n'apportait rien de substantiel ou de probant. Il mélangeait deux types de défense très ardues, le syndrome de Stockholm, utilisé dans l'affaire Patty Hearst, et l'argument de la « femme battue », utilisé dans la fameuse affaire Hooker en Californie.

Cette affaire était aussi connue comme le cas de « l'esclave sexuelle » ou de « la fille en boîte », car la victime était souvent confinée dans une caisse placée sous le lit d'un sadique qui la battait et la maintenait en état d'esclavage psychologique et sexuel.

Cette histoire avait inspiré un livre, *The Perfect Victim*. Il racontait comment Colleen Stan, une femme de vingt ans originaire de l'Oregon, avait été réduite à l'esclavage sexuel pendant sept ans par un homme affable d'apparence, nommé Cameron Hooker.

Avec ses lunettes, ses taches de rousseur, ses cheveux châtains coupés court et ses vêtements soignés, Hooker avait l'air tout à fait inoffensif. Il était marié et sa jeune épouse, tout comme Karla, avait été complice de ses crimes.

En acceptant de témoigner contre son mari, l'épouse Hooker avait obtenu l'immunité. La poursuite invoqua le syndrome de la femme battue pour justifier l'entente judiciaire. Par contre, Colleen Stan n'avait pas été assassinée. Et les détails de l'histoire étaient plutôt étranges. Les Hooker laissaient leur victime faire des courses en ville. Ils la laissaient même passer deux ou trois jours dans sa famille, à l'occasion, mais elle revenait toujours vers eux, comme un chien fidèle.

L'idée que Karla soit la « victime complaisante » d'un sadique sexuel, qu'elle ait été battue et forcée de commettre des crimes odieux contre sa volonté, n'était pas mauvaise en soi, mais Segal considérait qu'il faudrait bien plus qu'une théorie tirée par les cheveux pour justifier l'entente.

Walker en convenait volontiers. De son côté, Segal était d'accord pour que les évaluations psychologiques et psychiatriques obtenues par Walker fassent partie des rapports préalables, mais elles ne seraient pas intégrées à la preuve. Ainsi, elles échapperaient à la presse et resteraient strictement confidentielles.

Le procès ne devait pas prendre plus d'un jour, à condition qu'il puisse être mené sans encombre ni interférence de la part d'un tiers, comme les médias [8].

Segal acceptait aussi que Karla soit remise en liberté entre son arrestation et son procès, du moment qu'elle reste à la disposition des autorités pour fins d'interrogatoire, d'évaluation ou de thérapie. Segal ferait tout ce qu'il pourrait pour qu'elle soit transférée dans une institution psychiatrique provinciale pour y purger sa peine, mais il conseillait à Walker de bien se renseigner et de consulter un avocat-conseil pour connaître les conditions requises en pareil cas [9].

L'entente était conditionnelle au fait que Karla soit d'une franchise absolue. Elle devait révéler en détail sa participation à tous les crimes, en toute connaissance de cause et sans égard à ce qu'elle jugeait pertinent ou non. Tout parjure – le moindre mensonge, par commission ou par omission – rendrait l'entente caduque [10].

* * *

Karla se présenta au cabinet de Walker à 19 h ce soir-là. L'avocat passa une heure et demie à lui parler de ses discussions avec Segal et à lui montrer les détails de l'entente. Il lui apprit également que plusieurs pièces à conviction avaient été recueillies dans la maison – même si les analyses médico-légales n'avaient pas encore été menées –, notamment une vidéocassette dont il lui décrivit le contenu. Il ne lui cacha pas que cette cassette était particulièrement incriminante pour elle.

Walker lui dit que la police et le procureur pouvaient difficilement reculer à cette étape mais qu'une entente de cette ampleur était tout de même fragile. Il était encore impossible de dire si la position de Karla résisterait à une contestation en règle si, d'aventure, les autorités faisaient volte-face [11]. Pour plusieurs raisons, il ne semblait pas y avoir de volonté bien ferme de poursuivre Karla autant que la loi le permettait, mais il ne fallait pas s'y fier outre mesure. Il fallait voir au fur et à mesure.

Comme les avocats de la défense sont enclins à le faire, Walker se donnait plus de crédit qu'il ne convenait sans doute. Tout ce qu'il avait fait, somme toute, le 11 février, avait été de quitter le confort de son fauteuil à 23 h 30 pour aller répondre à la porte. Ce fait incontestable ne l'empêchait pas de répéter à Karla que l'entente sur deux sentences de dix ans purgées concurremment tenait tout simplement du miracle ! À cause de la nature des crimes et parce qu'elle aurait pu sauver la vie des victimes – Kristen French notamment n'aurait jamais été enlevée sans la participation de Karla –, un jury aurait ignoré les mauvais traitements qu'elle avait subis, d'autant qu'il n'y avait de preuves en ce sens que pour un seul incident. On l'aurait tout de go condamnée à la potence [12]... pour ainsi dire.

L'accusée et son avocat savaient en outre qu'il y avait toujours la possibilité que des témoins viennent témoigner contre Karla, la dépeignant elle aussi comme une sadique, qui se complaisait dans une sexualité perverse.

Enfin, les circonstances entourant la mort de sa sœur n'étaient pas très nettes. N'avait-elle pas avoué à Walker avoir été jalouse de Tammy Lyn ?

* * *

À la fin de cet après-midi-là, l'inspecteur Bevan rapporta à Murray Segal que les techniciens du laboratoire avaient établi plusieurs liens entre la fille dans le coma sur la bande vidéo et Kristen French [13].

Segal informa l'inspecteur que les termes de l'entente avaient été parachevés et qu'il s'était entendu avec Walker pour que Karla vienne faire une déposition volontaire dans les bureaux de l'escouade Green Ribbon.

Ce genre de déposition, qui livre une information pertinente à la cause (et qui a force de preuve si elle traduit la connaissance directe de l'individu), fournit d'habitude un motif suffisant à la police et à la justice de procéder à une entente.

Cette déposition ne peut ensuite être utilisée en aucun cas contre la personne qui la fait, ce qui réduit d'autant plus la pression. Il s'agit, en quelque sorte, d'une formalité. En général, les deux parties en ont déjà assez examiné les divers aspects pour savoir si une entente se justifie.

Dès qu'il apprit que Karla se rendrait à son bureau faire la déposition, l'inspecteur se rendit voir les familles des victimes pour obtenir leur consentement [14]. Avec la considération accordée aujourd'hui aux droits des victimes, une entente judiciaire avec Karla n'aurait jamais pu avoir lieu sans l'aval de ces familles. Or, il appert que l'inspecteur a omis de leur dire précisément qui disait quoi à qui, chaque fois que Karla était directement impliquée. Une fois de plus, la carrière de Bevan ne tenait qu'à un fil.

Voici ce qu'on peut lire dans son rapport :

> Lors de mes discussions avec les familles (de Mahaffy et de French), j'ai évoqué les arrangements pris entre la Couronne et l'avocat de Karla Bernardo, et leur ai demandé leur avis. Je leur ai parlé en toute franchise des éléments de preuve amassés jusqu'à présent ainsi que de ce que nous avions appris au sujet du type de relations qui existait entre Paul et Karla Bernardo…

Il leur avait donc parlé « en toute franchise », mais jusqu'à un certain point, faut-il croire. Car, selon toute apparence, il n'a pas parlé du contenu de la vidéocassette d'une minute cinquante-huit secondes. Il n'a pas, non plus, précisé que l'entente remontait à deux semaines et que, sans elle, il n'aurait jamais pu arrêter Bernardo pour le meurtre de leurs filles, ni investir sa maison à la recherche de preuves qui lui faisaient défaut. À tout le moins, ces précisions ne sont pas fournies dans son rapport.

Par contre, l'inspecteur ne manqua pas de faire savoir aux familles que, sans Karla, Bernardo serait certainement ramené à Toronto pour y répondre des viols de Scarborough. Dans cette éventualité, plusieurs années s'écouleraient sans doute avant qu'il ne soit enfin jugé pour meurtre [15]. Il leur dit également que les époux Bernardo avaient eu une relation de couple vraiment tordue. C'était confirmé par les témoignages que son équipe avait recueillis fiévreusement auprès des amis du couple, de même que par les propos de George Walker et les propres aveux de Karla. Il expliqua aux familles les notions de victime complaisante et de sadique sexuel. Il allait de soi que Paul était le sadique sexuel et Karla la victime complaisante [16]. Il leur exposa si bien la situation, de son point de vue, que les familles ne pouvaient pas raisonnablement lui refuser leur accord.

En définitive, selon l'inspecteur, la décision leur appartenait. Ils pouvaient surseoir et laisser la police torontoise emmener Bernardo à Scarborough, ou donner leur aval à l'entente passée avec Karla et faire juger et condamner Bernardo pour le meurtre de leurs filles.

Mystifiées par les termes « victime complaisante » et « sadique sexuel », ne pouvant concevoir qu'une jeune femme puisse être autre chose qu'une victime, du moins la plupart du temps, redoutant que Bernardo parte pour Scarborough et échappe à la justice pour le meurtre brutal de leurs chères disparues, les familles des victimes finirent pas donner leur accord à l'inspecteur Bevan [17].

* * *

Karla était complètement ivre et hébétée par les tranquillisants lorsqu'elle se présenta au bureau de Walker, ce soir-là. Elle avait passé l'après-midi à boire avec la réceptionniste de la clinique vétérinaire où elle travaillait jusque-là. Walker lui fit signer une procuration pour choix de plaidoyer, puis il appela Murray Segal pour reporter le rendez-vous de sa cliente avec la police. Il lui aurait même signalé que Karla avait des idées suicidaires [18]. Pour les besoins de la forme, ils convinrent d'annuler les « négociations ultérieures ». Segal lui en enverrait confirmation par écrit.

* * *

« Toutes ces discussions étaient prématurées », concluait l'inspecteur Bevan dans sa déclaration datée du 25 février. « J'ai appris plus tard, ce soir-là, que les négociations étaient dans une impasse et que Karla Bernardo ne viendrait pas nous rencontrer, comme il était prévu.»

* * *

Au milieu de l'embargo médiatique décrété par Bevan le samedi 26 février, la Police provinciale de l'Ontario publia un communiqué pour déclarer Paul Bernardo suspect dans le meurtre sexuel non résolu de Cindy Halliday. Le cadavre nu et partiellement calciné de l'étudiante avait été retrouvé le 20 avril 1992 le long d'une autoroute, à plus de cent cinquante kilomètres au nord de St. Catharines. C'était le lendemain du jour où Karla et Paul avaient tué Kristen French et s'étaient débarrassés du corps.

Halliday n'était qu'un cas parmi la centaine d'autres assassinats sexuels de jeunes femmes restés impunis dans le sud-ouest de l'Ontario, depuis le début des années 1980.

George Walker apprit la nouvelle en hochant la tête. Il n'était pas surpris de voir la police tenter d'attribuer tous les meurtres sexuels non résolus au dernier monstre sexuel démasqué. Cela ne pouvait mieux tomber pour sa cliente que s'il avait lui-même orchestré le coup!

* * *

Robert Bigelow félicita Walker d'avoir réussi à éviter que Karla ne soit accusée d'agression sexuelle [19]. Une condamnation pour agression sexuelle lui aurait rendu la vie beaucoup plus difficile après sa sortie de prison.

Si des accusations pour agression sexuelle avaient été incluses dans l'entente judiciaire, Karla aurait pu être visée par l'article 810 (a), une clause controversée qui permettait à la police de prévenir les communautés concernées des moindres déplacements d'un prédateur sexuel remis en liberté.

Walker avait retenu les services de Bigelow, un avocat réputé de Toronto, pour le conseiller sur les procédures de transfert d'un pénitencier fédéral à un hôpital psychiatrique provincial, dans le cas d'une personne inculpée de délit majeur.

Bigelow dit qu'il fallait arriver à établir que Karla avait grandement besoin de soins psychiatriques qui ne faisaient pas partie des programmes carcéraux. Il fallait d'abord trouver un type de traitement offert dans une institution psychiatrique provinciale, puis obtenir le consentement du pénitencier et de l'hôpital en question. Le transfert ne serait possible qu'à ces conditions. Par contre, le budget du ministère de la Santé avait été considérablement réduit par le gouvernement. Il faudrait donc user d'arguments très convaincants pour obtenir le feu vert d'un hôpital.

Bigelow le conseilla également sur la libération conditionnelle et, à sa demande, lui fournit le nom de consultants à même d'évaluer Karla.

Il confirma que quiconque était condamné à une peine fédérale à durée déterminée, à l'exception de la prison à vie donc, devenait admissible à la libération conditionnelle après avoir purgé le tiers de sa peine. Six mois avant cette échéance, le détenu était admissible aux libérations de jour. Karla pourrait donc avoir droit à la libération conditionnelle normale après trois ans et quatre mois, à la libération de jour après deux ans et dix mois, et à la libération temporaire sous escorte après seulement un an et huit mois.

L'avocat torontois recommanda le psychiatre médico-légal Graham Glancy, mais celui-ci refusa le mandat. Walker appela alors un vieux psychologue spécialisé en défense, le docteur Allan Long. Ce dernier lui conseilla aussitôt de faire appel à un de ses collègues, le docteur Hans Arndt, pour l'évaluation psychiatrique. Si Karla avait besoin d'hospitalisation, le docteur Arndt pourrait accélérer les choses puisqu'il dirigeait le service de psychiatrie à l'hôpital général Northwestern de Toronto. Walker n'avait pas encore songé à l'hospitalisation mais, après avoir vu dans quel état elle s'était présentée l'autre soir, il lui sembla que quelques semaines d'internement ne lui feraient pas de tort.

À la première heure le lundi 28 février 1993, George Walker déposa la procuration pour plaidoyer de Karla à la cour de St. Catharines. En voici le texte :

> Moi, Karla Leanne Homolka, domiciliée au 61 de la rue Dundonald à St. Catharines, en Ontario, autorise par la présente mon avocat, George F. Walker, C.R., à poursuivre les négociations en mon nom en vue d'une entente judiciaire avec le ministère de la Justice de l'Ontario, représenté par Murray Segal, Esq.
>
> Je comprends que je dois coopérer pleinement avec les policiers enquêteurs, ne dire que la vérité et répondre avec franchise à toute question qui pourrait m'être posée, et fournir tous les détails à ma connaissance et/ou en rapport avec ma participation aux meurtres de Mahaffy et French. Je m'engage à fournir aux enquêteurs une déposition volontaire au moment et au lieu qui leur conviendra.
>
> Je comprends également que je serai appelée à témoigner contre mon mari lors de son procès et j'accepte par la présente de le faire. Mon entente deviendra caduque en cas de parjure de ma part. Je comprends que je plaiderai coupable à une accusation pour homicide involontaire envers la personne de L. Mahaffy et à une accusation pour meurtre envers

la personne de K. French, de même qu'à au moins une autre accusation en rapport avec chaque victime.

Il est entendu que ma peine cumulera dix ans de détention ; que la Couronne ne cherchera pas à prolonger ma période de détention avant mon admissibilité à la libération conditionnelle ; que la Couronne écrira à la Commission des libérations conditionnelles, y joindra copie des comptes rendus du procès, mentionnera ma coopération, mes remords, etc., et laissera, au nom de la police et de la Couronne, la Commission décider du moment approprié pour une libération sans autre interférence ;

que mon avocat et la Couronne se présenteront devant le tribunal avant la tenue de mon procès pour valider les termes de l'entente ;

que, lorsque je serai formellement accusée, je me présenterai devant un juge de la Cour provinciale, renoncerai à mon droit d'audience préalable, serai traduite devant un tribunal, plaiderai coupable et serai relâchée en attendant le prononcé de ma peine ;

que le bureau du Procureur général avisera le Service correctionnel et les autorités provinciales qu'il ne s'oppose pas à mon transfert d'un pénitencier fédéral à une institution provinciale pour y purger ma peine ;

que tous mes droits m'ont été lus et expliqués par mon avocat et que j'ai été avisée que je pouvais consulter un autre avocat pour une deuxième opinion, mais que j'ai informé mon avocat que je comprenais pleinement ce qui était en cause et que je désirais procéder selon l'entente susmentionnée.

En date du vingt-sixième jour de février 1993, en la ville de Niagara Falls.

Témoins : Karel et Dorothy Homolka
Notarié par Geoffrey Hadfield
Signé par Karla Leanne Homolka

Ce document reconnaissant officiellement les détails d'une entente entre Karla Homolka, la police et le ministère de la Justice de l'Ontario, fut déposé en cour le 26 février 1993, soit huit jours seulement après que la police eut investi la maison du couple Bernardo pour la passer au peigne fin et presque deux mois avant que les mandats de perquisition n'expirent, forçant ainsi la police à abandonner les lieux.

Ainsi, malgré la découverte, le 20 février, de la bande vidéo fort compromettante d'une minute cinquante-huit secondes, malgré la collection de livres, les lectures et le comportement de Karla, et même si l'inspecteur Bevan et Murray Segal savaient pertinemment que Karla n'avait été la victime, complaisante ou non, de personne, les tractations amorcées sur le pas

de la porte de George Walker par les émissaires de Bevan, le 11 février à
23 h 30, étaient maintenant devenues une entente officielle et publique.

NOTES

1. Allusion à un de ses poèmes iconoclastes de la fin des années 1960, « In Watermelon Sugar ».

2. Voir les transcriptions des nombreuses interviews de l'auteur avec le détective Steve Irwin ; voir aussi la déclaration de ce même détective dans *La Reine c. Bernardo*, Divulgations de la Couronne, vol. 38, p. 177-315.

3. Voir *La Reine c. Bernardo*, Divulgations de la Couronne, vol. 37.
   Déclaration du policier : const. Richard Ciszek, liste de pièces à conviction supplémentaire
   Matricule : 2241
   Voir aussi *La Reine c. Bernardo*, divulgations de la Couronne, vol. 38.
   Déclaration du policier : const. Michael Kershaw, liste de pièces à conviction supplémentaire et comparaison d'empreintes digitales
   Matricule : 4311

4. Voir *La Reine c. Bernardo*, Divulgations de la Couronne, vol. 4, p. 57- 296, vol. 5, p. 1-396.
   Interview : Karla Homolka
   Adresse : motel Journey's End, Whitby, Ont.
   Occupation : aide-vétérinaire
   Adresse au travail : clinique vétérinaire Martindale, St. Catharines
   Date : 14 au 18 mai 1993
   Policiers enquêteurs : dét. Mary Lee Metcalfe et dét. Ron Whitefield et sergent Robert Gillies

5. Voir *La Reine c. Bernardo*, Divulgations de la Couronne, vol. 37.
   Déclaration du policier : const. Richard Ciszek, liste de pièces à conviction supplémentaire
   Matricule : 2241
   Voir *La Reine c Bernardo*, divulgations de la Couronne, vol. 38.
   Déclaration du policier : const. Michael Kershaw, liste de pièces à conviction supplémentaire et comparaisons d'empreintes digitales
   Matricule : 4311

6. Voir *La Reine c. Bernardo*, Divulgations de la Couronne, vol. 4, p. 57- 296, vol. 5, p. -396.
   Interviews nos 1, 2, 3, 4, 5, 6 : diverses sections
   Témoin : Van Smirnis
   Occupation : plongeur en chômage
   Date : 11 février 1993 à 15 h 30
   Policiers enquêteurs : sergent J. Stonehill, const. R. Haney (PPO), sergent P. McEwen, const. T. Whiteway

7. NdT : L'usage de l'imparfait rend compte du fait que les odieuses cassettes ont été détruites après le procès.

8. Voir le dossier client de George Walker pour Karla Homolka dans les archives de l'auteur ; voir aussi la transcription des rencontres de l'auteur avec Laurie et George Walker.

9. *Ibid.*

10. *Ibid.*
11. *Ibid.*
12. Voir le dossier client de George Walker pour Karla Homolka dans les archives de l'auteur ; voir aussi la transcription des rencontres de l'auteur avec Laurie et George Walker.
13. Voir *La Reine c. Bernardo*, Divulgations de la Couronne, déclarations des policiers, déclaration de l'inspecteur Vincent T. Bevan, matricule nᵒ 1489, vol. 23, p. 109-240.
14. *Ibid.*
15. *Ibid.*
16. *Ibid.*
17. *Ibid.*
18. Voir le dossier client de George Walker pour Karla Homolka dans les archives de l'auteur ; voir aussi la transcription des rencontres de l'auteur avec Laurie et George Walker.
19. Voir la lettre télécopiée par Robert Bigelow à George Walker en date du 22 février 1993, faisant partie du dossier client de George Walker pour Karla Homolka dans les archives de l'auteur.

15

Victimologues à l'écoute

Le 4 mars 1993, George Walker s'arrangea avec le docteur Hans Arndt pour faire admettre Karla dans l'aile psychiatrique de l'hôpital général Northwestern. Sachant que Karla y serait en sécurité et à l'abri des ennuis, il pourrait prendre congé plus facilement.

En janvier, avant ces événements et au retour de ses vacances annuelles des Fêtes, George avait réservé le dernier billet à tarif excursion de la saison avant de quitter l'aéroport. Il possédait à Montserrat une villa au bord de la mer, dont le nom était *Journey's End*, la fin du voyage. Il avait prévu d'y retourner passer sept jours seul, au début de mars.

Mais s'il n'avait pas déposé en cour la procuration de Karla, s'il n'avait pas suspendu officiellement les négociations avec Segal et s'il n'avait pas fait admettre Karla à l'hôpital, Walker aurait dû renoncer à cette semaine supplémentaire en paradis. Sans compter que les billets à tarif excursion ne sont pas remboursables !

Walker se procura un exemplaire du livre *The Perfect Victim* et, le 7 mars, partit dans le dernier avion à tarif excursion à destination de l'île de Montserrat.

* * *

Peu après son retour, on lui fit savoir sans détour que le bureau du procureur considérait avec scepticisme les avis des docteurs Long et Arndt [1]. Le docteur Long commençait à prendre de l'âge et à perdre de la crédibilité. De plus, tant Long que Arndt étaient le plus souvent appelés comme témoins experts pour le compte de la défense. Ils étaient perçus comme des « libéraux ». Et le docteur Arndt n'était pas considéré comme un spécialiste de la question des femmes battues, entre autres considérations.

Il avait déjà été convenu que ces spécialistes ne seraient jamais appelés à témoigner et que leur rapport ne ferait pas partie de la preuve au procès de Karla. Malgré tout, dans une affaire de cette envergure et compte tenu des circonstances, on jugeait plus sage d'obtenir l'avis des experts les plus crédibles – ne serait-ce que pour la postérité !

Le candidat idéal semblait être le docteur Andrew Malcolm, un austère psychiatre, dont le caractère abrupt et le cynisme plaisaient beaucoup aux procureurs. Au cours de ses trente années de pratique, le docteur Malcolm avait souvent été appelé comme expert de la Couronne. Il n'était pas plus spécialisé que le docteur Arndt en mauvais traitements physiques, mais il ajouterait beaucoup de crédibilité à l'équipe. Le 2 avril, on pria donc Arndt d'entrer en communication avec son collègue Malcolm [2].

* * *

JOURNAL DE KARLA, EN DATE DU 12 AVRIL 1993

PAUL
1) me forçait à manger des choses que je n'aime pas (comme les escargots)
2) me forçait à consommer de l'alcool
3) me forçait à rester éveillée tard, même si je travaillais le lendemain
4) ne me permettait pas de voir un médecin (a) quand il m'avait blessée et (b) quand j'avais des bleus apparents
5) m'a serré le cou au point de m'étouffer
6) m'a lancé des couteaux
7) m'a mis le couteau sur la gorge
8) m'a frappée avec une bûche
9) m'a frappée avec ses chaussures
10) m'a frappée avec une torche électrique
11) m'a frappée avec un tournevis
12) m'a poignardée avec un tournevis
13) m'a frappée derrière la tête avec ses clés, ce qui a fait saigner mon cuir chevelu
14) a fait la même chose avec un tournevis
15) m'a arraché une poignée de cheveux
16) m'a frappée à coups de poing
17) m'a donnée des coups de pied
18) m'a giflée
19) m'a violée par l'anus

À l'arrière de cette photo, Karla a écrit : « Moi-même et mes deux meilleures copines, Vicky et Lisa. Pauvre Lisa, elle pleurait son beau Tom. Mais qu'est-ce que je suis en train de préparer ? (Il y a cet éclat diabolique dans mes yeux ! 21 juin 1984. ») (Source : archives de l'auteur.)

Le comité de direction du *Exclusive Diamond Club*, en 1988. De gauche à droite : Karla Teale (née Homolka), « Derty » Debbie Dagliesh (née Purdie) et Kathy Ford (née Wilson). (Source : archives de l'auteur.)

Karla, menottée, prend une pose lascive.
(Photographiée par Paul Bernardo en mai 1988. Source : archives de l'auteur.)

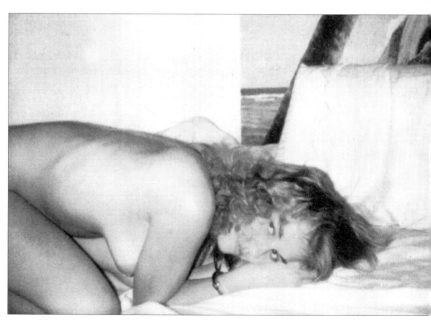

Karla, menottée, prend une autre pose lascive.
(Photographiée par Paul Bernardo en mai 1988. Source : archives de l'auteur.)

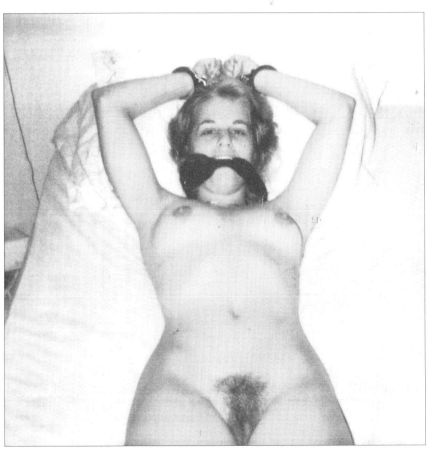

Karla bâillonnée et menottée lors d'un « jeu sexuel ».
(Photographiée par Paul Bernardo en juin 1988. Source : archives de l'auteur.)

La table de chevet de Karla. La vidéocassette qu'on aperçoit sur la table contient la scène du viol de Tammy Lyn, par sa sœur et Paul Bernardo. (Photo prise par la police, le 24 décembre 1990, peu de temps après que Tammy Lyn fut déclarée morte. Source : archives de l'auteur.)

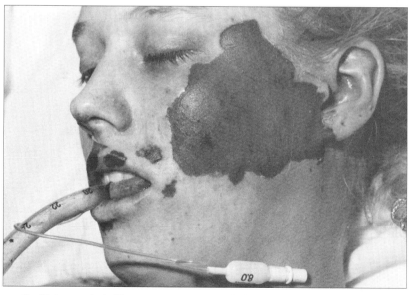

La lésion ou la brûlure post mortem sur la joue gauche de Tammy Lyn Homolka. L'expertise médico-légale ne propose aucune explication de cette lésion, sinon qu'elle peut être « d'origine chimique ». (Source : archives de l'auteur.)

Karla comblée de cadeaux.
(Photographiée par Jane Doe le 6 juin 1991. Source : archives de l'auteur.)

Karla et Jane Doe, le 6 juin 1991. Un ordre du tribunal nous empêche de
reproduire la photo de Jane Doe. (Photographie prise par Karla
grâce au réglage automatique de l'appareil photo. Source : archives de l'auteur.)

Blocs de béton contenant les parties du corps de Leslie Mahaffy, au bord du lac Gibson. (Photo prise par la police le 29 juin 1991. Source : archives de l'auteur.)

Karla et Paul le jour de Noël 1992. (Source : archives de l'auteur.)

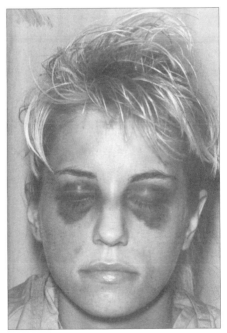

Ecchymoses autour des yeux de Karla,
lui donnant une « face de raton laveur ».
(Photo prise par la police à l'hôpital
général de St. Catharines le 6 janvier
1993. Source : archives de l'auteur.)

Karla fait une commande chez Victoria's Secret, en août 1992.
(Source : archives de l'auteur.)

20) m'a poussée sur une planche où un clou rouillé m'a percé le pied
21) m'a jetée en bas de l'escalier
22) m'a insultée («stupide», «bonne à rien», etc.)
23) m'a fait sentir comme une moins que rien
24) m'a dit que je devrais me prostituer avec qui il voudrait
25) m'a dit que lorsque nous aurons des enfants, il coucherait avec nos filles
26) m'a forcée à trouver des jeunes filles pour le satisfaire
27) m'a fouettée avec un ceinturon en cuir
28) m'a jetée par terre plusieurs fois
29) maltraitait mon chien physiquement et moralement pour mieux m'atteindre
30) ne me permettait pas de voir mes amies
31) limitait mes contacts avec ma famille – si j'avais des bleus, je ne pouvais les voir
32) m'isolait de tout le monde
33) m'interdisait de conduire la voiture
34) m'accusait toujours de choses que je n'avais pas faites
35) me frappait si je lavais la vaisselle avec du savon – je n'avais droit qu'à de l'eau
36) me frappait si je nettoyais avec des produits dont l'odeur se répandait dans la maison
37) se méfiait toujours de moi
38) menaçait de me tuer, disant que si je le quittais il me pourchasserait et me tuerait
39) me disait de bien prendre garde, car il trouverait le moyen d'avoir ma peau
40) a craché sur moi
41) a craché dans ma nourriture
42) a renversé mon assiette sur la table de la salle à manger
43) m'a donné des coups de pied dans le dos et j'ai eu du sang dans mes urines
44) m'a donné un coup de poing qui a enfoncé ma boucle d'oreille dans la peau
45) en voiture, si je portais un manteau qui faisait un bruissement, Paul me frappait chaque fois qu'il entendait ce bruit; je me suis mise à porter des tricots au lieu de manteaux pour me rendre au travail et j'ai souvent attrapé froid
46) m'a frappée parce que ma main était posée sur la photo de James Dean cousue sur mon jean

47) me frappait si je me grattais le pied avec l'autre pied
48) me frappait chaque fois que je faisais du bruit avec des instruments
    métalliques dans la cuisine (cuiller contre casserole, par exemple)
49) m'a frappée pour avoir fait bouillir la marmite alors qu'il suivait
    une diète
50) me frappait quand il venait me chercher au travail et que, bien mal-
    gré moi, je sentais le désinfectant
51) m'a frappée pour avoir fait claquer mes orteils
52) m'a frappée parce que je me grattais trop
53) m'a frappée pour avoir grondé le chien
54) un jour, il était si en colère contre le chien qu'il l'a lancé sur un
    mur
55) une autre fois, il a frappé la tête du chien à plusieurs reprises contre
    le plancher de béton de la cave jusqu'à ce que je lui dise d'arrêter
    parce qu'il allait tuer l'animal
56) a décapité mon iguane, m'a forcée à l'éviscérer, à le faire cuire sur
    le barbecue et à en manger un morceau
57) me frappait toujours si j'utilisais du savon à vaisselle – il préten-
    dait que ce n'était pas nécessaire, sauf pour les casseroles très sales
58) m'interdisait tout parfum, sauf s'il utilisait lui-même de l'eau de
    Cologne.

* * *

Lors de son séjour à l'hôpital, Karla dit au docteur Arndt que la fille
dans la séquence vidéo «avec la main» (c'est ainsi qu'elle désignait la
vidéocassette de une minute cinquante-huit secondes) n'était pas morte. La
main de la fille sur cette bande vidéo trouvée par la police le 21 février ne
pouvait donc pas être celle de Kristen French [3].

Karla reçut son congé de l'hôpital général Northwestern le 24 avril
1993 [4]. Dans son rapport, l'inspecteur Bevan a noté qu'il avait dégagé des
fonds supplémentaires pour la faire surveiller jour et nuit.

* * *

Le 29 avril 1993, la généraliste Christina Plaskos avait trouvé Karla
«plutôt apathique»… Dans le dossier, elle a noté que Karla «a pris quinze
livres… elle prend plusieurs médicaments… Je ne comprends pas vraiment
pourquoi on lui en donne tant… Je ne la trouve pas déprimée, je constate
plutôt un manque d'émotion [5]…»

Pourtant, Karla éprouvait assez de sentiment pour écrire dans son journal intime le 30 avril. Elle mentionnait que les mandats de perquisition du 57, Bayview avaient expiré. La police avait fouillé la maison soixante-neuf jours en tout. Elle notait aussi que c'était l'anniversaire de la découverte du corps de Kristen French[6].

* * *

Le 30 avril, Murray Segal et George Walker s'entretinrent au téléphone. Ils convinrent qu'il était temps de conclure formellement l'accord[7]. Ils se rencontrèrent au bureau de Segal dans l'édifice du ministère, au 720, rue Bay à Toronto. Murray dit qu'il y avait un petit os, une dissension qui se faisait jour au ministère et au sein de la police. Il fallait ajouter d'autres chefs d'accusation concernant le rôle de Karla dans la mort de sa sœur[8]. Walker s'y opposa fermement[9].

Si Walker n'avait pas fait parler Karla, les autorités considéreraient toujours la mort de Tammy Lyn comme accidentelle. On n'y aurait peut-être jamais songé.

* * *

Pourtant, Karla Homolka et Paul Bernardo avaient souvent attiré l'attention de la police de Niagara, avant même que l'inspecteur Bevan n'envoie ses hommes frapper à la porte de Walker.

La police régionale de Niagara avait cherché à élucider la mort suspecte de Tammy Lyn Homolka. Karla et Paul avaient été interrogés. Il y avait eu un rapport d'autopsie et un rapport du coroner.

Dans sa hâte, il semble que l'inspecteur Bevan ne prit jamais la peine de consulter les dossiers de la police de Niagara sur Karla Homolka ou Paul Bernardo.

Le 15 juillet 1991 notamment, lorsque Bevan fut assigné à l'enquête Mahaffy, le dossier de la mort de Tammy Lyn Homolka venait à peine d'être fermé. Devant la découverte effroyable du corps démembré d'une adolescente dans un bloc de ciment au fond d'un lac, on aurait pu s'attendre, de la part d'un «enquêteur chevronné», qu'il rouvre tous les dossiers de mort suspecte, de crimes de nature sexuelle ou de harcèlement survenus dans la région au cours des dix dernières années.

En février 1991, quelques mois seulement avant la découverte des restes de Leslie Mahaffy, deux pathologistes avaient échangé une correspondance qui aurait dû être versée au dossier Homolka. La teneur de l'échange

aurait eu de quoi faire sourciller même le moins expérimenté des enquê
teurs.

Le docteur John Groves, pathologiste à l'hôpital général de Hamilton
écrivit au docteur John Hillsdon-Smith, un pathologiste d'enquête du cen
tre médico-légal de la rue Greenville à Toronto.

> Cher docteur Hillsdon-Smith,
> Réf. : Tammy Homolka, décédée, 16 ans
> Notre référence – Hamilton ML 3435/90
> J'apprécierais grandement votre aide concernant un problème relié à
> la mort subite de cette fille de seize ans.

Il décrit ensuite l'état dans lequel Tammy Lyn avait été admise à la
morgue de l'hôpital. Le ton et les mots choisis dans sa lettre laissent clai
rement entendre qu'il doute de la version avancée par Paul et Karla sur les
circonstances entourant la mort de Tammy Lyn.

> Il y a eu un délai anormal avant qu'une ambulance ne soit appelée sur
> les lieux. Le coroner considère qu'au cours de ce délai on a pu manipu-
> ler des éléments de preuves sur les lieux. J'en ai parlé avec le responsa-
> ble de l'enquête, le sergent George Onich de la police de St. Catharines,
> qui m'a laissé entendre qu'à son avis il n'y avait pas eu de délai anormal
> ni de circonstances suspectes. Par contre, le coroner, le docteur J. M. Ros-
> loski, est plutôt d'avis qu'on aurait pratiqué des manœuvres de réanima-
> tion pendant quinze à vingt minutes avant d'appeler à l'aide.
> En examinant le corps, ce qui m'a frappé le plus était la présence
> d'un érythème sur la joue gauche, à droite de la lèvre supérieure et sur les
> lèvres, mais aucune lésion n'apparaissait sur la langue, la bouche ou
> l'œsophage. L'estomac contenait une grande quantité de bol alimentaire,
> à l'état mi-solide. Elle avait mangé du macaroni au fromage vers 17 h. Un
> fluide maculé de sang coulait du côté droit de son nez, mais pas à gauche.
> Le pharynx et la trachée contenaient également du fluide maculé de sang
> et de la nourriture, mais pas de lésions par corrosion.
> Une section de la peau en bordure de la lésion observée près de l'oreille
> gauche présentait une nécrose par coagulation de l'épiderme et des vaisseaux
> dilatés sans inflammation ; ce changement est dû, selon moi, à une brûlure
> post mortem, probablement d'origine chimique. Le duvet facial n'était pas
> atteint, ce qui élimine la possibilité de brûlure sous l'effet d'une flamme.
> J'avoue ne pouvoir expliquer la cause des lésions sur le visage de la
> jeune fille. Mes collègues n'y comprennent rien non plus...

Je joins aux présentes deux photos couleur et des «kodachromes» que vous pouvez conserver. Je joins également un échantillon de peau provenant de la joue gauche.

La lettre était signée par le docteur John Groves et une copie a été envoyée au docteur J. M. Rosloski, l'homme qui, de façon inexplicable, a fini par déclarer accidentelle la mort de Tammy Lyn Homolka, malgré de troublantes questions restées sans réponses.

Treize jours plus tard, le 23 février 1991, le docteur Groves reçut la réponse du docteur Hillsdon-Smith.

Cher docteur Groves,
Vous me soumettez effectivement un cas intéressant. Premièrement, je suis d'accord avec vous que l'apparence et la distribution des lésions faciales donnent l'impression de brûlures chimiques. L'absence de lésions par corrosion dans la bouche, le pharynx et le larynx semble indiquer que les brûlures sur la peau sont de nature topique et ne résultent pas d'éclaboussures (*c'est dire qu'elles n'ont pas été causées par l'acidité des vomissures*). La couleur des brûlures est typique de celles que produit une puissante base caustique.
Selon votre lettre, la personne décédée aurait commencé à vomir en présence de ses deux jeunes amis. Un scénario possible est que les amis ont tenté d'essuyer les vomissures avec un torchon qui aurait trempé dans un produit domestique contenant de la soude caustique.

Il n'y avait aucune preuve à cet égard dans la déposition des deux «jeunes amis» de la victime, ce qui aurait dû éveiller les soupçons. Le docteur Hillsdon-Smith ne propose aucune marque de produit domestique pouvant contenir une telle concentration de soude caustique ; et personne ne se soucia de vérifier si ce genre de produit se trouvait bien dans la maison ou si Paul et Karla, par hasard, n'auraient pas omis de dire qu'ils avaient essuyé des vomissures sur le visage de Tammy Lyn.
Le docteur Hillsdon-Smith poursuit :

Cela expliquerait en partie la nature topique des brûlures.
La cause de la mort semble être une asphyxie par inhalation de vomissures à la suite d'une consommation d'alcool.
Je vous remercie de m'avoir soumis le cas. Je demanderai peut-être l'avis du dermatopathologiste plus tard à ce sujet…

Pourtant, il n'y avait aucune trace d'alcool dans le sang de Tammy Ly
Homolka. On s'étonne que cette incohérence n'ait pas sauté aux yeux de
pathologistes quand le coroner, en mars 1991, attribua la mort de Tamm
Lyn à une « asphyxie par inhalation de vomissures à la suite d'une consom
mation d'alcool ». Personne ne chercha la cause de ce qui avait le plus intri
gué le docteur Groves en examinant le visage de la jeune fille, à savoir le
lésions ou brûlures *post mortem* (expression qui signifie « après l
mort » !). Ce n'était qu'un indice superficiel mais combien révélateur de c
qui s'était réellement passé. Selon toute probabilité, Tammy Lyn éta
morte une bonne heure avant qu'une ambulance ne soit appelée. En fait, l
brûlure sur la peau suggérait que Karla avait maintenu le chiffon imbib
d'Halothane sur le visage de sa sœur jusqu'après sa mort !

J'ai rencontré personnellement le sergent George Onich et je trouv
toujours difficile à avaler qu'il n'ait rien trouvé d'anormal dans ce décè
Si on jette un bref coup d'œil aux rapports de police, il est facile de voi
que le sergent divergeait d'opinion avec le jeune agent Tom Weeks sur le
circonstances de la mort de Tammy Lyn. L'agent Weeks trouvait suspec
tout ce qui entourait cette mort. Mais l'opinion de l'officier supérieur a pré
valu et toute divergence a été balayée.

Prétendre qu'une jeune fille débordante de vie et de santé a tout sim
plement « arrêté de respirer » parce qu'elle avait consommé trop d'alcoo
et que les vilaines marques rouges sur son visage soient dues à un « frotte
ment sur le tapis », était tellement absurde que cela dépassait l'entende
ment. Le coroner en chef de l'Ontario a décrété depuis que l'expressio
« asphyxie due à l'ingestion de vomissures à la suite d'une consommatio
d'alcool » avait valeur descriptive et non causale. Cette formule n'est don
plus acceptable comme conclusion d'un rapport de coroner.

La lettre pleine de scepticisme du docteur Groves, l'avis qu'elle expri
mait, les questions qu'elle soulevait et les incohérences qu'elle releva
n'ont jamais été révélées au public. À propos, le docteur Hillsdon-Smith
le pathologiste du centre médico-légal, ne fit jamais de suivi avec un de
matopathologiste.

Une recherche dans les fichiers de la police régionale de Niagara ave
les mots clés « Homolka » ou « Bernardo » aurait immanquablement abou
au dossier de Tammy Lyn Homolka. Si l'inspecteur Bevan avait bien été l
type d'enquêteur criminel qu'il prétendait être, les circonstances étrange
du décès de Tammy Lyn et les marques rouges inexpliquées lui auraie
certainement mis la puce à l'oreille. Le seul fait que ce drame soit surven
si peu de temps avant les autres crimes aurait suffi à inspirer des soupçon
au plus attardé des policiers.

Mais, entre le moment où il fut assigné à l'affaire Mahaffy en 1991 et la nuit du 11 février 1993 où il fit une offre à George Walker, l'inspecteur Bevan aurait pu déterrer encore bien davantage que la mort suspecte de Tammy Lyn Homolka. Et, s'il l'avait fait, il aurait pu se passer complètement de l'entente judiciaire avec Karla.

À partir du moment où Paul Bernardo élut domicile chez les Homolka, fin 1990, il se produisit une série de crimes sexuels étranges et perturbants dans une région où, d'habitude, la criminalité était surtout le fait de la pègre et des bandes de motards et mettait en cause le blanchiment d'argent, les règlements de comptes et la drogue bien plus que le sexe.

Pendant la nuit de Noël 1990, une jeune divorcée du nom de Krystal Connors a été violée puis assassinée. Krystal était petite, mince, jolie et paraissait plus jeune que ses vingt-huit ans. Elle fit la rencontre de son tueur dans un bar de Port Dalhousie. Après l'avoir violée puis tuée, son agresseur mit le feu à son appartement de Port Dalhousie. Les voisins ont détecté la fumée très tôt ce matin-là et ont appelé les pompiers. Les experts du service médico-légal ont découvert plus d'une tache de sperme sur les draps de Krystal, en ont tiré les conclusions qui s'imposaient puis la mort violente et ignominieuse de Krystal passa doucement dans le noir de l'oubli. Quelques jours plus tard, Paul et Karla assassinaient Tammy Lyn.

En avril 1991, un jeune femme faisant du jogging était violée sur l'île Henley, à quelques pas derrière la maison que le couple Bernardo occupait dans la rue Bayview. La façon de faire du violeur avait été la même lors des viols de Scarborough. Encore là, personne n'établit le moindre lien.

En juin 1991, une jeune étudiante et meneuse de claque du nom de Terri Anderson disparut un soir sans laisser de trace. Six mois plus tard, son corps bouffi et gonflé par l'eau fit surface devant la marina de Port Dalhousie. Sa mort a été déclarée accidentelle, car on a pu établir qu'elle avait consommé deux bières et une dose d'acide la nuit de sa disparition. Le fait que le corps n'avait ni souliers ni culottes, mais que le tee-shirt porté sous ses vêtements était étrangement mis à l'envers, échappa complètement à l'inspecteur Bevan

Il n'est pas question ici de suggérer que les meurtres de Krystal et de Terri aient été l'œuvre de Paul Bernardo ou de Karla Homolka… Bien que l'explication avancée dans le cas de la mort de Terri Anderson reste aussi insatisfaisante que celle qui avait été retenue pour Tammy Lyn Homolka, j'ai lu quelque part qu'on avait épinglé l'assaillant de Krystal Connors. Par contre, nul autre que Paul Bernardo était responsable du viol de l'île Henley et Karla était coupable du meurtre de sa sœur. Toutes ces affaires avaient de quoi signaler qu'il se passait quelque chose d'anormal dans la région. On aurait dit qu'en emménageant ensemble le couple maudit avait libéré une force démoniaque, assoiffée de sexe et de mort, qui dormait depuis la nuit des temps dans les rochers du Niagara.

En juillet 1991, Rachel Ferron se plaignit d'avoir été harcelée par un homme conduisant une Nissan dorée. Elle nota le numéro de la plaque et appela la police. Un des hommes de l'inspecteur Bevan se rendit le voir pour lui remettre son rapport. Il avait établi que la voiture était inscrite au nom de Paul Kenneth Bernardo, domicilié au 57, chemin Bayview à Port Dalhousie. Avant la fin du mois, Rachel se plaignit à nouveau d'avoir été suivie par le même véhicule. Bevan ne lisait jamais les rapports. Selon l'explication officielle, ce rapport-là aurait été « égaré ».

* * *

Au sujet des chefs d'accusation qu'on voulait ajouter à l'entente avec Karla, Walker avait sa petite idée. Intuitivement et d'après les rumeurs qu'il avait entendues dans les palais de justice de la région, l'avocat savait que la police n'avait pas trouvé de preuves solides dans la maison. Walker rappela à Segal qu'ils avaient déjà une entente sans laquelle Bevan et son escouade n'auraient pu entrer dans la maison ni trouver quoi que ce soit en rapport avec le crime.

Bernardo aurait alors été ramené à Scarborough, où il aurait échappé aux mailles du filet que Bevan jetait n'importe comment avec les généreux fonds du ministère. Segal savait que le ministère et la police n'étaient pas en mesure de négocier. Auraient-ils pu en savoir plus au sujet de Tammy Lyn si George ne leur en avait pas d'abord parlé ? Probablement pas.

De son côté, l'inspecteur Bevan s'était mis à pérorer sur les accusations qui attendaient Karla Bernardo. N'eût été la gravité des crimes, on aurait pu se croire en pleine comédie bouffe, du genre *Keystone Cops*. L'accusation additionnelle concernant Tammy allait favoriser la position de l'inspecteur, même si ce dernier, par ses actions intéressées et imprudentes, avait mis la poursuite dans l'embarras. Cependant, Segal savait bien que, lorsque la participation de Karla aux crimes serait connue publiquement, la situation serait encore plus embarrassante si aucune mention n'était faite de la mort de Tammy.

On en vint à un compromis. Segal laissa tomber l'accusation supplémentaire mais Walker accepta un ajout de deux ans à la peine de Karla.

Lorsqu'ils se rencontrèrent à nouveau le 5 mai, Karla était devenue passible de deux peines concomitantes de douze ans au lieu de dix. Cela ajoutait une année au temps minimum qu'elle devrait passer en prison avant une libération conditionnelle. Au lieu d'un peu plus de trois ans, ce serait quatre. Sa date de libération d'office passait ainsi de 1999 à l'été 2001.

Même si Walker se targuait professionnellement d'avoir réussi à éviter toute accusation d'agression sexuelle, il savait que trois accusations pour meurtre auraient fait de Karla une criminelle en série, ce qui aurait été tout aussi fâcheux pour elle.

L'homicide involontaire est de loin la principale raison pour laquelle des femmes sont emprisonnées. En raison de sa connotation, une accusation pour homicide involontaire n'a généralement qu'un impact négligeable sur la tare laissée par le dossier criminel d'une femme, au même titre qu'une condamnation pour conduite avec facultés affaiblies [10]

Par contre un statut de criminelle en série aurait pu avoir des effets désastreux pour Karla à sa sortie de prison. Selon la direction du vent politique, cela aurait pu ouvrir la porte à des démarches pour la déclarer « criminelle dangereuse » d'ici à sa libération.

Le compromis atteint pouvait se justifier compte tenu des divergences d'opinion que Murray Segal devrait affronter au ministère. Les accusations portées contre Karla allaient bientôt devenir publiques. Si le public en général pouvait fort bien accepter la thèse de la femme battue et de la « victime complaisante » pour Karla, personne n'y croirait plus si les détails de la mort de Tammy Lyn étaient révélés. Et il était inévitable qu'ils le soient si Karla était spécifiquement accusée du meurtre. Le simulacre de procès à venir menaçait déjà de faire assez de bruit à partir des seuls faits concernant les accusations existantes.

* * *

Dans sa déclaration, l'inspecteur Bevan dit avoir dû rencontrer les familles des victimes une deuxième fois au sujet de l'entente conclue avec Karla.

À la suite de toutes les discussions avec les procureurs de la Couronne et entre M. Segal et l'avocat de Karla Bernardo, on m'a demandé d'inviter les familles à une rencontre. Le mercredi 5 mai, je suis passé voir Debbie Mahaffy à son domicile. Je me suis ensuite rendu au domicile des French, où j'ai parlé avec plusieurs membres de la famille. Enfin, à compter de 15 h 20 ce jour-là, M. Segal et moi-même avons reçu Donna et Doug French ainsi que Debbie Mahaffy au bureau de l'escouade. Lors de ces rencontres, nous avons *expliqué soigneusement* (souligné par l'auteur) aux familles la proposition concernant les accusations qui seront portées contre Karla Bernardo.

Plus tard en soirée, après la réunion avec les familles, j'ai été avisé par M. Segal que l'avocat de Karla Bernardo avait accepté la proposition et que des dispositions devaient être prises pour que les enquêteurs rencontrent Karla Bernardo.

À la suite des négociations du mardi 11 mai, des dispositions ont donc été prises pour l'interrogatoire de Karla Bernardo. Pour des raisons de sécurité, des locaux ont été loués à cet effet à Whitby, en Ontario.

* * *

Le 13 mai, Karla et sa mère descendirent au Journey's End. Il ne s'agissait évidemment pas de la villa de George Walker à Montserrat, où sans doute, ces deux femmes et l'avocat lui-même auraient préféré aller. C'était un motel situé au 1700 de l'avenue Champlain, à Withby.

Les représentants officiels du ministère et de la police y avaient loué deux étages complets. Karla et sa mère s'installèrent dans la chambre qui leur avait été assignée (numéro 204). La déposition volontaire et la déclaration après mise en garde de l'accusée auraient lieu un étage plus haut, chambre 338. On y procéda dès le lendemain.

Murray Segal sortit d'abord la copie officielle et finale de la résolution d'entente et la remit cérémonieusement à George Walker. Même si le criminaliste en avait déjà instruit Karla à maintes reprises, il lui expliqua encore méthodiquement la différence entre une déposition volontaire et une déclaration après mise en garde.

Une déposition volontaire vise simplement à faire conclure une entente judiciaire. Par contre, une déclaration après mise en garde peut avoir force de preuve. Dans le cas de Karla, la déposition volontaire n'était pas nécessaire pour conclure l'entente, ce n'était que pure formalité.

Par ailleurs, il fut entendu que la déclaration après mise en garde serait faite sous serment et considérée comme élément de preuve. Karla donna son accord pour qu'elle soit enregistrée et filmée. Walker procéda ensuite à la lecture des clauses importantes de la résolution, celles qui pouvaient invalider l'entente :

> Si les autorités apprennent d'une manière ou d'une autre que votre cliente a causé la mort d'une personne quelconque, dans le sens de mettre fin à sa vie, toute résolution proposée par les présentes sera révoquée à la convenance de la Couronne, indépendamment de l'état des procédures en cours.

À proprement parler, Karla avait «causé la mort» de sa sœur, mais cette réalité avait déjà été occultée. À cause de l'inspecteur Bevan, l'État n'était plus en mesure d'agir dans le cas de la mort de Tammy Lyn Homolka, même si tout le monde savait que l'événement résultait du comportement atroce, aussi inexplicable que désinvolte, de sa sœur aînée. L'avocat de Karla avait réussi à troquer «deux ans contre Tammy», comme il l'inscrivit lui-même dans ses dossiers. Point, à la ligne.

En ce qui concernait les meurtres de Leslie Mahaffy et Kristen French, le procès de Bernardo se dirigeait rapidement vers un scénario «il a dit que, elle a dit que…». Karla mettait la faute sur Paul, et Paul sans doute accuserait Karla. Des preuves troublantes semblaient cependant indiquer que c'est lui qui pourrait avoir raison.

Le cadavre de Leslie Mahaffy présentait des ecchymoses symétriques dans le dos, qui pouvaient correspondre aux genoux d'une personne de la taille de Karla pesant fortement pour écraser et étouffer la victime pendant son sommeil.

Quant à Kristen French, elle avait aspiré du sang jusque dans ses poumons, preuve qu'elle avait été frappée violemment au visage et sur la bouche.

Dans ses nombreuses déclarations à la police en vue du procès de Bernardo, Karla ne mentionna jamais que son mari avait frappé Kristen au visage. Sur les épaules, dans le dos et sur le côté de la tête, oui, mais jamais sur le visage ou la bouche.

Ces précisions faisaient partie des rapports médico-légaux. Il semble que ce qui a été mis en lumière par les pathologistes n'ait guère attiré l'attention ou ait été ignoré. Cela ne changeait d'ailleurs pas grand-chose à la situation. Sans Karla, il n'y aurait pas eu de procès pour meurtre avant longtemps. Peu importe ce qui avait été trouvé dans la maison – trois minutes ou trois heures de bandes vidéo –, l'inspecteur Bevan ne serait jamais entré dans la maison sans Karla. Il importait donc peu de savoir lequel des deux avait interrompu la respiration de l'une ou l'autre des victimes. Par contre, en concluant une entente avec elle, l'État reconnaissait de façon implicite que la parole de Karla sur cette question prévaudrait. À moins qu'un autre élément de preuve ne démontre hors de tout doute le contraire, la position de l'État resterait inébranlable. Après tout ce qu'elle venait de vivre et de voir, Karla n'était certainement pas pour se dénoncer elle-même.

Lors du contre-interrogatoire à la barre des témoins au procès de Bernardo, en 1995, Karla ne put fournir d'explications valables pour les observations faites par l'équipe médico-légale. Les ecchymoses symétriques dans le dos de Leslie Mahaffy et le sang aspiré dans les poumons de

Kristen French demeurent donc, encore aujourd'hui, des énigmes irréso-
lues.

Le fait que Karla aurait pu libérer tant Leslie Mahaffy que Kristen
French, ou qu'elle aurait pu, à plusieurs occasions, avertir au moins la
police, a été gardé sous silence sinon écarté par la poursuite, qui n'avait
guère d'autre choix dans la logique de l'entente.

Un autre fait marquant a été occulté parce qu'il contredisait la position
prise par la Couronne. Paul Bernardo n'avait tué aucune des victimes de ses
viols. Sur dix-neuf agressions documentées, pas une seule perte de vie! Personne n'avait été assassiné avant l'entrée en scène de Karla. Et, même après,
des meurtres eurent lieu uniquement lorsqu'elle était directement impliquée.

Peu de temps après que le couple eut emménagé à 57, chemin Bayview, Bernardo a violé une adolescente qui faisait du jogging dans l'île
Henley. L'endroit était situé presque derrière la maison des Bernardo. Il
commit son délit au petit matin du 6 avril 1991, pendant que Karla dormait
encore. Or, la femme en question est toujours en vie.

L'entente conclue avec Karla est le résultat pur et simple de l'incompétence de l'inspecteur Bevan, associée à ses préoccupations territoriales et
à ses ambitions personnelles. Par ailleurs, le jugement de Murray Segal a
pu être obscurci par ses problèmes familiaux : son mariage s'en allait à vau-
l'eau et il avait une liaison avec l'assistante du procureur Michael Fairburn.
Il faut dire cependant que l'investissement massif du ministère dans l'escouade de Bevan et les bourdes de ce dernier engageaient irrémédiable-
ment le directeur des services juridiques de la Couronne. Il ne pouvait plus
reculer du moment où l'on n'entendait pas laisser la police de Toronto procéder à l'arrestation de Bernardo uniquement pour les viols de Scarborough. Il fut sans doute commis irrévocablement à l'entente dès l'instant où
les émissaires de Bevan se sont présentés chez Walker. Cela explique qu'il
ait si facilement gobé la thèse de Bevan sur la « victime complaisante du
sadique sexuel » pour ensuite négocier sans savoir « si c'est du lard ou du
cochon », comme il le dit lui-même.

Après l'arrestation malencontreuse de Bernardo le 17 février et l'exécution du mandat de perquisition le 19, il devenait techniquement impossible pour Segal ou le ministère de modifier leurs relations avec Karla, au risque que cette relation sente carrément mauvais. C'est pourquoi la bande
vidéo de une minute cinquante-huit secondes, découverte le 21 février,
deux jours après le début de la perquisition, n'eut pas de retombées
majeures sur le sort de Karla.

Les images contenues dans cette courte séquence donnaient un aperçu
des pires scènes parsemant les six heures d'enregistrement découverts huit

mois plus tard. Un seul détail manquait, une scène où on aurait pu voir Karla administrer l'Halothane. Mais Walker avait déjà prévenu Segal que Karla avait volé de l'Halothane à la clinique vétérinaire où elle travaillait, de même que des somnifères. Il lui avait dit que c'était cette concoction qui avait perdre conscience à la sœur de Karla avant de la faire mourir. De toute façon, les preuves trouvées dans la maison ne pouvaient pas être utilisées contre sa cliente puisque c'était Karla qui avait permis à l'inspecteur Bevan d'entrer dans la maison. Son sort avait été scellé et son avenir assuré, plusieurs mois avant qu'elle n'appose sa signature sur la résolution d'entente au motel Journey's End, le 14 mai 1993.

* * *

George Walker continua à souligner les passages importants de la résolution de plaidoyer de Karla.

Les déclarations [en parlant de la déposition volontaire et de la déclaration après mise en garde] et toutes autres déclarations subséquentes seront entières et complètes et représenteront la vérité au mieux de sa connaissance et/ou les détails de sa participation ou de la participation de tout autre tiers en marge des enquêtes sur le décès de Leslie Mahaffy ; Kristen French ; les viols présumés de Scarborough ; le viol présumé de l'île Henley ; le décès de Tammy Homolka ; ainsi que toutes autres activités criminelles auxquelles elle aurait participé ou qui auraient pu être portées à son attention. Il est entendu que sa déposition volontaire ne pourra être retenue contre elle lors de procédures judiciaires ultérieures.

Retenons l'expression «toutes autres activités criminelles auxquelles elle aurait participé ou qui auraient pu être portées à son attention». C'est donc dire qu'il était temps ou jamais pour elle de vider son sac, de se «défouler» comme le docteur Arndt aimait décrire la façon dont ses patients se confessaient à lui. D'autant plus que rien de ce que Karla pouvait dire lors de la partie «volontaire» de la procédure ne pouvait être retenu contre elle devant un tribunal.

La prochaine clause sur laquelle Walker s'attarda se lisait ainsi :

Les autorités n'offriront aucune protection contre toute poursuite éventuelle, y compris obstruction à la justice, méfait public, fabrication de preuve, parjure, déclarations contradictoires et/ou affidavits mensongers, s'il était jamais découvert qu'elle a menti, d'une manière ou d'une autre.

En d'autres termes, mentir sciemment était aussi fatal pour elle que de mentir par omission.

Il n'y avait là rien de nouveau. Les passages précisant que Karla n'aura pas « causé la mort d'une personne quelconque, dans le sens de mettre fin à sa vie », et que « aucune protection contre toute poursuite éventuelle » ne serait offerte… « s'il était jamais découvert qu'elle a menti » avaient fait partie des conditions dès la mi-février 1993. Ils faisaient aussi partie de la procuration que George Walker avait déposée en cour le 28 février, juste avant de partir pour Montserrat au début de mars.

Le criminaliste attira finalement l'attention de Karla sur le fait que la poursuite avait le droit « de consulter et d'obtenir copie de toute évaluation psychiatrique, psychologique ou autrement médicale à son sujet [11] », lui signalant que cela était tout à son avantage.

Walker s'adressa ensuite aux policiers qui guideraient Karla dans ses déclarations. Il discuta pendant quelques heures des entrevues à venir avec divers officiers, surtout l'inspecteur Bevan.

Les chargés de pouvoir du ministère de la Justice avaient eu l'heureuse initiative de confier tous les cas de viol – qu'ils aient eu lieu à Scarborough, à Mississauga, à St. Catharines ou dans l'île Henley – aux soins des procureurs et de la police de Toronto.

L'escouade Green Ribbon et l'inspecteur Bevan devaient donc se concentrer uniquement sur les meurtres au premier degré et sur toute accusation portée contre Bernardo en marge des affaires Leslie Mahaffy et Kristen French. Après le procès pour meurtre, Toronto pourrait donc utiliser la déposition volontaire et la déclaration après mise en garde de Karla en vue de leurs propres poursuites contre Bernardo, dans les affaires de viols en série.

Diviser pour mieux conquérir était au cœur de la stratégie de guerre de Napoléon. Bien qu'il soit impossible de le prouver, car personne ne l'admettra jamais, ce partage ressemble, avec le recul du temps, à une mesure délibérée de la part des plus hauts responsables du bureau juridique de la Couronne, en collaboration avec l'inspecteur Bevan, pour saper toute possibilité de changer ou d'annuler l'entente conclue avec Karla. En tout cas, cette décision faisait en sorte que les corps policiers de Niagara et de Toronto poursuivraient de plus belle leur rivalité dans cette affaire. Ils s'étaient eux-mêmes divisés pour mieux se conquérir mutuellement.

Dans l'immédiat, cela signifiait que Karla ferait face à deux intervieweurs, l'un de Toronto et l'autre de St. Catharines, qui l'aideraient à tour de rôle dans ses déclarations. Mary Lee Metcalfe, avec sa peau de pêche et sa capacité d'empathie, et Robert Gillies, avec ses lèvres fines et son nez

droit, furent détachés à cet effet de la foule de policiers qui déambulaient
avec suffisance dans les corridors du Journey's End.

Walker leur précisa qu'ils pouvaient poser des questions, mais sur un
ton qui ne devait jamais être menaçant ou incisif. Après tout, n'étaient-ils
pas tous du même côté maintenant !

Au milieu de l'après-midi, bien droite sur sa chaise, Karla énuméra la
liste incroyable des médicaments qui lui avaient été prescrits.

– Croyez-vous que l'effet des médicaments que vous venez de nous
décrire puisse affecter d'une manière ou d'une autre votre déposition ?
demanda poliment la détective Metcalfe.

– Pas le moins du monde.

– D'accord. Merci, Karla.

– Je vous en prie.

– En quels termes définiriez-vous votre mariage ?

– Rien. Zéro. C'est fini.

– Envisagez-vous quelque possibilité de réconciliation que ce soit avec
Paul Bernardo ?

– Non. J'ai déjà entamé des procédures de divorce avec mon avocate
et tout devrait être réglé d'ici peu... *Le fait qu'il m'ait agressé me permet
d'être absolument certaine qu'il n'y a aucune possibilité de réconciliation.*
Il n'y a aucun espoir. Absolument aucun. Je le déteste et je ne veux plus
jamais avoir affaire à lui. J'espère seulement, je veux dire, je veux qu'il
sorte à jamais de ma vie [12].

– Vous êtes consciente que votre mari est considéré comme le suspect
principal dans plusieurs enquêtes criminelles, y compris les affaires Leslie
Mahaffy et Kristen French... Quel effet sa participation présumée dans ces
crimes a-t-elle eu sur votre mariage ?

– On n'en a pas parlé car notre mariage s'écroulait déjà...

La tenue vestimentaire de Karla était modeste. Seuls sa bouche et ses
yeux bougeaient ; le reste de son corps restait parfaitement immobile, sauf
lorsqu'elle dégageait mécaniquement la mèche de cheveux qui lui retom-
bait sur le visage. Elle aborda ensuite son récit sordide.

– Il aimait les grandes brunes car c'était l'opposé de moi. Il les aimait
vierges aussi ; je sais que c'est ce qui vous intéresse [13].

C'était faux. En réalité, Bernardo préférait les blondes. C'est d'ailleurs
pourquoi il avait « forcé » Karla à s'abstenir de permanentes et à se teindre
les cheveux en blond platine. La seule victime aux cheveux foncés était
celle que Karla avait elle-même choisie : Kristen French.

* * *

À propos de sa sœur Tammy Lyn :

– Un soir, il y avait chez mes parents une sorte de fête. Paul, Tammy et de nombreux autres invités y étaient... Je ne peux me rappeler précisément de tous. À un moment, on a manqué de vin ou de bière et Paul a proposé de se rendre de l'autre côté de la frontière pour aller en chercher. Tammy est allée avec lui. Elle avait insisté et disait à tous : « Chic ! je vais sortir avec Paul, je vais sortir avec Paul ! » Ils sont donc partis et ne sont pas rentrés avant des heures et des heures ; personne ne savait où ils étaient. J'étais furieuse parce que j'ignorais où ils se trouvaient. J'étais dans tous mes états. J'avais peur. Je ne savais pas s'ils avaient eu un accident ou s'ils étaient partis pour toujours. Lorsqu'ils sont enfin revenus, ils rigolaient et avaient l'air heureux. J'étais vraiment en colère qu'ils m'aient fait ce coup-là. Je ne sais pas si cela signifie quelque chose pour vous ou pas [14].

Au sujet de la jeune femme faisant du jogging, que Paul avait violée le 6 avril 1991 :

– Puis il y a eu cette jeune femme qui faisait du jogging, c'était le 6 avril. Je m'en souviens car le 6 avril était l'anniversaire de mon chat [15].

Au sujet de Jane Doe et de Nicky Tessier :

– Il voulait toujours que je lui trouve des petites amies et c'est ce que j'ai fait. Je lui ai amené deux de mes jeunes amies. Ce qu'ils faisaient ensemble ne concernait que Paul et elles. Ah ! je cherche le mot... consentantes, voilà, elles étaient consentantes pour avoir une relation avec lui, et c'est tout. J'ai donc appelé Jane Doe et elle est venue nous voir. C'était agréable de la revoir parce que je l'aimais beaucoup. Paul a ensuite tenté de se lier plus intimement avec elle et il y est parvenu.

Karla entre dans les détails, mais elle omet de mentionner que Paul n'était pas sur place la première fois que Jane est venue ni que, le 6 juin, elle lui avait fait la même chose qu'avec sa sœur, six mois plus tôt, et de son propre chef. Elle ne dit pas non plus qu'elle avait ensuite appelé Bernardo sur son cellulaire pour l'inviter à voir le cadeau de mariage qu'elle lui offrait. Elle évita aussi de mentionner que Paul voulait alors repousser la date de leur mariage parce qu'il croyait être tombé amoureux d'une infirmière adorant la pénétration anale. Il venait, en effet, de rencontrer Allison Worthington, lors d'un séjour en Floride avec ses copains, en mars.

– Elle (Jane) et lui s'entendaient vraiment bien. Ils sont devenus très, très proches et puis, je ne sais pas, les choses se sont gâtées, car la mère de Jane ne voulait plus que sa fille se tienne avec nous. Elle nous trouvait trop vieux pour elle. Dire que je connaissais sa mère depuis des années !

La police avait déjà en main la déposition de Jane Doe et savait pertinemment que cette description des relations avec Bernardo et du rôle que la mère aurait joué pour y mettre fin était fausse.

– Alors Paul est devenu furieux et a évidemment rejeté tout le blâme sur moi. Puis, je lui ai trouvé Nicky, Nicky Tessier, qui était une amie de Tammy. Encore une fois, ils se sont très bien entendus et les choses allaient très bien entre eux. Ils sont devenus des amis de cœur, pour ainsi dire. Moi, je me contentais de regarder ailleurs.

La police avait également enregistré la déposition de Nicky, et les enquêteurs savaient que Karla avait facilité le viol de la jeune fille et que rien n'avait jamais été « très bien » comme elle le disait.

– Une fois tout ça terminé, en décembre, c'est là que Paul est devenu, comment dirai-je, désespéré. Il avait besoin d'une autre jeune fille. Il est sorti, voyez-vous, il pensait les avoir perdues toutes les deux. Il a renoué avec Jane.

C'était faux aussi et les policiers le savaient fort bien. Ils se dirent sans doute que la quantité de médicaments qu'elle absorbait devait affecter sa mémoire et sa perception des faits. Jane quitta le domicile des Bernardo à Noël 1991 et n'y remit jamais plus les pieds. Quant à Nicky Tessier, elle avait constitué une « surprise » de Noël en 1992. Karla avait tout intérêt à entretenir un flou artistique autour des dates.

– Il a dépensé des centaines et des centaines de dollars en animaux de peluche et en chaînes en or. Il a acheté un bracelet de cheville pour Nicky. Il a acheté une montre à Jane. Vous savez, il leur a acheté toutes sortes de belles choses.

Tout comme il avait acheté toutes sortes de belles choses – exactement les mêmes – à Karla.

– Paul a toujours cru qu'il pouvait acheter l'amour. C'est ce qu'il avait fait avec moi. Il a essayé de m'acheter et, d'une certaine façon, il y est parvenu. Je ne sais pas… À la fin, les deux filles lui ont dit qu'elles n'étaient pas intéressées. Il a mis ça encore sur mon dos, parce que j'étais censée leur dire que nous ne vivions plus comme mari et femme, ce qui était le cas. Je dormais sur le plancher à côté du lit. On ne se parlait presque plus. La seule chose qui nous unissait encore était la contrebande de cigarettes.

Lorsqu'on lui demande précisément s'il y a eu d'autres crimes semblables à ceux commis contre sa sœur, contre Leslie Mahaffy ou Kristen French, elle répond :

– Aucun dont je me souvienne [16].

Commentaires généraux de Karla au sujet de Paul :

– Il faisait preuve de beaucoup d'égards envers les filles, comme avec Kristen et Leslie, puis il devenait très dur. Je veux dire, c'est drôle, je n'irais pas jusqu'à faire un diagnostic de double personnalité, mais il allait toujours d'un extrême à l'autre. Il peut être le plus chic type du monde puis devenir la pire personne que vous ayez jamais rencontrée. Je me souviens de l'avoir entendu, avec Kristen par exemple, dire des choses comme «C'est dommage. Je ne voulais pas te couper en morceaux.» Je me disais en moi-même: «Mais pourquoi, pourquoi agir comme ça?» Parce que c'était juste tellement déconnecté – pas bien du tout...

Poursuivant sur Kristen French:

... Elle a enlevé son chandail parce qu'elle avait trop chaud et son col roulé blanc était taché de sang, sur l'épaule. Je me rappelle que Paul a dit «Oh non! Tu t'es coupée!», vous savez, de façon très gentille. Je pense qu'il a même lavé la plaie avec du peroxyde et mis un sparadrap [17].

Puis Karla parle de ce qu'elle se rappelait avoir fait le soir où Paul est sorti et a ramené Leslie Mahaffy à la maison:

– Je faisais sans doute du ménage. Je faisais toujours le ménage quand il était sorti car il détestait l'odeur des produits de nettoyage.

Ainsi, quatre jours durant (soit du 14 au 18 mai 1993, au motel Journey's End de Whitby, en Ontario), Karla s'étendit en descriptions et détails semblables au cours de sa déposition volontaire et de sa déclaration après mise en garde, comme le stipulaient les termes de l'entente.

– J'essayais donc toujours de nettoyer quand il était absent. Je devais soit nettoyer, jouer avec le chien, parler à quelqu'un au téléphone, ce pouvait être Jane Doe ou encore Kathy Ford ou même ma sœur, mais je ne crois pas. J'étais peut-être en train de lire, aussi. J'aime beaucoup les histoires vraies d'horreur ou de crime. V. C. Andrew, Dean Koontz et Robin Cook. Robin Cook écrit des thrillers médicaux. J'aime beaucoup les histoires mystérieuses. Je n'aime pas du tout les romans Harlequin et les choses du genre.

À propos des verres de champagne:

– J'étais en haut, en train de lire, j'en suis certaine. Je ne sais pas ce que j'aurais pu faire d'autre car je préférais rester le plus sagement possible dans ma chambre, donc je suis sûre que je lisais... Oh, et j'étais aussi en colère, car lorsque je suis sorti avec Buddy pour sa marche, il y avait nos deux verres à champagne haut de gamme sur la table. On avait payé cher pour ces verres en France. On ne les avait même pas encore utilisés... Et il les avait sortis! Ils ont dû s'en servir pour boire du champagne et ça m'a rendue furieuse. C'est idiot mais j'étais très en colère.

Au sujet de l'assassinat de Leslie Mahaffy, Karla révèle là, sans doute inconsciemment, quelque sombre vérité sur sa personnalité insondable.

Bien entendu, elle cherche à démontrer toute sa volonté de coopération, se disant prête à identifier, au besoin, une des pièces à conviction qu'elle décrit très précisément : le câble électrique noir avec lequel Paul aurait étranglé Leslie Mahaffy. Ce faisant, elle insiste tout autant sur des détails qu'elle dit ignorer, comme si elle voulait mieux illustrer sa participation « passive »... Par contre, elle ne peut s'empêcher d'évoquer l'extraordinaire décharge d'adrénaline qu'elle a ressentie. Ses hésitations et la façon entendue dont elle décrit le sentiment de répulsion qu'elle dit avoir éprouvé font penser à une personne racontant un film d'horreur qui lui a donné de grands frissons. Sauf que ce frisson, elle semble l'avoir apprécié avec une sorte de plaisir pervers – comme ce qu'elle recherchait dans les livres qu'elle disait tant aimer, en plus vrai.

Elle raconte comment ils avaient « pété les plombs tous les deux » car « on avait jamais fait ça ni l'un ni l'autre ». Cela ressemble presque à un aveu de complicité. Convaincue d'être maintenant du même côté que la police, comme l'avait précisé son avocat au début, elle parle trop et se permet même d'émettre un avis presque professionnel selon lequel Paul ne devait pas avoir tué Margaret McWilliam, un crime antérieur à l'affaire Mahaffy. « Je ne crois pas que ce soit lui qui a tué Margaret McWilliam. Je veux dire, il aurait pu, mais je ne pense pas qu'il l'a fait parce qu'on aurait dit que c'était la première fois qu'il tuait quelqu'un... ». Voyez comme je vous suis précieuse, semble-t-elle dire ainsi.

Elle décrit ensuite l'effet que le visage cyanosé de la victime lui a fait :

– C'était la première personne que je voyais mourir ainsi et ça m'a rendue malade. Je me suis éloignée et j'ai piqué une crise. Je disais à Paul..., enfin, j'étais tellement sur les nerfs, au bord de l'hystérie, je sautais partout et je criais : « Mais qu'est-ce qu'on va faire, hein, qu'est-ce qu'on va faire avec elle ? » Il m'a ordonné de me calmer et j'ai dit : « Bon, bon, qu'est-ce qu'on va faire ? » Il m'a répondu qu'il ne savait pas.

Elle poursuit en donnant les détails les plus navrants. Lorsqu'ils constatent que la pauvre victime n'est pas encore morte et qu'elle reprend souffle, elle dit que Paul a serré plus fort et elle avoue : « Je crois que j'ai regardé cette fois-là parce que, je veux dire, au diable, elle est morte de toute façon. »

Elle évoque ensuite les plaisanteries que fit Paul en découpant le cadavre et la façon dont les parties du corps furent coulées dans le ciment. Elle se souvient parfaitement du contenu de chaque bloc et va même jusqu'à en faire un inventaire en comptant les morceaux comme une écolière : « Ça fait donc un, deux, trois, quatre, cinq, six, sept, huit, neuf, dix [18]. »

Au sujet de l'enlèvement de Kristen French :
– L'enlèvement avait été planifié, tout à fait. Je veux dire, il y avait beaucoup pensé. Je ne suis pas rentrée à la maison après mon travail. J'ai quitté à treize heures et je pense que je suis allée à la bibliothèque. Oui, j'ai marché un peu et je suis passée devant la vieille bibliothèque de Port Dalhousie. Il était fâché après moi parce que je n'étais pas rentrée tout de suite à la maison. Il devait avoir prévu partir plus tôt. C'était donc planifié.
– D'accord, quelle journée était-ce ?
– Un jeudi.
– D'habitude, prenez-vous congé le jeudi après-midi ?
– Euh, des fois… Tout le monde travaillait le samedi, pardon, le jeudi. Puis on a décidé de prendre un jeudi de congé sur deux, car le vétérinaire s'absentait ce jour-là. Finalement, on a dû travailler tous les jeudis. Mais, pendant un certain temps, je ne travaillais pas un jeudi sur deux. Je pense que c'était mon premier jeudi de congé.
– C'était donc un congé prévu et non une requête de votre part ?
– Exactement…
Encore un mensonge flagrant. Quelques mois auparavant, lors de quatre rencontres avec les policiers, en février 1993, la vétérinaire pour laquelle Karla travaillait, Patty Weir, avait décrit comment Karla avait planifié ce congé en manipulant sa collègue de travail, Sherri Berry, pour s'absenter précisément ce jeudi-là [19].

Les déclarations de Karla ne furent jamais comparées aux renseignements fournis par d'autres témoins. Si elles le furent, les nombreuses disparités mises au jour ont été ignorées, tout comme la vidéocassette de une minute cinquante-huit secondes trouvée dans la maison et les doutes soulevés dans le rapport d'autopsie de Tammy Lyn. Pour reprendre l'expression de l'inspecteur Bevan, rien dans tout cela n'aurait « excité » les enquêteurs.

Karla poursuit :
– Il m'a dit, je veux dire, on était sur le point de partir, il m'a demandé d'aller jusqu'au bout de ce que nous nous apprêtions à faire. J'avais alors des trous de mémoire, comme aujourd'hui. Il n'arrêtait pas de dire : « Il faut que tu ailles jusqu'au bout. ». Alors j'ai dit : « Bon. Si nous voyons une fille, nous allons nous arrêter. Je vais lui demander des indications, je vais l'attirer à la voiture. Je vais sortir la carte… je vais lui dire qu'on vient d'une autre ville et qu'on a besoin de se rendre à un endroit quelconque, comme le centre commercial Penn… » Et, je ne sais pas si nous en avons discuté ou si c'était implicite, mais je savais instinctivement qu'il fallait que je prenne place à l'arrière. Je ne me souviens pas si nous en avons parlé

ou pas. Mais c'était logique. Je veux dire, je ne voulais pas qu'elle (Kristen French) soit assise seule derrière. Je suis donc passée spontanément sur la banquette arrière.

Au sujet de ce que Karla et Kristen ont fait dans la salle de bain :
– Elle m'a demandé si elle pouvait utiliser mon parfum et j'ai dit «Oui, bien sûr.» J'avais plein de petits échantillons de parfum et elle voulait essayer Opium ; je lui en ai donné. Après tout, ce n'étaient que des échantillons et je ne les avais pas payés [20].

Au sujet du viol et du meurtre de Kristen French :
– Je me rappelle la nuit de ce samedi-là. Kristen avait pris un bain dans le jacuzzi et elle semblait bien plus souriante. Elle a un bain, moi une douche, et nous nous sommes toutes deux habillées. J'avais un kilt assez semblable au sien, mais d'une couleur différente. C'était le kilt de ma sœur Tammy et je portais également un chandail vert qui avait appartenu à Tammy. Il ressemblait aussi beaucoup à celui de l'école Holy Cross que portait Kristen. Nous avions un col roulé par-dessous. Nous étions donc habillées de façon presque identique et nous nous sommes maquillées en rigolant. C'était comme si nous étions deux copines s'apprêtant à sortir, par exemple, on faisait ce que Paul nous avait demandé de faire. Je me souviens que Paul avait dit qu'il tiendrait un concours... La fille qui aurait le meilleur parfum ne serait pas sodomisée. C'est mon parfum qui lui déplut mais il dit qu'à titre d'épouse j'avais droit à un traitement de faveur et qu'il sodomiserait tout de même Kristen. C'est ce qu'il fit. Il nous a mis côte à côte, à quatre pattes, et nous a pénétrées toutes les deux, elle en premier et moi ensuite. Ou moi en premier et elle ensuite, peu importe...

» Elle était menottée, mains derrière le dos. Paul l'a installée dans une position aussi confortable que possible pour elle. Ses pieds aussi étaient attachés. Elle n'était pas bâillonnée. Je ne voulais pas qu'on la bâillonne, je ne trouvais pas ça correct...

» Nous avons parlé de son chien et de son petit ami, puis, comme Paul m'avait frappée devant elle, elle m'a demandé s'il me frappait ainsi tout le temps. J'ai répondu oui. Elle m'a dit : "Je sais que tu ne veux pas vraiment être impliquée dans tout ça." On a ensuite parlé de l'école et ce genre de choses. Je n'aurais jamais dû lui parler. Je me suis bien trop impliquée émotionnellement. Je veux dire, c'est difficile à vous expliquer parce que ça ne vous est jamais arrivé. Mais, vous savez, c'est comme si elle était devenue mon amie. Et, quand elle m'a dit : "Je sais que tu ne veux pas vraiment être impliquée dans tout ça", je me sentais alors très près d'elle, parce que... vous savez, comme si nous étions deux vraies copines en train de parler...

» D'accord, je me souviens d'une chose ou deux… rien de bien important, mais je pense que je devrais vous le dire tout de même. C'était avant que Kristen ne soit tuée. Après un moment, elle avait décidé de ne pas se plier aux moindres volontés de Paul. Je veux dire, elle essayait de se débattre. Elle lui disait des trucs comme, vous savez, "Il y a des choses pour lesquelles il vaut la peine de mourir". Elle était très fière, très forte. Puis il lui a montré la vidéo de Leslie, surtout le bout où elle se nomme, pour lui faire peur. Kristen restait très forte et ne semblait pas avoir peur. Et je veux juste que vous le sachiez, parce que je pense que c'est quelque chose que ses parents aimeraient savoir, qu'elle a été vraiment très forte et a réussi à contenir ses émotions pendant tout son calvaire.»

– Nous apprécions que vous nous en ayez fait part, lui dit la détective Metcalfe.

– Je veux dire, je veux juste pouvoir vous aider [21].

Au sujet de la découverte du corps de Kristen French:

– Je n'ai pas appelé Paul pour le prévenir, parce que je ne voulais pas le faire, vous savez, dire ce genre de choses au téléphone… Je ne sais pas pourquoi. Je me disais que c'était mieux de pas l'appeler, que c'était mieux de le lui dire en personne, mais je crois qu'il le… non, stop, c'est pas ça. C'est lui qui m'a appelé. Il en avait entendu parlé aux nouvelles dans la journée et il m'a appelée pour me dire qu'elle avait été retrouvée. J'ai dit: "Je sais, je l'ai vu aux nouvelles." Il a dit: "Tu l'as vu?" Je crois qu'il l'avait appris à la radio. Et j'ai dit: "Oui, je l'ai vu." Et il a dit: "Est-ce que c'est bien elle?" Et j'ai dit: "Oui, c'est elle", parce je pouvais décrire l'endroit d'après les images à la télé, je savais où c'était. Évidemment, il ne pouvait s'agir que d'elle…

» On est alors passé par notre petite étape de panique. J'étais hors de moi, enfin, on l'était tous les deux, naturellement. On avait cru qu'elle serait retrouvée bien avant ça, on a été très surpris de voir tout le temps qu'il a fallu…

» Puis quand ils ont commencé à dire qu'elle était restée en vie tout ce temps, je veux dire, Paul était assez content. Il disait: "C'est un très bonne nouvelle car on a plein d'alibis, tu sais, on a été chez tes parents pour le repas de Pâque, Mike est venu nous visiter." Mike Donald est venu nous voir souvent après. Vous savez, il (Paul) est beaucoup sorti, on est beaucoup sortis tous ensemble. On n'aurait jamais pu laisser cette fille-là à la maison. Même à deux, on n'aurait jamais pu la garder aussi longtemps. Il était donc ravi. Je ne vois rien d'autre à dire à ce sujet.

* * *

Lorsque le corps de Kristen French a été retrouvé au fond d'un fossé de la voie de service numéro un, à l'autre extrémité du cimetière Meadowlands où les restes de Leslie Mahaffy avaient été inhumés, la police n'a pu l'identifier tout de suite. L'inspecteur Bevan était *persuadé* qu'il s'agissait bien d'elle parce qu'il manquait un bout à l'auriculaire de la main gauche du cadavre. Sans attendre la confirmation du médecin légiste, l'inspecteur se précipita chez les French. Il le mentionne ainsi dans sa déclaration :

> Je leur ai dit que plusieurs facteurs pouvaient empêcher les scientifiques de déterminer le moment du décès. Si le corps avait été congelé ou réfrigéré ou laissé dans un endroit frais, tous ces facteurs auraient pu ralentir la décomposition et rendre impossible la détermination précise du moment de la mort. Toutefois, il n'y avait rien sur place indiquant que cela aurait pu être le cas. Au pire, les circonstances semblent plutôt indiquer que Kristen a été tuée dans les douze à vingt-quatre heures précédant la découverte du corps.

Cette nouvelle frappa très durement la famille French. Non seulement le corps nu de leur fille avait-il été découvert dans un fossé mais il semblait, aux dires de l'inspecteur Bevan, qu'elle avait été retenue en captivité par ses bourreaux pendant presque deux semaines. Quelles tortures et humiliations inimaginables leur fille avait-elle pu endurer ?

L'inspecteur Bevan joua de chance. Une de ses deux suppositions hâtives était vraie. Le corps était bien celui de la pauvre fille. Mais la deuxième hypothèse était carrément fausse. Kristen avait été tuée deux jours et demi après son enlèvement, juste avant que Paul et Karla ne se rendent chez les parents de cette dernière pour le repas du dimanche de Pâques. Il avait fallu deux semaines pour retrouver le corps.

Bevan s'était aussi fourvoyé en attribuant à Kristen la main aperçue dans l'une des séquences de la vidéocassette de une minute cinquante-huit secondes. Bien qu'un expert des laboratoires de la police provinciale à Toronto ait confirmé cette supposition et que Bevan l'ait officiellement soutenue, d'autres possibilités furent explorées lors de la rencontre avec Karla au motel Journey's End de Withby. Quelqu'un s'est demandé enfin si cette fille filmée sur vidéo ne serait pas une quatrième victime non signalée ?

– Karla, pourrais-je vous interrompre un instant ? demanda la détective Metcalfe.

Ils en étaient au troisième jour des déclarations.

– Avez-vous déjà eu des relations sexuelles orales avec d'autres filles que Tammy, Kristen ou Leslie ? En vacances, peut-être…

La courte bande vidéo de une minute cinquante-huit secondes montrait les ébats de Karla avec une femme blonde plus âgée, dans ce qui était manifestement une chambre d'hôtel. Les procureurs et la police avaient décidé d'utiliser des pistes mnémoniques pour en apprendre plus à ce sujet sans suggérer de réponses.

– En vacances ? Non, pas du tout. Mais je me souviens d'un autre incident[22].

Karla avait apparemment oublié que Paul et elle avaient retenu les services d'une prostituée durant leur séjour à Atlantic City, en août 1992, sur le chemin de retour de leur escapade floridienne. Le nom de cette prostituée était Michelle Banks[23].

La détective Metcalfe tenta une autre approche.

– Avez-vous été filmée à d'autres moments...

– Euh... J'ai été filmée avec mes amies, avec mon chien.

Le 6 juin 1991, les deux premiers soirs où Karla a fait boire de l'alcool puis administré de l'Halcion et de l'Halothane à Jane Doe, Karla a filmé Jane en train de jouer avec son chien. Karla ne mentionna pas le nom de Jane Doe, même si elle y avait fait allusion deux jours plus tôt, en disant qu'elle trouvait des jeunes filles pour Paul.

– Voulez-vous dire filmée en train de faire l'acte ?

C'était bien ce que la détective Metcalfe voulait dire.

– Oui, il y a eu une autre fois. C'est une vidéo que nous avons tournée Paul et moi. C'était, je crois, après la mort de Tammy. Oui, c'est ça. Mes parents s'étaient rendus à une foire de meubles, alors ça devait être en janvier. Janvier ou février, après la mort de Tammy. On a tourné une vidéo où on baisait ensemble, nous deux devant la cheminée[24].

Karla omit de dire que, dans cette autre bande vidéo, elle jouait le rôle de sa sœur décédée et parlait de procurer des vierges à Paul.

Pour annoncer une pause, la détective Metcalfe dit à Karla qu'elle collaborait bien.

– Tant mieux. Je l'espère. Je veux tellement vous aider, répondit Karla.

– Je sais. On veut juste la vérité.

– De toute façon, je ne peux plus garder tout ça en moi.

* * *

Le sergent Gillies tendit une autre photographie extraite de la séquence de une minute cinquante-huit secondes. Karla l'examina attentivement.

– C'est moi, j'en suis sûre. Mais je ne sais pas à qui peut appartenir cette main. Je ne sais pas de qui il s'agit.

L'image de cette main inanimée, dont Karla prend l'index pour l'insérer dans son vagin, restait comme une fixation dans la tête de la centaine de détectives et de procureurs maintenant engagés dans l'affaire.

– Nous aimerions bien savoir à qui elle appartient, dit Gillies.

Examinant à nouveau l'image imprimée, Karla évita la question par une habile digression.

– C'est dans notre maison, je le sais parce que je reconnais ce qui apparaît là : c'est la poignée d'un des tiroirs de la commode de Paul. Ça ne peut pas être la maison de mes parents, c'est donc chez nous... rue Bayview. J'imagine que c'est soit Kristen soit Leslie, dit Karla.

Elle avait pourtant dit au docteur Arndt deux mois plus tôt que ce n'était ni l'une ni l'autre, car les deux étaient encore en vie au moment où la séquence avait été tournée.

– Y a-t-il eu d'autres occasions de caresses avec les doigts ?

Les interrogateurs maîtrisaient l'art de l'euphémisme [25].

– Oh ! sans doute, répondit Karla. Avec les deux filles, j'en suis sûre. Je ne me souviens pas spécialement, mais avec les deux, j'en suis sûre.

– Sur cette photo ici, qu'est-ce que la fille porte ?

– Un survêtement... à ce qu'il me semble. Et je ne sais pas s'il s'agit de sous-vêtements ici – des sous-vêtements ou simplement le bas du survêtement... Mais on dirait vraiment un survêtement.

– Le fait que la fille porte ce type de vêtement vous aide-t-il à l'identifier ? demanda le sergent Gillies, avec une pointe de frustration.

– Bien, je ne sais pas...

Karla se mit à patiner quelque peu.

– Comme je l'ai dit, je suis assez certaine de n'avoir rien prêté à Kristen ou Leslie, mais peut-être que l'ai fait, après tout. Je dois certainement me tromper car cette personne semble bien porter un survêtement. Mais je ne peux pas me prononcer, car on ne voit pas le visage.

– La photo que je vous ai montrée plus tôt provient de la même bande vidéo, précisa Gillies.

Mine de rien, Karla prit le temps de digérer ce que Gillies venait de dire.

– On dirait ma sœur Tammy.

Karla avait décidé de faire à Jane la même chose qu'à Tammy car elle trouvait qu'elle lui ressemblait. Paul s'en était rendu compte en rentrant à la maison ce jour-là, en apercevant la jeune fille inconsciente qui lui était offerte.

– Ce n'est qu'une impression, poursuivit Karla, car ça ne peut pas être Tammy.

Ça ne pouvait évidemment pas être Tammy, qui était morte depuis un mois lorsque Paul et Karla emménagèrent dans leur propre maison.
– Avez-vous d'autres photos ?
Encore une fois, Karla évitait les questions en en posant, ce qui semblait chaque fois dérouter le sergent Gillies.
– Non, pas sur moi, pas en ce moment, mais je tenterai d'en avoir d'autres.
– Je veux dire, est-ce que ces séquences paraissent les unes juste après les autres ou quoi ? demanda Karla.
– Oui.
– Bon. D'après cette information, je peux dire que ça, c'est le lit. Toute une révélation !
– Ce n'est pas un oreiller, c'est probablement le lit, parce que si la porte est là, le lit se trouve juste ici, dit Karla en désignant une petite surface sur la photo. Je ne sais pas. Il faut que j'y réfléchisse.
Gillies, sur le point d'abandonner la partie, fit une dernière remarque :
– La photo du dessus montre une main qui semble tenir un morceau de vêtement ou un chiffon…
C'était une image floue du chiffon imbibé d'Halothane.
– Oui… oui, bafouilla Karla. C'est possible. Je ne sais pas, je ne sais vraiment pas.
Karla reprit son petit jeu de questions.
– Comment se fait-il que celle-là est parfaitement nette et que celle-ci est floue ?
– Je n'ai pas la réponse à cette question, répondit Gillies.
– Ah bon !…. Mais vous pouvez peut-être en obtenir d'autres moins floues que celle-là ?
– Je l'espère, oui.
Vers la fin de cette journée, c'était un dimanche à 20 h 30, Karla s'adressa directement à tous les détectives présents.
– Je ne sais si vous le faites exprès parce que vous vous y sentez obligés, mais je n'ai pas besoin d'autant de pauses… Faites des pauses quand vous en avez envie et ne vous en faites pas pour moi [26].
Karla consommait la détresse émotive des autres comme elle consommait les médicaments. Elle était une éponge buvant l'attention d'autrui. Plus on la sondait, plus elle se révélait. Elle semblait se nourrir de la stupéfaction et de la révulsion de ses intervieweurs. Plus les passages étaient difficiles à traverser, plus elle devenait forte. Et plus elle devenait forte, plus la lumière se faisait dans les coins obscurs… et, comme il en avait toujours été ainsi dans sa vie, moins son entourage s'en rendait compte.

Une lumière aussi intense jetée sur tant de noirceur s'avéra au-dessus des capacités de la détective Metcalfe. Le matin du troisième jour, elle tomba malade et dut abandonner l'entrevue. Karla fit preuve de sollicitude, lui souhaitant un prompt rétablissement. La détective Metcalfe fut relevée par son partenaire, Ron Withefield. L'interrogatoire prit fin le 18 mai 1993. Les policiers remercièrent Karla.

– Je vous en prie. J'espère vous avoir été utile, ajouta-t-elle, encore une fois... Euh, je peux garder ce stylo ?

– Bien sûr.

– Merci.

* * *

« Le jeudi 27 mai, je me suis rendu au palais de justice de St. Catharines, lit-on dans les toutes dernières lignes de la longue déclaration de l'inspecteur Bevan. Peu après neuf heures, Paul Bernardo a comparu en cour et a été renvoyé à un autre tribunal sous notre juridiction. »

NOTES

1. Voir la transcription des rencontres avec Laurie et George Walker, de même que les interviews de l'auteur avec le docteur Arndt.

2. Voir la transcription des interviews de l'auteur avec le docteur Arndt.

3. Notes du docteur Hans Arndt lors des sessions avec Karla Homolka, entre mars et juin 1993 ; voir aussi les interviews de l'auteur avec le docteur Arndt.

4. Voir le dossier client de George Walker pour Karla Homolka dans les archives de l'auteur ; voir aussi la transcription des rencontres de l'auteur avec Laurie et George Walker.

5. Dossiers de l'avocat de Karla, George Walker, une lettre de six pages à simple interligne adressée à Walker à sa demande expresse par le docteur Plaskos, m.d., et datée du 4 mars 1993, au sujet de l'historique médical et de l'expérience du docteur avec sa patiente, Karla Leanne Homolka.

6. Voir *La Reine c. Bernardo*, témoignage de Karla et correspondance personnelle soumise en preuve au procès.

7. Voir le dossier client de George Walker pour Karla Homolka dans les archives de l'auteur ; voir aussi la transcription des rencontres de l'auteur avec Laurie et George Walker.

8. *Ibid.*

9. *Ibid.*

10. *Ibid.*

11. Voir la lettre concernant la résolution de plaidoyer du ministère de la Justice, bureau juridico-criminel de la Couronne adressée à George Walker, réf. : Karla Leanne Homolka, datée du 14 mai 1993 et signée par Murray Segal, directeur.

12. Voir les transcriptions et les vidéos des interviews menées par la police, n°s 4, 5, 6, 7, 9, entre le 14 et le 18 mai 1993, au motel Journey's End de Withby, en Ontario, dans les archives de l'auteur.

13. Voir les transcriptions et les vidéos des interviews menées par la police, n° 4, le 14 mai 1993, au motel Journey's End de Withby, en Ontario, dans les archives de l'auteur.

14. Voir *La Reine c. Bernardo*, Divulgations de la Couronne, vol. 4, p. 57- 296, vol. 5, p 1-396.
    Interview 4 : Karla Homolka
    Adresse : motel Journey's End, Whitby, Ont.
    Téléphone : (905) XXX-XXXX
    Occupation : aide-vétérinaire
    Adresse de travail : clinique vétérinaire Martindale, St. Catharines
    Date : 14 au 18 mai 1993
    Policiers enquêteurs : dét. Mary Lee Metcalfe, dét. Ron Whitefield et sergent Robert Gillies

15. *Ibid.*

16. *Ibid.*

17. *Ibid.*

18. Voir les transcriptions et les vidéos des interviews menées par la police, n°s 4, 5, 6, 7, 9, entre le 14 et le 18 mai 1993, au motel Journey's End de Withby, en Ontario, dans les archives de l'auteur.

19. Voir les entrées de la bibliothèque de St. Catharines, réf. : Homolka, Karla. Aucun livre ne fut emprunté ce jour-là.
    Voir aussi *La Reine c. Bernardo*, Divulgations de la Couronne, vol. 21.
    Interview : docteur Patty Weir
    Occupation : vétérinaire, clinique Martindale
    Date : 23 juin 1993 à 11 h 40
    Policier enquêteur : sergent Gary Beaulieu

20. Voir les transcriptions et les vidéos des interviews menées par la police, n°s 4, 5, 6, 7, 9, entre le 14 et le 18 mai 1993, au motel Journey's End de Withby, en Ontario, dans les archives de l'auteur.

21. Voir aussi *La Reine c. Bernardo*, Divulgations de la Couronne, vol. 4, p. 57- 296, vol. 5, p 1-396.
    Interview 4 : Karla Homolka
    Adresse : motel Journey's End, Whitby, Ont.
    Téléphone : (905) XXX-XXXX
    Occupation : aide-vétérinaire
    Adresse de travail : clinique vétérinaire Martindale, St. Catharines
    Date : 14 au 18 mai 1993
    Policiers enquêteurs : dét. Mary Lee Metcalfe, dét. Ron Whitefield et sergent Robert Gillies

22. Voir les transcriptions et les vidéos des interviews menées par la police, n°s 4, 5, 6, 7, 9, entre le 14 et le 18 mai 1993, au motel Journey's End de Withby, en Ontario, dans les archives de l'auteur.

23. Voir la bande vidéo de l'entrevue menée avec Michelle Banks
    Occupation : prostituée
    Date : 8 décembre 1993 à 10 h 15

Policiers enquêteurs : dét. Gary Balloil, police de Niagara, sergent Robert Gillies, police de Niagara, agent spécial Bob Haymaker, FBI

24. Voir les transcriptions et les vidéos des interviews menées par la police, n°s 4, 5, 6, 7, 9, entre le 14 et le 18 mai 1993, au motel Journey's End de Withby, en Ontario, dans les archives de l'auteur.

25. *Ibid.*

26. Voir aussi *La Reine c. Bernardo*, Divulgations de la Couronne, vol. 4, p. 57- 296, vol. 5, p 1-396.

Interview 4, 5, 6, 7, 8, 9 : Karla Homolka

Adresse : motel Journey's End, Whitby, Ont.

Téléphone : (905) XXX-XXXX

Occupation : aide-vétérinaire

Adresse de travail : clinique vétérinaire Martindale, St. Catharines

Date : 14 au 18 mai 1993

Policiers enquêteurs : dét. Mary Lee Metcalfe, dét. Ron Whitefield et sergent Robert Gillies

16

Entre le rêve et la réalité

Le 4 juillet 1993, jour où les Américains célèbrent leur indépendance, Karla perdit sa liberté et fut immédiatement envoyée en prison. Presque aussitôt, à la demande de la prison, le docteur Roy Brown soumit Karla à une thérapie intensive, selon les recommandations pressantes du docteur Arndt. La première séance eut lieu peu de temps après son transfert du service médical à une cellule d'isolement. D'entrée de jeu, Karla dit au docteur Brown qu'elle faisait «des mauvais rêves» au cours desquels elle était hantée par une victime qu'elle croyait avoir oubliée.

Suivant un pressentiment, le docteur Brown dit à Karla de ne pas s'en faire. «Les rêves ne sont pas la réalité», ajouta-t-il.

Karla n'était cependant pas convaincue que ses rêves étaient distincts de la réalité, aussi écrivit-elle à George Walker. Dans sa lettre datée du 6 octobre 1993, elle dit à George qu'elle avait «un gros problème». Elle ajouta: «Paul a violé Jane Doe, une amie à moi.»

Karla poursuivit en disant qu'elle ne se souvenait pas très bien des événements, juste que Jane était soûle et qu'elle avait perdu connaissance. De plus, Karla disait avoir une image mentale comme quoi cela s'était déroulé dans le salon de leur maison. Elle avait également une autre image où elle voyait Jane Doe tomber de leur lit. «Je me creuse la cervelle depuis des jours pour essayer de reconstituer la scène mais je n'y arrive pas.»

Dans cette lettre, Karla se plaignait du fait qu'elle se sentait prise dans un étau. Si elle parlait aux médecins, ils le signaleraient à la prison. Elle ne pouvait pas parler à George ou à quiconque au téléphone, car elle était persuadée que tous ses appels étaient sur écoute et enregistrés.

Elle parlait aussi des photos que le sergent Gillies lui avait montrées. Elle utilisait le prénom du policier. Lorsque «Bob» lui avait montré les photos au cours d'un interrogatoire en mai dernier, elle n'avait pas pu identifier la fille. Puis de nouveau, en juin, Bob n'avait cessé de les lui montrer lorsqu'elle avait refait avec les policiers l'itinéraire que Paul et elle avaient emprunté la nuit où ils s'étaient débarrassés du corps de Kristen French, puis dans leur maison sens dessus dessous à la recherche de la montre Mickey Mouse. Elle n'avait pas réussi alors à identifier la jeune fille.

« Et si c'était Jane ? » Elle ne comprenait pas pourquoi elle n'y avait pas pensé tout de suite lorsque Bob l'avait interrogée la première fois. « Ce qui me fait peur vraiment, c'est d'avoir été bien plus impliquée là-dedans que ce dont je me souviens. » Elle exprimait ainsi sa crainte que les policiers ne la « coincent » à cause de cela.

Karla était très « impliquée », en effet. En réalité, le fait d'avoir drogué et violé Jane Doe avait été une des plus étranges contributions de Karla au guignol de mauvais goût et d'horreur qu'avait été leur vie de couple.

Elle disait qu'elle avait choisi d'écrire à George parce que les autorités de la prison n'ont pas le droit de lire les lettres que les détenues envoient à leur avocat. Elle l'implorait de lui prodiguer ses conseils. « N'oubliez pas que je tiens à le leur dire ! Je me sens coupable et je dois alléger ma conscience. Merci, George. Je crois que je suis en train de devenir folle. »

« Devenir folle… », se dit George avec tristesse en lisant la lettre. Peu importait… Ces souvenirs subitement retrouvés ne l'inquiétaient pas particulièrement. La fille dans la séquence de une minute cinquante-huit secondes était probablement Jane Doe, mais ce fait ne changerait rien. Jane Doe était vivante. La police l'avait déjà questionnée. Si la cassette elle-même n'avait pas fait échouer l'entente lorsque Bevan l'avait visionnée le 22 février, soit trois jours seulement après la perquisition, alors les trous de mémoire de Karla n'allaient pas vraiment créer un soudain retournement de situation.

Non, Karla ne serait pas « coincée » pour l'affaire Jane Doe aussi. La position des autorités était irrévocablement compromise par le fait que Karla était à l'origine du mandat de perquisition de Bevan et par l'arrestation précipitée de Bernardo, cinq jours avant la découverte de ladite cassette. Quelques semaines plus tard, début novembre, George, complètement blasé, transmit sans tambour ni trompette la lettre de Karla à Murray Segal.

* * *

Le 6 décembre 1993, la police montra à Karla la cassette vidéo. Les six mois qui venaient de s'écouler avaient été consacrés à une préparation très intense. L'enquête préliminaire de Paul Bernardo devait débuter sous peu et il fallait que Karla soit prête. Cette étape pouvait s'avérer encore plus éprouvante que le procès lui-même, car l'équipe assurant la défense de Bernardo jouirait d'une latitude plus grande. Les enquêtes préliminaires sont systématiquement frappées d'ordonnances de non-publication. Ces procédures se tiennent à huis clos, comme celles devant un grand jury, et tout ce qui est dit reste secret. Cela donne alors la quasi-liberté à la défense de scruter et d'explorer le dossier de la poursuite. Par conséquent, les procureurs doivent exercer une vigilance accrue à l'égard des aspects de leur dossier qui peuvent être perçus comme faibles ou vulnérables.

Cette rencontre en particulier, entre Karla et la police, fut sans doute une des seules qui ne fut ni filmée ni retranscrite. Seules des notes manuscrites, à peine lisibles, furent prises par un certain sergent Gary Beaulieu. Il n'en est pas fait mention dans les déclarations des sergents Beaulieu et « Bob » Gillies. En d'autres termes, on pourrait presque voir là un effort délibéré pour faire disparaître les détails de cette rencontre singulière.

Dès le début de leur rencontre, le sergent Gillies dit à Karla qu'il allait lui montrer la séquence d'où provenaient les photos qu'il lui avait montrées à plusieurs reprises dans le passé. Il lui fit part des circonstances qui avaient entouré la découverte de la cassette, lui en décrivit le contenu et la lui fit regarder. Lorsque la première courte scène fut terminée, il arrêta la bande et tenta de la rembobiner. L'appareil fit défaut. Après quelques tâtonnements, ils parvinrent à le remettre en marche et Bob repassa la scène. Karla se rappela la jeune fille avec qui elle faisait l'amour dans cette scène. C'était la prostituée que Paul avait engagée à Atlantic City, à la fin de l'été 1992.

Le couple revenait alors de vacances à Disney World. Karla dit aux policiers que cette courte scène faisait partie d'une séquence plus longue. Paul avait caché une caméra vidéo dans le placard de leur chambre d'hôtel et avait ainsi pu filmer tout ce qui s'était passé. La cassette originale devait durer une heure et demie. Karla fournit aux détectives le nom de la prostituée et se souvint que la femme lui avait dit qu'elle était enceinte. Karla prétendit que retenir les services d'une prostituée avait été une idée de Paul. Elle ne dit toutefois pas que c'était elle qui avait dû convaincre la prostituée de rue, étonnamment réticente, de se joindre à eux dans un ménage à trois. Ce renseignement devait être obtenu quelques jours après, quand la police se rendit à Atlantic City pour interroger la femme en question.

En visionnant la deuxième scène, celle où Karla abuse d'une jeune femme inconsciente qui ne peut être identifiée étant donné que ni son visage ni aucune marque distinctive ne sont visibles, le sergent Beaulieu remarqua que Karla avait changé de position dans son fauteuil pour mieux voir l'écran.

Karla crut d'abord reconnaître une scène se déroulant au 57 Bayview mais dit ne pas se souvenir de ce tournage en particulier. Paul devait forcément être derrière la caméra, car il était la seule personne avec qui elle avait déjà fait ce genre de choses.

Après un temps de réflexion, elle changea d'avis et dit que cela devait être Tammy, dans la maison de ses parents. Selon elle, le torse de la jeune fille ressemblait beaucoup à celui de Tammy mais elle avait encore beaucoup de difficulté à se prononcer. Les policiers repassèrent la scène à nouveau, image par image, immobilisant certaines images afin d'identifier des éléments de l'arrière-plan.

Karla affirma alors qu'il ne faisait plus aucun doute que la scène avait été tournée dans la chambre à l'étage de leur maison de la rue Bayview, probablement peu de temps après qu'ils y eurent emménagé. Elle ajouta qu'elle n'était pas certaine à cent pour cent et qu'elle avait oublié les circonstances dans lesquelles cela avait eu lieu. «Rien n'attire mon attention», avait-elle dit.

Les détectives repassèrent la scène depuis le tout premier cadre, en vain. Ils lui montrèrent enfin la troisième scène.

Karla était d'accord avec eux qu'il s'agissait de la même fille et que c'était un extrait d'une cassette plus longue car la personne portait le même survêtement. Mais Karla ne se souvenait pas des circonstances.

«Peut-être si j'avais un peu de temps seule pour y penser», suggérat-elle.

Bien sûr qu'il s'agissait de la même personne, si on se fie au survêtement qu'elle portait. «Ce doit être Kristen French ou Leslie Mahaffy», dit Karla d'un air songeur. Elle avait fait les même gestes avec l'une et l'autre des filles en ce lieu précis. Les deux sergents lui suggérèrent de se concentrer sur le survêtement, mais Karla resta perplexe. Elle était persuadée n'avoir jamais prêté ses propres vêtements ni à Leslie ni à Kristen mais manifestement elle se trompait. Les policiers refirent passer la bande, l'immobilisant image par image, demandant cette fois à Karla de se concentrer sur les sous-vêtements de la victime, si cela pouvait aider. Rien n'y fit. Ils rembobinèrent la cassette et l'éjectèrent de l'appareil.

Karla dit alors aux policiers qu'elle était persuadée qu'ils étaient venus la voir pour l'interroger au sujet de Jane Doe. Elle leur dit qu'elle s'était souvenue avoir donné à Jane «de l'alcool et une seule pilule». Elle leur raconta que Paul, tandis qu'il la violait, avait cru que Jane avait cessé de respirer. Karla dit ensuite qu'elle avait composé le 911, mais qu'elle avait rappelé quelques minutes après pour annuler l'appel d'urgence. Compte tenu du caractère énigmatique des notes prises par le sergent Beaulieu, les

deux sujets, à savoir Jane et la cassette de 1 min 58 s, semblent être restés
en suspens à ce moment-là, sans qu'il y ait eu de révélations importantes
ou de compréhension approfondie de la signification des «mauvais rêves»
de Karla, ceux-là mêmes qui n'étaient pas censés faire partie de la réalité,
mais qui avaient tout de même poussé Karla à écrire à George Walker.

Un lien entre la fille inconsciente de la courte séquence et Jane Doe
avait clairement été établi, car le sergent Beaulieu nota que Karla avait
affirmé à brûle-pourpoint que cette cassette devait nécessairement avoir été
tournée entre le 1er février 1991 (date à laquelle elle et Paul avaient emménagé rue Bayview) et le jour de leur mariage, le 29 juin 1991.

Selon Karla, ce tournage avait certainement eu lieu avant le mariage
«puisque Jane a assisté au mariage». Ce renseignement écartait Kristen
French, car elle avait été enlevée et tuée un an après leur mariage.

Au lieu de sauter sur l'occasion et de lire à Karla la liste de ses droits
au moment d'une arrestation, «Bob» expliqua patiemment à Karla que le
sergent Gary et lui-même n'étaient pas prêts à mener un interrogatoire au
sujet de Jane, Il ajouta que Karla serait interrogée à une date ultérieure, et
probablement par la police de Toronto parce que, s'il s'agissait bien de
Jane, elle était toujours en vie et que cela en faisait une victime de viol. De
plus, même si elle était de St. Catharines, les «hauts placés» avaient décidé
que tous les cas de viols tombaient sous la juridiction de la police de
Toronto.

Il ajouta que, de toute façon, ceux qui l'interrogeraient à ce sujet ne le
feraient pas avant janvier, car tous étaient déjà partis en congé. Il n'y aurait
certainement pas d'interrogatoire concernant Jane avant le Nouvel An et
peut-être même pas avant février. Karla n'avait plus qu'à oublier Jane Doe
pour l'instant et passer de belles vacances du temps des fêtes. Sur ce, les
sergents Bob et Gary lui souhaitèrent un joyeux Noël et quittèrent les lieux.

* * *

Dans son rapport d'évaluation psychiatrique daté du 24 mars 1994, le
docteur Brown déclara que Karla se portait très bien. «Actuellement, elle
dort très bien, eu égard à sa situation.» Il attesta qu'elle avait de plus en
plus de difficulté à refouler «ses pensées et ses émotions». Pour le docteur
Brown, c'était un signe que la guérison était amorcée.

Il développa sa pensée en disant que Karla démontrait une bonne compréhension de la réalité, qu'elle avait assumé sa part de responsabilité dans
les crimes et qu'elle était bien disposée à purger sa sentence. «Il n'y a plus
de signes apparents de dépression», conclut-il.

En d'autres termes, la thérapie complète et intensive du docteur Brown portait ses fruits et Karla accomplissait de réels progrès et allait mieux. Cette nouvelle fut très bien reçue par la police et les procureurs. Ils savaient fort bien qu'ils avaient fait subir beaucoup de pression à Karla au cours des derniers mois et ne tenaient pas à ce que la santé de leur témoin vedette se détériore.

* * *

Au début d'avril 1994, Karla fut informée que, à l'instigation de Murray Segal et d'autres bureaucrates importants, le ministère de la Justice avait décidé de traduire son ex-mari devant les tribunaux, l'envoyant directement à son procès sans enquête préliminaire. Le raisonnement du procureur était bref et cette décision était tout à fait justifiée. La preuve contre Paul Bernardo était solide et une accusation permettrait la tenue d'un procès plus rapide. Mais il y avait d'autres raisons, non dites, telles que les risques de fuites lors de l'enquête préliminaire susceptibles de nuire à la poursuite. La seule preuve concrète que les procureurs détenaient contre Paul Bernardo reposait sur Karla Homolka et son témoignage, sans être un maillon faible, était susceptible d'être attaqué. Ils étaient également d'avis que Karla mentait. L'énigme Jane Doe et la participation évidente de Karla à ces crimes rendaient l'enquête préliminaire trop risquée pour la poursuite. L'enquête préliminaire aurait dû se dérouler à St. Catharines, Karla n'allait donc pas retourner à la maison pour Pâques [1].

* * *

Karla était déchirée. Elle avait attendu avec impatience de pouvoir quitter sa petite cellule et d'aller faire un tour « chez elle » une semaine ou deux. De plus, elle avait traversé tous ces mois de préparation intense. Au début, elle était en colère. Puis elle était contente quoique encore frustrée. Le 4 mai, Karla célébra ses 24 ans. Elle était vraiment bouleversée. Aucune de ses amies ne lui avait envoyé de carte d'anniversaire.

À la fin du mois de mai, le sergent Bob rendit encore une fois visite à Karla et lui présenta le sergent Scott Kenney. Ce fut une expérience excitante pour Karla. Non seulement le sergent Kenney était assez petit pour qu'elle le regarde directement dans les yeux, mais il était également un des enquêteurs qui avaient interrogé son ex-mari le 12 mai 1992, quelques semaines après la découverte du corps de Kristen French. Karla se sentit obligée de rassurer le sergent Kenney. Elle lui dit qu'il n'avait pas à se sen

tir mal de ne pas s'être rendu compte que Paul Bernardo était un tueur
sexuel fou, car Paul était capable de jeter des «sorts» à tout le monde[2].

* * *

Quand ce n'était pas une chose, c'était une autre... Comme une nuée
d'insectes, les procureurs revinrent voir Karla pour une préparation de dernière minute avant que les avocats de son ex-mari n'exercent leur droit
d'interroger Karla.

Les procureurs expliquèrent à Karla que, lorsque le procureur général
inculpe quelqu'un, les avocats de la défense ont le droit de faire un «voir-
dire», c'est-à-dire de contre-interroger le témoin de la Couronne. Cela était
nettement préférable à une enquête préliminaire, car cela se passait à huis
clos, à l'écart de la presse ou des observateurs.

Le procureur Houlahan expliqua en détail à Karla les règles et la procédure, l'assurant qu'elle n'aurait pas besoin d'avoir George Walker à ses
côtés. Lui, R. J. Houlahan, serait là pour veiller à ses intérêts. Karla commençait à apprécier pleinement ce que pouvait signifier son statut de
témoin de la Couronne.

* * *

Après un long préambule durant lequel les deux avocats de Bernardo
furent présentés, la plus jeune des deux, Carolyn MacDonald, se mit à
poser des questions à Karla au sujet de l'échec de ses démarches visant à
la faire transférer dans une institution psychiatrique après son arrivée en
prison. Ses efforts avaient été contrariés par le docteur Brown – ce qui pouvait en partie expliquer pourquoi, dans ses premières lettres à des amis, elle
avait manifesté du dédain envers le vieux et charmant psychiatre.

MacDonald lui demanda pourquoi, à son arrivée en prison, elle avait été
immédiatement envoyée au service médical plutôt qu'en cellule d'isolement. «Ils ne savaient pas quoi faire de moi et je prenais des doses massi-
ves de médicaments; ils voulaient que je sois à l'hôpital», répondit Karla[3].

Elle finit par admettre que le docteur Brown lui avait dit, le deuxième
ou le troisième jour, qu'il pensait que Karla ne satisfaisait pas aux critères
pouvant justifier son internement dans une institution psychiatrique comme
St. Thomas[4].

– Comment avez-vous réagi?
– J'étais un peu fâchée, dit Karla. J'estimais que cette prison ne pouvait pas m'offrir le degré de thérapie qui était nécessaire[5].

MacDonald dit à Karla que le docteur Brown avait mentionné dans sa note de service que, lors de leurs premières rencontres, Karla avait surtout parlé de ses craintes face à la vie en prison, de ses médicaments et de l'avenir... la vie après la prison. MacDonald dit à Karla que le docteur Brown avait précisé que la détenue n'était intéressée à poursuivre la thérapie que si elle était faite par une femme.

« Il a souligné ce fait. Est-ce une requête que vous avez faite au docteur Brown ? » demanda l'avocate.

Karla nia fermement avoir jamais dit une telle chose au docteur Brown[6].

Le 23 mars 1994, le docteur Brown avait remis un rapport psychiatrique officiel au sujet de Karla. Il avait été rédigé à l'intention du psychiatre qui aurait accompagné Karla à l'enquête préliminaire annulée – un certain docteur Peter Collins, celui-là même qui avait auparavant remis à Vince Bevan une copie de l'article « Victimes complaisantes du sadique sexuel », au début de février 1993.

MacDonald fit ces observations, puis demanda :

– Le 23 mars 1994, le docteur Brown a écrit : « Actuellement, elle dort très bien, eu égard à sa situation. » Était-ce vrai ?

– Oui.

– D'accord. Le docteur Brown précise que vous faisiez preuve d'une bonne compréhension de la réalité et que vous étiez bien disposée à purger votre sentence. Est-ce un commentaire que vous estimez juste ?

– Oui, ça l'est.

– « Il n'y a plus de signes de dépression. » Êtes-vous d'accord avec ça ?

– Il doit faire allusion à la dépression clinique, car je suis déprimée – pas tout le temps – mais, je ne connais pas la définition de la dépression clinique non plus.

MacDonald demanda à Karla si elle avait ou non eu des relations sexuelles anales, ou si des objets avaient été introduits dans son anus ou son vagin entre octobre 1987 et août 1988.

Karla dit qu'elle croyait que les relations sexuelles anales avaient débuté à l'été 1988, mais pas l'insertion d'objets en elle. MacDonald faisait référence, sans le dire, à la série de photos Polaroïd pornographiques prises à l'été 1988 ; une ou deux photos montrent assez crûment Karla en train d'insérer une bouteille de vin dans son vagin et son anus.

MacDonald questionna Karla sur le sexe oral en utilisant l'expression « sexe oral avec lui », ce qui dérouta un peu Karla.

– Pourquoi ne dites-vous pas fellation ou cunnilingus ? N'ayez pas peur des mots, fit le procureur Houlahan sèchement.

– Le problème, c'est que je n'arrive pas à le dire, avoua Mme MacDonald. Je n'arrive pas à les prononcer correctement. Oui. D'accord. Fellation, commençons avec ça et... je n'arrive pas à le dire – «cunnilungus». Est-ce ainsi que l'on doit dire ?

– Cunnilingus, corrigea Houlahan.

– Oui, ça j'aimais bien ça, répondit Karla [7].

* * *

Aux yeux de ceux qui s'occupaient d'elle, Karla devenait de plus en plus mystérieuse, davantage pour ce qui concernait l'énigme Jane Doe que pour tous ses autres comportements bizarres, criminels et déviants.

Pendant le contre-interrogatoire mené par Carolyn MacDonald et Ken Murray, il devint très clair pour les autorités que Karla leur avait menti. Et pas seulement à propos de Jane, mais sur plusieurs autres choses aussi. C'était, du moins, ce que les policiers avaient soutenu devant le juge Archie Campbell mandaté par le gouvernement, après la condamnation à vie de Paul Bernardo, pour examiner la conduite des policiers.

Une chose était vraie cependant. Du point de vue des autorités, l'incident impliquant Jane Doe n'avait pas «resurgi» des rêves de Karla ou des profondeurs de son subconscient. C'était plutôt le résultat du travail assidu de la part des policiers, appuyé de photos et de bandes vidéo.

La police avait saisi des centaines de cassettes dans la maison. Sur l'une d'elles, une vidéo amateur inoffensive, où ils avaient pu identifier la jeune Jane Doe en train de s'amuser avec le chien de Karla. Karla était alors derrière la caméra ; on pouvait l'entendre donner des instructions à Jane. À un moment, Karla dit nettement : «J'adore la vidéo !»

En arrière-plan on pouvait voir un gâteau de mariage fait à l'aide de serviettes de bain. Au moment où Karla allait être contre-interrogée par l'équipe de défense de Bernardo à l'été 1994, les autorités avaient conclu que Jane Doe était bien la fille inconsciente que l'on voyait dans les deux dernières scènes de la séquence pornographique d'une minute cinquante-huit secondes.

Dans la vidéo où elle joue avec le chien, Jane porte un survêtement Oxford Hall appartenant à Karla, celui-là même que la jeune fille inconsciente portait dans la bande d'une minute cinquante-huit secondes.

Dans la vidéo amateur, on peut également apercevoir la boîte du film *Ghost* sur la table à café. Lors de la fouille intensive dans la maison, les policiers avaient trouvé le reçu d'une boutique de location de vidéo indiquant que ce film avait été loué le 6 juin 1991. Ils purent également établir par la suite que le faux gâteau en serviettes avait été fait par des voisins des Homolka, lors de l'enterrement de vie de fille de Karla. Ils prirent également en considération l'âge et la taille du chien. À l'aide de ces données secondaires et des propos de Karla, ils parvinrent à déterminer que Jane Doe avait été agressée dans la soirée du 6 ou tôt le matin du 7 juin 1991. Ce renseignement n'avait pas encore été divulgué aux avocats de Paul Bernardo. Leur excuse, si on leur en avait demandé une, était la confusion entourant l'appel d'urgence que Karla avait fait. Elle soutenait qu'elle avait fait cet appel pour Jane Doe, mais les policiers avaient pu déterminer que l'appel avait en fait eu lieu le 11 août 1991.

Ces renseignements laissaient fortement supposer que Karla avait drogué Jane Doe avec un mélange d'anesthésiques et de somnifères, à au moins deux reprises et cela n'augurait rien de bon compte tenu du fait que Karla avait avoué que c'était elle, et elle seule, qui dans son rôle de proxénète auprès de Bernardo, avait attiré Jane Doe.

Cependant, sans que la police ou la poursuite ne le réalise, ce détail n'avait pas échappé à Ken Murray, alors l'avocat principal de la défense de Bernardo.

Les mandats de perquisition de la maison de Paul et Karla expirèrent le 30 avril 1993 et la police dut abandonner ses recherches. Une équipe d'environ douze experts en scène de crime avait été sur place pendant soixante-neuf jours. De par la loi, les mandats ont une durée limitée et ne peuvent être renouvelés que trois fois. La police avait quitté la maison avec pour seule preuve la séquence de 1 min 58 s.

À mi-chemin de la fouille, tandis que l'inspecteur Bevan négociait encore avec les propriétaires de la maison, Ken Murray versa trois mois de loyer à l'avance, au nom de son client. Lorsque les mandats expirèrent, Paul Bernardo reprit possession de la maison et de son contenu.

Le soir du 6 mai, à l'aide d'un plan grossièrement dessiné par Bernardo, Ken Murray entra dans la maison avec Carolyn MacDonald et leur adjointe juridique, Kim Doyle. Ils se rendirent directement dans la salle de bain à l'étage où Murray se servit d'une échelle pour récupérer six vidéocassettes de format 8 mm, cachées derrière un plafonnier. Le long bras de la justice s'était avéré lamentablement court.

Murray visionna l'intégralité de ce trophée vidéo, y compris la bande de treize minutes montrant Paul et Karla en train d'agresser Jane, de laquelle Bernardo avait extrait les scènes qui se retrouvaient sur la séquence de une minute cinquante-huit secondes. Murray apprit également que son client ne connaissait pas Jane Doe avant le premier incident. Jane avait été emmenée à l'initiative de Karla. En fait, Paul Bernardo n'était même pas à la maison lorsque Karla avait drogué Jane à l'aide du même mélange d'Halcion et d'Halothane qui avait tué sa sœur, à peine six mois plus tôt. Ce soir-là, Karla avait appelé Paul sur son cellulaire et lui avait dit de venir à la maison car elle avait un cadeau de mariage pour lui.

Murray savait également, comme Karla l'avait admis lors de ses déclarations à la police, qu'elle avait agi sur une base régulière à titre de proxénète pour Paul et que, cet été-là, elle l'avait aidé à établir une relation avec Jane Doe, qui avait consenti à plusieurs reprises à faire des fellations à son client. De plus, l'avocat savait aussi, et supposait que Karla le savait aussi, qu'elle avait drogué Jane au moins à deux reprises et que c'était à la deuxième occasion, tôt le matin du 11 août 1991, que Jane avait apparemment cessé de respirer. Prise de panique, Karla avait alors appelé le 911, pour annuler l'appel deux minutes plus tard, après que Jane eut repris connaissance.

Murray n'avait pas informé son personnel ni ses collègues du fait qu'il avait ces bandes vidéo en sa possession, ni de l'étendue de ce qu'il savait de ces événements ainsi que de plusieurs autres. Le fait d'avoir en sa possession, et d'une manière contestable, de tels éléments de preuve le plaça très vite en situation conflictuelle. De plus, il était confus quant à l'usage qu'il pourrait en faire. Les bandes pouvaient certainement faire condamner Karla et mettre en évidence ses nombreux mensonges quant à son interprétation des événements. Mais elles dépeignaient également son client comme un monstre sadique.

D'un autre côté, Murray était justifié de se sentir vexé par les procureurs et la police. Ces derniers étaient tenus par la loi de divulguer tout ce qu'ils avaient contre son client mais ne se pressaient certes pas pour le faire. Murray avait également de bonnes raisons de croire que lui et son personnel étaient traités avec mépris par les policiers. Ils affichaient un air suffisant. Après tout, la propre femme de son client allait témoigner contre ce dernier. Pour la poursuite, l'affaire était dans le sac. Et son client était incontestablement un monstre pervers.

Ken Murray développa en retour un profond ressentiment envers les autorités et Karla. Pendant un certain temps, l'avocat agressif se complut dans l'illusion que les renseignements qu'il détenait secrètement compensaient le net avantage de ses adversaires. Ken Murray était en position de confondre Karla tout en exposant les vraies raisons de l'insensé marchandage judiciaire qui avait eu lieu. Son petit secret révélerait au grand jour l'ineptie et la stupidité de l'inspecteur Vince Bevan et de son armée de quarante enquêteurs.

L'arrestation de son client, Paul Bernardo, avait été une supercherie fondée sur une entente frêle avec une femme au moins aussi dangereuse que Bernardo. Les bandes vidéo le démontraient hors de tout doute. Si les policiers avaient seulement été à la cheville de ce qu'ils prétendaient être, Murray n'aurait jamais mis la main sur ces cassettes.

Pendant un certain temps, ces pensées furent pour Ken Murray une consolation et entretinrent ses illusions. Mais un autre problème encore plus pénible allait bientôt éclater au grand jour, anéantissant cet avocat de la défense passionné mais peu expérimenté. Il est toujours préférable d'éviter de lancer des pierres quand on vit dans une maison de verre.

Même si ces vidéocassettes mettaient en cause les policiers et leur relation avec Karla, elles étaient tout autant dévastatrices pour son client, sinon plus. Il est vrai qu'elles démontraient clairement que Paul et Karla formaient un couple monstrueux et sadique. Cependant, Bernardo en ressortait comme le plus monstrueux des deux, en autant qu'une telle chose soit possible.

En juillet, Murray tentait désespérément de trouver le moyen d'incriminer Karla avec les cassettes qu'il détenait. Il espérait pouvoir casser l'entente avec Karla et démontrer, sans compromettre son client et lui-même, à quel point les policiers et les procureurs étaient des manipulateurs machiavéliques et amoraux.

Son obsession de Karla devint maladive et obscurcit longtemps son jugement. Entre-temps, comme Bevan à l'égard de sa vieille Camaro, Murray contamina son équipe avec son obsession à l'égard de Karla. En mettant la main sur les cassettes, en les visionnant et en décidant d'en taire l'existence, Ken avait ouvert la boîte de Pandore. À partir de ce moment, il fondait sa stratégie de défense sur des illusions et de faux espoirs.

À un moment donné, juste avant le « voir-dire » (contre-interrogatoire) avec Karla à l'été 1994, ou très peu de temps après, Ken Murray finit par réaliser qu'en ayant omis de déclarer qu'il avait les vidéocassettes en sa possession il risquait de compromettre sa carrière à tout jamais. L'ambivalence fit alors place à la peur.

Plutôt que de contre-interroger Karla lui-même, Murray confia cette tâche à sa collègue, Carolyn MacDonald. Elle ferait sûrement preuve d'un point de vue moins catégorique. Comme la police et les procureurs l'avaient fait avec Karla, il fit de son mieux pour préparer Mme MacDonald à cette confrontation. Il lui fournit des listes et des listes de questions. Compte tenu du fait qu'il est presque impossible de poser correctement une question lorsqu'on ignore dans quel contexte elle a été formulée, et considérant son adversaire, Mme MacDonald s'acquitta de sa tâche admirablement.

Pendant les trois jours de contre-interrogatoire, Karla ne cessa pas de mentir sous serment, enfreignant ainsi les principaux avertissements stipulés dans l'entente avec la police.

Par exemple, maintes et maintes fois elle nia catégoriquement n'avoir jamais administré d'halothane à une autre personne que sa sœur [8].

Carolyn MacDonald souleva le fait que Karla avait appelé la police régionale de Niagara à 9 h 30 le matin du 22 février 1993. Cet appel avait été fait depuis l'appartement de son oncle et de sa tante à Brampton. Ce détail avait son importance puisque c'était précisément le jour où l'inspecteur Bevan avait visionné la séquence de une minute et cinquante-huit secondes [9]. Mme MacDonald remarqua que, bien que George Walker ait sévèrement averti Karla de ne jamais entrer en communication avec la police, voilà qu'elle parlait directement à l'enquêteur en chef [10]. Cet appel fut la seule fois où Karla désobéit aux instructions explicites de Walker. MacDonald fit valoir que, d'une manière ou d'une autre, tant Karla que Walker savaient que la police avait trouvé et visionné la séquence « porno » de 1 min 58 s, le dimanche 21 février 1993, à 17 h 21.

Elle émit l'hypothèse que Karla était tellement contrariée qu'elle avait décidé de prendre elle-même les choses en main et de tenter de connaître le contenu exact de la séquence. La défense n'avait pas été en mesure d'en apprendre davantage de la police ou de la poursuite au sujet de cet appel [11].

Karla admit qu'elle avait téléphoné mais elle prétendit ne pas se souvenir de la raison de cet appel. Peu après cet appel, Karla se rendit au cabinet de Walker en compagnie de ses parents mais, encore une fois, elle n'avait aucun souvenir de ce qui s'y était dit. Elle jura même ne pas se rappeler avoir rencontré Walker ce jour-là.

MacDonald interrogea ensuite Karla sur ses relations avec Jane Doe. Oui, Karla lui avait parlé, une fois, après l'arrestation de Paul, mais elle ne se souvenait ni des circonstances, ni du motif de cet appel, ni de leur conversation.

Puis MacDonald revint sur la courte séquence vidéo et sur la mémoire sélective de Karla.

– Les policiers ont saisi une cassette vidéo que vous avez visionnée depuis, d'après ce que je comprends, commença-t-elle. Je crois que la séquence dure un peu moins de deux minutes et comporte trois scènes où vous êtes impliquée dans des actes sexuels avec une autre personne. Est-ce exact ?

– Oui.

– Le 22 février, saviez-vous que la police avait trouvé la cassette ? demanda MacDonald [12].

– Si c'est une information qui vous a été fournie par votre avocat, protesta Ray Houlahan, il se pourrait que ce soit des renseignements privilégiés et vous avez donc le droit de garder le silence à ce sujet.

– Je ne peux répondre à cette question, dit alors Karla à MacDonald.

MacDonald insista, demandant à Karla si elle avait vu la séquence avant que la police ne la lui ait montrée en décembre dernier, et si son avocat en avait une copie en sa possession. Karla se mit à bafouiller. Houlahan vint une fois de plus à sa rescousse[13]

– Si vous désirez vous prévaloir de votre droit de garder silence, lui conseilla-t-il, dites-le de manière à ce que cela soit noté. Autrement, cela signifie que vous refusez de répondre sans raison.

– D'accord, j'invoque mon droit au silence, dit Karla[14].

Puisque ce sujet ne pouvait être abordé, MacDonald passa aux notes que le docteur Arndt avait prises lors d'une rencontre au début de mars 1993, au cours de laquelle Karla parla d'une vidéo où on la voit insérer dans son vagin l'index de Jane Doe alors inconsciente. MacDonald rappela à Karla qu'elle avait révélé au docteur Arndt que la fille inconsciente, celle « avec la main », était toujours en vie.

– Vous souvenez-vous avoir abordé ce sujet avec le docteur Arndt? demanda MacDonald.

– Je ne me rappelle pas, répondit Karla.

Elle expliqua gentiment à l'avocate, comme à un enfant légèrement attardé, que ses défaillances de mémoire n'avaient rien de surprenant puisqu'elle avait subi énormément de stress et qu'elle était encore sous le choc[15].

Coincée, Mme MacDonald demanda plutôt à Karla de lui parler de son état d'esprit lorsqu'elle habitait chez son oncle et sa tante pendant le mois de février, avant son hospitalisation à l'hôpital général Northwestern. Tout le monde fut surpris d'entendre Karla répondre:

– J'avais sans cesse des pensées suicidaires, j'étais très déprimée[16].

C'était un mensonge flagrant et parfaitement inutile.

– Qu'entendez-vous par déprimée? demanda MacDonald.

– Je ne pouvais pas manger. Je ne pouvais pas dormir.

La tante et l'oncle de Karla avaient affirmé à la police que Karla avait un appétit de cheval et dormait comme une bûche.

– J'avais l'impression que mon monde était en train de s'écrouler. Je ne voyais plus aucun espoir, ajouta-t-elle.

– Avant que vous soyez admise à l'hôpital, donc, décrivez-moi votre comportement, demanda MacDonald.

– Je restais à la maison à ne rien faire, je broyais du noir. J'étais toujours fatiguée.

– Fréquentiez-vous des amis?

– Oui, je les voyais. J'essayais de rétablir des liens avec mes amis. Je ne les voyais pas très souvent.

– Buviez-vous de l'alcool ?
– Pas beaucoup, non.
Était-ce un mensonge ? Tout dépend de ce que l'on considère comme une grande quantité d'alcool et si, oui ou non, le fait de fréquenter les boîtes de nuit, de draguer des hommes et de coucher avec eux aussi souvent que possible, tel que Karla l'avait fait, du moins pendant les dernières semaines qu'elle avait passées à Brampton, correspond à un diagnostic de dépression clinique à tendance suicidaire.

* * *

Bien que Ray Houlahan parlât lentement et avec mesure, il était loin d'être un homme lent. Après le premier jour du contre-interrogatoire de Karla, il était conscient que quelque chose n'allait pas. Les avocats de la défense semblaient détenir des renseignements que ni son bureau ni la police ne connaissaient.

Au moment d'entamer le contre-interrogatoire de Karla, Murray et MacDonald savaient que Karla avait drogué Jane Doe avec des somnifères et de l'Halothane à au moins deux reprises. Ils n'avaient pas eu besoin de lui disséquer le cerveau. Tout était révélé sur la bande vidéo de 13 minutes enregistrée pendant l'agression de Jane, le 7 juin. Ils savaient que Karla avait pris l'initiative d'inviter Jane et que, par conséquent, elle mentait à propos de la jeune fille.

MacDonald enchaîna en établissant que Karla en avait beaucoup appris sur les stupéfiants et la façon de les administrer lorsqu'elle travaillait comme aide-vétérinaire. Karla savait comment faire des injections et avait accès à des narcotiques. Il y avait du Demerol à la clinique vétérinaire et Karla était d'abord et avant tout responsable du registre des médicaments.

MacDonald posa ensuite des questions au sujet du Somnotol. Karla avait vivement contrarié les vétérinaires de la clinique Martindale lorsque, apparemment, elle avait vidé dans l'évier le contenu d'une bouteille de Somnotol, un anesthésique qui, contrairement à l'Halothane, est visé par les contrôles. Karla expliqua : « Je faisais l'époussetage des étagères et j'avais remarqué que la date de péremption de plusieurs médicaments était expirée ; j'ai donc décidé de m'en débarrasser... »

L'employeur de Karla, le docteur Patti Weir, avait déjà dit à la police lors de plusieurs rencontres – dont les transcriptions faisaient partie des divulgations de la Couronne auxquelles Murray et MacDonald avaient accès – que Karla avait bien été formée et savait qu'il ne fallait pas procéder ainsi. De plus, selon le docteur Weir, Karla devait savoir que le Somnotol n'avait pas de date de péremption et que le personnel de la clinique n'avait pas le droit de se débarrasser de cette façon des produits contrôlés. MacDonald souleva la question. Karla n'avait-elle pas été formée? Selon son employeur, Karla avait soigneusement été entraînée. Mme Weir serait-elle une menteuse?

La défense tentait ainsi d'établir que Karla s'était beaucoup intéressée aux anesthésiques, bien avant qu'elle ne prétende que Paul Bernardo l'ait forcée à voler de l'Halothane.

Comme la plupart des gens, Paul Bernardo n'avait jamais entendu parler de ce produit, pas plus que de n'importe quel autre anesthésique... Comment aurait-il pu spécifier à sa femme quel produit choisir?

L'incident concernant le Somnotol à la clinique vétérinaire Martindale suivait de peu un autre incident concernant cette fois de la Kétamine, incident qui avait précipité le départ de Karla d'un emploi précédent. La défense devait-elle croire que ces incidents étranges n'étaient que de pures coïncidences, ou plutôt que la Kétamine et le Somnotol avaient servi à titre d'expériences, sans succès, avant que Karla n'arrête son choix sur l'Halothane?

Après plusieurs hésitations, Karla admit enfin avoir volé une autre bouteille d'Halothane après qu'elle et Paul eurent emménagé rue Bayview. Mais elle ajouta promptement que c'était Paul qui le lui avait demandé [17].

MacDonald voulut savoir si Karla connaissait les effets secondaires du Somnotol et si elle s'était renseignée au sujet de cet anesthésique dans son exemplaire du *Compendium des spécialités pharmaceutiques*. Aurait-elle par exemple surligné les renseignements au sujet de ce médicament comme elle l'avait fait pour l'Halothane? La réponse à toutes ces questions fut: « Oui [18]. »

MacDonald demanda ensuite si Karla avait rapporté de la clinique des instruments, des scalpels par exemple. Karla dit que non.

MacDonald savait que la police avait retrouvé au 57 Bayview, parmi les affaires de Karla, un scalpel n° 10 provenant de la clinique vétérinaire [19].

MacDonald voulut connaître l'étendue du savoir de Karla sur la façon d'administrer les anesthésiques et il lui demanda si les animaux recevaient un sédatif avant d'être endormis. Il s'avéra que Karla en savait long sur ce sujet.

– Bien, pas toujours, répondit-elle avec l'assurance d'un professeur d'école vétérinaire. Un animal peut être masqué, c'est-à-dire qu'on leur donne une forte dose d'halothane à l'aide d'un masque facial, ils inhalent le produit et s'endorment ainsi. Ou on peut leur donner... Il y a plusieurs façons. On peut leur donner différents médicaments [20].

Cela établissait que Karla connaissait bien la Kétamine, le Somnotol et l'halothane en tant qu'anesthésiques et contredisait ce qu'elle avait dit lors de sa déposition, à savoir qu'elle n'avait que des connaissances limitées à ce sujet.

– Est-il possible que l'on donne un sédatif en conjonction avec de l'halothane ? demanda MacDonald.

– Oui. Car, en premier lieu, lorsqu'un animal est « masqué », il résiste. Il devient alors presque violent et, s'il s'agit d'un chien de cent livres, on ne peut lui mettre le masque[21]. Donner un sédatif à un animal avant une opération chirurgicale rend la tâche plus facile et moins traumatisante.

* * *

Karla avait dit à ses amies du Exclusive Diamond Club que son nouvel emploi à la clinique vétérinaire Thorold était « super ». Elle nettoyait les niches, répondait au téléphone et tenait les animaux pendant qu'on les préparait à la chirurgie. Mais il y avait eu un problème. Le patron de Karla, le vétérinaire Ker, l'avait « pratiquement » accusée d'avoir volé de la Kétamine[22].

À l'époque, l'usage de l'hydrochlorure de Kétamine comme anesthésique était grandement répandu, en médecine vétérinaire comme chez les humains. Dans le cas des humains, on emploie de la benzodiazépine, tel que le Versed, en conjonction avec la Kétamine afin de provoquer la perte de conscience et l'amnésie.

Pourquoi Karla aurait-elle volé de la Kétamine ? Parce que c'était également une drogue très populaire. L'action de la Kétamine est « dissociative », c'est-à-dire que l'utilisateur ressent un effet de dissociation de son corps et de son esprit. Cette séparation entraîne des hallucinations. Les utilisateurs de Kétamine éprouvent souvent la nette impression d'avoir quitté leur corps pour passer dans une autre dimension.

Dans les années 1960 et 1970, la Kétamine était connue sous le nom de « Spécial K ». Cette drogue était associée aux sciences occultes, ce qui attirait grandement Karla. Elle avait lu *Journey to the Bright Side*[23] de Jane Roberts, celle-là même qui a écrit la série des livres de Seth, notamment *Seth Speaks : The Eternal Validity of the Soul*[24].

Journey to the Bright Side raconte les expériences de Mme Roberts avec le « Spécial K ». Son mari était anesthésiste et, apparemment, il lui administrait souvent de la Kétamine. Le livre décrit comment, lorsqu'elle était sous l'effet de la Kétamine, Mme Roberts se rendait régulièrement au même endroit ou dans la même dimension et y rencontrait des «êtres». Dans le milieu des «spécialistes K» ces endroits s'appellent «trous K».

Jane Roberts avait créé à Seattle un groupe de thérapie appelé *Samadhi* consacré au «Spécial K» et à l'éveil de la conscience, à la manière de Timothy Leary qui faisait la promotion active de l'usage thérapeutique du LSD.

Hélas, la vie de Mme Roberts prit fin de manière troublante et violente. Si les policiers ont retrouvé son corps, sa tête ne le fut jamais. Son mari soutint qu'on l'avait assassinée parce qu'elle écrivait un texte comportant des révélations sur un culte satanique local. Aucune accusation de meurtre ne fut portée dans cette affaire.

* * *

Lors du contre-interrogatoire mené par MacDonald, Karla se souvint que Tammy Lyn avait appelé Nikki Tessier après avoir bu un cocktail appelé «Rusty Nail» le soir de sa mort. Mme MacDonald cherchait à savoir comment Karla pouvait se souvenir d'un tel détail alors qu'elle disait ne pas se rappeler de ce qui était arrivé à Jane Doe [25]

Karla lui dit que c'était parce qu'elle en avait discuté avec sa mère quelques semaines plus tôt. De plus, Karla s'était rendue dans la chambre de Tammy et l'avait entendue parler à Nikki. Elle se souvint également que Paul portait son chandail de l'université UCLA ce soir-là.

Vers la fin, Mme MacDonald demanda à Karla si, d'après elle, il y avait une différence entre les sciences occultes et le satanisme [26].

– Oui. Je crois que les sciences occultes se penchent davantage sur le monde spirituel et n'ont pas nécessairement de lien avec le diable, expliqua Karla sur un ton neutre. Par contre, des gens diraient que, dès qu'on s'intéresse aux sciences occultes, on s'engage dans l'univers de Satan. Il y a aussi des gens qui croient que l'astrologie est l'œuvre du diable, conclut-elle.

MacDonald et Murray furent désarçonnés. Il n'y avait rien à ajouter.

Ils ajournèrent le 6 juin 1994, exactement trois ans après que Karla eut offert Jane Doe à Paul en guise de cadeau de mariage.

* * *

Greg Barnett était procureur adjoint à St. Catharines. Ray Houlahan et lui avaient au cours des trois derniers mois travaillé jour après jour avec Karla. Le 8 juillet 1994, il écrivit une lettre à George Walker pour l'informer que la poursuite avait accepté que l'équipe de défense de Paul Bernardo puisse questionner Karla pendant deux autres jours. Il reconnaissait que cela n'enchantait pas Karla et s'excusait auprès de Walker de ne pas en avoir parlé d'abord avec lui. Il justifiait cette décision de différentes manières.

Premièrement, la défense avait exigé une semaine complète, voire plus, mais M. Houlahan, qui était en vacances au moment où la lettre fut écrite, estimait que deux jours constituaient un bon compromis. Barnett faisait également allusion au fait qu'il était persuadé que la cliente de Walker ne voudrait pas non plus voir une cour d'appel casser la décision d'inculper directement Bernardo.

« Nous avons fait cette proposition pour éviter que l'inculpation directe ne soit contestée pour abus de procédure. Pas plus que votre cliente, je pense, nous ne voudrions qu'une cour d'appel renverse la décision d'inculper directement et ordonne la tenue d'une enquête préliminaire au cours de laquelle votre cliente serait contre-interrogée plus avant.»

Si Karla refusait, avertissait Barnett, son refus serait probablement utilisé contre elle lors du procès de Paul Bernardo et affaiblirait sa propre position.

M. Barnett confirmait ensuite que la poursuite avait retenu les services de « deux témoins experts potentiels en matière de sadisme sexuel et de victimes complaisantes».

Il précisait que la poursuite considérait que la « preuve potentielle apportée par ces deux experts pouvait, entre autres, étayer celle offerte par Karla Homolka en expliquant au jury le mécanisme par lequel tous les abus physiques, émotionnels et sexuels subis par Karla en avaient fait la complice complaisante de Paul Bernardo dans ces meurtres».

Il ajoutait que les procureurs voyaient cet élément de preuve (bien que M. Barnett n'eût pas encore entendu ce que lesdits experts pouvaient présenter) également comme une façon de réfuter «toute tentative de la part de la défense de rejeter le blâme sur Karla, la présentant comme une lesbienne assassine assoiffée de vengeance, dans l'espoir de disculper Paul Bernardo».

« Un de ces experts est le docteur Stephen Hucker, un psychiatre attaché à l'université Queen's de Kingston. Vous le connaissez, il était à la tête de l'Institut Clarke et le directeur du METFORS. Le docteur Hucker aimerait rencontrer votre cliente, probablement au début de septembre, afin d'étayer les opinions qu'il pourrait exprimer sur ces importants aspects.

»L'autre expert est le docteur Chris Hatcher, un psychologue de l'université de la Californie à San Francisco. Le docteur Hatcher est un expert dans le domaine et a souvent été appelé à témoigner devant des tribunaux en Californie et ailleurs aux États-Unis, notamment dans l'affaire *Le peuple c. Hooker*. Il s'agissait de l'enlèvement d'une femme en Californie, victime d'agressions sadiques pendant plus de sept ans, au cours desquels elle avait été enfermée dans une boîte pendant de longues périodes.»

Barnett confirmait également que la poursuite avait conclu une entente avec le docteur Peter Jaffe de London, en Ontario, pour que ce dernier «émette un avis d'expert au sujet du syndrome de la femme battue». Barnett avait discuté de cet aspect avec George au début de mai 1994 [27].

Pour George et «sa cliente», tout cela était excellent.

Walker ne manqua pas d'envoyer une copie de cette lettre à Karla, comme il le fit avec toute la correspondance et tous les rapports.

Grâce à Murray Segal, tant Walker que Karla connaissaient le rôle que le docteur Hatcher avait joué dans l'affaire *Le peuple c. Hooker*. Le livre qui en avait été tiré, *The Perfect Victim*, était un des préférés de Karla et faisait partie des centaines de livres qui avaient été saisis chez elle par la police en 1993. Il avait été écrit par l'avocate de la poursuite, Christine McGuire. Walker avait laissé son propre exemplaire à Montserrat.

C'était une histoire étrange qui, au premier abord, avait beaucoup de points en commun avec la situation difficile que Karla avait vécue.

Le 19 mai 1977, Colleen Stan, 20 ans, faisait de l'auto-stop sur une route en Californie. Un jeune couple avec un bébé la fit monter dans leur véhicule. Ce couple, Janice et Cameron Hooker, avait fait un pacte entre eux quelques mois auparavant. Si Janice mettait un enfant au monde, Cameron se chercherait alors une femme à fouetter et à torturer, pourvu qu'il n'ait pas de relations sexuelles avec cette femme.

Janice et Cameron s'étaient rencontrés lorsqu'ils étaient respectivement âgés de 15 et 16 ans. Au cours des quatre années qui avaient suivi, Janice s'était volontairement prêtée aux penchants sadiques de son mari. Elle savait donc exactement ce qui attendait la jeune auto-stoppeuse, lorsque Cameron fit monter Colleen à bord.

Anticipant de trouver la victime idéale, Cameron avait construit une solide boîte en bois pour isoler la tête de sa victime. Une fois le véhicule immobilisé, il menaça Colleen d'un couteau tandis que Janice passait des menottes à la jeune femme. Ensuite ils l'attachèrent et la bâillonnèrent puis lui bandèrent les yeux avant de lui mettre la tête dans la boîte que Cameron avait fabriquée.

Une fois à la maison des Hooker, la boîte fut retirée. Cameron déshabilla Colleen et la suspendit par les poignets à l'une des poutres de la cave et la fouetta. Janice vint ensuite les rejoindre et obligea Cameron à lui faire l'amour devant Colleen, toujours suspendue.

L'acte terminé, Janice remonta au rez-de-chaussée et Cameron coupa les liens de Colleen. Il la plaça ensuite dans une petite caisse cubique d'à peine un mètre carré. Il lui enchaîna les mains en l'air, retira le bâillon et lui mit de nouveau la tête dans la boîte spéciale dont l'intérieur était capitonné de tapis intérieur-extérieur. Il fixa ensuite la boîte à la caisse.

Comme Colleen donnait des coups de pied sur le côté de la caisse, Cameron revint et lui attacha les jambes, enroula fermement une lanière autour de ses côtes puis inséra un mini sèche-cheveux dans son vagin. L'idée était de faire démarrer l'appareil pour lui donner une décharge électrique si elle n'était pas sage.

Les Hooker et leur esclave vivaient dans une maison mobile de la largeur d'une pièce dans un parc du comté de Tehama, à Red Bluff en Californie. À un moment donné, au cours des sept années qui suivirent, Hooker déménagea la caisse au rez-de-chaussée, sous le lit.

Plus tard, après que Hooker eut fait signer un contrat d'esclavage à Colleen, elle fut autorisée à se promener, à aller en ville faire des achats et même une fois à rendre visite à sa famille. Colleen était persuadée que son contrat l'obligeait à rester avec les Hooker et revenait d'elle-même, peu importe où elle avait été autorisée à se rendre. Dès qu'elle rentrait, Cameron l'enfermait aussitôt pour la nuit dans la boîte placée sous le lit.

Après sept années, plusieurs mois après que Colleen Stan fut retournée parmi les siens, Janice Hooker vendit la mèche et le couple fut arrêté le 18 novembre 1984.

Au bureau de procureur général, Murray Segal et ses collègues du 720 Bay aussi bien que Barnett et Houlahan du bureau régional établirent un parallèle entre Karla Homolka et Janice Hooker.

Janice Hooker devint le témoin clé de la poursuite contre son mari. Contrairement à Karla, Janice Hooker ne fut jamais inculpée pour sa participation aux sept ans d'esclavage de Colleen Stan, même si manifestement elle avait été une importante complice.

Dans *Le peuple c. Hooker*, la poursuite avait fait appel au docteur Hatcher. Selon son témoignage, Cameron Hooker était un sadique sexuel et Janice Hooker, sa victime complaisante. Après la condamnation de Cameron, Janice divorça et alla s'établir dans un autre État [28].

Les procureurs espéraient évidemment que le docteur Hatcher ferait la même chose dans le cas du couple Paul et Karla Bernardo. Le fait est qu'il existait bien plus de différences que de similitudes entre les deux affaires. La différence la plus frappante résidait probablement dans le fait que

Janice Hooker n'avait pas drogué, violé ou assassiné qui que ce soit, encore moins sa propre sœur. Cela ne fit pourtant hésiter personne. Après tout, Karla avait déjà fait ce que Janice avait mis douze ans à faire : divorcer de son monstre. Et comme Mme Hooker, Karla avait aussi la ferme intention de déménager loin, aussitôt qu'elle sortirait de prison.

* * *

Dans une lettre datée du 9 juillet 1994, Karla écrivit au docteur Arndt qu'il serait heureux d'apprendre qu'elle avait cessé de prendre du Nozinan. Le docteur Brown lui avait suggéré d'en commencer peu à peu le sevrage mais cela n'avait pas fonctionné. Elle était sans cesse fatiguée. Elle avait plutôt décidé d'arrêter du jour au lendemain. Elle poursuivit en disant qu'elle se sentait assez bien même si elle ne dormait plus que cinq ou six heures par nuit.

J'imagine que les années de privation de sommeil imposées par Paul ont habitué mon corps à de plus courtes périodes de sommeil.

Je fais toujours des cauchemars, mais beaucoup moins. Ils concernent moins les délits en tant que tels que Paul lui-même. Je rêve encore aux filles, mais bien moins souvent qu'avant.

Je commence à me sentir moins engourdie également. Je trouve que je suis de moins en moins capable de refouler mes pensées et mes émotions. Elles sont parfois si accablantes que je ne sais pas si je pourrai y survivre. Mais je vais survivre, comme je l'ai toujours fait. Le docteur Brown a dit que c'est un signe de guérison. J'ai souhaité depuis si longtemps pouvoir éprouver des émotions brutes mais, maintenant, je déteste ça. C'est trop souffrant. J'aimerais pouvoir rester engourdie pendant tout le procès. Eh bien! peut-être mon «instinct de protection» entrera-t-il en action. On verra bien.

Elle lui dit aussi qu'il serait fier d'elle.

Je commence vraiment à me tenir debout et à défendre mes droits. Une gardienne ne me traitait pas bien et faisait quelque chose qu'elle ne devait pas faire, alors j'ai déposé une plainte formelle contre elle. Il y a quelques mois, je n'aurais jamais eu le courage de faire ça ! Je me tiens debout et demande également cer-

taines choses pour les détenues en isolement, des choses auxquel-
les on devrait avoir droit mais qu'on n'a pas. J'ai fait énormément
de chemin en un an.

Elle termina la lettre en lui disant comment les avocats de Bernardo cherchaient à retarder le procès afin, supposait-elle, de la déstabiliser et de rendre les choses plus difficiles pour elle.

Eh bien! tout ce qu'ils arrivent à faire, c'est de me donner plus
de temps pour devenir de plus en plus forte. Paul va avoir la sur-
prise de sa vie. Je suis persuadée qu'il s'attend à voir la faible car-
pette que j'étais et qui disait toujours: «Oui m'sieur, non
m'sieur.» J'espère seulement que le fait de le revoir ne me replon-
gera pas dans mes vieux sentiments de terreur et ne me fera pas
redevenir la personne soumise et peureuse que j'étais.

Elle conclut en disant que sa famille allait bien et que sa mère prenait les antidépresseurs dont «elle a vraiment besoin».

Le 29 juillet 1994, le docteur Arndt lui répondit en l'encourageant et en insistant sur le fait qu'elle était sur la voie de la guérison et qu'elle avait fait des progrès thérapeutiques considérables.

Je suis heureux de voir que vous avez commencé à vous défen-
dre au lieu de toujours accepter ce que les autres vous imposent.
Évidemment, en cessant d'être celle qui dit toujours «Oui m'sieur,
non m'sieur», vous verrez que certaines personnes n'apprécieront
pas ce changement, particulièrement des gens comme Paul qui
s'attendent tout simplement que vous disiez toujours oui, ce que
malheureusement vous avez fait la plupart du temps lorsque vous
étiez auprès de lui.

Il partagea son avis que ces traits de caractère et ces changements sem-blaient indiquer qu'elle était effectivement en train de «guérir» et la féli-cita d'avoir agi avec maturité face aux tactiques des avocats de Paul Ber-nardo.

Il se dit également content qu'elle ait réussi à réduire, voire complè-tement cesser, les nombreux médicaments qu'il lui avait prescrits. C'était un autre signe évident qu'elle faisait des progrès et qu'elle allait mieux.

J'ai sympathisé avec vous en lisant que vous faisiez toujours
des cauchemars, et j'espère qu'ils sont moins fréquents que
lorsque vous étiez au Northwestern où par moments ils devaient
être parmi les pires cauchemars que vous ayez faits; mais, d'un
autre côté, c'était probablement une période où vous vous sentiez
enfin capable de commencer à changer votre vie.

Il se dit ravi d'apprendre que sa famille allait bien et que sa mère prenait des médicaments, car il trouvait qu'elle avait besoin d'aide depuis longtemps.

Selon lui, la mère de Karla ne semblait pas être consciente de « l'énormité des problèmes qui l'attendaient ».

Si elle le souhaitait, ajouta-il, la mère de Karla ou tout autre membre de sa famille pouvait aller le consulter professionnellement. Ce pourrait être une bonne idée car il était « bien au courant des événements et des circonstances qui rendent maintenant nécessaire une intervention psychologique ».

Le docteur Arndt mentionna à Karla que lui et sa famille avaient passé deux semaines fort agréables à leur maison de campagne pendant l'été et que ses obligations faisaient en sorte qu'il se rendrait prochainement à Yellowknife, puis en Californie. Il termina en disant qu'il avait fait une demande de visite aux autorités de la prison mais qu'il ne savait toujours pas s'il serait accepté en tant que visiteur.

Karla ne répondit au docteur Arndt que trois mois plus tard, soit le 24 octobre. À ce moment, le docteur Brown et Karla estimaient que la guérison était pratiquement complète.

Elle s'excusa d'avoir mis si longtemps à lui répondre mais dit qu'elle avait été très occupée par ses cours, ses lectures, ses visiteurs et les « histoires de tribunal ».

Elle dit qu'elle ne prenait plus aucun médicament psychotrope et que les choses se « passaient bien » pour elle.

Le docteur Brown, tout comme Karla, avait estimé qu'il valait la peine de tenter un sevrage complet de ce genre de médicaments avant la tenue du procès. C'est ce qu'elle avait fait.

Je sais que vous êtes d'accord. Je peux enfin assez bien dor-
mir. Mes cauchemars ont considérablement diminué et j'arrive
maintenant à faire de bonnes nuits la plupart du temps. Je sens que
je suis arrivée à faire des progrès significatifs en ce qui concerne
mon état d'esprit. Je comprends bien maintenant pourquoi je

réagis de telle manière aux événements et pourquoi j'ai tant de dif-
ficulté à exprimer mes émotions parfois. J'arrive justement à res-
sentir et à exprimer mes émotions beaucoup plus librement main-
tenant, mais pas encore autant que je le devrais. Je sais cependant
qu'avec le temps j'y arriverai.

Karla décrivit en détail sa rencontre avec le psychologue Peter Jaffe, considéré comme l'un des plus grands experts du syndrome de la femme battue, de même qu'avec le docteur Stephen Hucker, un psychiatre de la région qui possédait une grande expérience de la psychiatrie légale et du traitement des criminels sexuels.

Elle affirma dans sa lettre que les rencontres avec ces deux spécialistes engagés par le ministère de la Justice s'étaient très bien déroulées et que cela l'avait « définitivement aidée ».

Pendant l'été, elle avait suivi un cours d'anglais ainsi qu'un cours de sociologie intitulé *Introduction à l'étude de la condition féminine*. Elle avait eu de très bonnes notes et avait bien aimé ces cours. À l'automne, elle s'était inscrite à deux nouveaux cours, *Principes de psychologie* (première année) et *Sociologie de la déviance* (deuxième année), qu'elle « appréciait immensément ».

Je trouve que plus je suis des cours, plus ma confiance en moi
augmente. Le cours d'étude de la condition féminine en particulier
m'a ouvert les yeux sur différentes façons de penser. Cela m'a per-
mis de me sentir plus forte et j'en avais bien besoin. Je consacre
aussi beaucoup de temps à la lecture. J'ai entrepris la lecture de
plusieurs auteurs classiques. Je fais aussi du tricot, de la couture
et divers travaux d'artisanat. C'est très agréable et le temps passe
vraiment vite.

Elle répéta au docteur Arndt que sa famille allait toujours bien. Sa mère et sa sœur étaient allées au Mexique pendant une semaine. « Elles avaient vraiment besoin de s'en aller. » Son père était resté à la maison avec le chien car « il déteste les avions ».

Sa mère prenait toujours des antidépresseurs et elle dormait bien. Il y avait une maisonnette sur le terrain de la prison qui servait pour les visites privées, avec la famille ou le conjoint. Karla l'avait baptisée la « petite maison ». Elle mentionna qu'elle venait d'y passer une fin de semaine avec les membres de sa famille et qu'ils reviendraient en novembre pour une autre fin de semaine.

Karla s'était renseignée au sujet de la demande de visite du docteur Arndt pour découvrir qu'elle avait été mise en suspens en attendant le procès de Paul Bernardo.

Apparemment, la Couronne ou la police préfèrent que je ne reçoive pas votre visite jusqu'à ce que ces autres choses soient réglées.

Elle ajouta qu'elle l'aviserait dès que la demande serait approuvée.

En terminant, j'aimerais vous dire qu'une des filles avec qui je me suis liée d'amitié ici sera libérée sous peu (au Nouvel An) et qu'elle est à la recherche d'un psychiatre à Toronto. Elle s'appelle Kim Wildeman et va peut-être vous écrire pour savoir si vous acceptez de nouveaux patients. C'est une fille très gentille qui s'est retrouvée dans une situation un peu semblable à la mienne.

Kim Wildeman avait écopé de sept ans pour homicide involontaire. Elle avait tué son fils de deux ans. Tout comme les procureurs, Karla avait tendance à établir des analogies et à trouver des cas similaires au sien, et ce de façon très libérale.

Karla souhaita bonne chance au docteur Arndt pour ses dossiers de Yellowknife et en Californie. Elle conclut en demandant des nouvelles d'une femme qui avait été hospitalisée en même temps qu'elle, alors que Karla était soignée par le docteur Arndt. Karla se souvenait que cette femme avait «tué son mari ou quelque chose du genre» et se demandait ce qu'elle était devenue.

* * *

«Je vous remercie beaucoup pour votre lettre du 5 octobre 1994, répondit promptement le docteur Arndt. J'ai été content d'apprendre que vous vous portiez si bien, surtout sans médicament. Vous revenez de loin.»

Le docteur Arndt ajouta que le docteur Jaffe l'avait appelé pour discuter avec lui. Il avait ainsi appris que son collègue avait rencontré la famille de Karla afin de procéder à une évaluation.

«Je suis heureux que vous trouviez profitables les rencontres avec lui et le docteur Hucker.

»Je suis également ravi que vous réussissiez si bien les cours offerts par l'université Queen's. Il semble que ceux que vous avez choisis vous permettent de mieux comprendre, du moins jusqu'à un certain point, ce qui vous est arrivé au cours des dernières années. Vos propres expériences vous aident certainement à comprendre la matière et à bien réussir ces cours. Vous dites d'ailleurs que vous avez obtenu de bonnes notes et que vous appréciez ces cours.

»En ce qui concerne le droit de visite, je sais donc maintenant que ma demande n'a pas été égarée et qu'il y a une raison pour laquelle je ne peux encore aller vous voir. Je serai probablement dans la région de Kingston un peu avant Noël et je pensais en profiter pour aller vous rendre visite.

»Vous me parlez de Kim Wildeman. Il me fera plaisir de la rencontrer et si, pour quelque raison que ce soit, je ne peux m'occuper d'elle personnellement, comptez sur moi pour la référer à quelqu'un avec qui elle pourra s'entendre. Il est si important de pouvoir compter sur quelqu'un pour arranger les choses, et je suis très heureux de pouvoir l'aider.

»L'affaire de Yellowknife vient d'être reportée, sans doute en février, car le juge qui devait entendre cette cause est tombé malade. Les représentations sur sentence devaient débuter le 24 octobre et, s'ils ne trouvent pas un autre juge à temps, j'imagine que je devrai me rendre là-bas en février.

»L'affaire californienne a été mise en suspens. Je ne sais donc pas ce qui va arriver. Vous faites allusion à une femme des Territoires du Nord-Ouest ayant tué son mari et qui était avec vous à l'hôpital. Honnêtement, parmi mes nombreux patients des Territoires du Nord-Ouest, je ne me rappelle pas qui était avec vous à cette époque. Si vous pouviez me la décrire un peu, par exemple en me disant si elle était une autochtone ou une Blanche, et, si vous avez d'autres souvenirs, j'arriverai peut-être alors à m'en rappeler et je pourrai vous faire part de ce qui lui est arrivé.

»Je vous signale que quelques-unes de vos lettres ont été publiées dans le *Toronto Sun* récemment. Dans l'une d'elles, vous dites que vous "haïssez" votre psychiatre. Plusieurs personnes ont appelé ma secrétaire pour demander si j'étais le psychiatre en question. Évidemment, Cynthia s'empressa de leur expliquer que vous ne parliez très probablement pas de moi, mais que vous faisiez plutôt référence à quelqu'un du système carcéral. J'espère qu'elle a raison. Gardez le moral et continuez le bon travail.»

NOTES

1. Voir *La Reine c. Bernardo*, Divulgations de la Couronne, vol. 24, p. 74-110. Déclaration du policier : sergent Robert N. Gillies. Matricule : 3408.
2. *Ibid.* Voir aussi *La Reine c. Bernardo*, Divulgations de la Couronne, vol. 25, p. 1-170. Déclaration du policier : sergent Scott Kenney. Matricule : 4197.
3. *Ibid.*
4. *Ibid.*

5. Voir *La Reine c. Bernardo*, Divulgations de la Couronne, contre-interrogatoire du témoin Homolka par les avocats de la défense de Paul Bernardo, Carolyn MacDonald et Ken Murray, les 30 et 31 mai, les 1er, 2 et 6 juin et le 28 juillet 1994, mené à la prison des femmes de Kingston.
6. *Ibid.*
7. *Ibid.*
8. *Ibid.*
9. *Ibid.*
10. Voir le dossier client de George Walker pour Karla Homolka dans les archives de l'auteur ; voir aussi la transcription des rencontres de l'auteur avec Laurie et George Walker.
11. Voir *La Reine c. Bernardo*, Divulgations de la Couronne, contre-interrogatoire du témoin Homolka par les avocats de la défense de Paul Bernardo, Carolyn MacDonald et Ken Murray, les 30 et 31 mai, les 1er, 2 et 6 juin et le 28 juillet 1994, mené à la prison des femmes de Kingston. Voir aussi le dossier client de George Walker pour Karla Homolka dans les archives de l'auteur ; voir aussi la transcription des rencontres de l'auteur avec Laurie et George Walker.
12. *Ibid.*
13. *Ibid.*
14. *Ibid.*
15. *Ibid.*
16. Voir *La Reine c. Bernardo*, Divulgations de la Couronne, contre-interrogatoire du témoin Homolka par les avocats de la défense de Paul Bernardo, Carolyn MacDonald et Ken Murray, les 30 et 31 mai, les 1er, 2 et 6 juin et le 28 juillet 1994, mené à la prison des femmes de Kingston.
17. *Ibid.*
18, *Ibid.*
19. *Ibid.*
20. *Ibid.*
21. *Ibid.*
22. Témoignage olographe déposé en preuve lors du procès de Paul Bernardo en juin 1995.
23. *Voyage du côté de la lumière*.
24. *Paroles de Seth : La validité éternelle de l'âme*.
25. Voir *La Reine c. Bernardo*, divulgations de la Couronne, contre-interrogatoire du témoin Homolka par les avocats de la défense de Paul Bernardo, Carolyn MacDonald et Ken Murray, les 30 et 31 mai, les 1er, 2 et 6 juin et le 28 juillet 1994, mené à la prison des femmes de Kingston.
26. *Ibid.*
27. Voir le dossier client de George Walter pour Karla Homolka dans les archives de l'auteur.
28. Christine McGuire et Carla Norton, *The Perfect Victim*, New York, Congdon & Lattes, 1989.

17

Un inspecteur en quête... de promotion

Après avoir retrouvé la trace de Vince Bevan qui venait d'être nommé chef du service de police d'Ottawa-Carleton, je lui fis parvenir un courriel très poli lui demandant s'il était disposé à répondre à quelques-unes de mes questions et à me dire pourquoi, dans sa déclaration, aucune mention n'était faite de la date du 11 février 1993. Après tout, cette journée avait certainement été déterminante dans le fait qu'il fasse encore partie de la police. Je reçus une réponse qui ne laissait place à aucune équivoque : « Je n'ai rien à vous dire sur quelque sujet que ce soit. »

Comme je le découvris rapidement, une autre source pouvait m'apprendre ce que le chef Bevan avait à dire sur le sujet.

« Aujourd'hui, lundi 23 février 1998, nous sommes au quartier général de la police régionale de Niagara au 4343, rue Morrison à Niagara Falls, en Ontario, dans le bureau du chef Vince Bevan », disait la voix du détective Kollee.

Le sergent détective Robert (Bob) Kollee de la Police provinciale de l'Ontario avait mis son magnétophone en marche et apportait ces précisions pour le procès-verbal. Lui et son collègue, le sergent détective Dave Dowell, avaient mené une très longue enquête au sujet de Ken Murray, le premier avocat de Paul Bernardo. Maintenant, ils enquêtaient sur moi et, pour ce faire, ils rencontraient tous ceux qui pourraient leur fournir des renseignements pertinents pouvant justifier mon arrestation et mon inculpation sous deux chefs d'accusation d'outrage au tribunal. Ils avaient fini par supposer, deux ans après la publication de mon livre sur l'affaire Bernardo, que seule une personne ayant vu les vidéos confidentielles pouvait avoir écrit certains passages (vingt-sept pour être précis) de mon livre.

Bevan avait été promu chef peu de temps après la fin du procès Bernardo, en septembre 1995.

– Je suis de la Police provinciale de l'Ontario, dit Robert Kollee. Il est 14 h 28. Si nous commencions, chef Bevan, en vous informant que nous enquêtons au sujet d'une présumée violation d'ordonnance de non-publication. Stephen Williams, l'auteur d'un livre intitulé *Invisible Darkness*, aurait révélé à un chroniqueur qu'il avait à un moment donné visionné des éléments de preuve sur vidéocassettes qui avaient fait l'objet d'une ordonnance de non-publication. Vous pourriez peut-être commencer par nous divulguer tous les renseignements que vous auriez obtenus dans le cadre de vos rapports avec ledit Stephen Williams, avant et pendant le procès.

– Je pense, dit Vince Bevan, que j'ai rencontré Stephen Williams pour la première fois à l'été 1993, pendant le procès de Karla Homolka à St. Catharines. Je me rappelle que j'étais présent à la cour lorsque Stephen Williams s'était fait représenter par un avocat pour demander l'autorisation de rester dans la salle d'audience, si le juge ordonnait le huit clos pendant le témoignage de Karla Homolka.

» Un jour, Williams s'était présenté au tribunal en soutenant qu'il ne faisait pas partie de la presse, mais qu'il était plutôt un auteur et qu'il allait écrire un livre à la Truman Capote au sujet de Bernardo et des événements malheureux ayant marqué sa vie.

» En fin de compte, le juge Kovacs décida que Williams, en particulier, serait exclu de même que le public et les médias américains.

» Je me souviens d'avoir jaugé l'homme lorsqu'il s'est présenté le lendemain, muni d'une accréditation de presse, malgré tout ce que son avocat avait dit au sujet des médias en les traitant de racaille. Je crois, si ma mémoire est bonne, qu'il était mandaté par *Wingham News*, une publication mensuelle.

» Ce n'est que plus tard que j'ai vraiment rencontré Stephen Williams. Il nous avait téléphoné à quelques reprises, dès les premiers jours après l'arrestation de Bernardo.

» Les premiers contacts avaient été établis par la maison d'édition Little Brown, qui tentait de nous convaincre d'accepter de parler avec leur représentant. Nous ne voulions parler à personne. Puis finalement j'ai su que c'était M. Williams qui avait le contrat avec eux.

» Un jour, j'ai été convoqué au bureau du chef Grant Waddell qui m'a alors présenté à Stephen Williams en m'expliquant qu'il avait procédé de la sorte parce que j'avais jusque-là refusé d'avoir tout contact avec M. Williams.

» Auparavant, j'avais toujours refusé de lui parler, que ce soit au téléphone ou en personne. Lors de la rencontre, j'ai écouté M. Williams se présenter et nous expliquer quelles étaient ses intentions. Lorsque cette rencontre a pris fin, je ne m'étais aucunement engagé à lui donner quelque renseignement que ce soit au sujet de l'enquête.

» J'ai toutefois accepté de lui parler de temps à autre, à la condition qu'aucun renseignement ne soit publié avant que tout ne soit terminé. Je sais que M. Williams n'était pas satisfait et nous avons discuté de temps à autre en cours de route, jusqu'au jour où il finit par me dire que, si je ne collaborais pas avec lui, je n'aimerais pas ce qui serait dit à mon sujet dans son livre.»

Je n'ai jamais dit une telle chose. Après avoir mis la main sur une copie de la déclaration de l'inspecteur Bevan, alors, je n'avais plus du tout envie de lui parler. Pourquoi aurais-je menacé un homme dont le participation à ce moment-là n'avait plus aucune importance pour moi ? En l'occurrence, puisque les ruses et les mensonges font partie des méthodes d'enquête de la police, l'expérience m'a appris que ce qui se rapproche le plus de la vérité dans ce que disent les policiers est contenu dans leurs déclarations faites sous serment. Encore là, elles sont plus souvent qu'autrement remplies d'erreurs et d'omissions bien commodes.

– Williams voulait que je le présente aux familles, les French et les Mahaffy en particulier. En mon âme et conscience, je ne pouvais pas faire une telle chose.

» Je crois me souvenir d'en avoir déjà discuté avec les familles, je leur ai dit que M. Williams s'intéressait à elles. Mais elles ne désiraient aucunement le rencontrer ni lui parler. Finalement, il leur a envoyé des lettres disant que, si elles ne collaboraient pas avec lui, elles n'aimeraient pas ce qu'il écrirait à propos de leur fille dans son livre. Je crois d'ailleurs qu'il est juste de dire qu'elles n'apprécient pas ce qu'il a écrit au sujet de leur enfant dans son livre.»

L'inspecteur Bevan a probablement raison sur un seul fait. Les familles n'aimeraient pas ce que j'ai écrit au sujet de leur fille car je les ai dépeintes telles qu'elles étaient : de jeunes adolescentes comme les autres, plutôt que les vierges martyres que le destin et les familles en avaient fait. Autrement, tout ce que dit Bevan n'a aucun sens. Je n'ai écrit qu'une seule lettre à chacune des familles. Dans celle que j'ai envoyée aux French, j'ai mal orthographié le nom de Kristen. Bevan s'est servi de ce détail pour me mettre dans l'embarras devant le chef Waddell. Mais ma lettre ne contenait aucune forme de menace, voilée ou non. Je n'ai pas menacé l'inspecteur Bevan, ni menacé les familles des victimes. En l'occurrence, Kristen est une épellation incorrecte du prénom suédois : Kirsten.

– M. Williams était un habitué du tribunal, intervient Robert Kollee, bien que certains jours son absence fût tout à fait perceptible. Ayant vous-même rencontré M. Williams, vous savez que c'est quelqu'un qui se distingue dans une foule. Lorsqu'il n'est pas là, son absence ne passe pas inaperçue.

– En ce qui me concerne, dit Bevan, j'ai remarqué qu'il avait établi de saines relations avec l'équipe de la défense, pendant le procès Bernardo. Il a passé beaucoup de temps avec eux. D'autres pourraient probablement vous renseigner sur la nature de ces relations car des gens m'en ont parlé et ont laissé entendre qu'il aurait peut-être obtenu d'autres personnes des renseignements de première main.

» C'était intéressant car, juste au moment du verdict, Williams est disparu et on ne l'a plus revu. C'était plutôt intéressant car le voilà qui essaie d'écrire un livre, et il n'assiste pas à la requête visant à déclarer l'accusé "criminel dangereux".

» Je me rappelle qu'il y a eu des commentaires à propos de son absence au moment de cette requête qui fut une étape cruciale dans l'enchaînement des faits. »

La requête pour le faire déclarer criminel dangereux était gagnée d'avance et tout à fait hors de propos. Je ne vois pas qui pourrait être considéré comme étant plus coupable que Paul Bernardo, et ainsi mériter plus que lui d'être déclaré criminel dangereux. Karla Homolka peut-être. Mais l'inspecteur Bevan a fait en sorte que Karla ne s'en tire qu'avec une douzaine d'années de prison. Comme je l'ai dit à l'inspecteur Bevan à l'époque, je m'intéressais peu à Paul Bernardo. Il n'était qu'un catalyseur me permettant d'atteindre la vérité à propos de Karla Homolka et de la relation que l'inspecteur Bevan avait avec elle.

– On l'a perdu de vue, poursuit Bevan. Pendant un certain temps, j'ai pensé que son livre avait disparu avec lui, parce qu'il s'était fait damer le pion par d'autres journalistes qui avaient écrit des articles au sujet du procès.

À titre d'enquêteur, l'inspecteur Bevan avait la propension à sauter aux conclusions. Et c'était un de ses plus grands défauts au dire de plusieurs de ses collègues à qui j'avais parlé à l'époque. Mentionnons à titre d'exemple ses conclusions concernant la marque de la voiture dans laquelle Kristen French avait été enlevée, ses conclusions quand à l'identité de la jeune fille inconsciente dans la séquence vidéo de 1 min 58 s, et ses conclusions voulant que Karla soit la victime complaisante d'un sadique sexuel.

– Alors, après le verdict, et jusqu'à ce que l'enquête judiciaire sur l'escouade policière et l'entente avec Homolka soient terminées, j'ai vu de temps à autre M. Williams à la télé se présentant comme une espèce de spécialiste dans toute cette affaire ou au sujet des tueurs en série ou encore de l'enquête, ce qui me faisait bien rire. Mais je n'ai jamais eu de relations de travail avec cette personne et je n'ai jamais pensé qu'il allait devenir chroniqueur ou écrire un ouvrage digne de ce nom car il ne m'a jamais donné l'impression qu'il avait la capacité de le faire.

Le détective Kollee interrompit Bevan :

– Revenons à sa relation avec l'équipe de défense de Bernardo. Saviez-vous s'il avait eu ou non accès à la salle adjacente à la salle d'audience et réservée à l'équipe de la défense ?

Cette question du détective laisse entendre que la police avait, entre autres théories, supposé que quelqu'un au sein de l'équipe de défense de Bernardo m'avait montré ou m'avait donné accès à la preuve vidéo. Cette hypothèse m'a toujours semblé extrêmement naïve étant donné que personne dans l'équipe de défense n'avait la moindre raison d'agir de la sorte. Qu'est-ce que cela aurait pu leur apporter ? Certainement pas de l'argent. On ne devient pas riche en écrivant à propos des crimes vécus ou en tout cas pas assez pour intéresser un avocat d'expérience au sommet de sa carrière. Certainement pas assez pour faire concurrence aux honoraires de presque un million de dollars que John Rosen, l'avocat principal de Bernardo, encaissa finalement de l'aide juridique pour avoir assuré la défense de Bernardo. Quant aux inconvénients, si lui, ou n'importe lequel de ses collègues, s'était fait prendre, il aurait inévitablement été radié du Barreau et sa longue et brillante carrière serait ruinée.

– On m'a dit qu'il avait eu accès à leur salle réservée, répondit Bevan. J'ai appris d'un des témoins, quelqu'un que vous avez déjà interrogé, je crois, que M. Williams avait été vu seul dans un local en train de fouiller dans les documents concernant l'affaire.

Le chef Bevan fait ici référence à Alan Cairns, journaliste pour un tabloïd, qui a écrit avec un autre journaliste un des livres auxquels Bevan a fait allusion plus tôt dans l'entrevue. D'une manière ou d'une autre, le chef Bevan savait que les détectives Kollee et Dowell avaient déjà interrogé M. Cairns. Un mois plus tôt, le 18 janvier, M. Cairns avait de lui-même offert de rencontrer les détectives Kollee et Dowell pour un entretien au cours duquel il avait tenté de m'incriminer.

– Je crois aussi me souvenir qu'à un certain moment pendant le procès, poursuivit Bevan, un des procureurs a discuté avec M. Rosen de l'accès à ces documents, car Williams était seul dans le local. Je crois que c'est Leslie Baldwin, qui est maintenant juge, qui a effectivement eu cette conversation avec M. Rosen.

Peu de temps après le procès de Bernardo, le procureur adjoint Leslie Baldwin a été nommé juge à St. Catharines.

– Si vous en aviez été informé, est-ce que le fait que M. Williams ait eu accès à cette pièce, seul ou accompagné d'un membre de l'équipe de défense, aurait eu de quoi vous inquiéter ? demanda le détective Kollee.

– Oui, certainement, répondit Bevan. Pendant le procès, la question du caractère délicat des renseignements confidentiels a été soulevée de temps à autre. Je sais que les enquêteurs de police et certainement la poursuite voulaient s'assurer que ces renseignements soient protégés de manière adéquate. Il y a eu des discussions devant le juge LeSage, en chambre, et entre la défense et la poursuite, en privé, au sujet des mesures prises pour protéger ces renseignements.

– Lors de toutes vos présences au palais de justice, pendant le procès, avez-vous vous-même déjà vu Stephen Williams à l'intérieur ou près de ce local de la défense ?

– Oui, je l'ai vu.

– Plus d'une fois ? Je veux dire à l'intérieur même du local de la défense, que ce soit en présence d'un des membres de l'équipe, ou tout seul. Vous souvenez-vous d'occasions précises où cela se serait produit ?

– Je l'ai vu dans ce local. Je me souviens d'une fois où je suis passé devant le local alors que la porte était entrouverte. Je ne me souviens pas si la porte s'ouvrait ou se refermait mais, lorsque je suis passé devant le local, j'ai pu voir Stephen Williams debout à l'intérieur. Mais, je le répète, compte tenu de la relation qu'il avait à l'époque avec M. Rosen, cela ne m'a pas surpris de le voir là. En effet, je pense que plusieurs journalistes auraient donné gros pour pouvoir entrer dans ce local et parler aussi facilement avec l'équipe de défense.

– D'accord, dit le détective Kollee. Vous rappelez-vous s'il y a eu pendant le procès des incidents concernant des fuites dans les médias ?

– Oui, par exemple, il y a eu cette photo de Karla avec les yeux comme ceux d'un raton laveur.

– Avez-vous quelque idée sur la façon dont cette photo s'est retrouvée entre les mains d'un journal local ?

– Je me rappelle qu'on a fait une enquête à l'époque car la rumeur voulait que cela vienne d'un des nôtres. Le journaliste qui avait reçu la photo a affirmé catégoriquement dans sa déposition qu'il ne l'avait pas obtenue du policier sous enquête. D'où est-elle venue ? Je n'ai pas ce renseignement. Je sais que, pendant tout le procès, il y a eu des inquiétudes à propos des fuites car, en soirée, des extraits des vidéocassettes saisies au 57 Bayview étaient diffusés à la télé. Ce n'est certainement pas nous qui avons transmis ça aux médias. Je crois que quelqu'un de la poursuite, je ne me rappelle plus qui c'était à l'époque, a soulevé ce problème en cour.

Quelqu'un de l'équipe de la défense avait effectivement remis une copie à un des réseaux de télé qui a diffusé les séquences le soir même. Des choses de ce genre se sont déroulées pendant le procès.

– Est-ce que vous ou tout autre membre de l'escouade Green Ribbon a fourni quelque document que ce soit, de quelque nature que ce soit, à Stephen Williams dont il se serait servi pour préparer ou à produire son livre ?

– Je ne l'ai pas fait et je suis certain, après les discussions que j'ai eues avec les membres de l'escouade Green Ribbon, que personne n'a eu de relations avec Stephen Williams. Lorsque nos bureaux étaient situés à l'hôtel, on pouvait voir assez fréquemment Stephen Williams au bar en bas. Je sais qu'il y avait des conversations entre les enquêteurs, entre certains enquêteurs et des membres du personnel du bureau du procureur de la Couronne, et ils ont vu Greg Barnett avec lui, une fois. Je pense que l'échange a été relativement court et je n'ai aucun doute au sujet de M. Barnett... De toute façon, M. Barnett n'avait pas accès aux vidéocassettes.

– Y a-t-il d'autres renseignements que vous pourriez nous transmettre et qui pourraient nous aider dans notre enquête au sujet de cette violation de l'ordonnance de non-publication ?

– Je n'ai rien d'autre à ajouter pour le moment. Si j'obtiens d'autres renseignements, je vous les transmettrai, c'est sûr, mais je ne vois rien d'autre pour le moment qui pourrait vous venir en aide.

– Nous vous remercions de votre coopération, chef Bevan.

– Pas de problème.

18

Écrivains et plumitifs

Les détectives Robert Kollee et Dave Dowell avaient parlé à Alan Cairns environ un mois avant qu'ils n'interrogent le chef Bevan. Cairns était journaliste pour un quotidien et pensait avoir des renseignements compromettants à mon sujet, et c'est de son plein gré qu'il les communiqua à la police, le mardi 20 janvier 1998.

Le détective Kollee commença l'entrevue :

– Nous sommes dans les bureaux du *Toronto Sun*, au 333 de la rue King Est, à Toronto, en Ontario... Il est 10 h 52. M. Cairns, parlons d'abord de votre expérience en journalisme et de vos responsabilités au journal.

– En deux mots, je vous dirais que j'ai dix-huit ans d'expérience et que je suis officiellement au *Toronto Sun* depuis septembre 1989. J'ai surtout été affecté à la couverture des affaires criminelles, dont quelques affaires importantes comme le procès Bernardo. Mon engagement dans cette affaire a entraîné la publication d'un livre que j'ai écrit en collaboration avec Scott Burnside, un de mes collègues au *Sun*.

– Quel était le titre de ce livre ?

– *Deadly Innocence.*

– Bien. Une enquête a été ouverte au sujet de l'auteur d'un autre livre, un dénommé Stephen Williams, qui aurait violé une ordonnance de non-publication dans le but d'obtenir des renseignements pour écrire son livre. Pourriez-vous nous parler des rapports que vous avez eus avec M. Williams entre le moment où vous avez été affecté à l'affaire Bernardo et la fin du procès ?

– Bien, je n'ai jamais eu de rapports avec M. Williams. Je ne le connaissais pas vraiment. Mais je dois vous avouer que je ne l'aimais pas. C'est un personnage caustique et je le trouve très dogmatique ; dans son esprit, il se considère certainement comme un snob littéraire. Il semble mépriser les quotidiens. En fait, pendant le procès de Karla Homolka, il est allé jusqu'à dénigrer les médias locaux en les présentant comme des amateurs ne faisant pas partie de l'establishement littéraire. « Dire que cela vient d'un homme qui n'a pas encore démontré sa valeur et dont l'éthique professionnelle reste à prouver », avais-je pensé. J'ai trouvé cela très insultant. Le juge Kovacs l'a chassé du tribunal mais, à ma grande surprise, il est revenu muni d'une carte de presse du *Mount Forest Confederate* et sa conjointe Marsha Boulton, avec des papiers d'une station de radio pour femmes avec laquelle ni lui ni elle n'avaient manifestement jamais eu de liens jusque-là.

En fait, l'accréditation de presse du *Mount Forest Confederate* était au nom de Mme Boulton. C'est moi qui étais accrédité par la station 102 FM de Wingham, une « radio détente » du sud-ouest de l'Ontario. Mme Boulton a écrit un article sur le procès qui a paru à la une du *Confederate* et je faisais des reportages quotidiens à la radio.

– Selon moi, poursuit Alan Cavins, c'était une grave atteinte à l'éthique journalistique. Il se fait chasser du tribunal comme auteur, puis prétend être un membre de la presse pour pouvoir revenir. Bon, il n'y a pas d'organisme qui encadre la profession alors, dans un sens, nous avons la responsabilité de nous autoréglementer. Mais d'un point de vue éthique, je trouvais que c'était une faute grave. Après cela, je n'avais pas de temps à perdre avec Stephen Williams. Ce n'était qu'un poseur et je ne l'aimais pas. Après un certain temps, vous savez, il m'est apparu évident en lisant un article de Derek Finkel dans le *Saturday Night Magazine* que Williams avait été de mèche avec Mary Garafalo, la femme de l'émission à sensation *A Current Affair*, diffusée à la télévision américaine. Cet article démontre que Williams s'est rendu à New York et a rencontré Garafalo. Je pense que la mention « échange d'informations » avait été mise entre guillemets dans l'article. C'était après que Garafalo eut elle-même enfreint l'ordonnance de non-publication et que Williams se fut présenté au procès alors que le juge Kovacs avait interdit toute violation, directe ou indirecte, de l'ordonnance. Je dois avouer que j'ai été bien surpris de voir qu'aucune mesure n'avait été prise à l'encontre de Williams. J'ai ma petite idée sur la façon dont certains renseignements ont été transmis à l'émission *A Current Affair* et au journal *The Washington Post* [1]. Mais une chose est certaine, il a rencontré Garafalo. Cela a été démontré. Je pense que c'est vraiment regrettable. De notre côté, on faisait de gros efforts pour éviter de discuter de l'affaire avec les médias étrangers. Surtout les médias américains. On a même refusé d'importantes sommes d'argent de la part de tabloïds américains cherchant à obtenir les détails frappés d'interdit de publication.

Il est vrai que j'ai mangé avec Mary Garofalo à Toronto en décembre 1993. Je suis allé ensuite à son mariage au Castle Loma de Toronto à l'été 1994 et, plus tard cette même année, j'ai mangé avec elle et son nouvel époux à New York où je m'étais rendu pour discuter avec mon agent et mon éditeur. Ça n'a pas une grande importance mais en fait, à l'époque, j'envisageais d'ajouter quelque chose au sujet des médias dans *Invisible Darkness* et j'espérais que Mme Garofalo puisse m'en apprendre plus sur les machinations des grands tabloïds new-yorkais. Il était hors de question «d'échanger des informations» avec elle car cela aurait été contraire non seulement à l'esprit de mon projet mais également aux engagements pris envers mes sources, ainsi qu'au succès des trois livres que je m'étais engagé à publier chez des éditeurs de Toronto, New York et Londres. Finalement, je n'ai rien trouvé à propos des médias ou de leur comportement qui ait pu avoir un impact sur l'issue de cette affaire ou qui ait mérité que j'en parle dans un livre.

– Mon mépris envers Williams s'est accentué après tout ça, poursuivit M. Cairns. Lorsque Scott Burnside et moi faisions notre travail de recherche, vous savez, nous pensions que nous allions sans cesse tomber sur cet homme qui se disait un auteur prolifique et bien documenté. En fait, des cinquante ou soixante personnes que nous avons rencontrées au sujet de cette affaire, il n'y en avait que deux à qui Williams avait parlé. Lorsque le procès a commencé, nous savions que Williams n'avait presque pas travaillé à son livre, du moins il avait fait très peu de recherche vraiment originale. En plus, nous savions très bien que Nick Pron du *Toronto Star* n'avait pas fait beaucoup de recherche non plus. Mais Pron, c'est une tout autre histoire. N'en parlons pas.

– Permettez-moi de vous interrompre un instant, dit le détective Kollee. Est-il possible de nous révéler le nom des deux personnes que Williams a rencontrées ?

– Non, non, je ne peux pas. Je les ai moi-même rencontrées et tout ce qu'elles m'ont révélé ne concerne personne d'autre que moi. Je peux vous parler de Stephen Williams, comme je vous l'ai déjà dit, mais si j'avais discuté de quoi que ce soit avec Williams, même de façon non officielle, je ne vous le dirais pas. Mais vous savez, je n'ai jamais discuté de rien avec Williams. Dans mon esprit, il ne fait pas partie des médias. Dans ma tête, c'est un homme d'affaires qui s'est amené dans cette histoire et qui a fait un pied de nez à la loi. Veux, veux pas, la loi c'est la loi et je n'allais pas l'enfreindre.

– Ça fait du bien de l'entendre, observa le détective Dowell.

– Ce n'est pas un secret. Christie (une journaliste bien connue travaillant pour le même journal que M. Cairns et qui était également sur l'affaire), Scott et moi, nous pensions tous que l'ordonnance était une mauvaise chose mais c'était quand même la loi. Il existe des moyens de contester les lois et c'est ce que nous avons fait. Le « nous » de M. Cairns réfère à l'entreprise de presse pour laquelle il travaillait. M. Cairns n'a jamais intenté, à ses frais, quelque action en justice que ce soit relativement aux affaires Bernardo et Homolka.

– Nous avons constaté l'ordonnance devant les tribunaux. Nous n'avons jamais publié le moindre détail contrevenant à l'ordonnance, tout au long du procès. Nous n'avons jamais rien publié qui aurait pu constituer un outrage au tribunal. On pourrait dire que certains articles entravaient le processus de sélection du jury à St. Catharines, mais ce n'était que la pointe de l'iceberg.

» Cependant, durant le procès, on pouvait voir Stephen Williams à la télé se présenter comme un expert de l'affaire… J'imagine qu'il a fini par le devenir. Je veux dire, nous entendions tous la même chose au tribunal, alors il était certainement aussi capable que n'importe qui d'autre de se faire une opinion sur la preuve présentée. Mais je voulais me tenir aussi loin que possible de lui. Je ne me sentais pas à l'aise quand il était dans les environs. Il est démesuré, il est… il est… il est grand, grand et imposant, c'est une grande gueule et un crâneur. C'est en plein le genre de personne que je trouve… Je ne l'aime pas, c'est tout.

» Pendant le procès, on s'est vite rendu compte qu'il était très près de l'équipe de la défense, Rosen et Bryant. Je ne peux vous dire, ou plutôt je vous parlerai pas des conversations que Scott et moi aurions pu avoir avec Rosen et Bryant, comme je ne parlerai pas de tout autre personne avec qui j'aurais pu discuter de l'affaire. Mais nous savions qu'il était très près d'eux et je me souviens clairement qu'une fois, alors que j'étais en cour, je me suis justement demandé où Stephen Williams pouvait bien être.

» Juste en passant, il y a une autre chose qui m'a frappé : aussi bizarre que cela puisse paraître, Williams ne prenait pas beaucoup de notes. Pour quelqu'un comme lui, c'était assez étrange. Je me souviens aussi que, pendant que Rosen contre-interrogeait Karla, Williams lui a fait un « pouce en l'air » depuis l'assistance. J'ai trouvé cela très bizarre de la part de quelqu'un qui se dit un écrivain objectif. J'en étais abasourdi. »

– Vous l'avez vu faire ce geste ? demanda le détective Dowell, incrédule.

Je n'ai jamais fait ce geste à John Rosen. Les « pouces en l'air » et autres gestes du genre ne sont tout simplement pas mon style.

– Absolument ! Tout à fait ! Et je me suis dit que c'était étrange. On s'est donné beaucoup de mal dans cette affaire pour faire le plus vite possible et parler au plus grand nombre de personnes possible. Et on a parlé à beaucoup de gens. Alors je trouvais étrange qu'un type qui n'avait parlé à presque personne avant le procès puisse tout à coup se pendre aux basques de la défense. Je trouvais ça vraiment bizarre. Même M. Cairns avait réalisé à ce stade de la rencontre que sa digression l'avait mené si loin qu'il avait perdu le fil de ses idées.

– Mais je reviens à ce que je voulais dire... À un moment donné, je réalise qu'il n'est pas au tribunal. Avec mes talents d'enquêteur, je me suis dit : "Je pense savoir où il est !"

» L'équipe de la défense avait un local réservé attenant à la salle d'audience. C'est là qu'ils gardaient leurs preuves sous clé et qu'ils se réunissaient pendant les pauses ou encore avant et après les audiences. Il y avait deux pièces, vous savez, mais une seule porte d'accès. J'ai quitté la salle d'audience pour aller frapper. Ce n'était qu'une intuition. Mais après avoir frappé à la porte j'ai continué mon chemin et devinez quoi ? La porte s'est ouverte et j'ai vu Stephen Williams sortir par cette porte qui était toujours verrouillée. J'ai trouvé ça bizarre. Je me suis dit : "Mais pourquoi la défense laisserait-elle entrer quelqu'un dans une pièce où toutes leurs preuves sont conservées ?"

» Puis je me suis demandé quelles preuves pouvait-il bien y avoir dans cette pièce ? Je ne pense pas qu'un journaliste, ni un écrivain d'ailleurs, devrait avoir des liens aussi étroits avec l'équipe de la défense. Je trouvais très étrange qu'une personne ait des rapports uniques et exclusifs avec la défense. Je savais que c'était la seule façon pour lui d'arriver à écrire son livre : avoir des rapports étroits avec la défense et uniquement la défense.

– L'avez-vous vu sortir de cette pièce en particulier, celle qui était verrouillée, plus d'une fois ? demanda le détective Dowell.

– Non. C'est la seule fois où je l'ai vu seul dans cette pièce verrouillée, mais cela avait duré un certain nombre d'heures ! C'était pendant le procès. Si j'avais eu à protéger des preuves alors que je sais que d'autres veulent les voir, premièrement, je ne les aurais pas laissées dans cette pièce ; deuxièmement, je les aurais placées dans un coffre-fort ; ou encore, troisièmement, je n'aurais toléré dans cette pièce que des gens dont la réputation et le sens moral sont irréprochables. Il faudrait que ce soit des amis, des amis très, très proches qui n'abuseraient pas de ma confiance, peu importe les circonstances. Je veux dire, je trouvais ça très bizarre car, à mes yeux, c'était manifestement le genre d'amitié où tout le monde a quelque chose à gagner...

– Saviez-vous, Alan, ce qu'il y avait dans cette pièce ? demanda Dowell.

– Pas le moins du monde.

– Lorsqu'il est sorti de la pièce, avez-vous pu voir à l'intérieur ?

– Non, mais lorsque l'audience a été levée, vous savez, la porte était ouverte et j'ai pu voir qu'il y avait des livres, des preuves et toutes sortes de choses. Il y avait aussi un lecteur de vidéos et une télé. J'en ai ri dans ma barbe sur le coup, je trouvais ça amusant. Je veux dire, j'étais au courant que le succès de Williams reposait entièrement sur les renseignements qu'il obtiendrait de la défense, autrement il n'aurait jamais pu écrire son livre. Il y en avait déjà eu trois sur le sujet. Je veux dire, les plus importants étaient le nôtre, *Deadly Innocence*, et celui de Pron, *Lethal Marriage*, et ils étaient déjà en librairie. Si, un an plus tard, il avait publié un livre presque semblable aux nôtres, ça n'aurait pas marché. Il fallait que son livre aille plus en profondeur. Évidemment, son livre est paru et, je ne sais pas, je peux seulement émettre une hypothèse, enfin, peut-être que je peux... Il m'a semblé que tout ce qu'il y avait dans son livre venait de ce que la défense lui avait révélé, tout ! Je ne connais pas d'autre source de qui il aurait pu obtenir les photos et d'autres choses comme ça.

– Avez-vous lu son livre au complet ? demanda le détective Kollee.

– Non, j'en ai lu des passages. C'est bien. Je veux dire, je ne critiquerai pas son travail. Mais j'ai été étonné de voir qu'il donnait autant de place à ce qui est presque de la pornographie. J'irais même jusqu'à dire que c'en était carrément. C'était entièrement de la pornographie. On aurait dit qu'il avait oublié que les victimes étaient encore des jeunes filles. Je pense qu'il a décidé de couvrir l'affaire au complet, y compris le côté choquant. Personnellement, je pense qu'il aurait pu traiter le sujet de façon plus générale mais je ne me lancerai pas dans le débat à savoir qui, de Karla ou de Paul, a fait quoi. Williams emploie des mots dans son livre que je trouve choquants. Il parle de la scène dans la douche, par exemple, et il dit que Kristen a l'air petite. Comment peut-il savoir qu'elle avait l'air petite ? L'expression même « avoir l'air » mérite qu'on s'y attarde. C'est une expression qu'on utilise seulement quand on a vu de quoi il s'agit. On n'utilise pas cette expression si on n'a pas vu les vidéos. Dans un autre passage, il est question de Bernardo qui donne à Leslie un rouleau de papier hygiénique à moitié entamé. Je veux dire, qui pourrait inventer un détail comme un demi-rouleau de papier hygiénique ?

– Simple curiosité... ajouta Kollee. Selon vous, ce genre de chose justement, comme le demi-rouleau de papier hygiénique : croyez-vous que ce sont des détails dont il devait absolument avoir connaissance, quelque chose qu'il aurait lui-même vu, ou peut-on attribuer cela à ce qu'on appelle la liberté créatrice d'un écrivain ?

– Possible. Les auteurs peuvent camoufler leurs sources de diverses manières. Selon moi, ça ne change pas grand-chose. Je ne suis pas un expert mais l'expression « avoir l'air » m'a amené à conclure qu'il avait vu les vidéos ou encore qu'on les lui avait racontées en détail. Il faut que ce soit une de ces deux explications. Avec une grande gueule comme Williams, on ne sait jamais... S'il dit avoir vu les vidéos, c'est peut-être vrai, mais il est tellement vantard que ça peut aussi être juste du blabla. Je ne peux pas me prononcer, c'est juste une opinion. Ça ne veut rien dire. Il a utilisé cette expression deux fois. C'est comme s'il avait vu les vidéos, puis qu'il avait tenté de le camoufler, mais il se serait échappé à deux ou trois endroits. Vous savez, il y a cet autre passage où il parle du grain de beauté sur le menton de Leslie. Je ne me souviens pas des détails, mais où a-t-il pris ça? Sur les vidéos ou sur des photos d'elle en maillot de bain sur une plage de la Floride? Je veux dire, beaucoup de choses ont été divulguées. Williams a manifestement eu accès à tout le matériel de la défense car il n'aurait pas pu obtenir de tels renseignements ailleurs. Ce que je veux dire c'est que beaucoup de choses que j'ai lues dans ce livre, des choses qui m'ont fait sursauter, devaient nécessairement provenir de sources auxquelles je n'avais pas accès. Ce n'est pas de l'envie ou de la jalousie que j'ai envers Williams. Je veux dire, vous savez, on a fait de notre mieux dans cette affaire et on a eu beaucoup de succès, et notre livre n'a pas été remis en question ni dans le rapport judiciaire de Campbell ni dans celui de Galligan. Ces deux rapports confirment les preuves de première main dont nous parlons dans le livre. Je suis très satisfait de mon livre et je n'ai pas de comptes à régler avec Williams. Mais je lui en veux d'avoir dénigré les médias quotidiens et de s'être tant vanté alors qu'il ne s'était jamais distingué par quoi que ce soit auparavant. Vous savez, si c'était un Grisham qui parlait, je pense qu'on devrait tous s'asseoir et l'écouter... Mais quand c'est Stephen Williams qui parle, c'est juste un tas de conneries. Je ne sais pas si cela répond à votre question, encore que mon opinion là-dessus n'ait pas vraiment d'importance.

– Monsieur Cairns, n'est-il pas vrai, enchaîne Kollee, qu'à la fin de chaque journée pendant le procès, particulièrement à l'époque où les vidéos étaient présentées à la cour, les membres de la presse avaient accès au résumé des bandes? Ils pouvaient se rendre dans une pièce où un représentant de la cour leur lisait les passages qui les intéressaient.

– C'est ça, à partir des transcriptions de n'importe laquelle des vidéos interdites, concernant Mme Mahaffy, Mme French, Mme Homolka, je veux dire Tammy Homolka, et Jane Doe. On n'avait pas le droit de voir ce qui concernait les victimes adolescentes mais les transcriptions nous étaient lues dans l'antichambre.

– Aviez-vous le droit d'enregistrer ces sessions de lectures ?
– Non. Nous n'avions pas le droit d'apporter de magnétophone. En
fait, Scott et moi les avons tapées sur nos ordinateurs portables, mais si je
me souviens bien, il n'y a pas eu d'enregistrement de fait.
– Pouviez-vous avoir le texte des transcriptions mot pour mot ?
– Oui. Mais on devait nous-mêmes les consigner par écrit. (Toussote-
ments.) Excusez-moi mais je reviens d'un voyage de plongée sous-marine.
On a réussi à transcrire presque tout et comme on pouvait poser des questions au représentant de la cour pour qu'il nous répète certains passages, on
a eu les transcriptions mais pas les photos. On pouvait les voir, les toucher
mais on ne pouvait pas les sortir. Même après le procès, c'est la règle. À
moins que la défense ou d'autres personnes comme la famille ne nous
donnent des photos, il est impossible de sortir ce genre de document du
palais de justice.

– Vous avez donc pu d'obtenir une transcription fidèle des vidéos
interdites, à partir de ce qui avait été dit en cour et de ce que vous avez pu
récolter par la suite ?

– Oui. À partir de ce qu'on a pu noter pendant le procès et de ce qu'on
nous a relu par la suite. À un moment donné, j'ai fait une intervention,
devant toute l'assistance si je me rappelle bien, et j'ai dit au juge : « Il va y
avoir plein d'erreurs si on doit se contenter seulement de ce qu'on entend
en cour. Si vous ne prenez pas la peine de nous communiquer la transcription de chaque journée, il y aura toute une suite d'erreurs dans les quotidiens. » C'est après mon intervention qu'ils ont décidé qu'il serait mieux
de procéder ainsi.

– Sauriez-vous dire si Stephen Williams était présent lors de l'une ou
l'autre de ces sessions pour la presse ?

– Curieusement, je ne crois pas qu'il y était. Je ne me rappelle pas
l'avoir vu lors de ces sessions. Je pense que Williams assistait aux audiences du tribunal puis allait raconter ses boniments à Rosen et Bryant, pour
être dans leurs bonnes grâces. Je ne saurais vous dire pourquoi il agissait
ainsi. Selon moi, il n'avait pas d'autre choix. Après s'être ouvert la trappe
comme il l'avait fait, ne serait-ce que pour satisfaire son ego, il fallait qu'il
tienne ses promesses. Nous, on n'avait pas le temps de baratiner personne
après le procès. J'aime croire que je n'ai pas baratiné personne mais qu'on
avait plutôt réussi à établir de bonnes relations. Pour moi, Williams n'était
qu'une… le seul mot qui me vient à l'esprit est sangsue. Il me fait penser
au garçon qui s'accroche au petit tyran de l'école pour bénéficier de sa protection. Je me souviens, à l'époque, m'être dit que ça lui donnait plus de
pouvoir d'agir de la sorte. Nous, on n'avait pas besoin de Rosen et Bryant

et, vous savez, ce qu'on a pu ou non faire avec eux, ça n'a rien à voir, je n'en dirai pas plus là-dessus... Mais ça lui donnait plus de pouvoir si ses démarches fonctionnaient. Je pense que ce qui m'a le plus fait chier à propos de Williams, ce sont les rapports qu'il avait établis avec Mary Garafalo. Aussi, dans son livre, je ne me rappelle pas très bien, mais, vous savez, le père de Paul Bernardo a été accusé d'agression sexuelle contre Debbie Bernardo et, dans son livre, Williams n'en finit plus de donner tous les détails de cette affaire, il révèle l'identité de la victime de l'agression et comment le père a utilisé son doigt comme ceci et comme cela, alors qu'il me semble qu'il y avait une ordonnance de non-publication là-dessus aussi. Il y a un principe fondamental, du moins dans les journaux, qui consiste à ne pas révéler le nom des victimes d'agression sexuelle. Et voilà que, dans son livre, Williams désigne Debbie Bernardo par son nom et décrit crûment toutes les saloperies que Ken Bernardo lui a faites. Je me suis demandé si ce n'était pas une violation d'ordonnance. Je veux dire, pourquoi avait-il besoin de faire ça ? Qu'est-ce que ça donne ? Ça n'a fait que renforcer le mépris que j'ai pour Williams alors qu'il se fait passer pour un des grands écrivains de son temps... Ça me reste en travers de la gorge. Vous savez, c'est drôle, je travaille à une affaire en ce moment. J'écris un livre sur une affaire et Bill Schiller du *Toronto Star* travaille à la même histoire. J'ai le plus grand respect pour Bill. Vous savez, si mon livre n'aboutissait nulle part, j'irais voir Bill Schiller et lui offrirait mon aide. Voilà un véritable auteur, un homme qui a de la morale, de l'éthique. Je sais faire la différence quand je les compare tous les deux... Je ne suis pas seulement quelqu'un qui ne pense qu'à la compétition. Mon antipathie envers Williams ne vient pas du fait que c'est un de mes concurrents. Je sais qu'avec l'affaire Schiller, vous savez, je suis assez grand pour aller voir Bill et lui demander comment ça va, lui dire que ça me fait plaisir de le voir. Et je le pense vraiment. Je ne le vois pas comme un concurrent. C'est un professionnel comme moi qui fait de son mieux.

— Y a-t-il eu un moment pendant la période où vous étiez affecté au procès, où Stephen Williams aurait reconnu qu'il avait visionné les bandes vidéo ou qu'il s'en serait vanté ou...

— Il ne m'a pas du tout parlé. Les seules fois où il m'a adressé la parole, c'était pour dénigrer le *Toronto Sun*. Les gens qu'il fréquentait – par exemple, Derek Finkel, un pigiste du *Saturday Night Magazine* – c'étaient des marginaux, des groupies des publications marginales qui n'appartenaient pas à la presse quotidienne. C'est comme s'ils restaient tous ensemble parce qu'ils ne font pas partie des ligues majeures. Finkel a écrit un article en citant Scott Burnside et moi-même, alors qu'il ne nous a jamais parlé, ne serait-ce qu'une fois. Même dans la salle d'audience, on était assis à trois rangées de lui ! Ça ne l'a pas empêché d'écrire un article de trois pages dans le *Saturday Night* où il fait référence à nous une demi-douzaine de fois, parfois en des termes peu élogieux, alors qu'il n'a jamais pris la peine de nous parler. Je veux dire, c'est le genre de personnes que Williams fréquentait, ce type-là et Mary Garafalo. Williams, Garafalo et Finkel, ils formaient un trio qui s'échangeait de l'information, alors que Williams et Finkel travaillaient ensemble.

» Finkel lui organise une rencontre avec Garafalo et, par la suite, Finkel réalise que Williams tient un dossier personnel à son sujet ; il écrit là-dessus. Les gens concluent des ententes qui devraient rester secrètes, mais voilà que ça sort au grand jour dans le *Saturday Night*. Imaginez ! D'un côté il y a Garafalo qui traite Williams de tous les noms. De l'autre, elle est parfaitement au courant de l'ordonnance de non-publication et de la portée que cela peut avoir, mais elle révèle qu'elle a rencontré Williams à New York. Je veux dire, on aurait dit une bande de chacals qui se dévorent entre eux. Je n'ai rien à faire avec cette sorte d'individus. Comme le dit le vieux dicton : « À dormir avec les chiens on attrape des puces. » Vous savez, moi je ne veux pas avoir affaire à ces gens-là. Je ne pense pas non plus que Williams s'intéressait particulièrement à moi. Je suis sûr qu'il n'a pas beaucoup d'estime pour moi, mais je me fiche de ce qu'il peut penser. Je suis néanmoins déçu qu'il ne m'ait jamais adressé la parole.

NOTE

1. On se rappellera que c'est plutôt Karla, par l'entremise de son avocat, qui avait été à l'origine de cette fuite.

19

Le sombre passé d'un bureaucrate anonyme

Michael Code interrompit son mouvement, tenant sa fourchette à mi-chemin entre l'assiette et sa bouche, et déclara, indigné, que ma théorie sur le rôle que l'inspecteur Bevan avait joué pour assurer un avenir à Karla n'était qu'un tas de conneries.

«Pas un seul foutu policier, dit-il, n'aurait pu avoir autant d'influence sur le sort d'un témoin complice.»

Les décisions d'une telle gravité étaient prises dans le bureau des procureurs ce qui, à l'époque, voulait dire son propre bureau.

La soirée ne se déroulait pas très bien. C'était en milieu de semaine, au début d'octobre 2001, et j'avais enfin persuadé Code de venir manger avec moi au Bistro 990, à 19 h 30.

Lorsque je l'avais appelé la première fois, il m'avait dit ne pas avoir le temps de revenir sur le passé. Je lui demandai alors si, malgré sa réputation de bourreau de travail, il prenait parfois le temps de manger. Il me répondit qu'il aimait bien manger et qu'il pourrait peut-être, à l'occasion d'un bon repas, aborder le sujet des ententes avec Karla, à la condition que j'accepte que ce qui serait dit ne prenne pas un caractère officiel.

Comme Code m'expliqua, il ne mangeait que très peu au déjeuner et ne prenait jamais de dîner; le souper était donc un repas important pour lui. Il accepta de me rencontrer non seulement parce qu'il devait se nourrir mais aussi parce qu'il se sentait encore irrité devant le fait que le public ne comprenne pas bien les ententes conclues avec Karla, ententes dont il était responsable. C'était lui qui, au ministère de la Justice, tranchait en dernier ressort toutes ces questions.

Heureusement pour moi, nous avions une connaissance commune au sein du monde journalistique, un des très rares journalistes que Michael

Code respectait. Tout comme moi d'ailleurs. Cet ami commun lui avait assuré qu'on pouvait me faire confiance. Par contre, Code demeurait ambivalent, malgré l'avis favorable de notre ami commun. Il pensait que le point de vue du gouvernement était mal compris et qu'aucun porte-parole haut placé au ministère de la Justice ne s'était prononcé publiquement à ce sujet. Mais il était loin d'être convaincu que le public écouterait vraiment ce qu'on dirait.

Je parvins à le convaincre que le sujet était toujours controversé et que le temps qu'il me consacrerait ne serait pas une perte. Le fait que, d'une manière ou d'une autre, Karla sortirait de prison au plus tard en juillet 2005 rendait ses décisions encore plus actuelles qu'au moment où elles avaient été prises. Le public serait grandement intéressé.

Mon ami m'avait prévenu que Michael Code ne tolérait pas les imbéciles, que notre conversation ne serait pas des plus faciles et que je n'obtiendrais peut-être pas ce que je voulais. Cet ami avait vu juste. Un peu comme celles de Karla, les motivations de Michael Code étaient mystérieuses et complexes.

Avant qu'il n'entre au service du ministère de la Justice en 1992, Code était considéré comme un des meilleurs avocats criminalistes du pays. Il avait travaillé dans le petit cabinet privé qu'avaient fondé Clayton Ruby et Marlys Edwardh. Ruby et Edwardh sont des avocats de la défense tenus en haute estime. Ils sont célèbres pour leurs plaidoiries pleines de verve et leur confiance inébranlable en la Charte des droits et libertés. À l'époque, c'est ce cabinet de six avocats qui était le leader en matière de droits fondamentaux. Michael Code avait été l'avocat principal dans plusieurs causes en vue qui avaient donné naissance à de nouveaux recours. Il était un juriste respecté au sein de la profession. Son zèle, que certains qualifiaient d'obsession, était légendaire.

Alors que les avocats du cabinet Ruby, Edwardh pouvaient être considérés comme des libéraux de gauche ou des sociaux-démocrates, Michael Code, lui, détenait une carte de membre en règle du Nouveau Parti démocratique. Au début de 1992, il fit l'impensable pour un avocat de la défense, et passa dans l'autre camp.

La plupart des avocats au bureau du procureur général sont engagés dès leur sortie des facultés de droit. Ils font carrière en gravissant les échelons du ministère. Un emploi au ministère de la Justice représente une sinécure avec salaire régulier et assurance dentaire en prime, ce dont bénéficient bien peu d'avocats dans les pratiques privées.

De plus, dans la plupart des causes, les dés sont pipés en faveur de la poursuite. C'est pourquoi elle gagne plus souvent qu'elle ne perd. Et la majorité des juges sont d'anciens procureurs de la Couronne.

Il existe également une mentalité qui prévaut chez les procureurs qu'on ne retrouve pas chez les francs-tireurs qui s'imposent en tant qu'avocats de la défense.

Il n'est pas inhabituel qu'un bon avocat criminaliste ait fait un stage d'un an dans les bureaux du procureur, mais il est extrêmement rare que, en milieu de carrière, un avocat criminaliste expérimenté et ayant du succès accepte un emploi auprès du procureur général.

Contre toute attente, le Nouveau Parti démocratique forma le gouvernement en Ontario cette année-là. Un bon ami et collègue de Michael Code, Larry Taman, avait été nommé sous-ministre au ministère de la Justice. Il avait persuadé Code de se joindre à lui, non pas comme procureur de la Couronne car Michael n'aurait jamais accepté, mais comme patron de tous les procureurs. Il devint ainsi sous-ministre adjoint aux affaires criminelles. D'une certaine manière, c'était une offre qu'il ne pouvait pas refuser. Le pouvoir agit comme un aimant. Après coup, on se rend compte que la controverse qui avait alors animé la communauté juridique n'était que jalousie professionnelle. La véritable question n'était pas tant de savoir pourquoi il avait accepté le poste, mais plutôt qui de ses confrères n'aurait pas fait la même chose à sa place.

Un des premiers gestes officiels de Michael Code avait été d'approuver un budget d'un million de dollars en vue de créer l'escouade Green Ribbon de l'inspecteur Vince Bevan. Ironiquement, un des meilleurs avocats de la défense du pays devenait le patron des policiers enquêteurs les plus en vue à l'époque. La dynamique produite par une telle association aurait facilement pu servir de trame de fond pour la série *Law and Order*.

De façon intermittente, entre mai 1992 et février 1993, l'inspecteur Bevan dut demander des fonds additionnels. Code approuva ainsi plusieurs nouvelles demandes de crédits de millions de dollars, pour maintenir à flot une des plus importantes escouades policières de l'histoire de la province. À l'occasion, l'inspecteur Bevan se présentait devant Code pour justifier les piètres performances de son escouade.

Peu de temps après la conclusion de l'affaire Bernardo à l'automne 1995, le Nouveau Parti démocratique perdit l'élection au profit des conservateurs, et Michael Code démissionna. Il retourna à la pratique privée et redevint rapidement un des avocats criminalistes les plus en demande au Canada. Au moment de notre rencontre, il était à la tête d'une équipe de huit criminalistes au sein du cabinet Sack, Goldblatt et abattait régulièrement de quatorze à seize heures de travail par jour, six ou sept jours par semaine.

Code arriva en retard à notre première rencontre mais, ce soir-là, cela n'avait pas d'importance. Pour une raison inexplicable, le restaurant était plus achalandé qu'à l'habitude. Il arriva à 20 h, mais nous ne prî mes place qu'à 21 h 30. On nous offrit la grande table ronde devant l fenêtre près du bar. M. Code aurait nettement préféré s'asseoir dans l salle à manger.

« Ne deviez-vous pas faire de réservation ? » lança-t-il d'un ton cassant J'avais fait une réservation, mais c'était une de ces soirées où les gens une fois à table, ne semblent plus vouloir quitter leur place. Si nous avion réclamé une table dans la salle à manger, nous serions encore debout à attendre près du bar. Je tentai de le lui expliquer, mais, d'un geste de la main, il rejeta mes arguments comme s'il s'agissait d'un raisonnement juri dique de piètre qualité.

La conversation jusque-là avait été presque impossible à cause du vacarme, et j'avais capitulé en vidant deux ou trois grands martinis, ce qu eut l'effet de m'abrutir.

Je mis donc du temps à réaliser que Michael Code était un oiseau rare un bouddhiste égocentrique.

Tous les grands criminalistes ont un ego démesuré. Dans une cause cri minelle, les avocats de la défense sont les éternels perdants. Ils sont égale ment des acteurs car le tribunal est une scène, comme au théâtre. Cepen dant, un avocat de la défense doit être capable de réfléchir, et son public es généralement restreint ou rarement de son côté. Sans une perception déme surée de leur propre importance, et une croyance assez romantique en une juste cause, les avocats de la défense n'existeraient tout simplement pas, e encore moins les as du domaine.

J'ai connu plusieurs avocats ayant un fort ego, mais je n'en avais encore jamais rencontré qui soit bouddhiste également. Le bouddhisme prêche une acceptation passive du monde tel qu'il est. Il s'agit presque d'un abandon béat du soi et du désir, alors que le droit, tel que Michae Code l'exerçait, était un véritable combat. Le monde du droit criminel es composé d'atrocités, de punitions, de remords, de désirs, de luttes, de débats et d'un mépris des choses telles qu'elles sont.

Nous étions finalement attablés, et je dégustai l'excellent chablis don le choix avait été approuvé par M. Code, avant de lui exposer ma théorie su l'importance du rôle de Vince Bevan dans la conclusion de la première entente avec Karla. Aussitôt, il taxa ma théorie de tas de conneries.

Pour tenter d'étayer ma thèse, je lui demandai s'il était au fait des cir constances exactes qui avaient conduit Karla au bureau de George Walker

– Étiez-vous au courant au sujet de la montre Mickey Mouse ? demandai-je d'abord.

– Non.

– Étiez-vous au courant qu'il y avait eu deux mandats de perquisition… celui de la police de Toronto et celui de l'inspecteur Bevan et de son escouade Green Ribbon ?

– Vaguement, en quoi cela est-il pertinent ?

– Avez-vous examiné le contenu des mandats de perquisition ?

– Non.

Je lui demandai ensuite s'il avait pris connaissance des transcriptions du premier interrogatoire de Karla Homolka mené par la police de Toronto, le seul où les policiers avaient agi comme des enquêteurs et non comme les assistants et les sténographes qu'ils étaient devenus par la suite.

Il ne l'avait pas fait.

– Vous n'êtes donc pas au courant qu'elle a menti aux policiers à ce moment, dis-je.

– Quelle différence cela aurait-il fait si j'avais été au courant ?

– Saviez-vous que l'inspecteur Bevan avait envoyé deux de ses détectives au domicile de George Walker à 23 h 30, le 11 février 1993 ?

– Non.

– Vous ne pouviez donc pas savoir que ces policiers avaient dit à Walker, conformément aux instructions de l'inspecteur Bevan, que la police et la poursuite étaient disposées à négocier toute entente nécessaire pour que la nouvelle cliente de Walker accepte de témoigner contre son mari. Est-ce que je me trompe ?

– Non.

– Étiez-vous au courant des circonstances ayant précipité l'arrestation de Bernardo ?

– Vaguement. Cela avait quelque chose à voir avec les médias, n'est-ce pas ?

En plein la réponse que l'inspecteur Bevan aurait souhaité entendre.

– N'avez-vous jamais lu la déclaration de l'inspecteur Bevan, ou celle des autres policiers impliqués dans l'affaire ?

– Non.

Je le questionnai ensuite au sujet de la preuve par vidéocassettes. N'avait-il pas trouvé matière à réflexion dans le comportement de Karla dans la vidéo porno amateur d'une heure et demie qu'elle et Paul avaient tourné, celle où elle jouait le rôle de sa sœur morte depuis peu ? Cela ne donnait-il pas à réfléchir, au moins quant à l'état d'esprit et à l'attitude de Karla ?

Il n'avait jamais visionné la vidéo.

– Et les autres cassettes ? demandai-je, interloqué. Avez-vous visionné l'une ou l'autre des autres vidéos – celles qui montrent les agressions commises contre Tammy Lyn, Mahaffy et French ?

– Non, répondit-il, plutôt blasé.
La seule preuve vidéo qu'il avait vue était la séquence de treize minutes où Karla et Paul avaient agressé Jane Doe, le 7 juin 1991.

Je me demandais comment il avait pu décider de conclure une
deuxième entente avec Karla, celle qui lui donnait l'absolution pour Jane
Doe, sans avoir passé en revue toute la preuve, toutes les dépositions de
Karla, toutes les déclarations des policiers, tous les comptes rendus de
leurs rencontres avec ses amies ainsi que les centaines d'heures de déposition de Karla devant les policiers.

Et, puisqu'il n'avait pas révisé l'ensemble de la preuve à sa disposition,
comment avait-il pu évaluer la sincérité, ou la crédibilité de Karla, et déterminer de façon convaincante si oui ou non elle mentait lorsqu'elle disait ne
pas du tout se souvenir d'avoir drogué puis violé Jane Doe, seulement six
mois après avoir fait exactement la même chose avec sa sœur ?

Cependant, je ne le questionnai pas là-dessus, lors de cette première
rencontre. Je lui posai mes questions au cours des mois qui suivirent mais,
avec le recul, je réalise que c'est en repensant à notre conversation le
lendemain que j'arrivai à les formuler.

Mais ce soir-là, je posai néanmoins une question qui concernait directement l'agression contre Jane Doe et qui, selon moi, fournissait une autre
explication possible du comportement de Karla.

C'est Karla seule qui avait pris l'initiative d'attirer la jeune fille.
Bernardo n'était pas à la maison. J'imagine qu'il était dans son auto, tournant en cercles de plus en plus serrés, tel un requin, à l'affût du sang.

Paul Bernardo ne connaissait pas du tout Jane Doe. Il ne l'avait jamais
vue. Karla ne lui en avait jamais parlé non plus. Dans la démence des événements, Tammy Lyn – selon l'aveu même de Karla – avait constitué un
cadeau de Noël et, seulement six mois après la mort de Tammy, Jane Doe
devenait un cadeau de mariage. La grande différence entre les deux, outre
le fait que l'une soit morte et l'autre pas, était que Jane Doe constituait une
surprise complète pour Bernardo.

Je voulais savoir si Michael Code était au courant de l'aventure que
Bernardo avait eue avec Alison Worthington, une infirmière ayant une
préférence marquée pour la sodomie que Paul Bernardo avait rencontrée en
Floride, juste avant l'agression contre Jane Doe.

Cette infirmière jouait un rôle très important car elle nous révélait
l'état d'esprit de Karla lorsqu'elle avait attiré Jane Doe. Je comparais Jane
Doe à la licorne attachée à un arbre dans la clairière. À son retour de
Floride, où il avait passé de folles vacances en célibataire à la fin du printemps de cette année-là, Paul avait parlé d'Alison à Karla. Il l'avait même

ait passer pour sa jeune sœur lorsque Alison, alors en Caroline du Sud, avait appelé Paul à la maison. Bien qu'il ne soit pas très connu, cet élément le preuve faisait partie des dossiers. Paul avait dit à Karla qu'Alison adorait la sodomie. Karla n'appréciait pas du tout. Paul avait aussi dit qu'Alison possédait une Camaro toute neuve et qu'elle avait un bien meilleur emploi que Karla. Karla ne savait pas conduire – elle prétendit par la suite que Paul ne voulait pas qu'elle conduise – et ne rapportait qu'un maigre 200 $ par semaine de la clinique vétérinaire. Paul avait également dit à Karla qu'il pensait être amoureux d'Alison, et que lui et Karla devraient peut-être reporter leur mariage jusqu'à ce qu'il sache quels étaient ses véritables sentiments.

Michael Code n'avait jamais entendu parler d'Alison Worthington.

Mon sentiment de frustration était à son comble. Pendant l'interminable période où nous avions vainement tenté de faire la conversation, debout dans le tapage du bar, j'avais tout de même réussi à déduire que Michael vivait seul. Passant du coq à l'âne, je lui demandai s'il avait un animal familier. C'était une façon de manifester mon incrédulité croissante. S'il saisit la manœuvre, il n'en laissa rien paraître.

– En effet, dit-il juste avant d'avaler une gorgée du café espagnol qu'on venait de nous servir. J'ai un chat sauvage du Vermont[1].

– Il doit donc venir du Vermont, fis-je.

– Je l'ai adopté il y a plusieurs années, alors que je faisais une retraite au Vermont. Il est venu vers moi, sur la montagne, il était redevenu sauvage à ce moment-là.

J'hallucinais. Il était grand temps de partir. Mais je risquai plutôt une dernière question. Je lui demandai s'il avait au moins relu les transcriptions du contre-interrogatoire de Karla Homolka mené par Carolyn MacDonald et Ken Murray en juin 1994. Karla n'avait cessé de mentir sous serment pendant ces trois jours de contre-interrogatoire, contrevenant ainsi à l'entente qu'elle avait signée en mai 1993.

Autant lui avoir parlé des voyous Dharma[2]. Il railla : « Évidemment que je ne les ai pas lues. Ken Murray est un parfait imbécile. »

Ken Murray avait été le tout premier avocat de Bernardo. Son orgueil et sa stupidité en avaient fait un paria, et Murray devint ainsi l'agneau sacrificiel permettant d'absoudre tous les péchés des autorités.

Par une étrange succession d'événements et de coïncidences, Ken Murray avait mis la main sur les éléments de preuve vidéo qui avaient échappé à l'inspecteur Bevan et à ses hommes pendant les soixante-neuf jours de perquisition au domicile conjugal de Paul et Karla.

Le 6 mai 1993, au lendemain de l'expiration des mandats de perquisi
tion, Murray s'était rendu directement à la cachette en suivant le plan rudi‐
mentaire que lui avait fourni son client. Il était entré dans la maison de
Bernardo, à Port Dalhousie, pour récupérer un paquet contenant six vidéo
cassettes de format 8 mm, caché derrière un plafonnier de la salle de bai
à l'étage.

La trouvaille de Murray fut mise au jour lorsque le malheureux avoca
démissionna tellement la situation était devenue insoutenable pour lui. L
dilemme auquel il faisait face le poussa à aller frapper à la porte d'un autre
avocat bien en vue, John Rosen, qu'il supplia d'accepter le dossier. C
n'est qu'après que Rosen eut donné son accord que Murray lui remit le
vidéocassettes. En septembre 1994, Rosen les rendit aux autorités, mais
contrecœur puisque la loi qui l'y obligeait était plutôt vague.

Peu après la condamnation de Bernardo, le ministère ouvrit une vaste
enquête au sujet des gestes posés par Ken Murray, et des accusations cri‐
minelles furent portées. Certains motifs d'inculpation étaient sérieux
notamment l'obstruction à la justice, alors que d'autres étaient absurdes e
inspirés par la vengeance, telle l'accusation de possession de matériel por‐
nographique infantile. Sa carrière était ruinée et, s'il était reconnu coupa‐
ble, cet avocat dans la cinquantaine irait moisir pendant dix ou vingt ans e
prison.

Les avocats en général n'ont pas une grande cote de popularité. Le
avocats qui défendent des monstres et qui posent des gestes douteux son
vite perçus comme étant plus vils et abjects qu'une couleuvre. Ken Murray
devenait donc une cible très facile. On allait donc se servir de lui pour dis‐
simuler toutes les bourdes commises lors des enquêtes policières, de même
que la complicité du ministère de la Justice dans les deux ententes conclue
avec Karla Homolka.

À partir du moment où Murray avait rendu les vidéocassettes, la posi‐
tion officielle adoptée par le bureau du procureur et la police devint : « S
seulement Ken Murray n'avait pas dissimulé ces cassettes, si seulement i
avait fait ce qu'il aurait dû faire et les avait remises aux autorités dès le
6 mai, les ententes avec Karla Homolka n'auraient jamais été conclues le
14 mai 1993. »

L'entente avec Karla, comme toute autre entente d'ailleurs, avait été
conclue bien avant que quiconque n'appose sa signature au bas d'un bou
de papier. Un marchandage avait été fait avec Karla pour permettre à Bevar
de participer à l'arrestation de Paul Bernardo et de perquisitionner dans la
maison du couple. La situation avait-elle été vraiment aussi simple ? Du
point de vue de l'inspecteur Bevan, oui. Comment autrement expliquer so

comportement et l'arrestation opportuniste et irrégulière de Paul Bernardo ? Mais, en cette sorte de choses, il est clair que les perceptions ont souvent plus de poids que la réalité. La réalité est trop complexe à comprendre et, tout à coup, les faits ne veulent plus rien dire.

Hormis l'accusation d'obstruction à la justice, toutes les accusations portées contre Ken Murray étaient ridicules. Une accusation de « possession de matériel pornographique infantile » tend en soi à ruiner la vie et la carrière de celui contre qui elle est portée, qu'il soit coupable ou non. Cette accusation ainsi que sept autres furent abandonnées au cours des deux années et demie qui s'écoulèrent avant que Murray ne soit jugé. À la fin d'un procès à sensation qui se déroula au cours de l'été 2000, Ken Murray fut acquitté de la seule accusation qui restait, soit l'obstruction à la justice.

Les poursuites intentées contre cet homme et la publicité qui entoura les procédures n'étaient qu'un subterfuge, et elles atteignirent leur but. Le fait que Murray ait été acquitté n'avait aucune importance. Dans l'esprit du public, Murray demeurait le salaud d'avocat responsable des terribles ententes conclues avec la garce meurtrière. Ken Murray devint le catalyseur qui transforma en danse élégante les énormes faux pas des autorités.

À la seule mention du nom de Ken Murray, Michael Code se transforma en être irrationnel et il ignora la question et ce qu'elle impliquait. Il devint tout simplement impénétrable.

– Écoutez, dit-il. À bien y penser, je n'ai pas du tout envie de déterrer toute cette affaire. Cela a été une des pires expériences de ma vie. C'était une véritable torture que j'ai dû revivre plusieurs fois, tant dans ma tête qu'avec d'autres intervenants. Vous n'avez qu'à lire le rapport de Patrick Galligan, tout est là. J'y ai grandement contribué. Il a écouté attentivement ce que j'avais à dire, et son rapport reflète fidèlement ma façon de voir les choses à l'époque, ainsi que les raisons pour lesquelles j'ai agi comme je l'ai fait. Une fois que vous l'aurez lu, on se reparlera peut-être…

Il se leva de table.

– Vous voulez que je vous dépose ? ajouta-t-il.

Aucune parole ne fut échangée pendant les cinq minutes du trajet jusqu'à mon hôtel. Je lui dis : « Bonne nuit », et il s'en fut nourrir son chat sauvage vermontois.

NOTES

1. NdT : En anglais *wild cat*, mais il ne s'agissait que d'un chat domestique retourné à un état semi-sauvage.
2. NdT : En anglais *Dharma bums*, expression associée à l'univers de Jack Kerouac mais surtout récupérée par un groupe musical plutôt bruyant.

20

« Je ne me fais pas l'avocat de Karla Homolka »

En relisant le rapport du juge Patrick Galligan, je compris pourquoi j'avais été scandalisé lors de son dépôt en mars 1996. À l'époque, à la télévision nationale, j'avais qualifié ce rapport de véritable opération de blanchiment, et ça l'est. Non parce que c'est un document malhonnête ou parce que le juge était mal intentionné. Je suis persuadé que le juge Patrick Galligan est un homme intelligent, pondéré et un travailleur acharné. C'était une opération de blanchiment parce que ce rapport accepte telle quelle la version des faits de Karla et ignore des éléments de preuve cruciaux qui jettent sur le comportement et les motivations de Karla une lumière complètement différente. Il confirme le vieux proverbe tchécoslovaque selon lequel le point le plus sombre se trouve directement sous la lumière. Les feux de la rampe illuminaient Karla depuis plusieurs années déjà, mais aucune lumière ne semblait atteindre ce point noir.

Dans son rapport, le juge va jusqu'à reconnaître ce fait. Il affirme qu'il n'a pas « analysé en détail la preuve soutenant que Karla Homolka a été violentée par Paul Bernardo ni examiné à quel point elle aurait été entièrement sous son contrôle et sa domination ».

Bien qu'il aurait pu le faire, le juge décida de ne pas vérifier ce que Karla avait dit, ni de revoir tout élément de preuve pouvant contredire sa version des faits. Il accepta plutôt ses déclarations mot à mot, car les gens dont il devait évaluer la conduite et les motifs les avaient eux-mêmes acceptées. À mes yeux, ce genre de tautologie elliptique constitue une opération de blanchiment.

La clé de la lecture de ce rapport réside dans les mots qu'emploie le juge. Par exemple, dans sa « chronologie des événements importants »

(p. 226, annexe B de son rapport), il affirme qu'à l'été 1988 « Paul Bernardo a commencé à battre Karla Homolka ». Il n'existe absolument aucune preuve attestant ce fait.

En réalité, plusieurs éléments prouvent le contraire, y compris les dossiers médicaux des nombreux médecins que Karla a consultés en 1988 et 1989, ainsi que l'ensemble des déclarations recueillies par la police auprès de la famille, des amis et des collègues de Karla. Plusieurs photos de cette époque, dont dix-neuf Polaroïds carrément pornographiques pris au cours de l'été 1988, montrent un corps d'adolescente parfait, épanoui et voluptueux. Dans tous ces clichés, son visage exprime l'extase complice. Il n'y a aucune trace de peur dans ses yeux et aucune marque de coups sur son corps.

Dans ses notes concernant l'année 1989, le juge Galligan écrit : « Paul Bernardo se met à critiquer de plus en plus Karla Homolka, il l'insulte, en criant et en hurlant.»

Encore une fois, la seule preuve à l'appui de ces affirmations provient de Karla, au moment où tout était réglé pour elle et qu'elle savait exactement ce dont la police et les procureurs avaient besoin et ce qu'ils voulaient entendre. À plusieurs reprises, alors qu'elle venait de donner des détails précis sur la façon dont elle avait été préparée à témoigner, elle avait ajouté : « Je sais que c'est ce que vous voulez entendre.»

À la fin du printemps et au début de l'été 1990, Galligan note que « Paul Bernardo dit à Karla Homolka qu'il veut qu'elle lui emmène des esclaves sexuelles dans la demeure de ses parents à elle.»

La seule mention vérifiable au sujet de la recherche d'esclaves sexuelles se trouve dans l'exposé qu'en fait Karla dans une vidéo porno d'une heure et demie que Paul et elle ont tournée le 6 janvier 1991, peu après l'assassinat de Tammy Lyn, et dans laquelle Karla jouait le rôle de sa défunte sœur.

Bien que Karla ait soutenu, comme pour tout le reste, que Paul Bernardo lui avait dicté ce qu'elle devait dire, son dialogue dans cette vidéo était remarquablement spontané et naturel. Elle a de plus avoué à la police que tout avait été improvisé, qu'il n'y avait pas de scénario écrit : « C'était comme si je savais ce qu'il voulait que je dise.» Ou bien elle était une actrice-née, douée de talents remarquables et innovateurs, ou bien elle mentait.

« Paul Bernardo demande à Karla Homolka de faire semblant d'être sa sœur Tammy pendant leurs relations sexuelles… Paul Bernardo dit à Karla Homolka qu'il veut avoir des relations sexuelles avec Tammy Homolka ; discussions sur la meilleure manière de se procurer des drogues pour mieux en arriver à cet objectif.»

Toutes les conversations à propos des drogues ou de leur usage ont été faites à l'initiative de Karla. Paul Bernardo ne connaissait rien à propos des somnifères, et encore moins au sujet des anesthésiques comme l'Halothane. Par contre, Karla en connaissait beaucoup à ce sujet et s'était documentée sur plusieurs sortes de somnifères et d'anesthésiques dans le *Compendium des spécialités pharmaceutiques* que médecins et vétérinaires consultent. Elle en avait «emprunté» un exemplaire à la clinique vétérinaire où elle travaillait. La police l'a retrouvé près de son lit. Elle avait surligné les passages sur l'Halothane, la Kétamine, le Somnotol et l'Halcion à l'aide d'un marqueur orange. Il existe aussi de nombreuses preuves établissant que Karla aurait conservé des comprimés de Valium pulvérisés dans son trousseau de mariage. Elle s'en serait servie pour saupoudrer la nourriture et les boissons de sa sœur au cours de l'été 1990. Ce n'est qu'après avoir constaté que ça ne marchait pas qu'elle se serait rabattue sur des produits plus puissants. Tout cela fait partie des documents officiels que le juge semble avoir complètement ignoré.

Selon le rapport du juge, le 28 décembre 1990, soit moins d'une semaine après que Paul et Karla eurent assassiné Tammy Lyn, «Paul Bernardo ordonne à Karla de se procurer plus d'Halcion». Puis, le 25 mars 1991, après qu'ils eurent emménagé ensemble au 57 Bayview, «Karla Homolka se procure d'autres comprimés d'Halcion pour le compte de Paul Bernardo».

Le juge ne mentionne nulle part dans sa chronologie que l'idée de la mixture mortelle d'Halothane et d'Halcion venait entièrement de Karla, ni qu'en plus de se «procurer» d'autres cachets d'Halcion en les volant à son employeur, elle avait aussi dérobé de l'Halothane dans l'armoire de la pharmacie dont elle avait la responsabilité, ni qu'elle avait agi ainsi en dépit du fait que la mort de sa sœur avait dramatiquement confirmé la véracité des contre-indications du *Compendium* à propos d'un usage non clinique de l'Halcion et de l'Halothane.

Le rapport du juge Galligan ne dit pas non plus que, avant l'assassinat de la sœur de Karla, Paul Bernardo travaillait à plein temps à Toronto et que les amants fous ne se voyaient que les fins de semaine.

Bien que le juge Galligan évoque les grands théoriciens et cliniciens en matière de syndrome de la femme battue, dont les docteurs Angela Browne, Lenore Walker et Charles Patrick Ewing, il ne tient pas compte du fait que l'expérience clinique de ces trois spécialistes indique qu'avant qu'un diagnostic du syndrome de la femme battue ne soit posé, une femme doit avoir subi au moins trois cycles clairement définis de violence, s'étendant sur au moins sept ans.

Or, le mariage de Paul et Karla n'aura duré qu'environ un an et demi et ils se connaissaient depuis bien moins que sept ans lorsque leur union craqua.

Le juge n'aborde pas non plus le fait que le syndrome de la femme battue, dont Karla se disait victime, n'afflige jamais des femmes habitant avec leur famille ou leurs amies, travaillant à plein temps et menant généralement une vie normale et heureuse, tel que l'ensemble de la preuve l'avait démontré dans le cas de Karla, y compris ses propres dépositions. Ce n'est que plus tard, après qu'elle eut compris « ce qu'ils voulaient entendre » que son histoire se mit à être systématiquement réinventée.

De plus, le juge ne précise pas le fait que Paul Bernardo n'avait violé personne avant sa rencontre avec Karla. Il ne tient pas davantage compte du fait qu'aucune des victimes de Paul Bernardo n'était morte jusqu'au jour où Karla devint une complice active.

Le juge ne fait pas du tout allusion au fait qu'il arrive parfois, bien que rarement, que les femmes battues attaquent et tuent celui qui les maltraite, mais que jamais, du moins selon l'abondante documentation sur le sujet, elles n'en viennent à attaquer et à tuer une sœur ou de parfaites étrangères à la suite des mauvais traitements qu'elles leur ont fait subir.

Selon moi, les préjugés de Galligan tiennent en un paragraphe dans son rapport de trois cent trente-quatre pages. Il confirme que Karla a été interrogée par la police et les procureurs pendant des centaines d'heures.

« L'inspecteur Bevan m'a dit qu'il estimait que la durée des interrogatoires devait atteindre les quatre cents heures… Et j'ai passé un nombre incalculable d'heures à lire ses nombreuses déclarations à la police, ainsi que les transcriptions de ses interrogatoires et de son témoignage en cour. Je suis convaincu qu'on ne peut tout simplement pas conclure qu'elle aurait dissimulé quelque renseignement d'importance que ce soit, depuis le 14 février 1993 jusqu'à ce jour, au sujet de sa participation à ces crimes horribles. Je ne me fais pas l'avocat de Karla Homolka. »

21

Décoder M. Code

J'appelai Michael Code pour lui dire que j'avais relu le rapport Galligan et il accepta de me rencontrer de nouveau lors d'un souper tardif en février 2002. Cette fois, il eut une heure et demie de retard. J'étais sur le point de jeter l'éponge quand je le vis soudainement apparaître, se confondant en excuses. Il était l'avocat d'un des accusés dans l'affaire entourant l'explosion d'un appareil de la compagnie Air India, et ce dossier l'obligeait à faire sans cesse l'aller-retour en Colombie-Britannique. Pour les fêtes, il s'était rendu à son chalet au lac Pender. Ce chalet était ce que Michael Code possédait de plus précieux. C'était pour lui un havre de paix où il pouvait renouer avec la nature. Il l'avait construit lui-même et, selon tous les avis, c'était une construction d'une intégrité architecturale remarquable, dans la plus pure tradition d'intégration environnementale propre à l'architecte Frank Lloyd Wright. C'était le seul chalet construit sur une île isolée, et il était à peine visible de l'eau.

La chambre à coucher était une mezzanine à aire ouverte située environ cinq mètres au-dessus du rez-de-chaussée. Un soir, Code était rentré tard, s'était fait cuire un steak, avait bu quelques verres de vin puis était allé se coucher... Au petit matin, il s'était réveillé sur le plancher du rez-de-chaussée, étourdi, transi et sérieusement blessé. Il ne se souvenait de rien mais, apparemment, il s'était levé à moitié endormi pendant la nuit, sans doute pour se rendre à la salle de bain, et avait chuté par mégarde. Il n'y avait pas de garde-fou à l'étage. Il avait quelques côtes fracturées, mais la seule façon d'obtenir de l'aide était de prendre le bateau. Il lui il avait fallu une demi-heure pour traverser la baie jusqu'à la terre ferme, puis avait pris sa voiture pour se rendre à l'hôpital le plus près. Le déplacement avait été extrêmement douloureux. Il était arrivé à l'hôpital en piteux état. Il était tombé sur le côté et l'enflure était devenue grosse comme un ballon d'exercice. Cela faisait des semaines qu'il récupérait et il commençait à peine à se sentir mieux.

Cette fois, nous n'eûmes aucune difficulté à obtenir une table dans la salle à manger. En l'attendant, j'avais eu le temps de lire tous les journaux, y compris le *New York Times*. J'avais de nouveau consommé plus qu'un nombre acceptable de martinis mais, cette fois, cela m'avait donné de la contenance. La relecture du rapport Galligan avait tellement exacerbé mon indignation que les martinis avaient eu l'effet contraire à celui attendu. J'étais pleinement en possession de mes moyens.

Code me demanda d'être indulgent envers lui car il n'avait pas eu le temps encore de relire le rapport. C'est à ce moment que je compris qu'il ne prenait pas cela à cœur soit parce que j'avais raison sur toute la ligne au sujet des machinations qui avaient mené à la conclusion des ententes avec Karla, soit parce qu'il doutait de mes capacités à comprendre les complications juridiques auxquelles il avait eu à faire face. D'une manière ou d'une autre, il ne s'attendait manifestement pas à tirer ni bénéfice ni rédemption de notre échange.

Je lui indiquai ce que j'estimais être le défaut intrinsèque du rapport. Sans faire preuve d'esprit critique, le juge avait accepté les boniments de Karla, à savoir que Paul l'avait forcée en toutes choses, malgré la montagne de preuves indiquant plutôt le contraire.

Code répondit que, si sa mémoire était bonne, le juge avait lu pratiquement chaque mot prononcé par Karla au cours de cette enquête, d'abord dans ses premières déclarations à la police, puis dans ses nombreuses autres dépositions entre le moment de son incarcération en 1993 et le procès de Paul Bernardo en 1995. Toujours selon Code, le juge avait également révisé le témoignage et le contre-interrogatoire de Karla lors du procès, s'attardant particulièrement aux dix jours qu'elle avait passés à la barre des témoins, lors du contre-interrogatoire mené par John Rosen, un des meilleurs avocats du pays.

– N'est-ce pas ?

– Oui, fis-je. C'est ce qu'il dit, mais ce sont également les seules choses que Karla a dites au sujet de ce qui s'est passé.

– N'avait-il pas également consulté tous les rapports psychologiques et psychiatriques ?

En effet, il les avait consultés. Galligan affirmait que les diagnostics établissaient tous que Karla était une femme battue ou violentée souffrant d'un « trouble du stress post-traumatique ».

Dans son rapport, Galligan faisait référence aux docteurs Arndt, Long, Malcolm, Hatcher, Hucker, MacDonald et Jaffe, qui avaient tous évoqué les troubles de mémoire de Karla. Le juge citait notamment le docteur Malcolm qui avait noté des antécédents de « perte de mémoire » qu'il attribuait à de « l'anesthésie émotionnelle ».

L'expression « anesthésie émotionnelle » m'avait frappé. Comme tant de choses entourant Karla, ces mots étaient involontairement ironiques. L'anesthésie émotionnelle n'est pas une expression diagnostique que l'on trouve dans le *DSM-IV-R*, ni dans les ouvrages psychiatriques. C'était une belle ellipse issue de l'imagination du docteur Malcolm. Il laissait entendre par là que les émotions de Karla avaient été endormies au point d'être inopérantes, ce qui supposait qu'elle avait agi contre son gré, sans qu'elle en ait eu conscience, comme si elle avait été une tierce personne au moment des délits. Malcolm lui conférait ainsi un état d'esprit proche de celui que Karla avait induit chez sa sœur puis chez Jane Doe.

Le juge Galligan s'attardait particulièrement au docteur Roy Brown, à qui le Service correctionnel avait confié le cas de Karla. Il constatait que, après l'incarcération de Karla, le docteur Brown avait confirmé le diagnostic, établi par ses confrères, de dysthymie ou dépression réactive, ainsi que de « trouble du stress post-traumatique ».

Le juge avait abondamment cité le docteur Brown au sujet du « trouble du stress post-traumatique » :

> Le *Diagnostic and Statistical Manual of Mental Disorders* [1] (DSM) définit ce trouble comme l'apparition de symptômes caractéristiques à la suite d'un événement psychologiquement traumatisant qui est généralement au-delà de ce qui fait partie des expériences humaines habituelles. Les facteurs de stress pouvant engendrer ce trouble comprennent différents désastres naturels ou des catastrophes, accidentelles ou délibérées, causées par l'intervention humaine (bombardements, torture, camps de la mort).
>
> Le trouble est apparemment plus grave et risque de durer plus longtemps si le facteur de stress est d'origine humaine.

Ce détail également m'avait frappé. Le docteur Brown signifiait par là que le comportement inhumain de l'homme envers ses semblables semble plus dévastateur au plan psychologique que les raz de marée et les tornades. Si c'est vrai, cela veut dire que l'histoire ne nous a rien appris. Ou alors peut-être est-ce un phénomène n'affectant que les Blancs de la classe moyenne nés en Amérique du Nord depuis la fin de la Seconde Guerre mondiale.

Les symptômes les plus courants sont la dépression, « l'insensibilité psychique » ou la perte d'émotions et d'intérêt dans les activités sociales, des troubles de mémoire et de la difficulté à se concentrer.

Le juge Galligan reprenait également la conclusion du docteur Brown.

Je suis d'avis que Karla a toujours été sincère en évoquant son passé dans cette affaire. Elle ne se souvient toujours pas de sa participation dans l'affaire de Jane Doe, ce qui est cohérent avec le fait qu'elle a agi contre son gré et sous le contrôle autoritaire de son ex-mari.

Le fait que Karla ait été à l'origine de l'agression, qu'elle ait elle-même attiré et drogué Jane Doe pendant que son mari était absent, semble avoir échappé au docteur Brown. Il est encore plus intéressant de constater que cette fausse déclaration a également échappé au juge, en dépit du fait qu'il avait accès aux faits, tels qu'exposés lors du procès de Bernardo.

Le juge poursuivait en disant que les docteurs Stephen Hucker et Chris Hatcher partageaient l'avis des docteurs Arndt, Long, Malcolm et Brown. Hucker avait examiné Karla pendant dix heures et avait consulté une grande partie de la documentation, y compris le matériel vidéo. Le docteur Hatcher l'avait interviewée pendant six heures et avait rencontré un grand nombre de personnes pouvant lui fournir des renseignements au sujet de sa vie. Il en arrivait lui aussi aux même conclusions que tous ses collègues. Le juge Galligan n'oubliait pas le docteur Angus McDonald non plus.

Il indiquait que le docteur McDonald avait « constaté que tous ses confrères étaient d'accord avec son diagnostic ». Le juge soulignait la consommation abusive d'alcool et la présence d'une déviance sexuelle, surtout de type de sadomasochiste. Il commentait également l'article sur les « victimes complaisantes du sadique sexuel ».

Comparant le cas de Karla à l'article sur les victimes complaisantes, le docteur McDonald mentionnait dans son rapport que « le nombre de similitudes est si frappant que ce cas mérite une attention particulière ».

Le fait qu'il existe bien plus de différences que de similitudes entre cet article et le cas de Karla n'a été relevé par personne. Par exemple, les Hooker avaient un enfant, pas les Bernardo. Les Hooker n'ont enlevé qu'une seule femme, les Bernardo ont enlevé, violé ou tué quatre adolescentes, y compris la sœur de Karla. Les Hooker n'ont jamais tué personne.

La seule victime des Hooker, Colleen Stan, a été maintenue en captivité pendant sept ans. Après avoir signé un contrat d'esclavage, on lui permis d'aller et venir avec une certaine liberté.

Jane Doe, la seule victime ayant survécu aux Bernardo, n'est jamais devenue leur esclave, n'a pas été torturée et n'a pas été impliquée dans des rituels sadomasochistes. Elle a de son plein gré fait des fellations à Paul Bernardo à maintes reprises. Et elle ne se doutait pas qu'elle avait été droguée puis violée, jusqu'à ce que la police le lui apprenne, deux ans après le fait.

Galligan avait accordé tellement d'importance à l'article sur les victimes complaisantes qu'il l'avait inclus intégralement dans les annexes du rapport.

Il soulignait le fait que le docteur Jaffe ait consulté les experts internationaux en matière de syndrome de la femme battue. «Le docteur Jaffe a également conclu que dans ce cas de Karla, le diagnostic de femme battue souffrant du trouble du stress post-traumatique est justifié.»

Le docteur Jaffe a affirmé que «l'incapacité de la patiente à révéler les détails de l'agression contre Jane Doe n'est pas inhabituelle chez une personne ayant subi un traumatisme». Il disait que les personnes traumatisées arrivent à se souvenir de certains détails avec beaucoup de précision, d'autres que très vaguement alors que d'autres encore leur échappent totalement.

Le juge Galligan notait que «le docteur Jaffe n'était pas surpris qu'elle ne se souvienne pas de l'agression du 7 juin 1991 contre Jane Doe. Il dit avoir constaté dans d'autres cas de violence un processus de révélation "incrémentielle" et ne trouve donc pas inhabituel le fait que Karla Homolka ne se souvienne pas de tout. Il ne serait pas étonné que d'autres détails refassent surface avec le temps.»

Le juge Galligan concluait en disant que «l'avis des experts soutient totalement» les affirmations de Karla lorsqu'elle dit ne pas se souvenir de quelque chose, et, par conséquent, elle n'aurait pu être trouvée coupable de parjure.

– Nous partagions l'avis des experts, dit Code. Il y en avait eu huit ou neuf, si je me rappelle bien. Ils s'entendaient tous. Je vous concède que la première entente a eu beaucoup d'influence sur nos délibérations visant à déterminer si nous devions ou non l'inculper en relation avec l'affaire Jane Doe. Dans une large mesure, nous étions limités par cette première entente.

– Ce qui apparaît comme étant fondamental ici, dis-je, c'est que cette première entente vous empêchait grandement de modifier la nature de vos rapports avec Karla. Mais à quoi Bevan pouvait-il bien penser en arrêtant Bernardo le 17 février? Selon vos instructions, le procureur Murray Segal venait à peine de rencontrer l'avocat de Karla pour la première fois, le dimanche précédent.

– C'était un geste incroyablement stupide de la part de Bevan, j'en conviens. Nous avons retiré les accusations presque aussitôt.

– Exactement… Ça confirme ce que je disais : les accusations de viol, portées à Toronto, étaient suffisamment fondées pour le garder en prison – sans caution. Pourquoi pensez-vous que Bevan a estimé pouvoir agir comme il l'a fait ? Quelles preuves avait-il pour arrêter Bernardo avant même d'avoir commencé à chercher dans la maison la preuve qu'il n'avait pas en sa possession ?

Code ne m'écoutait pas.

– Comment diable voulez-vous que je sache ce qui se passe dans la tête d'un policier ? répondit-il, comme si j'avais interrompu son raisonnement avec une ânerie déplacée.

Indépendamment des raisons qui avaient motivé la première entente, Code ne pouvait faire abstraction de ce qui avait été précédemment signé lorsqu'il fut question d'inculper ou non Karla pour l'agression du 7 juin contre Jane Doe.

Il insista sur le fait que la poursuite avait absolument eu besoin de Karla pour étayer le dossier de l'inspecteur Bevan impliquant Bernardo dans des affaires de meurtre. De plus, un esprit juridique aussi vif que celui de George Walker aurait, selon ses propres dires, certainement créé un immense bourbier juridique si le bureau du procureur avait inculpé sa cliente pour l'agression contre Jane Doe.

Pour Walker, les trous de mémoire de Karla au sujet de Jane Doe étaient « inoffensifs » et faisaient partie des termes et de l'esprit du marchandage judiciaire de mai 1993. Walker avait prévenu Galligan qu'il aurait vigoureusement protesté si Code avait décidé de porter contre Karla de nouvelles accusations relativement aux agressions contre Jane Doe.

Galligan avait écrit dans son rapport que Walker allait d'abord « alléguer que poursuivre Karla pour les agressions contre Jane Doe constituait un abus de procédures, car cela violait l'esprit et la lettre de l'entente. »

Le juge poursuit :

> Ensuite, Walker était prêt à reconnaître que Karla ne pouvait invoquer le moyen de défense prévu à l'article 17 du Code criminel, c'est-à-dire la contrainte exercée par les menaces, car cet article précise qu'il ne s'applique pas si l'infraction commise est, entre autres, l'agression sexuelle et l'agression sexuelle grave. Cependant, Walker ferait valoir qu'il existe des preuves convaincantes que Karla était une femme battue à un point tel qu'elle était complètement sous le contrôle et la domination

de Paul Bernardo. Et Walker soutiendrait que les gestes reprochés à Karla «n'étaient pas des actes délibérés commandés par son propre esprit».

Mais George Walker était conscient des risques pour sa cliente. Deux ans plus tôt, il l'avait d'ailleurs informée que la défense de femme battue ne fonctionnerait jamais si elle était inculpée et qu'elle devait comparaître en cour. Selon Walker, l'avis des experts n'aurait pas résisté à la confrontation devant un tribunal si Karla était jugée comme complice et auteur du crime. Des détails pour le moins équivoques seraient immanquablement présentés en preuve. Le genre de détails que, précisément, Galligan omettait complètement dans son rapport, comme le fait que Karla ait elle-même attiré Jane Doe, qu'elle l'ait droguée avec un mélange d'alcool, de somnifères et d'anesthésiques, pendant que Paul s'amusait avec ses copains à quatre-vingts kilomètres de là; ou la sérieuse menace que l'infirmière en veine de sodomie, Alison Worthington, faisait planer sur les projets de mariage de Karla…

Sans compter les arguments de la contre-psychiatrie, comme l'idée que Karla simulait l'«hybristophilie histrionique» suivant la thèse soutenue par le docteur Graham Glancy à la demande de l'équipe assurant la défense de Bernardo.

Quoi qu'il en soit, le juge qui avait présidé le procès de Paul Bernardo avait refusé d'admettre en preuve les avis des experts quant à l'état d'esprit de Karla ou à toute maladie dont elle aurait souffert. Aussi, les thèses de la contre-psychiatrie n'avaient pas été incluses dans le rapport Galligan.

Cependant, Galligan reconnaît la faiblesse des arguments de Walker, fondés sur le «caractère involontaire, au sens moral» des gestes posés par Karla. Et ce charabia juridique était un moyen de défense à peu près impossible à faire valoir.

Mais ce qui préoccupait le plus Michael Code, et le juge Galligan l'avait noté dans son rapport, était que la vigoureuse opposition que Walker aurait présentée, s'il y avait eu des poursuites additionnelles, aurait fait perdre énormément de temps à tout le monde. Cela aurait sérieusement perturbé l'échéancier du procès de Paul Bernardo, et, pour Code autant que pour le juge Galligan, ce procès était beaucoup trop important. La situation se serait enlisée dans un bourbier juridique, et ce, sans garantie de résultat à l'égard de la culpabilité relative de Karla Homolka. Personne n'allait jusqu'à suggérer que Karla était innocente, mais, compte tenu de ce que la poursuite arriverait ou non à prouver, c'était inévitablement une question de «culpabilité relative».

Et pour compliquer les choses encore davantage, jusqu'au jour où Ken Murray avait rendu les vidéocassettes en septembre 1994, la seule véritable preuve découverte dans la maison des Bernardo, outre la vidéo de une minute et cinquante-huit secondes, avait été fournie par Karla lorsqu'elle avait indiqué l'endroit sur le tapis à l'étage où Kristen French avait vomi. Karla avait fait cette révélation au cours de ses déclarations à la police, le 17 juin 1993, soit plus de six semaines après que les mandats de l'inspecteur Bevan eurent expiré. Il n'y a pas que les vidéocassettes cachées derrière le plafonnier de la salle de bain qui aient échappé à la vigilance de l'inspecteur Bevan et de ses hommes. Karla avait facilité le travail de l'inspecteur Bevan dans la maison, et sa collaboration avait été précieuse pour obtenir des preuves médico-légales établissant hors de tout doute que Mahaffy et French avaient été présentés au domicile des Bernardo. Dans ces conditions, l'ajout de nouvelles poursuites contre Karla posait de sérieux problèmes.

– Que dire alors de la vidéo de une minute et cinquante-huit secondes que les policiers ont trouvée dans la maison le deuxième jour ? demandai-je à Code. Quiconque, comme vous, avait vu cette séquence était à même de se rendre compte que Karla n'avait rien d'une « victime complaisante » ou d'une femme battue. Galligan a négligé cette cassette dans son rapport. Il prétend que son contenu est « inoffensif » alors que, d'après moi, c'est tout sauf ça.

– Je n'ai jamais pensé que cette cassette était « inoffensive », répondit Code. Je l'ai prise très au sérieux. Mais vous m'avez encore interrompu. Je tente de vous expliquer la situation du mieux que je peux mais vous rendez les choses très difficiles. Taisez-vous et écoutez !

Cela faisait des années qu'on m'avait dit de me taire.

Il me raconta comment il avait créé son « comité de gestion » supervisant les deux poursuites, celle à propos des deux meurtres de St. Catharines et celle concernant les viols à Toronto. La décision de séparer les deux poursuites plutôt que de les combiner avait été prise par Code et les autres membres du « comité de gestion ». À mots couverts, le juge Galligan émet des doutes dans son rapport quant à la sagesse de cette décision. Je voulais savoir quels avaient été leurs motifs, mais Code ignora ma question.

Code présidait le comité composé de quatre hommes. Les trois autres membres étaient Leo McQuigan, James Trelevan et Jim Wiley, des procureurs chevronnés qui en savaient considérablement plus que Code en matière de poursuite.

Code avait décidé que Murray Segal n'agirait qu'à titre consultatif dans la décision d'inculper ou non Karla pour sa participation à l'agression du 7 juin contre Jane Doe. Ainsi, Segal ne disposait d'aucun pouvoir décisionnel, mais le comité avait écouté ce qu'il avait à dire. De plus, il servait d'intermédiaire auprès de George Walker.

Selon ses dires, Code avait discuté avec McQuigan, Trelevan et Wiley à toutes les étapes durant cette période critique, soit entre septembre 1994 (au moment où les autorités prirent possession de la preuve vidéo) et le 18 mai 1995, lorsque le comité décida d'accorder à Karla l'immunité dans l'affaire Jane Doe. Code admit que les délibérations n'avaient pas été faciles et que leur position allait quotidiennement d'un extrême à l'autre.

Pendant que Code parlait, je réalisai soudain que le comité ne s'était attardé que sur l'agression du 7 juin, celle dont ils avaient la vidéo. Curieusement, il n'existe aucune photo ou vidéocassette témoignant des événements qui se sont déroulés pendant l'été où Jane Doe avait fréquenté Paul et Karla, ce même été où Jane avait fait régulièrement des fellations à Paul, sous les encouragements de Karla. Il n'existe pas non plus de vidéo de l'agression avortée du 11 août. Pour les autorités, la seule preuve de l'existence de cette agression était l'enregistrement des appels de Karla au service d'urgence 911. La bande enregistrée du service 911 me semblait un élément de preuve convaincant (les avocats appellent cela une preuve par similitude de faits ; Karla avait fait la même chose tant avec Jane qu'avec sa sœur auparavant, sauf que Jane Doe avait recommencé à respirer et Karla avait annulé l'appel), mais apparemment, pour le comité de gestion, il fallait voir pour croire.

M. Code m'avait déjà dit qu'il n'avait pas visionné le reste de la preuve vidéo. Cette révélation m'avait laissé perplexe, mais ma réaction avait étonné Code. Pour lui, ce n'était qu'une question de faits. Pourquoi lui ou les membres de son comité de gestion auraient-ils visionné ces éléments de preuve, alors que personne n'avait l'intention de remettre en question la première entente ?

Puisque la poursuite contre Bernardo avait été scindée, le cas de Jane Doe (qui, comme toutes les victimes de viol de Paul Bernardo, avait survécu) tombait techniquement sous la juridiction de la police de la région de Toronto et du procureur de la division administrative de Scarborough à Toronto.

Du point de vue des procureurs en charge de la poursuite contre Paul Bernardo, Ray Houlahan et son assistant Greg Barnett, l'inculpation de Karla pour l'agression contre Jane Doe aurait pu compromettre le succès de leurs démarches dans l'affaire Bernardo. C'est surtout pour cette raison qu'ils avaient formellement demandé au ministère de rendre une décision. Le comité de gestion devait tenir compte de l'opinion du ministère, étant donné que le comité avait justement été créé en raison des craintes du ministère dans cette affaire.

L'essentiel de la preuve vidéo, c'est-à-dire l'agression répugnante contre Tammy Lyn et les séquences dévastatrices montrant les agressions brutales et répétées commises contre Leslie Mahaffy et Kristen French, n'apportait rien de neuf aux yeux des procureurs.

Ils n'avaient pas cru bon de réviser tout ce que Karla leur avait dit, avec une profusion de détails, et de comparer ses dires avec le contenu des bandes vidéo ou d'autres témoignages, afin de déterminer si elle avait menti sous serment à un moment donné dans les très nombreuses déclarations qu'elle avait faites au cours des deux années qui venaient de s'écouler. Les autorités ne voulaient tout simplement pas contester le témoignage précédent de Karla ni annuler l'entente pour les raisons que j'ai déjà expliquées. Cela aurait créé un bourbier juridique qui, selon elles, menaçait sérieusement de faire avorter l'ensemble de la poursuite de Paul Bernardo.

Mais il y avait des contradictions. Par exemple, lors de la déclaration sous serment que Karla avait faite aux policiers en mai 1993, elle leur avait dit qu'il n'y avait rien de spécial dans le fait qu'elle prenne un congé jeudi après-midi, soit le jour même où Paul et elle avaient enlevé Kristen French.

Son employeur, la vétérinaire Patti Weir, et sa collègue Sheri Berry avaient clairement contredit cette affirmation. Sheri Berry était celle-là même que Karla avait enjôlée et persuadée, après des semaines de pressions répétées, de renoncer à contrecœur à ses plans pour la longue fin de semaine de Pâques. C'est ce qui avait permis à Karla de participer à l'enlèvement d'une jeune adolescente, lequel était manifestement prémédité et bien préparé. Karla savait ou à tout le moins pouvait présumer que la victime serait violée brutalement puis tuée.

Seul, Bernardo n'aurait pas réussi à enlever Kristen French en plein jour. Dans une vidéo porno d'une heure et demie qu'elle et Paul avaient tournée dans le sous-sol de la maison des parents de Karla peu de temps après la mort de Tammy Lyn, Karla avait même décrit en détail sa contribution et sa participation à un éventuel enlèvement.

Toujours sous serment, Karla avait affirmé avoir tenu le chiffon imbibé d'Halothane à 15 cm du visage de Tammy Lyn pendant toute la durée de l'agression, alors que sur la vidéocassette on la voyait littéralement étouffer sa sœur avec ce chiffon. La séquence est courte – à peine cinq minutes –, l'éclairage est faible, et les quelques moments où on aperçoit Karla penchée sur Tammy Lyn, en train d'appliquer le chiffon sur le visage de sa sœur, ne durent que quelques secondes chacune. Sans un bon appareil pouvant défiler la bande au ralenti, il est presque impossible de remarquer ces détails. Le ministère ne pouvait se servir de cette excuse car il avait certainement accès au meilleur équipement sur le marché.

Pour compliquer les choses encore davantage, George Walker avait, au nom de Karla, utilisé la mort de Tammy Lyn comme argument de négociation avant même que l'inspecteur Bevan ne bâcle l'arrestation de Bernardo et ne commence la perquisition. Le dimanche précédant l'arrestation, Walker avait déjà tout révélé à Segal au sujet de Tommy Lyn.

Puisque la mort de Tammy Lyn avait été déclarée accidentelle, et que les autorités n'auraient probablement jamais su la vérité sans l'aide de Walker, la Couronne se trouvait dans une situation plutôt désespérée en ce qui concernait le meurtre de Tammy Lyn. Et il était bien trop tard pour tenter de rectifier les faits, un an et demi après les événements...

NOTE

1. NdT : *Manuel de diagnostics et de statistiques des maladies mentales.*

22

L'homme qui éluda la question

Le 8 février 1995, alors que les délibérations du comité de Michael Code battaient leur plein, Murray Segal écrivit une lettre à George Walker. Elle m'avait toujours intriguée. Il y utilisait un ton presque convivial. Pourquoi ce style si informel alors qu'on maintenait officiellement que l'entente avec Karla Homolka n'aurait jamais été conclue si Ken Murray avait remis aux autorités les vidéocassettes dès leur découverte au début de mai 1993 ? Outre le ton employé, la lettre disait très clairement que l'essentiel de la preuve vidéo ne présentait pas beaucoup d'intérêt pour les autorités. Segal écrivait :

> Règle générale, les bandes vidéo soulèvent trois catégories de questions. La principale catégorie, et de loin la plus importante, regroupe les *questions de suivi* (c'est moi qui souligne) qui surgissent après le visionnement des bandes. Naturellement, les questions antérieures se concentraient sur ce que votre cliente avait vu et entendu, ainsi que les événements auxquels elle avait participé. Cependant, après l'examen des bandes, plusieurs *questions de suivi* sont venues s'ajouter. Par exemple, admettant que les enregistrements ne reflètent pas la totalité du temps de séquestration des victimes, ce que l'on voit permet d'inférer des faits que les policiers devront examiner plus en détail. De plus, la police est maintenant en meilleure position pour déterminer précisément qui était derrière la caméra lors de quelle scène et ce genre de choses.

En d'autres termes, les autorités n'avaient pas réexaminé la nature de leurs relations avec Karla à la lumière du contenu des vidéocassettes. Pour elles, les bandes n'étaient que des supports visuels leur permettant d'étoffer avec plus de précision et de détails ce qu'elles savaient déjà.

Cela n'aurait absolument rien changé à l'entente avec Karla que la police ait trouvé la séquence, lors des perquisitions, de une minute et cinquante-huit secondes ou bien l'ensemble des sept heures d'enregistrement car, sans Karla, la police ne serait jamais allée perquisitionner la maison afin de trouver les vidéos ou quelque preuve que ce soit.

Si la police de Toronto avait été entièrement responsable de l'enquête et s'était chargée de la perquisition dans la maison, Karla se serait trouvée dans une situation absolument différente. À cause de l'inspecteur Bevan, les événements se sont déroulés autrement. Et Michael Code, pas plus que le ministère de la Justice, n'aurait pu y remédier ni en 1993 ni en 1995. La première entente avait été imposée à Code à cause des actions précipitées de l'inspecteur Bevan et de sa façon d'imposer son autorité sur son territoire. Par la suite, cela avait grandement limité la marge de manœuvre de Code dans l'affaire Jane Doe.

Tout comme ses supérieurs au comité de gestion, Segal, dans sa lettre à Walker, ne s'attardait qu'à la séquence de treize minutes montrant l'agression commise contre Jane Doe.

Votre cliente a été interrogée à plusieurs reprises, parfois sous serment, au sujet de son implication avec Jane Doe. Ce que je comprends, c'est que votre cliente semble se tromper au sujet de son implication personnelle dans l'affaire Jane Doe. Vous nous avez confirmé avoir eu l'occasion de visionner une partie de la bande vidéo concernant Jane Doe et avoir relu les réponses que nous avait initialement données votre cliente relativement à cette affaire. Dans la séquence vidéo, je crois comprendre que l'on voit votre cliente en train de commettre une agression sexuelle sur la personne de Jane Doe et lui administrer ce qui semble être un stupéfiant. Dès l'automne 1993, vous avez signalé aux autorités que votre cliente éprouvait des difficultés à se souvenir de son implication avec Jane Doe. Maintenant, pour la première fois, les autorités connaissent la nature exacte du comportement de votre cliente.

Je partage l'avis de la police que tout interrogatoire additionnel de votre cliente, relativement à l'affaire Jane Doe, devrait se faire sous la forme d'une déclaration avec mise en garde, pour tout ce qui concerne son comportement sexuellement agressant et les apparentes contradictions entre ses dépositions sous serment et les bandes vidéo.

Segal parlait ensuite d'échéancier et même de l'ordre dans lequel la police suggérait de montrer l'ensemble de la preuve vidéo à Karla, lorsqu'ils se rendraient à la prison des femmes de Kingston dans ce but précis, vers la fin du mois.

Bien que l'interrogatoire de Karla au sujet de la séquence vidéo concernant Jane Doe serait mené «avec mise en garde», Segal précisait que la partie de l'entretien qui porterait sur toutes les autres séquences vidéo se déroulerait sous serment mais sans «mise en garde». Cela voulait dire que la police et les procureurs n'interrogeaient pas Karla sur quelque fait nouveau que ce soit relativement aux agressions commises contre Tammy Lyn Homolka, Leslie Mahaffy et Kristen French. Ils cherchaient simplement à étendre leurs connaissances et à mieux comprendre ces crimes.

Murray Segal a affirmé à maintes reprises, tant à l'époque que lors du procès de Ken Murray, que, si les autorités avaient mis la main sur l'ensemble de la preuve vidéo avant la signature de l'entente avec Karla le 14 mai 1993, il n'y aurait jamais eu d'entente. Or, la lettre qu'il avait envoyée à George Walker et les délibérations du comité de gestion qui ont été à l'origine de cette entente disaient tout autre chose.

Après un examen complet des éléments de preuve entre septembre 1994 et février 1995, soit huit mois avant le procès de Bernardo, il était devenu évident que la Couronne n'avait nullement besoin du témoignage de Karla pour incriminer le suspect. Il semble cependant que ni la police de St. Catharines (l'inspecteur Bevan en particulier) ni la poursuite (Ray Houlahan en particulier) n'aient trouvé dans ces vidéocassettes (qu'ils ont visionnées encore et encore, ad nauseam) matière à reconsidérer leur relation avec Karla. Certains extraits démontraient pourtant clairement que Karla avait menti de façon répétée aux autorités sur certains détails, ainsi que sur la portée réelle de son implication dans chacune des agressions. La police et la poursuite n'ont jamais envisagé de demander l'avis de Michael Code ou du comité de gestion quant à la pertinence d'annuler l'entente avec Karla. Elles s'étaient bornées à leur demander s'il fallait ou non l'inculper d'avoir drogué Jane Doe et commis une agression sexuelle grave.

Dans sa lettre, Segal estimait à trois ou quatre jours la durée de l'interrogatoire à l'aide des vidéocassettes, précisant que le tout serait également enregistré sur vidéocassettes.

L'enquête au sujet de votre cliente dans l'affaire Jane Doe pourrait nécessiter d'autres démarches de la part de la police, notamment l'obtention de l'avis d'un expert au sujet des incohérences entre ce qu'elle a déclaré jusqu'à maintenant et le contenu de la bande vidéo. La police a déjà fait appel à ce genre d'experts pour mieux comprendre d'autres aspects du comportement de votre cliente.

Un avis d'expert pourrait aider les autorités à mieux comprendre son comportement avec Jane Doe, et peut-être fournir une explication sur la raison de son incapacité jusqu'à ce jour à nous dire ce qui s'est vraiment passé.

Comme le juge Galligan l'avait confirmé dans son rapport, et comme Michael Code me l'avait dit lors de nos rencontres, les représentants de la Couronne s'étaient largement fiés aux avis de leur armée d'experts pour justifier leurs relations avec Karla. Et, comme Segal l'indiquait dans sa lettre à Walker, en février 1995, ils allaient continuer à le faire. Pour une dernière fois, ils allaient chercher un autre expert pour les aider à décider si Karla devait ou non être inculpée des crimes commis contre Jane Doe.

Segal terminait sa lettre en disant : « La police demandera peut-être un avis juridique » au bureau du procureur « pour l'aider à déterminer, au besoin, quelles actions devraient être entreprises, y compris des accusations criminelles ».

Lorsque Walker reçut cette lettre, il en connaissait déjà tout le contenu. Comme Segal le précisait, la lettre ne faisait que confirmer et résumer ce qui s'était dit le jour précédent lors d'une rencontre entre Walker, Segal et les membres du comité de gestion.

Les quelque quarante heures que la police avait enregistrées sur vidéo entre le 20 et le 24 février montrant les enquêteurs en train de faire visionner l'ensemble de la preuve vidéo à Karla, puis discutant avec elle, constituaient un document visuel remarquable qui a été détruit depuis comme toutes les preuves vidéo d'ailleurs. Ce faisant, la preuve de leur incompétence a également été détruite. Aucun expert ne pourra se prononcer sur les réponses de Karla Homolka ou sur les techniques (ou le manque de techniques) utilisées par ceux qui l'interrogeaient.

La police semble toujours avoir beaucoup de problèmes avec les appareils d'enregistrement, pourtant l'installation à caméras multiples dont ils se servirent pour filmer Karla était à la fine pointe de la technologie. Il y avait trois caméras fixes : une qui filmait en gros plan le visage de Karla, une qui prenait l'ensemble de la pièce de manière à voir Karla et les deux policiers qui l'interrogeaient, et la troisième saisissait en temps réel tout ce que Karla voyait sur l'écran de télé faisant partie de l'installation.

Le résultat était une série de cassettes VHS affichant un écran divisé en quatre. Karla, en gros plan, paraissait en haut à gauche, le plan d'ensemble était en haut à droite, la preuve vidéo présentée à Karla défilait en bas à gauche, et le reste de l'écran était vide.

L'agression contre Jane Doe était remarquablement similaire à celle contre Tammy Lyn Homolka. Jane Doe était une véritable doublure de Tammy. Par contre la vidéo tournée lors de l'agression contre Jane Doe était plus longue, mieux éclairée et en révélait davantage sur les gestes et le comportement des agresseurs. Contrairement à la courte séquence de Tammy Lyn, il n'y avait presque pas de dialogue – fait intéressant en soi. La plupart des dialogues entendus sur la bande vidéo de l'agression contre Tammy Lyn, commise six mois plus tôt, se faisaient à l'initiative de Karla. Elle ne cessait de dire à Paul de se dépêcher ou de porter un condom. Paul répondait verbalement à ce qu'elle disait. Dans le cas de Jane Doe, Karla ne se sentait plus obligée de prémunir la victime contre les dangers des rapports sexuels non protégés ni de quelque autre danger au demeurant...

Karla s'est beaucoup amusée pendant toute la durée de l'agression. Elle faisait des grimaces à la caméra, lui envoyait des baisers et s'en donnait à cœur joie avec le corps et les membres inanimés de Jane. Karla ne portait qu'un t-shirt sans manches qui permettait de bien voir le bas dénudé de son corps. Encore là, on ne voyait aucune trace de la violence dont elle avait à maintes reprises parlé aux autorités et à tous les médecins qu'elle avait vus. Sa peau était comme un albâtre sans la moindre faille. Elle ne semblait pas non plus être un zombie sous les ordres d'un marionnettiste diabolique. Pendant toute la durée de la vidéo, Karla semblait plutôt être la maîtresse de jeu, en plein contrôle de sa tête et de la situation.

Les prises de vue de Bernardo n'étaient habituellement pas professionnelles, mais, dans ce cas-ci, il filme clairement Karla en train d'utiliser un chiffon qu'elle humectait régulièrement à l'aide d'une bouteille d'Halothane posée sur l'oreiller, à gauche de la tête de Jane Doe. Pendant les treize minutes que dure la séquence on voyait clairement Karla imbiber le chiffon d'Halothane et l'appliquer directement sur la bouche et le nez de Jane Doe.

Cette vidéo fut tournée le 7 juin 1991, soit une semaine après le dernier appel de l'infirmière Alison Worthington au domicile de la rue Bayview, une semaine avant que Paul ne ramène Leslie Mahaffy à la maison, et trois semaines avant leur mariage (véritable spectacle à grand déploiement, enregistré sur vidéo) dans la ville historique de Niagara-on-the-Lake... Les courts délais entre ces divers événements en disent très long sur l'état d'esprit de Karla, ses motifs et la conscience de sa culpabilité.

Si une image vaut mille mots, une séquence de treize minutes d'images en mouvement doit en valoir des milliards ! Et chacune de ces séquences contredisait les raisonnements de tous les experts, de même que les innombrables interrogatoires verbeux où Karla expliquait en détail pourquoi elle avait agi comme elle l'avait fait.

Certaines séquences des autres preuves vidéo étaient, en soi, extrêmement compromettantes pour Karla, particulièrement les courtes scènes avec sa sœur Tammy Lyn et plusieurs longues séquences montrant la performance de Karla avec Kristen French. Mais si une de ces séquences avait pu entraîner la ruine de Karla à elle seule, ce serait celle des treize minutes avec Jane Doe. Michael Code n'avait pas besoin de voir aucune autre vidéo que celle-là, s'il voulait vraiment connaître Karla.

Code demanda à l'inspecteur Bevan d'obtenir les «avis d'experts» dont Segal avait parlé dans sa lettre adressée à Walker.

Je demandai à Code pourquoi il avait fait ça. N'était-ce pas laisser un renard courir en liberté dans un poulailler? Pourquoi Bevan? Non seulement ces avis servaient-ils les intérêts de l'inspecteur, mais en plus Bevan n'avait pas d'expérience avec ce genre d'experts.

– Parce que, répondit-il avec impatience, c'était le dossier de Bevan et que c'est le travail de la police d'amasser des preuves.

L'affaire de Bevan... le problème était justement là!

– C'est ça, dis-je, et il s'en est naturellement remis à Hatcher, Hucker et Jaffe, les trois experts que vous avez engagés en 1994, par l'intermédiaire du bureau des procureurs, pour confirmer ou réfuter les avis des docteurs Arndt, Long et Malcolm...

Je faisais référence à la lettre que l'adjoint au procureur Greg Barnett avait envoyée à George Walker en juillet 1994, où il parlait de l'engagement des docteurs Jaffe, Hucker et Hatcher. Je lui rappelai en passant qu'elle avait été écrite très peu de temps après le contre-interrogatoire de Karla Homolka mené par les avocats Murray et MacDonald.

– Où voulez-vous en venir?

– Les dés étaient pipés! Jaffe, Hucker et Hatcher avaient déjà écrit de volumineux rapports qui unanimement en arrivaient au même diagnostic que ceux de Arndt, Long et Malcolm. On les avait engagés à la suite d'un contre-interrogatoire des plus étranges mené par MacDonald et Murray, un contre-interrogatoire qui avait dû mettre le procureur Houlahan mal à l'aise. Cela avait dû être évident que Karla mentait sous serment. Cela avait dû être évident que Murray et MacDonald avaient en main des renseignements que la Couronne n'avait pas. Autrement, quelle autre raison aurait motivé l'embauche de trois nouveaux experts? L'un d'eux, Hatcher, avait été le témoin expert dans l'affaire californienne *Le Peuple c. Hooker* dont il était question dans l'article «Victimes complaisantes du sadique sexuel» que Bevan brandissait à tout moment. Ça commence à faire beaucoup de coïncidences, non?

– Que voulez-vous dire ?

– C'est vrai, je m'éloigne. Oublions la raison pour laquelle ils ont été engagés. Là où je veux en venir, c'est que les trois experts retenus par Bevan, selon vos instructions, avaient déjà déclaré, et de façon non équivoque, que Karla était une femme battue souffrant de « trouble du stress post-traumatique ». Non seulement tous étaient-ils d'accord avec les docteurs Arndt, Long et Malcolm, mais ils en avaient chacun profité pour ajouter leur grain de sel dans le même sens. Un ou deux de ces types avait même eu l'avantage d'étudier la preuve vidéo. Qu'allaient-ils faire lorsque Bevan est retourné les voir au sujet des prétendues pertes de mémoire de Karla ? Se contredire eux-mêmes ?

– Je vous ai déjà dit que je n'avais prêté aucune attention à ce que Ken Murray avait fait.

Comme il le faisait souvent, Code avait répondu par un illogisme tiré de ma verbosité. Jamais je n'obtins une réponse satisfaisante à ma question.

23

L'avis d'un expert

La lettre de l'inspecteur Bevan au docteur Chris Hatcher, l'expert dans la cause *Le Peuple c. Hooker*, était longue et détaillée. Il lui résumait la situation concernant les vidéocassettes qui avaient été récupérées et l'affaire Jane Doe, s'attardant à l'agression du 7 juin 1991. Il signalait également les pertes de mémoire de Karla au sujet de presque tous les aspects criminels de ses activités avec l'adolescente.

Il soumettait ensuite au docteur une série de questions qu'il disait avoir déjà abordées avec les docteurs Jaffe et Hucker. Ces questions sont plutôt concises :

J'ai reçu l'ordre de vous demander un rapport discret au sujet des pertes de mémoire de Karla Homolka relativement à ces incidents. Je vous demanderais de répondre tout particulièrement aux questions suivantes dans votre rapport :

(1) Pourquoi Homolka arrive-t-elle à nous fournir des comptes rendus aussi cohérents et détaillés de tous les autres aspects de cette affaire, alors qu'elle ne se souvient de rien en ce qui concerne les agressions sexuelles contre Jane Doe ? Comparé aux crimes commis contre Tammy, Mahaffy ou French, par exemple, ce ne devrait pas être l'événement le plus traumatisant, non ?

(2) Comme je l'ai mentionné plus haut, on voit Homolka poser pour la caméra et ses expressions faciales peuvent être interprétées comme étant un sourire diabolique. Que pensez-vous de ce comportement ?

(3) Peut-on associer des souvenirs revenant sous forme de rêves aux souvenirs qui réapparaissent habituellement chez une personne souffrant d'un trouble de stress post-traumatique ?

(4) À votre avis, peut-on expliquer d'une quelconque façon rationnelle l'incapacité d'Homolka à se rappeler ou à raconter les événements en question ? Cela pourrait-il avoir un lien avec l'incident Tammy ou serait-ce dû au fait que Jane Doe est la seule victime de ce type de comportement qui soit encore en vie ?

(5) Si l'amnésie ou le refoulement constituent la bonne explication, connaissez-vous l'existence d'autres événements traumatisants dont Homolka ne se souviendrait pas ?

(6) Pourquoi la mémoire d'Homolka souffre-t-elle d'un blocage en ce qui concerne ces événements ? Elle a des souvenirs partiels de l'agression sexuelle qui se serait déroulée en août 1991, mais aucun pour l'incident du 7 juin 1991.

(7) Homolka a déclaré qu'elle était troublée par un rêve où le visage de Jane Doe surgissait lors d'un incident au cours duquel French était la victime. Quelle signification donnez-vous à cela ?

L'inspecteur ajouta ensuite sept pages tapées à simple interligne rapportant précisément ce que les docteurs Jaffe et Hucker lui avaient dit.

Le docteur Jaffe estimait que les pertes de mémoire de Karla n'étaient pas « inhabituelles. Les personnes ayant subi un traumatisme peuvent se rappeler certains événements en détail, alors qu'elles ne se souviennent que d'une partie ou même de rien du tout d'autres événements. Ce n'est pas surprenant que Karla ne se souvienne pas. »

L'expérience du docteur Jaffe avec d'autres patients ayant subi des mauvais traitements indiquait la présence « d'un processus de révélation "incrémentielle" ».

L'inspecteur Bevan évoquait les similitudes entre l'agression contre Tammy Lyn et celle contre Jane Doe, et soulignait le fait que le docteur Jaffe était d'avis qu'il puisse y avoir un lien entre les deux, susceptible de créer encore plus de confusion dans l'esprit de Karla. « Le fait que Homolka n'arrive pas à se souvenir de tout n'est pas inhabituel car elle a tellement de choses à se rappeler. À lui seul, ce fait peut générer de la confusion sur ce qui est arrivé, à quel endroit, etc. »

À la fin de la section concernant l'avis du docteur Jaffe, l'inspecteur ajoute : « L'opinion du docteur Jaffe demeure inchangée. Pour certains des événements, une partie de l'esprit d'Homolka a tout enregistré car elle ne voulait jamais oublier ce dont Paul et elle avaient été responsables. Homolka a dit qu'elle avait en elle un lieu « sûr » où elle peut se réfugier psychologiquement, un endroit au fond d'elle-même que Bernardo ne pouvait atteindre. Mais il y avait certains événements qu'elle n'arrivait tout simplement pas à enregistrer parce qu'elle se dissociait de ce qui se passait autour d'elle. »

Quant au docteur Hucker, il avait répondu aux questions de l'inspecteur Bevan avec une liste de « pour » et de « contre ». Du côté « pour », il estimait qu'il n'existait pas de preuve qu'Homolka était perturbée d'un point de vue psychiatrique ou qu'elle souffrait d'un trouble de la personnalité avant sa rencontre avec Bernardo. L'analyse démontrait qu'elle était malléable et facilement influencée par les autres. Il a été démontré, par le témoignage des tiers, que sa personnalité avait changé après qu'elle eut fait la connaissance de Bernardo. De plus, le docteur Hucker prétendait qu'il y avait eu « plusieurs témoignages de gens ayant observé des signes symptomatiques de violence physique et psychologique ».

Tout comme les docteurs Arndt et Brown avant lui, le docteur Hucker établissait une analogie entre le cas présent et « les études portant sur les survivants des camps de concentration ayant été forcés d'endurer des choses terribles aux mains d'autres personnes ». Il citait également les preuves expérimentales tirées des travaux de Milgram (application de chocs électriques à un inconnu) portant sur le phénomène de gens acceptant de faire subir des choses terribles à d'autres sous les ordres d'un tiers.

Le docteur Hucker disait que ces études « peuvent présenter des similitudes avec l'expérience d'Homolka auprès de Bernardo, et ainsi fournir certaines explications au sujet de son comportement ».

Du côté des « contre », le docteur Hucker s'était plutôt livré à un monologue dialectique sur les diverses explications et excuses qu'il avançait au sujet du comportement de Karla. « Le "sourire diabolique" que l'on voit dans la séquence Jane Doe pourrait facilement être mal interprété si on le place hors contexte », précisait le docteur Hucker.

Il était plutôt d'avis que Karla « avait été "conditionnée" à agir de la sorte ». Il expliquait qu'« après Tammy, Bernardo l'avait apparemment battue assez sérieusement parce qu'elle n'avait pas fait ce qui était attendu d'elle. Cette expérience avait enseigné à Homolka quel comportement elle devait adopter pendant ces incidents afin d'éviter les conséquences. »

Le docteur Hucker avait également remarqué dans les vidéocassettes que, pendant sa captivité, Kristen French avait été conditionnée à sourire à la caméra, ce qui pouvait de façon odieuse suggérer que Karla avait été une victime au même titre que Kristen French.

Quelques-uns des « contre » du docteur Hucker sont crédibles. Il notait, par exemple, qu'Homolka avait « apparemment adopté un rôle actif lors de la préparation et de l'agression sexuelle qui a conduit à la mort de sa sœur ». Mais, dans la foulée, il établissait une comparaison avec « les

femmes battues qui développent une "impuissance acquise" qui les para-
lyse», négligeant de préciser qu'à cette époque Homolka ne pouvait pas
être une femme battue, puisqu'elle vivait chez ses parents avec ses sœurs
et ne fréquentait Bernardo que les fins de semaine !

Il mentionnait que, après avoir quitté Bernardo et emménagé chez
son oncle et sa tante à Brampton, Karla avait commencé une liaison
sexuelle avec un étranger rencontré dans un bar. Le docteur Hucker
reconnaît que cela pouvait être interprété comme de «l'hédonisme et de
l'égoïsme».

Pendant son incarcération à la prison des femmes, Karla avait écrit à
des amies plusieurs lettres qui ont été rendues publiques par la suite. Le
docteur Hucker signalait à l'inspecteur Bevan que «la teneur de ces lettres
pourrait laisser croire qu'elle était en vacances à l'hôtel». Le docteur
Hucker suggère que «cela révèle que Homolka est déconnectée de la réalité du monde qui l'entoure». Une fois de plus, le docteur Hucker venait
d'introduire dans la colonne des «contre» une interprétation favorable
d'un aspect négatif.

L'inspecteur Bevan précisait au docteur Hatcher : «Le docteur Hucker
m'informe que l'expression "refoulement" est en soi très controversée.»
(C'était un des éléments «contre» relevés par le docteur Hucker.) «Nul ne
remet en question le fait qu'une personne ayant subi un traumatisme puisse
éprouver des pertes de mémoire… Il en résulte un type d'amnésie dont
l'origine n'est pas organique.»

Une fois bien pesés les «pour» et les «contre», le docteur Hucker
réaffirmait qu'il existait des preuves évidentes justifiant le diagnostic de
trouble du stress post-traumatique de Karla et que ses pertes de mémoire
étaient des symptômes compatibles avec cet état.

Les souvenirs réapparaissant sous forme de rêves sont atypiques chez
les personnes souffrant de ce trouble, et l'inspecteur Bevan ne manqua pas
de mentionner que le docteur Hucker félicitait son collègue, le docteur Roy
Brown, pour la façon dont il avait traité Karla lorsqu'elle en avait parlé la
première fois en 1993.

De San Francisco, le docteur Hatcher répondit à l'inspecteur Bevan,
disant qu'il appuyait sans réserve le raisonnement des docteurs Jaffe et
Hucker et qu'il était d'accord avec leur avis selon lequel les pertes de
mémoire de Karla étaient un symptôme caractéristique du trouble du stress
post-traumatique.

* * *

Un de mes amis, le docteur Richard Meen, avait déjà lui aussi été consulté en tant qu'expert. Je lui demandai comment on peut prendre au sérieux des indécis comme les docteurs Jaffe, Hucker et Hatcher.

– Doucement! fit-il. Ces gens ne sont pas des indécis. Je ne connais pas le docteur Hatcher, mais les docteurs Jaffe et Hucker sont très respectés. Aucun de leurs avis n'a jamais été contesté devant le tribunal, n'est-ce pas?

– Non.

Je lui dis que, à un moment pendant le procès de Bernardo, la poursuite avait tenté de faire admettre en preuve leurs avis au sujet de Karla, mais le juge avait rejeté leur demande. Le juge avait dit que Karla n'était pas une accusée mais un témoin. Il appartenait aux jurés d'évaluer eux-mêmes la crédibilité de Karla, en fonction de son témoignage et non à partir de ce qu'une bande de spécialistes pensaient d'elles.

– Exactement. Et leurs avis n'ont jamais été remis en question.

– Mais comment se peut-il que neuf psychologues ou psychiatres expérimentés en arrivent à la même conclusion, considérant la nature controversée du sujet et le comportement de Karla?

– C'est simple. Il existe un genre d'effet d'entraînement dans des circonstances comme celles-là. Un premier groupe se fait une opinion puis établit un diagnostic. Puis on contacte un autre groupe à qui on demande de se prononcer à son tour. On commence par leur communiquer les conclusions de leurs confrères. Tous ces individus savent ce que l'on attend d'eux. Ils ont tous l'habitude de fournir des avis et des témoignages "dits d'experts". Ils font partie du système. Et le système comporte des règles explicites et des règles tacites.

» Les avocats qui engagent ces médecins les connaissent de réputation et savent, en gros, ce que dira chacun d'eux. Le rôle des psychiatres dans les salles d'audience et le processus judiciaire ont fait l'objet de plusieurs études. La plupart ne concluent pas en faveur de cette pratique. Dans le meilleur des cas, les études recommandent la plus grande prudence. La psychiatrie tient plus de l'art que de la science. Les conjectures et les hypothèses ne constituent pas une bonne assise pour une affaire criminelle.

» Certains médecins témoignent presque toujours du côté de la poursuite, tandis que d'autres ne témoignent que pour la défense. C'est un système antagoniste. Il y a deux pôles et on s'attend à des points de vue opposés. La plupart de ceux qui s'affrontent dans cette arène ne sont pas des idiots. C'est également un travail. On les paye pour émettre une opinion. Que l'on soit d'accord ou non, c'est ainsi que le système fonctionne.»

Le docteur Meen voyait très juste. Le docteur Hatcher, par exemple, avait touché la somme de 100 000 $ US pour confirmer le diagnostic de trouble du stress post-traumatique de Karla. Son avis ne fut jamais utilisé comme élément de preuve et son volumineux rapport ne fut jamais rendu public.

24

Des épisodes distincts

Il était tard. Nous étions au comptoir d'un restaurant lorsque je fis remarquer à Michael Code que la façon dont Galligan avait traité l'affaire Jane Doe dans son rapport était pour le moins bizarre.

Galligan prétendait qu'il y avait eu trois « épisodes distincts » au cours desquels la conduite de Karla Homolka pouvait être jugée répréhensible à l'égard de Jane Doe. Cette affirmation n'était pas du tout fondée, tant dans les faits que dans une perspective plus globale. En effet, pendant six mois, elle avait fait des efforts concertés pour que son mari reçoive les faveurs sexuelles de sa copine. Et tout ce petit monde était alors parfaitement lucide. On peut présumer que le plaisir a cessé d'être entièrement partagé après que Karla eut drogué Jane. Quoi qu'il en soit, rien n'avait été « distinctif » ou « épisodique » lors de ces deux agressions.

À en croire Galligan, « le premier épisode, c'est lorsque Karla a invité Jane Doe au 57 Bayview en sachant que Paul Bernardo avait l'intention d'avoir des relations sexuelles avec cette jeune fille ». Pourtant, lorsque Karla a invité Jane Doe au 57 Bayview, Paul Bernardo ne savait même pas que Jane Doe existait. Comment Karla aurait-elle pu savoir que Paul avait l'intention d'avoir des « relations sexuelles » avec Jane ? Karla l'avait elle-même admis à la police et aux plaignants : « Jane Doe était mon idée à moi, à moi seule. » Karla n'avait jamais parlé de Jane Doe à Paul auparavant. C'était une surprise qu'elle lui faisait.

Jane ne s'attendait pas du tout à recevoir une invitation de Karla. Quelques années plus tôt, la jeune fille avait traîné à l'animalerie où Karla travaillait. Mais Jane n'avait plus eu de nouvelles de Karla depuis au moins deux ans. Jane dit à la police que l'appel de Karla avait été une agréable surprise. Elle voyait en Karla la grande sœur qu'elle n'avait jamais eue. Elle accepta l'invitation sans hésiter et se rendit aussitôt au

57 Bayview où Karla était toute seule. Jane Doe n'avait encore jamais bu d'alcool. Karla lui offrit des boissons alcoolisées sucrées auxquelles elle avait ajouté un somnifère. Elle avait dissous les cachets dans de l'eau avant. Des éprouvettes toutes prêtes à cet effet étaient conservées dans la salle de bain à l'étage.

Une fois Jane bien endormie, Karla avait composé le numéro du cellulaire de son époux et lui avait dit de venir voir le cadeau de mariage qu'elle avait préparé. Son plan avait fonctionné à merveille. Paul avait été très surpris, surtout quand il avait constaté que Jane était presque la jumelle de la sœur de Karla, morte tout récemment. La victime était là, inconsciente, jambes écartées, sur le plancher, prête pour lui.

Pour une raison inexplicable, Galligan qualifiait cette agression du 7 juin 1991 de « second épisode ».

> Le second épisode consiste en une agression perpétrée par Paul Bernardo et Karla Homolka sur la personne de Jane Doe dans la nuit du 7 au 8 juin 1991. Le troisième épisode consiste en une agression sexuelle perpétrée sur la personne de Jane Doe le 10 août 1991, très tôt le matin.

En tentant d'extrapoler les événements, Galligan s'enfonçait toujours plus dans l'erreur.

> Je ne crois pas que l'enquête de police ait réussi à établir clairement si la première visite amicale coïncidait ou non avec le moment où Jane Doe a été droguée, anesthésiée et agressée sexuellement, tant par Paul Bernardo que Karla Homolka, soit pendant la nuit du 7 au 8 juin 1991.

C'est Karla Homolka qui a pris l'initiative de soûler, de droguer et d'endormir Jane Doe. Paul Bernardo ne l'avait ni suggéré, ni planifié et n'avait encouragé Karla à le faire. Le seul point sur lequel le juge avait raison était que Jane Doe avait bien été agressée sexuellement par Karla et Paul.

Il ne se trompait pas non plus en disant :

> Jane Doe n'avait aucun souvenir de ce qu'on lui avait fait subir ce soir-là. Elle a dit à la police qu'elle s'était mise à visiter régulièrement le 57 Bayview et à fréquenter de façon assidue Paul Bernardo et Karla Homolka. Elle les a accompagnés au moins une fois lors d'un voyage à Toronto. Elle a également dit à la police que Paul Bernardo lui avait fait des avances et qu'elle avait fini par y succomber. Elle lui faisait souvent des fellations.

Le juge Galligan ignorait le fait que la deuxième agression soit survenue parce que Paul se plaignait que, malgré les efforts de Karla, Jane Doe
ne voulait pas aller plus loin que la fellation. Karla lui aurait répondu : «Je
n'ai qu'à assommer la salope encore une fois.»
Les gens avaient tendance à ne rien croire de ce que disait Paul
Bernardo. Dans ce cas-ci, cela semble pourtant être vrai d'après le récit que
fait Karla de cet été-là : elle raconte en gros la même histoire, à quelques
mots près. Après tout, si Bernardo obtenait volontairement les faveurs
sexuelles de la jeune fille tous les deux jours, pourquoi aurait-il été si
nécessaire de «l'assommer» à nouveau ? Une explication possible était
que Karla souhaitait y prendre part et que Jane, consciente, n'aurait jamais
voulu. L'autre possibilité était que Karla voulait couper le sifflet à Paul
Bernardo. Dans les deux cas, l'explication ne collait pas avec l'idée d'un
état de crainte pathologique induit par les mauvais traitements infligés par
son mari.

Le juge commettait ensuite une autre erreur factuelle. Il écrivait : «La
relation a pris fin en décembre 1992 lorsqu'elle (Jane Doe) a refusé d'avoir
des relations sexuelles complètes avec lui.» Selon les dépositions de Jane
Doe et de sa mère, ainsi que dans les dépositions subséquentes de Karla à
ce sujet, tout a pris fin dès Noël 1991, après que Jane Doe eut résisté pendant six mois aux efforts soutenus de Karla et de Paul pour qu'elle accepte
d'avoir une relation sexuelle complète avec Paul.

D'après Jane, ils s'étaient ligués contre elle et Karla était devenue aussi
cinglante et agressive envers elle que Paul ; Jane avait alors appelé sa mère
pour qu'elle vienne la chercher. Après cet incident, Jane ne remit jamais les
pieds chez les Bernardo.

Voici ce que dit le juge Galligan : «La conduite de Karla Homolka, du
seul fait qu'elle a invité une jeune femme en présence d'un homme qu'elle
savait être dangereux, est certainement répréhensible. Je conserve cependant de sérieux doutes pour ce qui est de savoir si une telle conduite constitue un méfait criminel contrevenant à quelque article de loi.» Peut-être…
Mais, selon le Code criminel, l'administration d'un stupéfiant est un délit
passible d'une peine maximale d'emprisonnement à vie. «L'insouciance
criminelle» est un autre délit prévu au code criminel, de même que la
séquestration par la contrainte, sans oublier «l'agression sexuelle grave»
et une pléiade d'autres accusations de second ordre qui auraient pu facilement être portées contre Karla.

Galligan rationalise sa vision des «épisodes distincts» concernant Jane
en ajoutant : «Le 14 mai 1993, dans sa déclaration à la police, Karla
Homolka a dit à la police que Paul Bernardo voulait toujours qu'elle lui

trouve des jeunes filles. Elle a affirmé lui avoir fourni deux jeunes filles qui ont fini par avoir des relations volontaires avec lui.» C'était un mensonge. La deuxième fille, Nicki Tessier, n'a pas eu de «relations volontaires avec lui». Contrairement à Jane Doe, elle n'a jamais accepté de faire des fellations à Paul Bernardo, et encore moins d'avoir des relations sexuelles complètes. Fait étrange, la jeune fille a tout de même passé quelques nuits chez les Bernardo. Autour de Noël 1992, avec la complicité de Karla, Paul Bernardo l'a violée. Il a été inculpé pour ce viol. «Elle (Karla) a spécifié que Jane Doe était une de ces filles», poursuivait Galligan. «Lors de son procès, le 6 juillet 1993, Murray Segal a avisé la cour de la conduite de Karla Homolka dans ce dossier.» Le juge faisait allusion à la sollicitation sexuelle que Karla effectuait auprès des jeunes filles pour le compte de Paul Bernardo.

Étonnamment, le juge interprétait le comportement de Karla avec Jane Doe uniquement en fonction d'une sollicitation pour le compte de Paul Bernardo.

Si le fait de se lier d'amitié avec Jane Doe pour que Paul Bernardo puisse avoir des relations sexuelles avec elle rend criminelle la conduite de Karla Homolka, il m'apparaît que, conformément aux termes de sa résolution d'entente, toute peine découlant éventuellement d'une sentence prononcée dans ce cas serait déjà comprise dans la peine de douze ans.

La résolution d'entente exigeait que, lors de sa déclaration à la police, Karla Homolka révèle toutes les activités criminelles auxquelles elle avait pris part. Elle a fait part de sa conduite dans cette affaire. La Couronne et la police ont été satisfaites de ses révélations et ont procédé en appliquant la peine prévue.

On semble ignorer complètement le fait que Karla a décidé de son propre chef d'inviter Jane Doe, de la droguer, puis de lui administrer un anesthésiant exactement comme elle l'avait fait six mois plus tôt avec sa sœur. Autrement dit, elle savait pertinemment que les gestes qu'elle posait pouvaient être fatals.

Le juge utilisait l'expression générique «se lier d'amitié» pour désigner ce comportement bizarre et insouciant en ajoutant que «ce n'est pas une activité criminelle» en soi. Galligan rappelait que, lors de sa déclaration à la police, Karla avait avoué s'être «liée d'amitié» avec Jane Doe dans le but de présenter une nouvelle partenaire sexuelle à Paul Bernardo et que cela faisait ainsi partie des activités criminelles confessées dans la cadre de sa résolution d'entente. Selon lui, Karla avait ainsi respecté tous ses engagements : «L'interprétation de la Couronne est que Karla Homolka recherchait effectivement des filles pour Paul Bernardo. Sous cette lumière, s'il était déterminé que la conduite de Karla Homolka constituait un méfait, la peine de douze ans couvrirait ledit méfait. Je n'ai donc rien à ajouter sur cet épisode, car il appert que la Couronne n'a jamais songé à inculper Karla Homolka pour avoir recruté des jeunes filles.»

25

Une propension au mensonge

– Je n'ai jamais été d'avis que la résolution d'entente couvre les gestes criminels de Karla dans l'affaire Jane Doe, dit Michael Code. Et ce que George Walker pouvait en penser n'avait aucune importance.

Il fit une pause.

– Cette fois, au moins, on est dans la salle à manger. C'est bien!

Il reprit son raisonnement.

– Qu'elle ait été ou non parjure est un autre sujet. Tout comme Bevan, j'ai accepté l'avis des experts selon lequel l'amnésie était réelle. Cependant, l'accuser d'avoir commis une agression sexuelle ou d'avoir administré un stupéfiant est une question bien différente. Si ma mémoire est bonne, j'ai même écrit une note à ce sujet. Je sais que Galligan semble ne pas tenir compte de la vidéocassette. Il y a une séquence qui dure une minute cinquante-huit secondes. Moi, je m'y suis sérieusement attardé et je dois même dire que ça me dérange toujours.

– Mais vous avez tout de même donné le feu vert à l'entente, dis-je.

– Nous y étions forcés, répondit-il. Je croyais que vous commenciez à le comprendre.

* * *

À propos de la façon dont la police avait traité la séquence de une minute cinquante-huit secondes, le juge Galligan commettait encore des erreurs factuelles.

La police n'a pas insisté davantage au sujet de l'identité de la victime lors de la déposition avec mise en garde de Karla Homolka. On ne lui a montré qu'une seule photo, pas la séquence elle-même. En fait, on ne lui a jamais montré cette photo à nouveau, ni une autre photo, ni la séquence intégrale avant février 1995.

En fait, lors de sa déclaration aux policiers, avant et après la mise en garde, on lui a montré deux ou trois photos tirées des vidéocassettes. Après son incarcération aussi, lors des nombreuses visites des policiers, on peut lire dans les rapports que le sergent Bob Gillies avait montré à nouveau les photos extraites de la bande vidéo à au moins une sinon deux reprises.

Enfin, le 6 décembre 1993, le sergent Gillies et le sergent Gary Beaulieu ont fait visionner à Karla l'intégralité de la séquence de une minute cinquante-huit secondes, en faisant repasser chaque scène deux ou trois fois, et en faisant des pauses sur des images.

C'est dans une lettre de Karla à George Walker, le 6 octobre 1993, qu'elle dit se rappeler que «Paul a violé Jane Doe, une de mes amies». C'est pour cette raison qu'on cherchait à savoir si la jeune fille inconsciente sur la bande était bien Jane Doe. Comme toutes les affirmations de Karla quant à son rôle et son implication dans des crimes, la lettre faisait porter l'odieux à Bernardo. Elle restait très embrouillée quant à ce que la police avait fini par considérer comme deux agressions distinctes, celle du 7 juin et celle du 11 août 1991, épisodes au cours desquels Karla avait utilisé son foudroyant mélange d'Halcion et d'Halothane.

«Je ne me souviens pas très bien des événements, dit Karla dans sa lettre, juste que Jane était soûle et qu'elle a perdu connaissance. Ensuite, tout ce que je me rappelle, c'est qu'elle est tombée du lit, en haut.»

Le juge Galligan reprend cette lettre intégralement. «Ce qui me fait peur, c'est que je crois avoir été bien plus impliquée là-dedans que ce dont je veux bien me rappeler. Bob et Ivan…» Ici, Galligan précise qu'il n'arrive pas à décrypter le nom du deuxième policier sur sa copie de la lettre, si bien qu'il remplace par le nom de Mary Lee Metcalfe, de la police de Toronto, celui d'Ivan Madronic, un sergent de la police régionale de Niagara. «Bob et Mary Lee m'ont montré une photo qui venait de cette vidéo et je n'ai pas pu identifier la fille. Et si c'était moi avec Jane Doe? Je dois leur en parler, mais que m'arrivera-t-il s'ils décident de me coincer avec ça?»

Le juge Galligan note qu'au moment où George Walker avait remis cette lettre aux autorités, en novembre:

> Des dispositions avaient été prises par les autorités pour que le service de police métropolitaine enquête sur les agressions sexuelles que

l'on reprochait à Paul Bernardo, peu importe où ces agressions avaient été commises, à l'exception de celles impliquant Leslie Mahaffy ou Kristen French. Conformément à ces dispositions, la responsabilité d'enquête sur toute présumée agression commise contre Jane Doe incombait donc au service de police de Toronto.

C'était précisément ce que les sergents Gillies et Beaulieu avaient dit à Karla après lui avoir montré la séquence de une minute cinquante-huit secondes, le 6 décembre. Le juge Galligan ne semble pas avoir été mis au courant de ce visionnement. La police de Toronto rencontra enfin Karla au sujet de Jane Doe le 2 février 1994. Karla leur dit qu'elle avait tenté en vain de se rappeler des détails. Sa mémoire faisait défaut. Comme dans le reste de son rapport, le juge Galligan tient pour acquis tout ce que Karla leur a raconté.

Elle a dit que Paul Bernardo lui a ordonné de soûler Jane Doe et de lui donner des somnifères. Elle a dit que Jane Doe a d'abord consommé beaucoup d'alcool et que, ensuite, elle lui a fait absorber des cachets d'Halcion […] À la lecture de ce long interrogatoire, il appert clairement que Karla Homolka, pas plus que Jane, n'arrive à se souvenir des détails concernant cet incident.

Karla avait entremêlé les deux « épisodes » du 7 juin et du 11 août, où Jane Doe était sous l'effet de l'Halcion et de l'Halothane.

Plus loin, le juge Galligan s'éloigne.

L'enquête sur la conduite du travail des policiers ne fait pas partie de mon mandat… (Ce mandat fut confié à un autre juge, l'honorable Archie Campbell.) Bien que j'imagine qu'il y a une explication valable à l'approche adoptée par les policiers, ils avaient néanmoins la séquence intégrale en main. Lorsque Karla a éprouvé des difficultés à identifier la jeune fille à partir d'une des images, je me demande pourquoi ils ne lui ont pas montré la séquence complète ou, au moins, d'autres images.

Le juge Campbell répondait à cette question dans son rapport, mais il semble que l'inspecteur Bevan ne lui ait pas mentionné qu'on avait montré la fameuse séquence en décembre 1993 ou alors le juge Campbell n'a pas bien saisi les faits. La raison qu'il invoquait pour expliquer le comportement des policiers était la suivante : la police n'avait pas encore en main les vidéos de Kristen French ou de Leslie Mahaffy, tandis que Karla était persuadée du contraire. La police préférait ne rien montrer à Homolka (laquelle avait précédemment fait preuve d'une grande capacité à mentir et à manipuler les faits) pour ne pas affaiblir sa position en lui révélant que la séquence de une minute cinquante-huit secondes était la seule qui avait été retrouvée. Cette explication est curieuse. L'inspecteur Bevan devait savoir que les sergents Beaulieu et Gillies avaient montré cette séquence à Karla, le 6 décembre 1993. Ces derniers n'auraient jamais pris d'initiative sans en avoir reçu l'ordre et l'autorisation directement de Bevan. Il faut dire qu'aucune des déclarations anticipées faites par les policiers ne mentionne cette rencontre. De plus, contrairement à ce qu'affirme le juge Galligan, on avait montré à Karla au moins deux photos extraites de la bande vidéo lors de ses déclarations en mai 1993. Les transcriptions ne laissaient aucun doute là-dessus. Entre mai et en décembre, il serait difficile de préciser combien de photos elle aurait encore vu, mais il est clair que le sujet a été soulevé plusieurs fois. Par ailleurs, Karla était parfaitement au courant que les policiers n'avaient pas encore trouvé les autres vidéocassettes. Ses réponses et ses questions lors de ces quatre jours d'interrogatoire rendaient ce fait tout aussi limpide.

Le juge Campbell conclut ainsi : « Pour faire dire la vérité à Homolka, la police devait garder ses atouts en main et avait de bonnes raisons pour agir de la sorte. »

En soi, il s'agit d'une affirmation remarquable. Tous savaient, à la suite du contre-interrogatoire mené par Murray et MacDonald, que non seulement Karla était bien au courant de l'existence de la séquence de une minute cinquante-huit secondes, mais qu'elle l'avait appris le jour même où elle avait été découverte. Elle avait même appelé au poste de police dans l'intention d'en savoir plus. De plus, les procureurs de la Couronne savaient que George Walker avait été informé de cette découverte, soit par Murray Segal ou par quelqu'un d'autre associé à l'affaire.

Campbell déclarait ensuite que « la police "savait" que Karla avait une propension au mensonge ». D'après ce que l'inspecteur Bevan et d'autres policiers ont dit au juge Campbell, Karla avait « précédemment fait preuve d'une grande capacité à mentir et à manipuler ».

Ce qui était évidemment le cas. Karla avait sciemment menti de façon évidente à la police en au moins deux occasions : lors de sa déclaration le soir où sa sœur était morte et lors de sa première rencontre avec les policiers de Toronto, le 9 février 1993, tandis qu'elle croyait qu'ils enquêtaient seulement au sujet des viols de Scarborough. C'était à la suite de cette déposition faite dans l'appartement de son oncle et de sa tante à Brampton que Karla, affolée, s'était précipitée au bureau de George Walker, le 11 février.

Même si une des clauses de la résolution d'entente stipulait que Karla ne devait dire que la vérité, l'inspecteur Bevan a admis au juge Campbell qu'il ne faisait pas assez confiance à Karla pour la confronter avec la seule preuve concrète retrouvée dans la maison, c'est-à-dire la bande de une minute cinquante-huit secondes. Or, si la police lui a montré la séquence le 6 décembre, rien de tout ça ne tient debout. Il semble qu'il y ait eu aiguille sous roche.

Il est intéressant de constater que l'inspecteur Bevan et son équipe n'ont jamais tenté quoi que ce soit pour confondre Karla, même après avoir eu en main l'ensemble de la preuve vidéo. Ils auraient facilement pu établir une douzaine de points sur lesquels Karla avait menti sous serment de façon patente.

Le procureur de Scarborough, Mary Hall, et le chef Grant Waddell de la police régionale de Niagara voulaient que Karla soit inculpée pour l'agression de Jane Doe. Le chef désirait même contester la première entente. Cependant, dans les tourbillons de la bureaucratie et de la politicaillerie, le chef n'était pas le chef !

Après avoir reçu les réponses des docteurs Jaffe, Hucker et Hatcher au sujet des pertes de mémoire de Karla quant à l'agression de Jane Doe, l'inspecteur Bevan fit parvenir une lettre au comité de gestion. Il dit qu'après « avoir enquêté sur le sujet et étudié les rapports médicaux, il en conclut qu'il n'y a pas de preuves suffisantes justifiant son inculpation ». L'inspecteur Bevan a préféré croire l'avis des experts plutôt que se fier à ce qu'il pouvait voir chaque fois que la vidéo de treize minutes défilait sous ses yeux, dans laquelle Karla agresse et viole Jane Doe de façon vicieuse, lubrique et avec une joie bestiale.

Le juge Galligan rappelle la définition du parjure selon l'article 131 du Code criminel : « (1) une fausse déclaration après avoir prêté serment, (2) la personne qui a fait cette fausse déclaration, la sachant fausse, (3) la personne qui le fait dans l'intention de tromper. »

Il rappelle que « L'enquête sur la conduite du travail des policiers ne fait pas partie de son mandat et je se garde bien d'empiéter sur celui du juge Archie Campbell. » Cela n'empêchait pas le juge Galligan d'ajouter qu'il en était arrivé exactement aux mêmes conclusions que l'inspecteur Bevan.

Lorsque la police a fait voir à Karla la bande de treize minutes montrant l'agression de Jane Doe, le 20 février, à la prison des femmes, Karla s'est contentée de dire qu'elle ne se souvenait de rien. Elle a ajouté que, si elle s'en était souvenue, elle aurait avoué. Elle a aussi dit qu'elle n'avait pas cessé de croire que les vidéos existaient toujours, ce qui suggère clairement qu'elle savait que la police ne les avait pas trouvées auparavant. Le juge Galligan citait les paroles de Karla lors de cette rencontre : « Pourquoi ne dirais-je pas la vérité ? Surtout que j'ai été honnête et directe sur tout le reste. Pourquoi ne dirais-je pas la vérité à ce sujet ? Ce serait idiot, non ? »

Vu qu'il ne disposait pas de tous les faits, ou que ceux à partir desquels il travaillait n'étaient pas clairs, le juge Galligan se perd dans des complications lorsqu'il analyse le dossier Jane Doe.

Il se met à explorer les deux agressions commises contre Jane Doe en séparant autant qu'en confondant celle du 7 juin et celle du 11 août. Cette dernière avait été motivée par le fait que Bernardo se plaignait à Karla de ne pas arriver à avoir une relation sexuelle complète avec Jane, mais le rapport du juge Galligan ne semble pas clair sur ce point. De plus, lorsque le juge évoque cette agression, il fait toujours appel à des euphémismes comme « épisode » ou « épisode distinct ».

Le juge Galligan enchaîne sur des lieux communs en rappelant que Mary Hall, procureur de la Couronne de Scarborough, désirait inculper Paul Bernardo dans cette affaire et spéculait sur le rôle que Karla Homolka pourrait jouer dans ces inculpations. Cela me paraissait vraiment étrange. Mary Hall avait déjà porté des douzaines d'accusations contre Paul Bernardo, notamment celle d'agression sexuelle grave, de séquestration et de sodomie. Celles-ci étaient rattachées à la série de viols de Scarborough. Son arrestation le 17 février fut maintenue pour trois de ces délits. Il fut inculpé le jour suivant puis détenu pendant des mois sans caution, même si l'acte d'accusation de l'inspecteur Bevan avait dû être annulé. Même après que l'inspecteur eut repris les rênes de l'enquête et procédé à la perquisition du 57 Bayview, Mme Hall ne cessa pas de porter des accusations contre Bernardo au fur et à mesure que les résultats des tests d'ADN confirmaient d'autres viols.

> Évidemment, si elle [Karla] avait été coaccusée avec Paul Bernardo (pour l'agression sexuelle de Jane Doe), en tant que complice de ce délit, la Couronne n'aurait eu aucun moyen de prouver qu'il avait participé audit délit puisque, en tant que coaccusée, elle n'aurait pas pu être citée à témoin contre lui. Sa version des faits n'aurait pu être admissible comme preuve contre Paul Bernardo.

Puisque les autorités détenaient une solide preuve vidéo dès septembre 1994, le témoignage de Karla contre Paul Bernardo relativement à toutes les accusations qui avaient été portées, ou qui auraient pu être portées, n'avait plus aucune utilité.

Le juge poursuit :

La Couronne estimait que la résolution d'entente protégeait Karla Homolka expressément ou implicitement contre tout délit qu'elle révélerait, même après le prononcé de sa peine, à condition qu'elle collabore pleinement avec la poursuite et témoigne contre son mari. Paul Bernardo a été formellement accusé de l'agression du 10 août 1991. Karla Homolka ne l'a pas été. Ce fait confirme donc mon point de vue selon lequel la Couronne estimait que la résolution d'entente protégeait Karla Homolka contre cette poursuite.

Dans ce paragraphe, le juge Galligan fait toujours référence à la poursuite entreprise à Scarborough et non à celle pour meurtres, pilotée séparément par les procureurs de St. Catharines.

« Je n'ai pas clairement saisi pourquoi ces deux agressions, fort semblables, ont fini par être considérées isolément », ajoute-t-il. En effet...

Plus loin, le juge Galligan parle de la guerre des procureurs. Mary Hall avait été d'avis que la preuve vidéo démontrait clairement la participation active de Karla Homolka à une agression grave envers Jane Doe et que Karla méritait pleinement d'être inculpée. D'après ce qu'elle avait vu, Mme Hall estimait qu'elle n'aurait aucune difficulté à en faire la preuve. De son côté, le chef Grant Waddell allait dans le même sens que Mme Hall. Il était en désaccord total avec la lettre envoyée par l'inspecteur Bevan au comité de gestion. Le chef tenait à ce que Karla soit inculpée et poursuivie.

Le juge Galligan mentionne enfin :

Le procureur Raymond Houlahan et son assistant Greg Barnett sont plutôt d'avis que porter des accusations contre Karla Homolka pour ce crime risque de compromettre sérieusement la crédibilité d'un témoin essentiel dans le cas des meurtres. Pour cette raison, ils pensent qu'elle ne devrait pas être poursuivie.

C'est ainsi que la décision ultime quant au sort de Karla Homolka reposa entièrement sur les épaules de Michael Code.

26

L'art subtil de prendre une décision

Lors de notre deuxième rencontre au restaurant, je pris une tout autre approche avec Michael Code. Je me fis zen et renonçai à la confrontation et à l'argumentation. Fort d'une relecture attentive du rapport Galligan, j'étais convaincu que Code avait appliqué la stratégie napoléonienne de diviser pour mieux conquérir. Les deux opposants s'en étaient trouvés affaiblis, permettant à Code de conserver le pouvoir et d'en faire usage. Comme le juge Galligan l'avait remarqué, l'ensemble du processus était une suite de réductions : une grosse affaire avec deux suspects, puis deux suspects considérés séparément, puis l'affaire scindée en deux avec deux enquêtes distinctes, partagées entre Toronto et St. Catharines.

Les crimes comportant des survivants – agressions et viols, peu importe où ils avaient été commis ou si Karla avait été impliquée – tombaient tous sous la coupe de la police et des procureurs de Toronto. Quant aux viols et aux meurtres de Mahaffy et de French, pour lesquels on avait déjà accordé l'immunité à Karla, ils étaient traités à St. Catharines.

Ironiquement – et c'était à prévoir – Paul Bernardo fut jugé à Toronto pour les meurtres commis à St. Catharines. En effet, le procès a eu lieu à Toronto parce qu'on craignait de ne pas pouvoir composer un jury impartial et de mener un procès équitable dans la région de Niagara.

En ce qui concernait Jane Doe, même les deux agressions commises contre elle furent considérées séparément comme si on avait affaire à deux victimes distinctes. Si on voulait écrire la meilleure recette pour épaissir un mystère et partager un blâme au point où on ne sache plus à qui l'attribuer, on pourrait s'inspirer de la stratégie décisionnelle de Michael Code. J'ai eu l'impression qu'il s'agissait du coup de maître d'un génie malveillant. Il était maintenant évident que je n'arriverais à rien en me battant ou en tentant d'argumenter avec lui. Une approche plus philosophique et calme donnerait-elle de meilleurs résultats ?

Il s'essuyait avant de prendre une gorgée de chablis, lorsqu'il concéda qu'il y avait peut-être eu des erreurs et des omissions dans le rapport Galligan, mais il restait persuadé que je n'arrivais pas à saisir la vue d'ensemble. Il était hors de question de toucher à la première entente signée avec Karla. En 1995, la seule décision qui restait à prendre était celle d'inculper ou non Karla pour sa conduite envers Jane Doe le 7 juin.

– Comme je l'ai déjà dit, la résolution d'entente ne nous empêchait pas de l'inculper pour ce qu'elle avait fait à Jane Doe, précisa Code. Il s'agissait d'une agression horrible et tout à fait gratuite, d'autant plus que Karla devait connaître le danger qu'elle faisait courir à la fille puisque sa sœur en était morte six mois plus tôt... Nous nous sommes concentrés sur six ou sept facteurs et sujets précis.

– Lesquels ?

– Je ne me souviens pas de tous. C'était des choses comme la confiance du public envers l'administration de la justice et le fait que la victime veuille ou non porter de telles accusations. Si je me souviens bien, elle préférait ne pas le faire. D'ailleurs, dans son rapport, le juge Galligan réfléchit à la pertinence de ces accusations et son compte rendu reflète très bien ces discussions que nous avons eues ensemble à ce sujet et les raisons pour lesquelles nous en sommes venus à nos conclusions.

Dans le rapport Galligan, les principaux facteurs à considérer étaient : gravité de l'incident ; impact sur la victime et son avis sur la question des accusations ; confiance du public envers l'administration de la justice et maintien de l'ordre public ; degré de culpabilité relative des agresseurs présumés ; effet de cette poursuite sur l'ordre public ; résultat net probable si la prévenue était reconnue coupable, compte tenu des options de sentence dont la cour dispose ; et répercussions que pourrait avoir l'inculpation sur la cause d'un autre prévenu.

Michael Code et son comité de gestion avaient également tenu compte de considérations juridiques qui paraissent ésotériques et sans pertinence pour un novice, mais qu'on doit connaître pour suivre le procès Bernardo et Homolka. Elles font partie des règles importantes de la loi qui régit notre démocratie.

Par exemple, après la première entente, et indépendamment de son statut actuel, Karla constituait un «témoin complice». Devant un tribunal canadien, contrairement à l'équivalent britannique ou américain, il faut que la peine des «témoins complices» ait déjà été prononcée avant que leur témoignage ne puisse être utilisé contre un autre complice.

Le juge Galligan faisait également allusion à une considération encore plus présomptueuse : on avait insisté pour que les accusations pour meurtres soient réglées avant l'affaire des viols de Scarborough. Même si je n'en comprendrais sans doute jamais le motif, cette idée a été et sera toujours farouchement défendue par Michael Code.

Même si les autorités détenaient la preuve vidéo, huit mois avant le début du procès de Bernardo, et qu'ils avaient ainsi plus besoin du témoignage de Karla Homolka pour le faire condamner, la «crédibilité» de Karla en tant que témoin les obsédait toujours. Code la justifiait encore après tout ce temps. Selon moi, la «crédibilité» de Karla n'avait aucun sens. Mais pas question de discuter de cela avec Code. Par ailleurs, Galligan soulignait que le jury avait été divisé au sujet de la crédibilité de Karla. Cela démontre à quel point ce sujet n'eut aucune importance quant à l'issue du procès.

Après le procès, un des jurés avait déclaré qu'il ne croyait pas à la thèse de la poursuite voulant que Karla soit une femme battue. Il ne croyait pas au caractère involontaire, au sens moral, des actes criminels commis par elle. Cette opinion reflétait celle de la majorité du jury.

D'autres étaient plutôt convaincus que Karla avait été battue au point de perdre tout sens moral. Deux des jurés ont même écrit une lettre d'encouragement à la famille de Karla et Galligan en citait une où le juré disait : «Je crois personnellement qu'elle a été manipulée, contrôlée et battue.»

Malgré cette division qui séparait les membres du jury au sujet du statut et de la crédibilité de Karla, ils mirent moins d'une journée à trouver Paul Bernardo coupable des neufs chefs d'accusation qui pesaient contre lui, y compris deux meurtres au premier degré.

Avec beaucoup de sagesse, M. Code m'expliqua qu'il était très clair qu'ils ne devaient absolument pas risquer de compromettre la poursuite contre Bernardo à l'époque.

Galligan rejoignait Michael Code en disant que, s'ils avaient inculpé Karla pour les actes commis envers Jane Doe, son procès serait devenu «très compliqué, tant au niveau légal que factuel. Cela aurait certainement été très long et fastidieux, avec un résultat bien incertain.» Il ajoutait être persuadé qu'on n'aurait jamais pu terminer une telle procédure à temps pour le procès de Bernardo. De là, le «témoin complice» et la crédibilité de Karla.

Michael Code et le comité de gestion avaient endossé à l'unanimité l'avis des experts en psychologie et en psychiatrie au sujet des pertes de mémoire de Karla.

– Quel autre choix aurions-nous eu ? me demanda Code.

Ces volumineux rapports d'experts ne furent jamais admis comme preuve au procès de Paul Bernardo. Je ne pouvais m'empêcher de trouver cela ironique. Le juge avait déclaré qu'ils n'étaient pas pertinents. Il ne s'agissait pas du procès de Karla. Celle-ci était témoin, un point c'est tout. Aux jurés de décider seuls de sa crédibilité.

Le juge permit toutefois à la poursuite de faire comparaître les docteurs Jaffe et Hatcher afin qu'ils expliquent en termes généraux ce qu'étaient le syndrome de la femme battue et le trouble du stress post-traumatique. La Couronne avait fait venir Hatcher spécialement de Californie et l'avait fait attendre dans les corridors au cas où le juge se prononcerait en faveur de sa motion pour faire admettre la preuve psychiatrique.

Le témoignage des deux médecins fut bref et sans grande pertinence, mais cela permit tout de même à la Couronne de rallier quelques-uns des jurés à son point de vue concernant Karla. La défense ne prit même pas la peine de contre-interroger les médecins vu que leurs évaluations ne pouvaient être admises comme preuve. La défense de Bernardo avait également embauché des experts, mais eux non plus ne furent pas appelés à exposer leurs théories sur les motifs des agissements de Karla. Le jury n'eut donc jamais accès à cet autre portrait qu'on avait brossé de Karla. Ainsi, Galligan n'avait pas fouillé ce sujet plus avant.

Le fait que la défense de Bernardo n'avait pas jugé bon d'ébranler les témoignages d'ordre général sur le syndrome de la femme battue et le trouble du stress post-traumatique pouvait signifier deux choses : soit ils avaient été paresseux, soit Karla ne les avait pas intéressés puisque la preuve vidéo était terriblement accablante pour leur client et que la crédibilité de Karla n'avait aucune incidence sur la cause.

Juste avant que Karla ne soit appelée à la barre des témoins, Michael Code et son comité avaient passé l'éponge sur son comportement face à Jane Doe et lui avaient offert l'immunité totale qu'on lui avait refusée en 1993. Leur position officielle se résumait à « mieux servir l'intérêt public ».

Dans son rapport, le juge Galligan admet que « personne ne sait au juste définir précisément ce qu'est l'intérêt public. C'est une notion très large qui couvre une multitude d'aspects pouvant varier grandement d'une cause à l'autre. »

L'opinion de Michael Code, quant à elle, était clairement définie dans la note qu'il avait remise à tous les membres du comité. Et toutes nos conversations n'ont fait que renforcer ses positions de l'époque. Le point le plus important dans l'esprit de Code était de poursuivre Paul Bernardo pour meurtres et de le retirer de la circulation au plus vite. Il affirmait que, sans l'assistance de Karla, Bernardo n'aurait « pas pu être inculpé et poursuivi aussi rapidement et aurait éventuellement violé et tué d'autres victimes».

La solide preuve des tests d'ADN que la police détenait relativement aux viols de Scarborough se trouvait ainsi ignorée. Les mandats de la police de Toronto étaient pourtant fondés sur cette preuve et cela avait suffi pour garder Bernardo en garde à vue, sans possibilité de cautionnement, même après que Michael Code eut été obligé d'annuler les inculpations pour meurtres déposées par l'inspecteur Bevan, le 17 février.

Tout au long de nos échanges, Code évitait ce sujet. À plusieurs reprises, je lui demandai pourquoi il avait été si important que Bevan prenne la tête des opérations de la poursuite pour meurtres. Pourquoi les autorités n'avaient-elles pas choisi d'agir avec patience et prudence en laissant la police métropolitaine de Toronto se servir de son mandat et de sa preuve d'ADN?

Au cours de notre première rencontre, il avait fini par me confier que la preuve d'ADN n'aurait pas été suffisamment solide.

– Suffisamment solide pour quoi? avais-je répondu, indigné. Elle a été assez solide pour justifier l'arrestation de Bernardo pour trois chefs d'accusation d'agression sexuelle, de viol, de sodomie et d'une douzaine d'autres délits et ça l'a maintenu en prison sans caution jusqu'à ce que Bevan parvienne à faire signer un bout de papier par Karla, et que Bernardo soit renvoyé à St. Catharines pour y être formellement inculpé pour meurtres, en mai 1993!

Il n'a jamais donné une réponse satisfaisante à cet argument.

Il était manifeste que, même si cela faisait bien son affaire, Code croyait tout ce que les experts avaient dit au sujet des pertes de mémoire.

Elle a toujours fait de son mieux pour nous révéler ce qu'elle savait au sujet de Jane Doe, écrivait-il dans sa note de service. Elle a tout de suite parlé à son avocat de ses premiers souvenirs et ce dernier a aussitôt remis sa lettre à la Couronne. Elle a ensuite parlé à son psychiatre des autres souvenirs qui lui revenaient et l'a prié de l'aider à reconstituer les événements par l'hypnose ou avec du pentothal de sodium (ce qu'il avait refusé de faire pour des raisons thérapeutiques). Elle a fourni un récit partiel à la police. Tout ça, avant que les vidéocassettes ne surgissent.

Contrairement à ce qu'a toujours maintenu Murray Segal et aux conclusions du juge Galligan, Code ne pensait pas que la découverte des vidéocassettes aurait changé le cours des choses si l'inspecteur Bevan avait mis la main dessus en premier, et non Ken Murray, le premier avocat de Bernardo.

Sans l'amnésie de Karla et si le premier avocat de Bernardo n'avait pas dissimulé des preuves, l'agression de Jane Doe aurait tout simplement fait partie de la première résolution d'entente avec Homolka, deux ans plus tôt.

Cela aurait pu affecter la durée de sa peine mais, à mon avis, pas tant que ça. Au lieu de douze ans, elle aurait écopé de quatorze ou de quinze ans.

Les facteurs déterminants pour sa sentence auraient été : un plaidoyer de culpabilité rapide, une entière collaboration avec la Couronne permettant l'arrestation et l'inculpation d'un criminel plus dangereux, un moindre rôle dans les délits, des brutalités endurées en tant que femme battue, des rapports psychiatriques favorables, une absence de casier judiciaire et une faible possibilité de récidive. Le juge Kovacs s'en serait même probablement tenu aux douze années prévues dans la résolution d'entente.

Cet ensemble de facteurs démontre l'aide précieuse qu'elle nous a apportée. De plus, l'oubli d'inclure un des délits dans l'entente de résolution était involontaire. Elle a fait des efforts sincères pour le révéler à la police, et ce délit aurait eu un impact mineur sur sa peine. Voilà autant d'éléments laissés à notre pouvoir discrétionnaire.

Une chose était certaine, la décision de ne pas porter d'accusation pour éviter de nuire à la crédibilité de ce témoin complice (même si on n'avait plus vraiment besoin d'elle) n'avait rien fait pour renforcer la confiance du public envers l'administration de la justice. Bien au contraire... Mais ce n'était pas une des priorités de Michael Code.

Après coup, ni ses collègues du comité de gestion ni le juge Galligan ne purent trouver de faille dans les «rationhallucinations» légales de Michael Code, c'est le néologisme que j'ai trouvé pour définir le mélange d'abstractions et de logique qu'est la pensée de cet homme.

Je peux donc affirmer que, encore aujourd'hui, M. Code défend farouchement la position qu'il avait adoptée à l'époque. Il trouve encore pertinent d'avoir préservé l'entente avec Karla, de ne pas l'avoir inculpée dans le dossier de Jane Doe et de lui avoir accordé une immunité totale afin de mousser sa crédibilité en tant que «témoin complice».

Malgré que je lui aie exposé plusieurs faits et arguments allant dans le sens contraire, Code s'est entêté à soutenir que toute poursuite supplémentaire entamée contre Karla aurait sérieusement compromis le succès de la poursuite de Paul Bernardo pour meurtres au premier degré. Il a maintenu que conclure une entente avec Karla était le moindre de deux maux et qu'elle ne constituait pas un danger pour la société ni à l'époque ni aujourd'hui.

Il m'a répété plusieurs fois que l'intérêt public avait été mieux servi en ne portant pas d'accusations supplémentaires contre elle, que son équipe avait fait ce qu'il fallait faire en séparant les deux poursuites et qu'ils avaient collectivement fait un bon travail dans la gestion de ces poursuites aux intérêts divergents. Il a toujours cru que le procureur Mary Hall et l'avocat de la défense Ken Murray étaient incompétents et que le ministère avait eu raison de renvoyer la première et de poursuivre le second. De plus, toujours selon lui, son équipe a bien fait de prendre autant de temps avant d'arrêter sa décision dans le dossier Jane Doe et l'enquête sur la prétendue amnésie de Karla avait été exhaustive et concluante.

Finalement, Michael Code et moi ne nous sommes entendus que sur un seul point : si l'inspecteur Bevan avait mis la main sur l'ensemble de la preuve vidéo pendant les soixante-neuf jours de perquisition, cela n'aurait absolument rien changé à la suite des événements.

La poursuite de Ken Murray n'avait été qu'un habile subterfuge, comme la note de Code le laissait d'ailleurs entendre :

> Sans l'amnésie de Karla et si le premier avocat de Bernardo n'avait pas dissimulé des preuves, l'agression de Jane Doe aurait tout simplement fait partie de la première résolution d'entente de Homolka, deux ans plus tôt.

En d'autres termes, la « suppression » de la majeure partie de la preuve vidéo par Ken Murray pendant dix-huit mois n'avait pas eu de véritable impact sur l'entente signée avec Karla ou sur la nature de ses relations avec les autorités.

À la fin de notre dernière rencontre, il était clair que nous n'étions pas du tout d'accord sur les motifs du marchandage judiciaire. Pas question de démordre, d'un côté comme de l'autre.

Par contre, nous étions d'accord sur un point : Karla aurait dû être libérée sous condition lorsqu'elle en avait fait la demande. Elle pouvait le faire, mais le Service correctionnel a alors outrepassé son mandat et son rôle en lui faisant obstruction.

27

L' « hybristophilie » de Karla

Le jour où les photos d'anniversaire furent publiées à la une de la *Montreal Gazette*, Karla se préparait à aller travailler, dans sa chambre, au rez-de-chaussée de la maison 10 de l'établissement de Joliette. Une des codétenues écoutait les nouvelles du matin à l'émission *Canada AM* sur le réseau de télévision CTV et cria à Karla d'allumer son poste. Karla fut très bouleversée, surtout en voyant que la photo avec Christina Sherry était reprise à la télévision nationale. « Chris », comme elle l'appelait, était sortie de prison sous condition et Karla était persuadée que cela allait ruiner le petit bout de vie qu'elle venait de retrouver.

Cela n'enchantait jamais Karla qu'on parle d'elle dans les médias, mais cette fois-là ce fut encore plus pénible. Elle en tomba malade. Elle se rendit tout de même au travail et essaya de ne pas y penser, mais elle eut un très mauvais pressentiment.

Peu de temps après son arrivée au travail, son agent de libération, Ginette Turcotte, la fit venir pour lui montrer la une de la *Gazette*. Elle lui demanda de lire l'article et d'examiner les photos pour qu'elle puisse lui dire de qui la *Gazette* les avait obtenues. Karla fit ce qu'on lui demanda.

Karla pensait, et elle le pense toujours, que la responsable était Mary Smith. Cette femme avait été incarcérée pour homicide involontaire et possédait un lourd casier judiciaire. Elle et sa copine étaient de vrais fauteurs de troubles. Les autres détenues le savaient. La prison le savait aussi. Mais pas encore Karla le jour où elle avait choisi la maison 10. Ces deux femmes y étaient déjà installées. Comme elle en avait l'habitude, Karla tenta d'abord de gagner leur estime. Elle avait même naïvement offert une des photos à Mary. C'était il y a si longtemps. Les photos avaient été prises en 1998. Nous sommes le 22 septembre 2000. La salope avait dû voler les autres photos dans sa chambre. Mary Smith était une femme terriblement

cassante qui voulait toujours mener les autres par le bout du nez. Lorsqu'elle avait été remise en liberté, toutes les autres avaient été bien contentes de la voir enfin partir. Karla, elle, n'était plus du toute contente.
Elle passa le reste de la journée du mieux qu'elle le put mais continua
à se sentir très mal. Ce fut comme si elle avait attrapé la grippe. C'était le
temps de l'inventaire au service alimentaire, mais Karla ne put se contrain-
dre à compter des champignons et des choux. Ce n'était pas normal. Habituellement, elle était toujours capable de mettre de côté ce qui la tracassait
pour se concentrer sur ce qu'elle faisait.

Karla en parla à une de ses amies au travail et elles décidèrent de laisser tomber l'inventaire. Elles en firent part à leur chef de service qui
approuva leur décision; c'est donc ce qu'elles firent.

Quelques jours plus tard, Karla dut encore rencontrer son agent de
libération. Une fois sur place, Mme Turcotte lui demanda si c'était vrai
qu'elle avait refusé de se soumettre à une autre évaluation psychiatrique.
«Oui, c'est vrai», lui dit Karla.

Ayant été évaluée et examinée des douzaines de fois, avant et après son
entrée en prison, Karla en avait eu marre à la fin. Surtout que cela était sur-
venu tout de suite après sa demande pour les sorties de jour sous escorte,
demande qui lui avait été refusée. Depuis, les autorités l'avaient fait évaluer
par toutes sortes de gens qui avaient remis, selon elle, des rapports mal
documentés et négatifs.

Après avoir lu ce que le psychologue montréalais Hubert Van Gijseghem avait dit à son sujet dans son rapport d'août 2000, sans l'avoir jamais
rencontrée, Karla décida une fois pour toutes de faire valoir ses droits et de
ne plus se soumettre à ce genre d'évaluations. C'était évident que les dés
étaient pipés, alors pourquoi participer à ce cirque.? Elle expliqua patiemment à Mme Turcotte que, après l'échec dans sa demande de permission et
dans sa contestation de cette décision l'année précédente, Karla avait
décidé de ne plus s'opposer au prolongement de sa détention. Les autorités avaient obtenu ce qu'elles voulaient. Elle resterait en prison jusqu'à la
fin de sa peine officielle de 12 ans. Quelle différence une évaluation de plus
pouvait-elle faire?

Une demi-heure plus tard, Mme Turcotte la fit appeler à nouveau.
C'était deux minutes avant le dénombrement des détenues et Karla était de
retour à la maison, là où elle devait être. Deux fois par jour, comme dans
les films, toutes les détenues devaient regagner leur place respective pour
être dénombrées. Karla se servit de l'intercom pour rappeler que c'était le
dénombrement, mais Mme Turcotte lui dit de venir la voir quand même.
Karla quitta la maison et traversa la cour intérieure. En chemin, même si

c'était complètement dingue, une pensée lui traversa l'esprit : on la faisait venir pour l'informer qu'elle serait transférée parce qu'elle causait trop d'ennuis. À sa grande stupéfaction, c'est exactement ce que Mme Turcotte lui annonça. On allait la transférer au Centre psychiatrique régional (CPR) de Saskatoon pour une évaluation psychiatrique complète. Même si l'idée lui avait traversé l'esprit quelques minutes plus tôt, Karla avait aussitôt chassé cette pensée idiote, comme on le fait lorsqu'on se réveille après un mauvais rêve dont les détails s'effacent aussitôt. Après tout, Karla n'avait causé aucun ennui. Lorsque son appel de la décision de prolonger son emprisonnement avait été ébruité dans les journaux, elle avait immédiatement retiré la plainte. Elle n'avait aucune idée de la manière dont les médias avaient pu en être informés. Quelqu'un leur avait dévoilé l'information, mais ce n'était pas elle. Elle s'était ensuite pliée à la volonté des autorités qui souhaitaient vraisemblablement la garder derrière les barreaux au-delà de la date de libération prévue, soit le 6 juillet 2001. Elle acceptait de bon gré de purger la totalité de sa peine et ils le savaient. Où était le problème ? Elle était même allée jusqu'à s'excuser.

Karla dit à l'agent de libération que les autorités ne pouvaient la transférer dans une institution psychiatrique et l'analyser sous toutes ses coutures sans son consentement. C'était contre la loi et le règlement même de la prison.

Karla pensait que Mme Turcotte se sentait mal pour elle et qu'elle aurait préféré ne pas être porteuse d'une si mauvaise nouvelle. L'agent ne s'empêcha pas d'ajouter que non seulement ils pouvaient la transférer, mais que c'était exactement ce qu'elles allaient faire. Karla n'avait tout simplement pas le choix. Elle se mit à pleurer et à crier. « Mais pourquoi Saskatoon ? Pourquoi pas Kingston ? Il y a un centre régional à Kingston. Pourquoi pas un endroit où je pourrais au moins voir ma famille ? »

Mme Turcotte dit qu'elle demanderait si c'était possible pour elle d'aller à Kingston. Elle demanda à Karla si elle consentirait à y aller. Karla lui dit qu'il n'était pas question pour elle de consentir à partir. Elle demanda ensuite si cela faisait une différence qu'elle accepte ou non. Karla avait très peur que le fait de refuser tout transfert aggrave sa situation. Mme Turcotte lui dit que cela lui éviterait de la paperasse. Voilà à peu près tout ce qui fut dit.

Karla dut attendre la fin du dénombrement avant de retourner à la maison 10. Elle ne put s'empêcher de pleurer à chaudes larmes. Elle passa devant des détenues voisines assises autour d'une table de pique-nique. Celles-ci lui demandèrent ce qui n'allait pas, mais Karla ne fit que secouer la tête et se précipita dans sa maison. Linda, Manon et Tracy étaient à la cuisine. Karla pleurait comme un bébé et elles lui demandèrent ce qui se passait.

«Ils me transfèrent en Saskatchewan», leur dit Karla. Elles restèrent bouche bée. Elles étaient indignées. Karla n'avait rien fait pour mériter un tel transfert. Les transferts étaient un phénomène très rare, réservés aux cas les plus récalcitrants et toujours comme mesure punitive. Même cette emmerdeuse de Mary Smith n'avait pas été transférée !

Karla se précipita à l'étage pour appeler son avocat. M. Labelle n'était pas au bureau alors Karla parla à son associé, Martin Latour. Elle lui expliqua la situation d'un ton alarmiste. M. Latour se mit à rire. Il dit à Karla de ne pas s'en faire, qu'elle resterait là où elle était. Karla n'était pas rassurée. Elle tenta de lui expliquer qu'elle n'était pas comme les autres prisonnières, mais il maintint qu'il était inutile de s'inquiéter... Un transfert sans consentement vers une institution psychiatrique était contre la loi et la pratique, peu importe ce qu'elle avait fait ou qui elle était.

Lorsqu'elle redescendit, les questions se mirent à pleuvoir. Karla répéta aux femmes ce que son agent de libération lui avait dit et se remit à pleurer. Elles conseillèrent toutes à Karla de ne pas s'en faire. La présidente du comité des détenues, Stivia Clermont, une amie de Karla qui logeait aussi dans la maison, était à ce moment avec sa famille dans la maisonnette réservée aux visites familiales. On aurait dit que chaque fois que Stivia ou Karla se rendait dans cette maisonnette, un malheur survenait. Karla se dit que celui-ci était le comble. Une des femmes voulut aller prévenir Stivia. Karla s'y opposa.

Karla se renfrogna et retourna au travail le reste de la journée. Elle ne dit rien à personne, car elle était prise au dépourvu et ne savait plus quoi faire. Elle était si habituée à ne rien révéler de ses problèmes aux autres qu'elle fit comme si rien n'était. Elle fut rappelée aux bureaux administratifs deux autres fois ce jour-là. La première fois, Mme Turcotte lui remit l'avis formel de son transfert sans consentement. Il était évident que cela faisait déjà un certain temps que la prison avait préparé son plan. Cela ne pouvait pas n'être que la conséquence de la diffusion des photos. Comme tout ce que la prison faisait, l'avis avait été méticuleusement dactylographié dans un style verbeux et inutilement répétitif. Sous la rubrique «Évaluation», on pouvait lire : «Décision requise : pertinence d'un transfert d'institution (sans consentement).»

En le lisant, Karla fut complètement sciée. Ils utilisaient les spéculations fallacieuses et ridicules d'Hubert Van Gijseghem pour justifier son transfert ! Karla savait, malgré son petit baccalauréat en psychologie, que la méthode d'évaluation (d'un sujet *in abstentia*) et les hypothèses du psychologue étaient de la foutaise. De quoi ternir l'image de la profession.

S'il avait voulu brosser le portrait d'un monstre psychopathe, Van Gijseghem aurait pu faire preuve de bien plus d'imagination. Ne serait-ce qu'en s'inspirant des avis des psychiatres embauchés par les avocats de son ex-mari avant le procès. Ils l'avaient décrite comme une hybristophile histrionique, pathomimique. L'hybristophilie, c'est le phénomène selon lequel un individu est excité sexuellement par les comportements sexuels violents de son partenaire. L'expression vient du mot grec « hybridzein » qui veut dire « commettre un viol, un affront, un outrage ». Alors que les ouvrages de psychiatrie découragent les praticiens de diagnostiquer un trouble de personnalité antisociale chez une femme, ou de suggérer qu'elle soit psychopathe – comme l'avait fait Gijseghem – , rien n'empêche de dire qu'une femme puisse être l'initiatrice d'une relation hybristophile.

« Histrionique » était aussi un mot intéressant. Le signe d'un trouble de la personnalité histrionique est « un motif récursif d'émotivité excessive et de désir d'attirer l'attention, ayant débuté dans l'enfance, et qui se manifeste dans divers contextes... Les individus affectés par ce trouble recherchent ou demandent constamment l'approbation ou l'éloge des autres. Ils se sentent mal à l'aise dans les situations où ils n'ont pas l'attention de tous. »

Les docteurs Glancy et Pollack n'avaient pas, eux non plus rencontré Karla, mais cela ne les avait pas empêchés d'avoir du style. Leurs commentaires étaient connus du grand public depuis longtemps. Tout avait été publié dans l'horrible livre intitulé *Invisible Darkness* en 1996. Ce livre est très dur à l'endroit de Karla et prétend qu'elle est la principale responsable des crimes du couple maudit. C'était d'ailleurs peut-être la vérité. Karla était effectivement pleine de mépris et de haine envers elle. Elle savait qu'elle était une personne horrible qui avait fait des choses horribles. Elle n'était cependant pas la seule responsable. Elle avait été jugée et condamnée en conséquence. De plus, son marchandage judiciaire avait été réexaminé lors d'une vaste enquête juridique et il avait été reconnu équitable et acceptable par la loi. Que voulait-on de plus ? Il lui fallait payer pour ses crimes et c'est ce qu'elle faisait, conformément à la peine décidée par la cour. Son avocat, George Walker, après avoir consulté le représentant de la Couronne, Murray Segal, lui avait dit ce qu'une peine de douze ans représentait lorsqu'elle était entrée en prison : si elle se comportait bien, elle allait passer quatre ans en prison, suivis de huit ans de probation. Si elle s'attirait des ennuis, ce serait huit ans de prison et quatre de probation. Elle s'en souvenait comme si c'était hier. Il lui avait dit que si elle s'avérait « la pire détenue de toute l'histoire », elle ne passerait que huit ans derrière les barreaux. Or, elle était la meilleure détenue de toute l'histoire et voyez comment ils la traitent maintenant !

En rédigeant l'avis de « transfert institutionnel (sans consentement) », le comité de gestion du cas de Karla avait d'emblée établi qu'il se fondait sur les conclusions du rapport du docteur Van Gijseghem, selon lequel une « évaluation en profondeur de Mme Teale » était requise pour vérifier les hypothèses suivantes :

> Existe-t-il un trouble de la personnalité antisociale qui n'aurait pas été dépisté par les outils cliniques ou actuariels utilisés jusqu'à présent ?
> Existe-t-il un trouble de la personnalité narcissique ? (Son engoue-ment inconditionnel pour un narcissique parfait comme Paul Bernardo le laisse supposer.)
> Un de ces deux troubles ne serait-il pas compliqué par un type ou un autre de véritable paraphilie ?

Quelles sottises ! Combien d'autres « outils actuariels » pouvait-on encore lui appliquer ? Elle avait passé tous les tests psychologiques connus de l'humanité, plutôt deux fois qu'une. Et, non, Karla ne correspondait à aucun des critères établis pour le trouble de la personnalité antisociale, du moins tels que définis dans le *Manuel de diagnostics et de statistiques des maladies mentales IV* (4e édition), auquel Van Gijseghem faisait pompeu-sement et trompeusement référence tout au long de son rapport, comme si c'était la Bible.

Selon le *DSM-IV*, le principal trait d'un trouble de la personnalité anti-sociale (TPAS) est :

> un motif récursif de comportement irresponsable et antisocial ayant débuté dans l'enfance ou au début de l'adolescence, et se poursuivant jus-qu'à l'âge adulte. Pour que ce diagnostic soit posé, le sujet doit être âgé d'au moins dix-huit ans et faire preuve d'antécédents de troubles de com-portement remontant avant son quinzième anniversaire de naissance. *Par définition, les symptômes d'un trouble de comportement commencent avant l'âge de quinze ans.* Chez les femmes, les premiers symptômes se manifestent à la puberté tandis que, chez les hommes, les troubles de comportement se manifestent, dans la plupart des cas, dès l'enfance.

Cela ne collait pas à Karla. Pendant toute son enfance, jusqu'à ce qu'elle rencontre ce « trou du cul » à l'âge de dix-sept ans et demi, Karla avait été une enfant heureuse et agréable. Son enfance n'avait pas été truf-fée de «mensonges, de larcins, de truanderie, de vandalisme, d'initiation de bagarres, de fugues ou de cruauté physique...». Cela avait été tout à fait le contraire. Sa seule fugue était la fois où elle était partie au Kansas pour rejoindre son petit ami, Doug Lindell. Elle avait 17 ans et avait seulement désobéi à ses parents pour s'offrir deux semaines de vacances. Elle les avait même appelés pour leur dire quel jour elle reviendrait. Ça n'était pas vrai-ment ce qu'on appelle une fugue.

Tous les comportements étranges et la merde sont survenus par la suite, après la rencontre de Bernardo.

Karla avait 20 ans quand elle a tué sa sœur. Rien dans l'enfance de Karla, ni dans son comportement jusqu'à ce geste terrible, ne recelait le moindre indice d'un trouble de la personnalité antisociale.

Le TPAS est une concession de la psychologie moderne à la notion de «psychopathie», terme officiellement banni de la profession depuis 1963. L'hypothèse saugrenue de Van Gijseghem au sujet d'un TPAS était sans doute sa façon de dire que Karla était une créature des plus rares: une femme psychopathe. Si c'était le cas, pourquoi le docteur Williams ne l'avait-elle pas dépisté lorsque Karla avait été évaluée à l'aide de la liste psychopathologique révisée (PLC-R), en 1999?

Van Gijseghem prétendait avoir considéré les deux évaluations du doc-teur Williams. Karla avait obtenu un score de cinq. Pour être reconnue psy-chopathe, il lui aurait fallu un score entre vingt et trente. De toute évidence, Van Gijseghem avait improvisé des résultats, conformément aux directives de Jacques Bigras, le psychologue en chef du Service correctionnel au Québec. C'était lui qui avait commandé le rapport Van Gijseghem. C'était sûrement quelqu'un de plus haut qui lui avait commandé de le faire.

Les critères du *DSM-IV* auraient rendu un trouble de la personnalité narcissique un peu plus plausible.

La caractéristique essentielle de ce trouble est un motif récursif de grandeur (virtuelle ou réelle), une hypersensibilité à l'avis des autres et un manque d'empathie débutant à la fin de l'adolescence, et qui se mani-feste dans divers contextes.

Les individus affectés par ce trouble ont un sens démesuré de leur propre importance. Ils tendent à exagérer leurs accomplissements, leurs talents, et s'attendent à ce qu'on les trouve remarquables, sans pourtant avoir rien accompli qui pourrait le justifier.

Ces individus sont obsédés par des fantasmes de succès prodigieux, de pouvoir, d'intelligence, de beauté, de l'amour parfait. Ils éprouvent également un sentiment d'envie envers tous ceux qu'ils perçoivent comme ayant plus de succès qu'eux-mêmes.

Il y a cependant un petit problème avec le trouble de la personnalité narcissique. C'est qu'il serait sans doute possible de démontrer que toute notre société tourne autour de valeurs narcissiques. Ainsi, ceux qui présentent de tels symptômes sont généralement bien considérés. Alors comment repérer ceux qui souffrent d'un trouble ? Et, si on arrivait à poser ce genre de diagnostic sans équivoque, cela voudrait sans doute dire qu'on peut arriver à détecter les penchants dangereux à l'avance. Si c'était si facile, n'aurait-on pas éliminé tous les comportements criminels depuis longtemps ?

Si Karla avait souffert d'un trouble de la personnalité narcissique, sept ans de prison et de thérapie l'en auraient certainement guérie. Elle n'était plus du tout obsédée par des «fantasmes de succès prodigieux, de pouvoir, d'intelligence et de beauté» et certainement plus par celui de «l'amour parfait». Il est toutefois vrai qu'elle enviait ceux qui n'avaient pas été idiots et mauvais comme elle, et qui menaient une vie honorable et productive.

Les docteurs Arndt, Long et Malcolm avaient précisé qu'elle ne souffrait d'aucun trouble de la personnalité. Plus tard les docteurs Jaffe, Hatcher, Hucker et McDonald avaient partagé cette opinion. Et puis, si elle avait développé ce trouble après coup, pendant son séjour en prison, pourquoi des spécialistes comme les docteurs Brown et Williams ne l'auraient-ils pas décelé et, le cas échéant, traité Karla en conséquence, cinq, six ou sept ans plus tôt ?

Van Gijseghem parle d'un «engouement inconditionnel pour un narcissique parfait comme Paul Bernardo». En fait, si Gijseghem avait bien fait ses devoirs, il aurait su que Paul Bernardo avait été déclaré sadique sexuel par l'un des chefs de file de la psychiatrie médico-légale, le docteur John Bradford. Il avait examiné Bernardo et lui avait fait passer toutes sortes de tests étalés sur une période de dix jours, avant le procès. Nulle part dans le rapport du docteur Bradford ne peut-on lire les mots «narcissique parfait». Cela n'apparaît dans aucun livre spécialisé. Le docteur Van Gijseghem aura tout simplement glané cette expression dans un article bavard du *Saturday Night Magazine*. Dans cette revue, à la suite du procès contre son mari pendant l'été 1995, une journaliste mal documentée avait écrit un interminable article bourré de termes psychologiques improvisés et de faits galvaudés.

Mais la pièce de résistance rhétorique de Van Gijseghem, on la trouvait dans sa dernière hypothèse : «L'un de ces deux troubles ne serait-il pas compliqué par un type ou un autre de véritable paraphilie?» Quatorze autres experts n'avaient pas cru bon de diagnostiquer Karla comme étant atteinte de «l'un de ces deux troubles» puisque, en réalité, elle était atteinte d'aucun. Comment une absence de trouble pouvait-elle se compliquer «d'un type ou un autre de véritable paraphilie»?

Toujours selon le *DSM-IV*, de même que selon les résultats obtenus par le docteur Rouleau avec le test de dépistage Abel et l'avis des psychologues et des psychiatres de la prison, les docteurs Brown, Williams et Arbut, Karla n'était affectée par aucun dysfonctionnement ou aucune paraphilie sexuelle.

Les paraphilies ou déviances sexuelles sont caractérisées par une excitation sexuelle en présence d'objets ou de situations ne faisant pas partie des activités et prémisses usuelles de la sexualité humaine. À des degrés divers, cela peut interférer avec l'affection réciproque d'une vie sexuelle saine. Les paraphilies comprennent l'exhibitionnisme, le fétichisme, le frotteurisme (une irrésistible impulsion ou des fantasmes sexuels récursifs, sur une période d'au moins six mois, impliquant de toucher un partenaire non consentant ou de se frotter sur lui), la pédophilie (une irrésistible impulsion ou des fantasmes sexuels récursifs, sur une période d'au moins six mois, impliquant toute activité sexuelle avec des enfants prépubères), le masochisme sexuel, le sadisme sexuel, le travestisme fétichiste et le voyeurisme.

À l'exception du masochisme sexuel, pour lequel le ratio homme/femme est estimé à vingt hommes pour une femme, les autres paraphilies ne sont pratiquement jamais diagnostiquées chez les femmes.

Karla n'était pas une masochiste sexuelle. Comme le docteur Glancy l'avait précisé dans le rapport qu'il avait remis aux avocats de son ex-mari:

> Une hybristophile n'est pas une masochiste. L'idée de devenir elle-même la victime ne fait pas partie de son jeu. Tant que les partenaires restent sur la même longueur d'ondes, la victime sera toujours une tierce personne. Si l'un des deux partenaires devient instable, comme ce fut le cas pour Paul Bernardo, et menace l'autre partenaire, comme il l'a fait avec Karla, alors ce dernier partenaire rompt la relation, comme l'a fait Karla.

Ni Karla ni son mari n'étaient pédophiles; leurs victimes n'étaient pas prépubères mais adolescentes.

Il y avait ensuite ce sur quoi Van Gijseghem terminait : « Si l'une des hypothèses émises ici s'avérait fondée, y a-t-il une possibilité de récidive et peut-on en évaluer la probabilité ? » Qui pourrait se prononcer sur cette question ? Les gens que la police et les procureurs estimaient capables de répondre à une telle question, comme les docteurs Arndt, Long, Malcolm, Jaffe, Hatcher, Hucker, McDonald, Brown et Williams, avaient tous dit non. Elle ne représentait pas un danger pour la société et les risques de récidive étaient faibles. Voilà ce qu'ils avaient tous affirmé. Lors du procès de Karla, le juge avait accepté le verdict sans équivoque en ce sens des docteurs Arndt, Long et Malcolm.

Après coup, l'enquête juridique avait réexaminé la question et le juge Patrick Galligan, l'homme embauché par le gouvernement pour mener cette enquête, se disait satisfait que Karla ne constitue plus un danger pour la société et ne risque pas de récidiver.

Karla savait qu'elle ne récidiverait pas, mais peu importait, personne ne la croyait. La vraie question aurait été d'évaluer si le risque de récidive aurait été plus ou moins élevé en la relâchant le jour prévu par la loi, ce qui lui permettrait ainsi une réinsertion sociale graduelle sous de strictes conditions de probation, plutôt que de la laisser sortir de l'aile de détention « A » de Sainte-Anne-des-Plaines au dernier jour de sa peine, le 6 juillet 2005, sans préparation et avec le sentiment de s'être fait rouler par le système ?

Le rapport Gijseghem était un véritable gâchis. Tout était cousu de fil blanc et personne ne semblait s'en soucier. Karla croyait vraiment que certaines personnes qui travaillaient à Joliette s'étaient préoccupées de son sort, mais elles semblaient impuissantes.

Dans le document, on se servait du patronyme « Teale » pour désigner Karla, bien que Van Gijseghem ait suggéré que l'usage de ce patronyme suggérait une absence de remords ou l'indice d'une perversité quelconque. Le document comportait également son numéro de détenue, 283308 D, ses prénoms, Karla Leanne, sa date de naissance, 4 mai 1970. Il la décrivait comme étant une citoyenne canadienne divorcée ne pouvant être déportée. On y retrouvait aussi une chronologie des faits marquants liés à sa peine :

Date d'incarcération : 6 juillet 1993 ; date du début de la période d'admissibilité à une demande de sortie avec escorte : 6 juillet 1995 ; date de son transfert à Joliette : 1er juin 1997 ; date du début de la période d'admissibilité à une demande de libération conditionnelle : 6 juillet 1997 ; date de libération d'office : 6 juillet 2001 (en fonction de laquelle l'arrêté de décision avait été rédigé) ; et enfin, évidemment, la date de son dernier jour de prison : 5 juillet 2005.

On pouvait ensuite lire les raisons invoquées pour le transfert sans consentement.

> Le transfert de Mme Teale permettra au Service correctionnel de mener une évaluation psychiatrique exhaustive dans le but de demander éventuellement un prolongement de détention. Au cours des derniers mois, nous avons commencé à amasser des informations pertinentes pour analyser son cas en profondeur selon les critères requis pour un prolongement de détention. Même si Mme Teale a déclaré qu'elle ne contesterait pas sa détention au-delà de la date de libération prévue, nous sommes tout de même tenus de faire une analyse complète de son cas dans les limites de temps établies par la loi.
>
> Nous en sommes arrivés à une impasse car les évaluations qui étaient disponibles se sont avérées insuffisantes. À notre avis, une évaluation psychiatrique en profondeur est essentielle pour déterminer le risque réel que le sujet représente. De plus, à la lumière de l'évaluation la plus récente, le psychologue Hubert Van Gijseghem suggère des hypothèses qui méritent d'être explorées. Cela nous permettrait d'avoir une compréhension plus précise des traits de la personnalité de Mme Teale, tout en nous aidant à bien évaluer le facteur de risque pour la société.
>
> L'obligation d'obtenir des renseignements pertinents, à jour et aussi complets que possible nous fait considérer comme essentiel que Mme Teale soit évaluée dans une institution spécialisée en psychiatrie.

Le texte poursuivait en disant que les discussions sur le transfert de Karla à Saskatoon avaient débuté le 27 septembre 2000 et racontait toutes les étapes qui avaient suivi.

Plus loin, on peut lire :

> Par mesure de sécurité, nous considérons important de noter que Karla Teale a fait l'objet de menaces à plusieurs occasions. Il est donc primordial d'assurer pleinement sa sécurité lors de tout transfert.

Ces menaces avaient été rapportées par les médias mais personne à Joliette ou au centre de Saskatoon n'a jamais été à même de les confirmer ou d'en identifier la source. Toutefois, la présence de ce petit paragraphe, comme Karla le comprit en le lisant, signifiait que le centre psychiatrique allait la détenir en isolement à sécurité maximum – pour sa propre sécurité !

Juste après, ironiquement, l'arrêté indique que sa classification a toujours été à sécurité moyenne et qu'aucune « modification » n'était envisagée à ce chapitre.

Comme nous l'avons déjà mentionné, nous en sommes à considérer à nouveau l'ensemble du dossier de Karla Teale afin de revoir en profondeur les termes de sa peine. Nous avons ainsi besoin de toute information liée à la dynamique de sa personnalité. Depuis ses premiers contacts avec le système judiciaire, Karla Teale a été soumise à de nombreuses évaluations psychologiques et psychiatriques, et aucune d'elles n'offre un pronostic ou une orientation clairs quant à sa dangerosité.

Cette affirmation est carrément fausse. Dans tous les rapports d'évaluation, y compris ceux des docteurs Arndt, Long, Malcolm, Hatcher, Hucker, Jaffe et du psychiatre du Service correctionnel, le docteur Brown, il était clairement mentionné que Karla ne constituait pas un danger pour la société.

L'inspecteur Bevan avait déclaré à maintes reprises aux journalistes, alors que Karla était relâchée en attendant son procès en 1993, qu'elle ne représentait aucun danger pour la société, et l'autre psychiatre du Service correctionnel, le docteur Sharon Williams, avait affirmé exactement la même chose pour justifier son transfert à Joliette. Dans tout le système, tous ceux qui avaient rencontré Karla croyaient qu'elle ne représentait pas un danger pour la société, sans quoi sa classification ne serait pas restée « sécurité moyenne » pendant toutes ces années.

Le juge ayant présidé au procès de Karla avait précisé dans le prononcé de sa sentence qu'elle ne constituait pas un danger pour la société, « à moins qu'elle ne rencontre un autre Paul Bernardo ». Cette réserve n'avait cependant pas été suffisante pour qu'il rejette le marchandage judiciaire de Karla et la condamne à la prison à vie, comme il aurait pu le faire.

Tous les volumineux rapports d'experts dans le dossier de Karla indiquaient un pronostic favorable et de bonnes chances de guérison. Pourtant, l'évaluation pour un « transfert d'institution (sans consentement) » n'en tenait pas compte.

Il est ainsi de notre avis qu'une évaluation en profondeur de la dynamique interne du sujet doit être effectuée, d'autant plus que nous sommes maintenant en possession de toute l'information factuelle en rapport avec les délits qui lui ont été reprochés. Il importe de se rappeler que le jour où sa sentence a été prononcée, les vidéocassettes montrant les circonstances précises qui avaient entouré les crimes n'étaient pas disponibles.

Ces enregistrements vidéos doivent être pris en considération pour bien connaître le degré de participation réel de la détenue alors que se perpétraient des actes criminels ayant causé des pertes de vie.

Encore une fausseté. Plusieurs des évaluateurs de Karla, comme les docteurs Hatcher, Hucker, Macdonald et même le docteur Brown du Service correctionnel, ont vu l'ensemble de la preuve vidéo. De plus, une consultante de la poursuite auprès des familles des victimes, le docteur Catherine MacKinnon, avait attentivement visionné le tout pour mieux conseiller la poursuite et les familles sur la façon dont cette preuve devait être utilisée dans le procès de Paul Bernardo. MacKinnon avait écrit dans son rapport qu'il était évident que Karla était elle-même la victime d'un sadique sexuel.

Les policiers, comme tous les représentants du système judiciaire qui ont décidé que Karla méritait deux peines concomitantes de douze ans pour ses crimes en échange d'un témoignage contre son ex-mari, avaient pu, eux aussi, voir les vidéocassettes. Tous auraient eu l'occasion de changer d'avis et de recommander une autre peine.

Les autorités ont obtenu les vidéocassettes la troisième semaine de septembre 1994, soit huit mois avant le début du procès de Paul Bernardo. Or, juste avant que Karla ne soit appelée à la barre des témoins en juillet 1995, Michael Code et le comité chargé du dossier ont tout de même passé l'éponge sur son rôle dans l'administration d'un stupéfiant et le viol de Jane Doe. Ils lui ont même accordé l'immunité totale qu'elle avait tentée d'obtenir en vain en 1993 !

Alors comment la prison allait-elle maintenant tenir compte de la preuve vidéo, alors que le ministère de la Justice venait de tout détruire à la demande des familles des victimes ?

Bref, les tribunaux avaient déjà tranché sur le sort de Karla. Selon les termes de l'entente, elle serait relâchée au plus tard le jour prévu selon la loi. C'était clairement stipulé dans son dossier carcéral : il avait été convenu qu'on la relâcherait le plus rapidement possible, au sens de la loi, à condition qu'elle fasse preuve de bonne conduite.

Mais la lecture du document concernant son transfert fit comprendre à Karla que les choses ne se passeraient pas ainsi.

En conséquence, bien que Mme Teale déclare toujours ne pas être disposée à subir cette évaluation, il est de notre devoir de s'assurer que toutes les analyses pertinentes soient effectuées afin que la réévaluation des termes de détention par le Service correctionnel soit aussi complète que possible. Vu cette obligation, nous croyons devoir procéder à un transfert, même sans contentement, vers une institution psychiatrique. Le centre choisi est le Centre psychiatrique régional de Saskatoon. Il s'agit de la seule institution fédérale qui offre à la fois un service d'évaluation et de traitement pour les délinquantes. Notre choix a aussi été influencé par notre obligation de respecter les délais légaux pour une réévaluation de détention. Il y a plus de chances que ces délais soient respectés si la détenue est dans un centre fédéral.

Le document comportait une remarque qui outrepassait le rôle du Service correctionnel :

Mme Teale a toujours soulevé beaucoup de controverse sur la scène publique. Nombreux sont ceux qui ont exprimé leur mécontentement face au marchandage judiciaire qui a eu lieu entre Mme Teale et la Couronne ; bien que nous soyons sensibles à la réaction de l'opinion publique, nous avons tenté de ne pas oublier que notre rôle se limitait à nous occuper de la peine prononcée. Cela dit, nous sommes aussi conscients que Karla Teale reste une énigme ; l'analyse, l'évaluation et l'identification des traits de sa personnalité, de même que son degré de dangerosité, restent un défi. Malgré les nombreux rapports psychologiques et psychiatriques contenus dans le dossier, un portrait précis tenant compte des nombreuses facettes de la personnalité de Karla Teale nous échappe toujours. Il y a beaucoup de contradictions et de déclarations ambiguës dans son dossier. Il nous faut étudier le problème de façon globale pour assurer une réévaluation complète et professionnelle. Nous estimons ainsi qu'il est essentiel que la délinquante soit non seulement évaluée en profondeur, mais que cette évaluation tienne compte des hypothèses émises récemment (par le docteur Van Gijseghem), de même que des conséquences sur sa personne, de sa participation au programme institutionnel de détention, s'il y en a eu.

Le document était signé par l'agent de libération de Karla, Ginette Turcotte, de même que la chef d'équipe, Julie Cobb.

C'était comme si on admettait le fait que tous les psychologues, psychiatres, agents de première ligne, agents de libération en plus de deux signataires du document n'avaient pas réussi à percer le mystère de la personnalité de Karla. Comme si en matière de sentence, on avait négligé ou oublié de tenir compte du fait que les hypothèses à son égard étaient cruciales et d'intérêt public. Or voilà que, tout à coup, les psychologues et psychiatres du service correctionnel de Saskatchewan peuvent, eux, connaître les rouages de la personnalité de Karla. Comme par un miracle soudain, Karla en eut le vertige. Elle se voyait confrontée à un méli-mélo bureaucratique de déclarations et de présomptions incorrectes. Elle en avait comme une sorte de nausée. Elle était écœurée psychologiquement lorsqu'elle entendit Mme Turcotte lui dire que le Centre psychiatrique régional de Kingston n'accepte pas les femmes, que Pinel, l'hôpital psychiatrique de Montréal avec qui Joliette avait un accord de transfert et de traitement, ne pouvait pas convenir non plus, car il ne pouvait pas respecter «les délais pour l'évaluation», pour ce que cela voulait signifier. En tapotant le bras de Karla pour la réconforter, Mme Turcotte lui dit également que tout ça était arrivé à cause des photos dans les journaux «tout simplement».

La directrice de la prison avait reçu un appel d'Ottawa au beau milieu de la nuit lui ordonnant de sortir Karla de Joliette. Il ne fallait pas que son cas devienne un enjeu électoral. Une élection fédérale venait en effet d'être déclenchée. Le Parti libéral au pouvoir craignait que le nouveau parti de droite, l'Alliance canadienne, ne tire profit de ce scandale. Cependant, un véritable raz de marée électoral remit solidement les libéraux au pouvoir.

Le fait que le personnel de Joliette ne fasse que suivre les ordres ne rendait pas la situation moins dévastatrice pour Karla, mais cela lui prouva qu'elle ne pouvait faire confiance à personne, même pas à ceux à qui elle s'était fiée totalement, puisque personne à Joliette n'avait vraiment de pouvoir décisionnel.

Les nouvelles circulent vite en prison. Aussi, Stivia sortit de la maisonnette quelques heures plus tard et des détenues commencèrent une vigile. Karla ne trouvait pas d'autre nom pour ça. C'était comme si quelqu'un venait de mourir. Elles cessèrent toutes de s'alimenter. Toute activité cessa dans le pénitencier. Karla arrêta de travailler. Stivia arrêta de travailler. Elles se contentèrent de s'asseoir pour être ensemble.

Karla tenta plus tard de reprendre son travail, mais elle en fut incapable. Chaque fois qu'elle tentait de se rendre à l'atelier, on la convoquait quelque part. Alors, à quoi bon? Tout le monde était en état de choc. Personne ne se réjouissait. Les femmes pleuraient et venaient étreindre Karla, l'encourageant à se défendre. Sans cesse, Karla éclatait en sanglots.

Elle tenta de se défendre. Ses avocats déposèrent une plainte à la cour fédérale pour s'opposer à son transfert. Le Service correctionnel a une unité spéciale d'enquête interne appelée Bureau d'enquête correctionnelle. Il est chargé de superviser les activités du Service et de prévenir ou de corriger tout manquement au protocole ou au règlement. Karla communiqua avec eux.

On dit à Karla qu'il n'y avait pas lieu de s'en faire, qu'elle ne serait jamais transférée puisque cela était illégal et contraire au règlement. On lui dit qu'on allait tout de suite s'occuper de son dossier et le régler. Tout le monde tenta de la rassurer mais Karla savait qu'elle ne devait pas les croire. Au fil des ans, elle avait appris que, dans son cas, rien n'était jamais pareil. Les seize jours qui s'écoulèrent entre la parution des photos et son transfert détruisirent le petit monde que s'était construit Karla au cours des sept dernières années et demie.

Karla ne se souvenait pas très bien de tout ce qui s'était passé pendant cette courte période. Le temps avait fui si vite. Elle s'était remise à faire des crises de panique et dut reprendre de l'Ativan et des somnifères. Sinon, elle restait éveillée toute la nuit en se balançant, assise sur son lit.

Dans l'esprit de Karla, c'était une autre trahison, complète. Elle avait fait partie d'une merveilleuse famille qui l'avait aimée, puis elle avait été condamnée en enfer sur terre à cause de Paul Bernardo. Elle avait ensuite été jetée en prison, isolée dans une petite cellule pendant les quatre premières années. À part les policiers et les représentants de la Couronne, elle n'avait pratiquement vu personne d'autre. Pendant cette période, les autres prisonnières lui avaient crié des injures et des menaces de mort. Elle devait se déplacer sous escorte partout où elle allait. Le seul moment où elle ne s'était pas trouvée sous surveillance directe avait été dans la maisonnette des visites familiales.

Pendant tout ce temps, elle avait fait son cheminement personnel, avait étudié, avait fait tout ce qu'on lui avait dit de faire. Puis on l'avait transférée à Joliette où elle s'était sentie presque en liberté. Au début, elle avait vraiment détesté cette nouvelle réalité car, après quatre années en isolement, Karla avait fini par s'y faire. Comme quoi on peut s'habituer à tout !

Les six premiers mois à Joliette lui avaient cependant permis de réaliser que ce premier transfert était un grand privilège ; elle s'était mise à apprécier son nouveau sort, sa nouvelle maison où elle avait passé du temps avec cinq femmes dont elle était devenue proche. Elles avaient cuisiné ensemble, mangé ensemble et s'étaient amusées ensemble. Cela avait été un peu comme une famille, chose que la prison encourageait et approuvait. Pour la première fois depuis le début de sa peine, elle avait eu de véritables amies, une véritable vie et un travail. Elle pouvait faire face à sa situation et à ses problèmes comme tout le monde. Elle avait été une prisonnière modèle. La plupart des rapports carcéraux en témoignaient.

C'était tout simplement dément. Dans son rapport, Van Gijseghem énumérait tous les rapports qu'il avait soi-disant consultés. Il mentionnait ceux de Diane Larivière, de Gilbert Richer et de Joanne Fennesey.

Mme Larivière était la deuxième agent de première ligne qui s'était occupée de Karla à Joliette. Elle avait d'abord fait affaire avec Linda Clermont puis on lui avait affecté Diane. C'était une femme capable de compassion et qui avait fait de son mieux pour aider Karla. Par exemple, elle avait dit à Karla de ne pas se faire trop d'illusions parce que tout était décidé à l'avance. Aucun de ses rapports n'avait cependant été négatif. Le ton y était encourageant.

Gilbert Richer avait mis au point le programme «Pouvoir d'agir sur soi». Son programme avait même été adopté en France.

Karla s'était portée volontaire mais Richer l'avait une première fois refusée puisqu'il était conçu pour des gens issus de familles dysfonctionnelles et la prison savait que la famille de Karla n'avait pas été dysfonctionnelle. Elle avait fini par le convaincre en arguant que sa relation avec son ex-mari avait été particulièrement dysfonctionnelle pour la très jeune femme qu'elle était à l'époque. M. Richer avait accepté : puisqu'elle allait suivre la version anglaise du programme et que peu de détenues anglophones y participaient, ainsi elle n'enlevait la place à personne.

Le rapport de M. Richer, auquel Van Gijseghem faisait référence, était excellent et disait, entre autres, que jamais il n'avait vu Karla nier sa responsabilité dans les crimes ou tenter de les minimiser.

Joanne Fennessy, quant à elle, s'occupait d'un programme dédié aux victimes d'agressions et de traumatismes. Le programme se déroulait normalement en deux sessions mais le groupe de femmes dont Karla faisait partie l'avait apprécié au point de demander une troisième session. Pour ce faire, elles n'avaient pas hésité à hypothéquer leurs samedis. Le rapport de Mme Fennessy au sujet de Karla était des plus positifs. C'était à croire que Van Gijseghem n'avait pas vraiment lu les trois rapports. Ou bien il en avait ignoré l'essentiel.

Karla avait travaillé fort pour en arriver là où elle était, et elle l'avait mérité. Maintenant, on lui enlevait tout sans motif valable. Si au moins c'était elle qui avait vendu les photos à la *Gazette*, si elle avait causé le moindre trouble, n'importe quoi, Karla aurait pu comprendre. Elle n'était pas idiote. Mais ce n'était pas elle qui avait vendu les photos. Elle n'avait pas causé d'ennuis et avait été une prisonnière modèle. Tout cela était bien documenté dans son impressionnant dossier carcéral. Il y avait en effet de nombreux rapports à son sujet : admission et prise en charge, visites et correspondance, éducation et formation, gestion de cas, sécurité préventive, gestion de peine, psychologie, discipline et degré de participation, soins de santé, probation. Empilés les uns sur les autres, ces rapports auraient formé une colonne plus haute qu'elle !

Tous ceux qui entouraient Karla – les autres détenues, ses amies, le personnel de la prison, les gens du Bureau d'enquête correctionnelle, ses avocats – tous se disaient contre ce qui se passait. Mais aucun de ceux à qui elle pouvait s'adresser n'avait voix au chapitre, elle ne pouvait donc pas tenter de les faire changer d'idée. Cela la rendait encore plus misérable. Elle ne pouvait pas se mettre en colère contre eux ni déverser l'amertume et la frustration croissantes qui la rongeaient.

* * *

La société Elizabeth Fry avait un bureau dans les locaux administratifs de Joliette. Karla s'y était rendue en compagnie de trois autres femmes de la maison 10 et de son agent de première ligne. Assises, elles attendaient toutes l'appel de l'avocat de Karla. Lorsque la sonnerie du téléphone retentit enfin, Karla était bien trop agitée pour répondre. Elle savait sa cause perdue d'avance. L'agent de première ligne décrocha puis leur fit part de la nouvelle. Elles se mirent toutes à pleurer. Ginette Turcotte fit irruption à ce moment et l'agent de première ligne la mit au courant. Mme Turcotte ne se doutait de rien. Elle retourna dans son bureau pour donner quelques coups de fil. Une fois de retour, elle dit à Karla : « Désolée, Karla, mais tu pars dans une heure. » Karla se sentit devenir folle. Il était 16 h. Elle se précipita avec Stivia et Linda au service des effets personnels pour obtenir un chariot où mettre ses choses. André, le préposé, n'arrivait pas à croire au départ de Karla. Personne ne pouvait y croire. Tout ça n'avait été qu'une tempête dans un verre d'eau. La publication des photos et des reportages n'avait pas causé d'incident à Joliette. Les médias avaient prétendu le contraire, mais c'était faux.

André dit à Karla et à ses amies de retourner à la maison 10 ; il se chargerait du chariot. Une fois à la maison, Karla fit ses adieux. Tout le monde pleurait, Karla aussi. André arriva bientôt avec le chariot. Karla et ses amies se rendirent dans sa chambre pour fourrer tout ce qu'elles pouvaient dans des sacs. Karla avait déjà mis ses vêtements sur son lit, persuadée que la cour n'allait pas lui donner raison. Karla en profita pour donner un rapide coup de fil à sa mère. Puisqu'il faisait très froid dehors, une des femmes offrit un manteau d'hiver à Karla. Toutes accompagnèrent Karla jusqu'à la porte, près de la cantine, mais le gardien n'autorisa personne d'autre que Karla et son agent de première ligne à aller au-delà de cette limite. Les amies s'étreignirent et sanglotèrent une dernière fois. Le gardien et l'agent de première ligne escortèrent Karla là ou ses effets personnels avaient été emballés pour le voyage. On procéda à la fouille de Karla, puis

elle fit la rencontre de l'agent de la GRC qui l'escorterait jusqu'à Saskatoon. Par pure coïncidence, il s'agissait du même homme qui l'avait escortée de Kingston à Joliette, quatre ans plus tôt. L'homme de la GRC et
l'agent de libération de Karla l'informèrent qu'on ne lui passerait ni
menottes ni chaînes, car on savait qu'elle ne tenterait rien. Sur le chemin
de la sortie, ils firent une halte à la clinique pour bourrer Karla d'Ativan,
de peur qu'elle ne fasse une autre crise d'angoisse. Ils sortirent enfin et prirent place dans le camion. Tandis que le véhicule manœuvrait pour sortir
du stationnement, Karla jeta un coup d'œil par la vitre arrière. Elle eut
l'impression que toute la prison était debout, contre la clôture, pour lui
faire des adieux. Elle se remit à pleurer de plus belle tout en appuyant sa
main contre la vitre. Évidemment, personne ne put voir ce petit geste
désespéré, car il faisait déjà sombre et l'intérieur du camion n'était pas illu-
miné.

Ils se rendirent jusqu'à Montréal où l'avion les attendait. À partir de ce
moment, la réalité devint floue dans la tête de Karla : elle était tellement
stressée, qu'elle avait pris d'autres Ativan. Pendant des mois, jusqu'à ce
qu'elle soit envoyée au Centre régional de réception de Sainte-Anne-des-
Plaines en fait, elle ne se souvint pas qu'un autre agent, une femme du centre de réception, les avait accompagnés pendant tout le trajet, de Joliette à
Saskatoon. C'était elle qui avait procédé à la fouille avant le départ. Karla
se rappelait que l'agent de la GRC lui avait offert un coca, une bouteille
d'eau et une barre de chocolat Kitkat. Il avait mis le tout dans sa poche.
Elle ne se souvenait ni de l'escale technique à Thunder Bay, ni de s'être
rendue au restaurant à cet endroit. Elle se rappelait cependant de l'atterris-
sage à Saskatoon où on l'avait menottée avant de lui faire prendre place
dans une voiture. Elle se souvenait de son arrivée au CPR, d'avoir insisté
pour entrer en communication avec son avocat mais d'avoir plutôt appelé
sa mère. Il était trois heures du matin et Karla était épuisée par les émotions.

* * *

Le Centre psychiatrique régional de Saskatoon a vu le jour en 1978.
C'est un édifice en forme de losange percé d'une cour intérieure à ciel
ouvert. Il se trouve sur la rive est du cours d'eau qui traverse la ville. Le
site Internet du Service correctionnel le décrit comme étant «un hôpital
psychiatrique fonctionnant dans le contexte judiciaire, dans un cadre aux
niveaux de sécurité multiples, qui offre un milieu thérapeutique visant à
répondre aux besoins des patients, tant sur le plan de la santé que sur le

plan correctionnel». À l'arrivée de Karla, le 7 octobre 2000, cent quatre-vingt-quatorze hommes et douze femmes y étaient détenus. Karla fut enfermée dans une cellule dite de «transition». Ses murs en parpaings délimitaient une aire de trois mètres et demi sur deux. La cellule était équipée d'un évier, d'une cuvette, d'un bureau et d'une commode. Un matelas était posé sur un sommier en métal solidement fixé aux murs. La porte en acier massif donnait sur un petit corridor où Karla allait plus tard rencontrer l'équipe d'évaluation. Il y avait aussi un rudiment de cuisinette à laquelle elle aurait un accès limité.

Maintenue en isolement, Karla n'avait pas le droit d'échanger avec les autres femmes. Ces dernières étaient toutes des détenues à sécurité maximum considérées comme dangereuses ou carrément déséquilibrées. Karla ressentit alors un profond malaise psychique, autre malaise, ses sens ne répondaient plus, ce qui finit par nuire à l'efficacité de son évaluation, autant que la panoplie de médicaments qu'elle avait consommé entre 1993 et 1995.

Pour avoir bien fait tout ce qu'on lui avait demandé, en bonne prisonnière modèle pendant sept ans et demi, Karla voyait tous ses privilèges retirés et se retrouvait en isolement. Pendant sept ans et demi, Karla avait toujours pu voir ses parents et sa sœur, surtout lors des congés de l'Action de grâce et de Noël. Voici qu'elle pouvait maintenant à peine parler à sa mère au téléphone. Pour toute la bonne volonté et les efforts dont elle avait fait preuve, Karla faisait face à des conditions encore plus pénibles qu'à son entrée en prison.

Le lendemain, Karla sortit horrifiée de son sommeil. L'air était terriblement sec. Sa peau en était déjà gercée. D'emblée, Karla avait la peau sèche et elle se déshydratait rapidement. Elle n'avait rien – ni trousse de toilette, ni vêtements. On lui avait donné un chandail en coton ouaté mais pas de sous-vêtements ni de soutien-gorge. Rien d'autre. C'était le long week-end et le service des effets personnels du CPR était fermé. Elle n'avait pas encore accès à ses affaires. Karla pria une des infirmières de lui trouver des sous-vêtements. Elle en trouva mais Karla dut les laver tous les jours, car il fallut une bonne semaine avant qu'on lui remette enfin ses effets personnels.

Par contre, les infirmières étaient très gentilles avec elle. Elles lui apportaient un téléviseur pendant la journée pour qu'elle puisse se distraire. Il n'y avait rien d'autre, ni livres, ni magazines, rien. Les premières lettres qu'elle écrivit du CPR ne parlaient que de son désespoir. Elle était enfermée dans un petit cube en béton muni d'une douche et d'une cuisinette, constituée d'un comptoir, d'un mini-réfrigérateur et de quelques tablettes. C'était terrible. Après quatre années un peu plus animées, Karla se retrouvait subitement seule sans personne avec qui parler. Les infirmièes faisaient un effort pour venir la voir, mais Karla restait méfiante et elles étaient trop occupées pour s'attarder bien longtemps. Elles devaient s'occuper de douze autres femmes.

Le docteur William Shrubsole, le directeur clinicien adjoint du centre, déclara dans le *StarPheonix* de Saskatoon que l'évaluation de Karla serait effectuée par une équipe de diagnostic constituée d'un psychiatre, d'une infirmière en psychiatrie, d'un psychologue et d'un travailleur social. Cette équipe tenterait d'obtenir de Karla des renseignements sur son état d'esprit, son histoire judiciaire, ses antécédents et son «état psychosocial».

«Elle sera également placée sous observation pour que l'on voie comment elle réagit et quelles sont ses aptitudes interpersonnelles», avait-il ajouté.

Le psychiatre de service rencontra Karla. Il ne lui révéla pas son identité et elle ne sut jamais à qui elle avait eu affaire. Karla ne répondit qu'aux questions élémentaires et refusa de signer les papiers attestant qu'elle acceptait de recevoir un traitement et qu'elle s'engageait à respecter les règles de l'établissement.

Plus tard, après qu'on lui eut expliqué que, si elle ne coopérait pas, sa classification allait être portée de moyenne à maximum, Karla prit le temps de s'asseoir pour lire les papiers qu'on voulait lui faire signer. Il était dit que si le «patient» refusait de signer et n'acceptait pas les traitements prescrits, ledit patient serait renvoyé de l'institution.

Le 4 décembre 2000, un mois et demi après son transfert au CPR et son refus de signer les papiers, l'enquêteur correctionnel Ronald L. Stewart fit parvenir une lettre livrée en mains propres à la commissaire du Service correctionnel, Lucie McClung.

Conformément à l'article 177 de la Loi sur le système correctionnel et la mise en liberté sous condition (LSCMLC), il disait lui écrire pour l'informer que, à la suite d'une enquête complète, il en était venu à la conclusion suivante :

La décision de transférer Mme Teale de l'institution de Joliette au CPR avait été déraisonnable, contraire à la loi et contraire aux politiques établies. Elle a été admise contre sa volonté au CPR [...] pour une évaluation psychiatrique. Dans ces circonstances, aucune procédure acceptable sous la législation provinciale concernée n'a été appliquée pour son admission ou son traitement (y compris à des fins d'évaluation).

Il poursuivait en citant les articles des règlements auxquels ce transfert contrevenait : «88 (1) – Sous réserve du paragraphe (5), l'administration de tout traitement est subordonnée au consentement libre et éclairé du détenu, lequel peut refuser de le suivre ou de le poursuivre.» Il rappelait que le paragraphe 2 de la directive 803 du commissaire stipule ce qui suit: «Le consentement d'un détenu doit être obtenu pour (a) toute procédure médicale, (b) toute évaluation ou tout traitement psychiatrique ou psychologique, (c) l'implication ou la participation à toute forme de recherche et, (d) la divulgation de renseignements sur le dossier médical...» Il citait d'autres règlements, dont les articles 840 et 850.

Il indiquait que les réponses qu'il avait obtenues suite à ses lettres du 28 septembre et du 5 octobre 2000 prétendaient que le transfert de Karla s'était déroulé «selon les pouvoirs octroyés au Service conformément à l'article 28 du LSCMLC, à titre de "service" plutôt que de traitement en tant que tel».

La réponse du commissaire réitérait que l'agent de libération de Karla avait pris la peine de souligner un passage de l'avis de transfert institutionnel (sans contentement) indiquant «la nécessité d'une telle évaluation pour les démarches de libération» et faisait la distinction entre «évaluation» et «traitement».

M. Stewart estimait que les premières réponses de la commissaire n'avaient été que rhétorique creuse et charabia. Sa lettre poursuivait ainsi:

> Premièrement, je trouve que les réponses précédentes font abstraction des tenants et des aboutissants du transfert, lequel a manifestement été requis dans un but thérapeutique. Cela est contraire aux obligations de réévaluation en fonction d'une libération qui exigent formellement l'obtention d'un consentement éclairé, lequel est une condition préalable à l'administration des traitements qu'implique une admission au CPR.

> Deuxièmement, la distinction qui tente d'être faite entre ce qu'on peut appeler un traitement et la procédure détaillée et «invasive» dont la prévenue doit être l'objet, jure avec la définition même du terme. Sans parler du fait que les règlements mêmes du Service précisent que tant les évaluations que les traitements requièrent spécifiquement le consentement éclairé. Les réponses obtenues ne tiennent donc pas compte de notre propre enquête concernant la question du consentement éclairé.

En conclusion, il recommandait à la commissaire de «renverser immédiatement la décision et de permettre à Mme Teale de retourner à l'institution de Joliette ou à une autre institution correspondant à sa classification de sécurité ainsi qu'aux critères de placement et de transfert». Il recommandait également «de présenter des excuses pour ce transfert» et, enfin, de «prendre des mesures concrètes pour que tous veillent à respecter la loi quant à l'obtention du consentement éclairé comme condition préalable à toute décision (y compris, mais pas uniquement, le transfert vers des institutions médicales ou psychiatriques) dans le but d'administrer un traitement (y compris les évaluations).»

28

La «dangerosité» de Karla

Le docteur Lucinda (Cindy) Presse, la psychologue clinicienne en chef du Centre psychiatrique régional de Saskatoon, était professeur adjoint à l'université Queen's, comme son amie le docteur Sharon Williams. Cindy (Karla l'appelait toujours ainsi) avait obtenu un baccalauréat de l'université MacMaster de Hamilton, puis une maîtrise, un diplôme en psychologie clinique et un doctorat de l'université Queen's. Elle avait soutenu sa thèse en 1984. Comme le docteur Williams, le docteur Presse avait été une étudiante de William Marshall, le gourou des programmes pour délinquants sexuels du Service correctionnel. Elle s'était toujours beaucoup intéressée aux cas de psychopathie et de délinquance sexuelle et avait publié son premier article sur ce sujet en 1982. Cela devint le sujet de sa thèse intitulée «Paradoxes dans le traitement des psychopathes en milieu carcéral».

Dans son curriculum vitæ, le docteur Presse dit vouloir offrir des «choix aux délinquants de sexe féminin» et des «approches thérapeutiques rationnelles, comme le RET, le DBT et la bibliothérapie». Il n'est donc pas surprenant qu'elle ait remis à Karla une copie de sa thèse sur la psychopathie.

Les recherches du docteur Presse avaient porté sur les délinquants de sexe féminin, les approches thérapeutiques en milieu carcéral, les facteurs cognitifs chez le psychopathe, les systèmes cognitifs et les systèmes de croyance au sein des groupes sociaux et les signes précurseurs de psychopathie chez l'enfant.

Son dernier article, lu devant une assemblée de l'Association canadienne de psychologie en 2001 à Sainte-Foy, au Québec, s'intitulait «Corrélations entre la psychopathologie féminine et le transfert en institution». L'article avait été cosigné avec Leslie Spencer de l'université de la Saskatchewan et dévoilait publiquement un phénomène bien connu dans les milieux thérapeutiques : le petit nombre d'études consacrées aux femmes criminelles psychopathes. Dans son article, le docteur Presse indiquait que les auteurs avaient eu accès aux données concernant des détenues qui avaient été transférées du milieu carcéral vers un hôpital judiciaire de la région (sans doute le Centre psychiatrique régional de Saskatoon), depuis son ouverture en 1994. Le score obtenu dans le test de contrôle de la personnalité psychopathique (PCL-R, Hare, 1991) par les quarante-cinq participantes avait été analysé en fonction de leur diagnostic psychiatrique de même que neuf variables démographiques, deux résultats obtenus avec le MMPI-II, six variables d'antécédents judiciaires et six variables d'antécédents sociaux.

Les deux auteurs ont noté des différences significatives quant à ces variables selon que le score obtenu dans le PCL-R était élevé ou bas. Les différences entre les deux groupes se manifestaient dans deux des variables démographiques – des antécédents avoués de mauvais traitements subis durant l'enfance et l'abus de drogues diverses – ainsi que dans des diagnostics psychiatriques où des troubles de la personnalité avaient été observés.

Les corrélations entre les scores PCL-R et les résultats obtenus dans le MMPI-II Pd impliquaient l'âge au moment de l'admission, l'âge de la première condamnation adulte et le nombre de condamnations. Les propriétés psychométriques des scores PCL-R ont démontré une corrélation alpha de 0,9, de même qu'un motif semblable au nombre absolu de corrélations Hare (1991). L'article comparait ensuite les résultats PCL-R féminins obtenus par Presse et Spencer avec ceux de Salekin, Rogers et Sewell (1997).

Parmi les autres articles publiés par le docteur Presse au fil des ans, on retrouvait « Raisonnement moral et psychopathologie criminelle », « Violence, agression sexuelle et traits de personnalité à caractère psychopathologique dans les relations de couple chez les étudiantes du secondaire » et « De l'approche et du traitement des délinquants psychopathes ».

Après avoir obtenu son doctorat, le docteur Presse est devenu professeur en psychologie judiciaire à l'université de la Saskatchewan. Un de ses collègues, le docteur Stephen Wong, un des plus ardents disciples du docteur Robert Hare, était aussi le directeur de recherche du Centre psychiatrique régional du Service correctionnel. Le docteur Presse entra ainsi au service du centre à titre de psychologue clinicienne. En septembre 2000, un peu avant l'arrivée de Karla, on lui remettait une épinglette pour souligner ses trente ans de bons et loyaux services.

L'évaluation de Karla lui fut confiée et elle commença par lui faire passer la série complète des tests psychologiques, y compris le sempiternel MMPI-2 (Karla avait passé ce test si souvent au cours des huit années précédentes qu'elle avait pratiquement mémorisé l'ensemble des cinq cents questions) de même que le test d'intelligence Weschler et tant d'autres. Son titre de psychologue en chef du Service correctionnel en faisait aussi la chef d'équipe.

Karla aimait bien Cindy. Elle trouvait qu'elle avait une «très bonne attitude». Tout comme son amie et consœur Sharon Williams, le docteur Presse croyait aux bonnes relations, à savoir que le travail des évaluateurs et des thérapeutes est toujours plus efficace lorsqu'une relation de collaboration, plutôt que de confrontation, peut être établie avec le «patient». Elle était donc gentille avec Karla. Cette approche incita Karla à s'ouvrir un peu plus. Cindy, comme Karla avait décidé de l'appeler, prit également le temps d'aider Karla à faire face à sa nouvelle situation: depuis son admission au centre, elle se retrouvait en isolement pour la première fois depuis quatre ans.

Elle présenta Karla à deux de ses étudiants diplômés et ces derniers visitèrent souvent Karla pendant son séjour en Saskatchewan, même une fois l'évaluation terminée.

Même si le docteur Presse avait toutes les qualifications requises pour faire passer à Karla le test du docteur Hare, elle n'y songea jamais. Le docteur Williams l'avait déjà fait en 1996. En ce qui a trait à la psychopathie, rien n'avait pu changer en si peu de temps. Les gens ne deviennent pas psychopathes du jour au lendemain. D'après les résultats obtenus par le docteur Williams, Karla n'était pas une psychopathe et le docteur Presse s'en était tenue à cette conclusion.

Le docteur Presse croyait beaucoup aux mérites de la bibliothérapie. Elle fut enchantée de constater que Karla était une dévoreuse de livres. En plus de sa thèse de doctorat, la psychologue prêta à Karla toutes sortes de livres provenant de sa bibliothèque personnelle. Celui que Karla apprécia le plus fut *The Man in the Gray Flannel Suit* de Sloan Wilson, un romancier américain très populaire dans les années 1950. Ce même auteur a aussi écrit *A Summer Place*.

Sur la jaquette du livre, on pouvait lire qu'il s'agissait de l'œuvre d'après-guerre la plus pertinente et la plus influente au sujet de Madison Avenue, du monde de la publicité et de la vie de banlieue. Le titre rappelait quelque chose à Karla. Elle se demandait si un film n'avait pas été fait à partir de ce livre. Pas quelque chose qu'elle aurait vu en salle, mais peut-être un de ces vieux films à la télé.

Plus tôt cette année-là, le docteur Stephen Wong, directeur de la recherche du CPR et collègue du docteur Presse, avait publié un article intitulé «Efficacité du programme de traitement institutionnel: comparaisons entre les délinquants traités et ceux qui ne l'ont pas été». L'article avait été publié dans *Sexual Abuse*, un périodique spécialisé en recherche et traitement. Il était également un des créateurs d'un outil diagnostique controversé appelé «Échelle de risque en violence» (acronyme anglais : VRS), qui avait été appliqué à Karla. La décennie précédente avait été marquée par l'avènement d'une véritable industrie (controversée) de l'évaluation du «risque» et de la «dangerosité» au sein des services correctionnels du monde entier. Les docteurs Wong et Presse avaient tous deux mené des projets de recherche sur les programmes pour délinquants sexuels. Ils en avaient supervisé plusieurs personnellement. C'était une des principales activités du centre régional. Après avoir colligé et analysé les différents résultats des tests passés par Karla, le docteur Presse estima que Karla ne présentait pas de danger, ni pour elle ni pour la société. Son rapport recommandait en fait la libération conditionnelle immédiate de Karla. Selon elle, Karla n'avait pas besoin d'une thérapie pour délinquants sexuels.

Après lui avoir fait parcourir quatre mille kilomètres pour l'envoyer dans un des deux grands centres spécialisés dans l'évaluation et le traitement des délinquants présentant un trouble psychiatrique ou psychologique, et plus particulièrement les délinquants sexuels, Karla eut de bonnes raisons de se demander pourquoi le Service correctionnel décida ensuite d'engager deux psychiatres de l'extérieur, sous le prétexte d'aider le docteur Presse dans son évaluation. Il s'agissait des docteurs Gene Marcoux et Robin Menzies.

Il y avait sans doute des centaines de psychiatres judiciaires dans les grands centres urbains comme Montréal, Kingston ou Toronto qui auraient pu être tout aussi qualifiés, et plusieurs de ces derniers auraient certainement été plus qualifiés que ces deux praticiens ayant pignon sur rue au milieu de nulle part.

Le docteur Marcoux était plutôt un chic type, mais tout ce qu'il fit, après avoir parlé à Karla une ou deux fois, fut de rédiger une autre évaluation de son dossier. Au moins, ce rapport s'avéra relativement objectif et équilibré et reflétait bien les éléments contenus dans le dossier. Karla eut l'impression que le docteur Marcoux était un être doué de compassion. Il eut la gentillesse de revenir voir Karla, une fois l'examen terminé, pour lui demander si elle allait bien.

Par contre, Karla eut une aversion spontanée pour Robin Menzies. Il se décrivait comme un professeur clinicien et un consultant privé en psychiatrie, s'intéressant surtout à la psychiatrie adulte et judiciaire, mais n'avait pas dit de quelle université il venait.

Grâce à Internet, Karla put demander à un de ses amis de tenter d'en savoir plus sur Menzies et ses affiliations, mais aucune information à ce sujet n'était disponible. Cependant, l'Internet révéla que le docteur Menzies avait témoigné dans la cause de Robert Latimer, ce fermier de la Saskatchewan qui a «euthanasié» sa fille sévèrement handicapée.

Menzies avait affirmé sous serment que le seul motif que Latimer avait eu en mettant un terme à la vie de sa fille était d'abréger ses souffrances. Il appert que l'avis du docteur Menzies n'a eu aucun impact. Le jury a trouvé Latimer coupable de meurtre et l'a envoyé purger une peine d'au moins dix ans de prison.

Menzies avait aussi évalué Colin Thatcher avant une audience qui devait déterminer si ce dernier méritait une réduction de peine. Thatcher, un autre natif des Prairies, avait été condamné à la prison à vie (25 ans) pour le meurtre de sa femme plus de dix ans auparavant. Thatcher aurait confié à Menzies qu'il ne portait pas sa défunte dans son cœur et qu'il n'avait pas particulièrement été ému de la perdre. L'audience a statué que Thatcher n'était pas admissible à une réduction de peine.

Menzies avait également été le témoin expert d'un plaignant connu sous les initiales D. W. lors d'une poursuite intentée contre l'administrateur d'une résidence pour étudiants, un dénommé William Starr, de même que contre le ministre de la Justice du Canada.

D. W. avait été agressé sexuellement par Starr alors qu'il était étudiant et avait sa chambre à la résidence Gordon. Cet établissement était sous la gouverne du ministre de la Justice du Canada, lequel avait retenu les services de Starr en tant qu'administrateur. Starr était accusé d'avoir joué avec le pénis de D. W. et de lui avoir inséré un doigt dans l'anus. Il avait également obligé le jeune homme à lui faire une fellation À deux reprises.

À en croire Menzies, qui avait rencontré et évalué D. W., le jeune homme souffrait d'un trouble du stress post-traumatique aggravé de dépression, tout comme Karla à son entrée dans le système carcéral. Le TSPT est un trouble plus complexe que ce que Menzies avait laissé entendre, mais la cour l'a cru sur parole.

Ce docteur avait par ailleurs affirmé que le pronostic pour un TSPT est permanent, même après traitement. Son témoignage laissait entendre que D. W. risquait de souffrir encore à cause des «flash-back» qui se produiraient épisodiquement comme Karla prétendait encore en avoir.

Il avait dit à la cour que seulement un à dix pour cent de la population était susceptible de développer un TSPT et que les antécédents de D. W. le prédisposaient sans doute à ce genre de trouble.

Dans son jugement, le juge adopta le point de vue de Menzies. Dans un passage où il faisait référence au «faiseur de tort [1]», le juge écrivit : «Un faiseur de tort doit être confronté à la victime qu'il a choisie, et tant pis pour lui si cette victime a subi plus de dommage que la moyenne des individus.»

Pour Karla, il était évident que le docteur n'était pas d'emblée de son côté. C'était un autre des «barbus» du Service correctionnel comme le docteur Van Gijseghem. Elle sut dès la première rencontre que Menzies écrirait un rapport négatif. Le dernier jour en session avec lui, Karla se sentit comme si elle était à nouveau à la barre des témoins en train d'être contre-interrogée par John Rosen. Menzies procéda à un interrogatoire agressif et très désagréable.

Karla semblait plonger dans l'ironie. Tant le docteur Sharon Williams – qui était après tout conseillère officielle auprès de l'officier du Service correctionnel en ce qui a trait à l'ensemble des programmes pour délinquants sexuels au pays – que Cindy Presse, son amie la psychologue judiciaire, avaient abondamment écrit au sujet de la méthodologie d'évaluation et du rôle des psychologues et des psychiatres en milieu carcéral. Toutes deux soutenaient que médecins et psychologues avaient de bien meilleures chances d'obtenir des résultats probants en adoptant une approche exactement inverse à celle mise de l'avant par Robin Menzies.

Ces spécialistes affirment que les approches agressives et provocatrices rendent le patient/détenu nerveux, replié sur lui-même. La tâche à accomplir devient plus ardue et les résultats sont moins fiables s'ils étaient obtenus autrement. L'évaluation de la «dangerosité» est en soi un exercice délicat, sujet à de nombreux pièges empiriques comme en fait foi le pitoyable curriculum du Service correctionnel à ce chapitre. L'approche «médecin de famille» proposée par les spécialistes ne présentait aucun risque d'aggraver ce triste constat.

Quoi qu'il en soit, Robin Menzies, contrairement aux docteurs Presse, Marcoux, Williams et quatorze autres psychologues ou psychiatres qui avaient évalué Karla depuis 1993, écrivit non seulement un rapport négatif, mais il affirma que Karla était une psychopathe représentant toujours un danger pour la société et qu'elle allait sans doute récidiver si on lui accordait une libération conditionnelle. Finalement, c'est le rapport du docteur Robin Menzies qui prévalut. Il semble d'ailleurs que ce soit le seul rapport qui ait été pris en considération par le Service correctionnel et la Commission des libérations conditionnelles.

* * *

Karla demeura au CPR jusqu'en janvier avant d'être transférée là où son agent de libération à Joliette, Mme Turcotte, avait dit qu'on ne pouvait pas l'envoyer : l'institut Philippe-Pinel de Montréal, l'hôpital psychiatrique avec lequel Joliette avait une entente d'évaluation et de traitement.

NOTE

1. NdT : *tortfeasor*, terme de loi anglais désignant celui qui se rend coupable d'un tort, de l'ancien français « tort-faiseur ».

29

Un cynisme macabre

Malgré le fait que Karla ait renoncé à son droit d'être libérée à la date prévue par la loi et qu'elle ait refusé de comparaître devant le comité de la Commission nationale des libérations conditionnelles (CNLC) le 6 mars 2001, ce dernier se réunit tout de même à Montréal et priva formellement Karla de son droit à la libération d'office, le 6 juillet suivant.

Dans son jugement, rendu immédiatement public, la commission tripartite annonçait que Karla était susceptible de commettre d'autres crimes « monstrueux et dépravés ».

Le texte s'adressait directement à la prisonnière : « La commission est d'avis que, si vous êtes libérée, il est possible que vous commettiez d'autres actes pouvant mener à des blessures ou à la mort d'autrui avant la fin de votre sentence. »

Dans de belles pirouettes rhétoriques, on indiquait que les crimes reprochés à Karla avaient été trop atroces, que sa psyché était trop dérangée et que son absence de remords était trop évidente pour qu'elle mérite une libération anticipée.

Ce genre d'affirmation faisait fi du diagnostic des docteurs Arndt, Long, Malcolm, Hatcher, Hucker, Jaffe, MacDonald, Brown, Heney, Williams et Presse, en plus d'ignorer les directives et les opinions écrites du juge Francis Kovacs. On écartait aussi les conclusions du juge Patrick Galligan. N'était-ce pas ce dernier qui avait formellement eu le mandat d'enquêter sur la valeur du marchandage judiciaire de Karla ? Et n'était-ce pas ce même marchandage qui était la cause du problème auquel la prison et la Commission nationale des libérations conditionnelle faisaient face ?

La décision de la Commission ne tenait pas non plus compte du fait que la prison avait traité Mme Teale pendant sept ans conformément au diagnostic des docteurs Arndt, Long, Malcolm, Hatcher, Hucker, Jaffe, MacDonald, Brown, Heney et Williams.

Écrit en français, le texte faisait allusion à des rapports psychiatriques concluant que Karla représentait un danger. La directive ne mentionnait pas le nom des auteurs de ces rapports et n'abordait pas leur contenu significatif. Cela n'apparaissait nulle part qu'il n'existait en fait qu'un seul rapport en ce sens, signé par un consultant en psychiatrie judiciaire à Saskatoon, le docteur Robin Menzies. Celui-là même dont il est question dans ce passage : « Récemment, des experts en diagnostic ont décelé un trouble de la personnalité, telle une personnalité antisociale ou psychopathologique ». On aurait dû lire « un expert » en diagnostic et non pas « des experts ».

Dans un esprit purement dialectique, présumons, comme la CNLC et le Service correctionnel l'ont fait, que contrairement à l'avis et au diagnostic des docteurs Arndt, Long, Malcolm, Jaffe, Hatcher, Hucker, MacDonald, ainsi qu'à celui des docteurs Brown, Heney, Williams et Presse, qui sont à l'embauche du Service correctionnel lui-même, que le docteur Menzies soit bien le seul à avoir vu juste. Selon ce dernier, Karla aurait une psyché dérangée et serait une dangereuse psychopathe impénitente. Or, comme le précise le document, cela n'aurait été découvert que « récemment ». De deux choses l'une : ou Karla s'est métamorphosée en psychopathe pendant son emprisonnement ou alors le docteur Menzies possède un pouvoir de diagnostic nettement supérieur à celui de tous ses distingués confrères qui ont suivi ou évalué Karla pendant dix ans avant lui.

Si Karla avait effectivement développé cette personnalité antisociale récemment, ce serait donc une conséquence directe de son incarcération et des nombreuses mesures de réhabilitation auxquelles la prison lui avait fortement recommandé de prendre part. Le programme carcéral aura donc eu pour effet de transformer celle que tous considéraient au départ comme une femme battue souffrant d'un trouble du stress post-traumatique en psychopathe ! Ainsi, contrairement à ce que les fonctionnaires responsables se tuent encore à nous dire, les programmes de réhabilitation carcérale sont voués à l'échec : ils transforment les détenus en monstres avant de les relâcher dans la nature !

Quoi qu'il en soit, la directive de la CNLC ne constituait pas un document des plus cohérents. La lucidité et la logique n'y étaient que superficielles. Les remarques et les arguments invoqués étaient répétitifs et redondants. On aurait dit que ceux qui avaient rédigé le texte n'étaient pas à l'aise avec le sujet ni avec la décision rendue et les fondements sur lesquels elle s'appuyait.

Bien qu'il soit déjà précisé que « des experts en diagnostic ont décelé un trouble de la personnalité, telle une personnalité antisociale ou psychopathologique», la directive ajoutait plus loin : «Deux des trois évaluations psychiatriques menées au Centre psychiatrique régional de Saskatoon recommandent une détention prolongée.» Cette affirmation ne reflétait qu'une partie la réalité.

Karla a bien été évaluée par trois individus lors de son séjour au CPR de Saskatoon – la psychologue en chef du centre, le docteur Cindy Presse et deux consultants extérieurs, les docteurs Marcoux et Robin Menzies. La tâche singulière du docteur Marcoux avait été de reprendre l'ensemble du dossier de Karla et de se prononcer, comme l'avait fait Van Gijseghem. Marcoux avait cependant l'avantage d'avoir pu compter sur la collaboration de Karla. Son rapport ne faisait pas de recommandation fermes dans un sens ou dans l'autre. Marcoux avait cependant pris la peine de relever tous les côtés négatifs, les passages ambigus et les spéculations purement intellectuelles contenus dans certains documents.

Dans un bref éclair de lucidité, la directive de la CNLC remarquait que «de façon générale, mais pas unanime, le dernier groupe de psychiatres et psychologues qui vous ont évaluée […] estiment que vous devez rester incarcérée».

La docteure Presse s'était plutôt montrée en faveur d'une libération sous condition immédiate. Oser affirmer que «de façon générale, mais pas unanime» les experts sont en faveur de l'incarcération prolongée est un euphémisme pour masquer la position du docteur Presse.

«Votre *modus operandi* fait preuve d'un haut degré d'indifférence quant aux conséquences de vos actes sur autrui. Plusieurs spécialistes ont insisté sur votre superficialité et votre grande indifférence envers vos victimes.» Parmi les neuf psychologues et psychiatres qui ont produit des rapports avant son incarcération, seul le docteur Angus MacDonald faisait référence à l'apparente «vacuité morale» de Karla, une expression pouvant évoquer la superficialité et l'indifférence. Cependant, le juge Galligan avait plutôt interprété cette mention du docteur MacDonald comme une preuve de la thèse de la victime complaisante du sadique sexuel, si chère à l'inspecteur Bevan.

«Malgré les nombreux ateliers de réhabilitation auxquels vous avez pris part, vous vous êtes montrée rétive, évasive et peu disposée à vous révéler ou à pleinement assumer votre rôle en tant qu'agresseur.» Cela ne collait tout simplement pas aux douzaines de rapports et d'observations quotidiennes contenus dans le volumineux dossier de Karla et rédigé par une cohorte d'agents de première ligne au cours de ses sept premières années de prison.

«Vous continuez de poser en victime, ce qui indique que vos problèmes sont toujours aussi présents.» Pendant les deux premières années d'incarcération de Karla, la police, les procureurs les psychologues et les psychiatres ne s'étaient pas contentés de la faire «poser» en victime. Afin de la préparer pour le témoignage contre son ex-mari, ils en firent une victime et lui inculquèrent peu à peu l'ensemble du vocabulaire indélébile des victimes.

Après son témoignage au procès de Paul Bernardo à l'automne 1995, la prison continua de traiter Karla en victime, redoublant d'ardeur professionnelle dans le cadre d'un programme de réhabilitation comprenant des ateliers comme «Rescapés de l'abus» ou d'autres thérapies de groupe comme celle de Gilbert Richer: «Pouvoir d'agir sur soi». Ce programme enseignait aux femmes élevées par des parents violents comment reprendre le contrôle de leur destinée et se sentir plus fortes. La prison n'a jamais remis en question le fait que Karla ait été régulièrement battue par Paul Bernardo. On justifia l'inscription de Karla aux groupes de Richer par son jeune âge au moment du mariage. Son mari sadique sexuel et dominateur l'aurait en partie «élevée» dans un environnement violent. Les groupes de Richer étaient offerts à Joliette et non à la prison des femmes de Kingston. Karla n'y fut donc admissible qu'après son transfert à Joliette, soit lors de sa cinquième année derrière les barreaux.

«Votre *modus operandi* et le soin méticuleux dont vous avez fait preuve pour effacer les traces de vos crimes démontrent également votre grande indifférence.»

La police, les représentants de la Couronne et la cour ont toujours été parfaitement au courant du *modus operandi* et de l'indifférence de Karla. Il demeure que le juge Francis Kovacs a condamné Karla le 6 juillet 1993 sans donner de directives quant à sa libération conditionnelle. Cela signifiait que même une demande hâtive de libération sous condition ne devait pas soulever d'opposition de la part des autorités. Ces dernières, d'après la documentation, anticipaient d'ailleurs une libération sous condition, en 1997, date où Karla y deviendrait admissible.

La directive de la Commission faisait mention que le Service correctionnel l'avait informée de l'absence d'un programme de réhabilitation susceptible de protéger adéquatement le public si Mme Homolka était libérée hâtivement. Si Karla était aussi dangereuse qu'ils le prétendaient, quel programme «protégerait le public adéquatement» lors de sa sortie de prison à la fin de sa peine, quatre petites années après que la CNLC eut décidé de lui faire obstruction?

«Le nouveau patronyme que vous vous êtes délibérément choisi, Teale, est, de votre propre aveu, celui d'un tueur en série. Dans les circonstances, on peut qualifier ce choix de cynisme macabre.» Encore là, ce fait était bien connu et assumé par les autorités et la cour lorsque Karla fut jugée et condamnée. La CNLC ou le Service correctionnel ne sont pas censés porter de jugement. Leur mandat se limite à la gestion des peines prononcées contre les délinquants.

La directive de la Commission précisait être soucieuse que Karla ait l'intention, une fois libérée, de vaquer à ses propres affaires « comme si rien ne s'était passé ». Que devait-elle faire d'autre selon eux ? Son impunité deviendrait-elle moindre si elle ne s'occupait pas de ses affaires « comme si rien ne s'était passé » après être redevenue libre comme un oiseau, le 6 juillet 2005 ?

La directive notait également que Karla était plus soucieuse de sa sécurité personnelle que de son risque de récidive. Étant donné les sources de cette assertion (deux services de nouvelles réputés pour leurs hyperboles sensationnalistes), on ne pouvait la prendre en considération puisqu'elle était sans fondement.

« Vos crimes étaient monstrueux et dépravés [...] Tous ces crimes sont extrêmement graves [...] le fait que vous ayez recommencé après la mort de votre propre sœur, laquelle a succombé pendant que vous abusiez sexuellement d'elle, démontre clairement votre incapacité à contrôler vos impulsions sexuelles violentes, au point de mettre en danger la sécurité d'autrui [...] Tout ce qui participe à votre *modus operandi* illustre un haut degré d'indifférence quant à la portée des vos actes envers quiconque.» Le document élaborait sur ce thème en rappelant que Paul Bernardo avait signifié que la petite sœur de Karla ferait « un vrai beau cadeau de Noël » et que Karla avait invité Jane Doe « en sachant pertinemment que vous et votre complice alliez la droguer puis la violer ».

Quant aux meurtres de French et de Mahaffy, la directive accusait Karla de faire preuve d'encore plus de « cynisme macabre » du fait que « quelques heures après avoir tué les jeunes filles, vous avez eu des relations sexuelles avec lui (Paul Bernardo) sans aucune arrière-pensée ».

Sans blague. Tous pouvaient maintenant mieux dormir en sachant que c'était le « cynisme macabre » qui avait poussé Karla à commettre ces délits aussi étranges qu'horribles. Cela dit, son « cynisme macabre » était bien connu de la police, des procureurs et du tribunal qui a sanctionné le marchandage judiciaire avant de condamner Karla à deux peines concomitantes de douze ans en échange de son plaidoyer de culpabilité à deux chefs d'accusation pour homicide involontaire.

La directive concédait cependant que les rapports psychologiques, sans préciser lesquels, dépeignaient Karla comme « une personne intelligente, polie, courtoise mais superficielle [...] avec une tendance à vouloir contrôler ». Le document se contredisait ensuite en affirmant que Karla ne souffrait d'aucune « maladie mentale ou physique » identifiable.

Du même souffle, la directive réitérait que les plus récents rapports d'experts estimaient que Karla avait « une personnalité antisociale ou psychopathologique ». Si un trouble de personnalité antisociale ou une psychopathologie, manifestés par une impulsion sexuelle violente souvent fatale pour la victime, n'est pas une « maladie mentale ou physique », alors qu'est-ce que ça prend pour qu'il y en ait une ? Et depuis quand la « superficialité » ou le « désir de contrôle » sont des indices de dangerosité ou de comportement criminel ? Si c'était le cas, nous serions forcés de mettre au cachot la plupart des mères et plusieurs des ménagères de la classe moyenne en Amérique, sans oublier bien des gestionnaires d'entreprise et autres présidents de conseil !

Au sujet des thérapies suivies par Karla pendant sept ans et demi, la Commission décrétait qu'elles n'avaient eu « que très peu d'impact ». On jugeait que Karla n'avait pas pleinement coopéré en refusant de se révéler ou d'assumer pleinement son rôle en tant qu'agresseur.

Le rapport de Gilbert Richer, à la suite de la participation de Karla à son programme « Pouvoir d'agir sur soi », affirmait le contraire. Les responsables de plusieurs autres ateliers et les agents de première ligne qui avaient eu des échanges fréquents avec Karla affirmaient également le contraire. Richer précisait d'ailleurs que Karla acceptait pleinement sa responsabilité dans les crimes.

En plus de toutes ces contradictions, on pouvait aussi lire : « Il n'y a pas de preuve à l'effet que vous soyez en train de planifier un autre crime sérieux » pour ensuite ajouter sans aucun lien de cause à effet que Karla semblait prendre plaisir à « contrôler » et à « comploter ».

En conclusion, les membres siégeant à la Commission se disaient convaincus que si Karla était libérée avant d'avoir purgé sa peine, elle allait « commettre un autre méfait causant la mort ou blessant gravement autrui » et que, vu ce « fait », il avait été décidé de la garder en prison.

Ce fut le directeur des communications de la CNLC, John Vandoremalen, qui eut le dernier mot. Les douzaines d'articles qui inondèrent les quotidiens au sujet de la décision de la Commission des libérations conditionnelles, en mars 2001, se terminaient par les paroles sans équivoque prononcées par M. Vandoremalen : « Peu importe ce qu'on peut faire, après douze ans, la peine sera purgée. Et, une fois la peine purgée, elle redevient une citoyenne libre. »

Sachant cela, il restait quelques points très importants que ni la Commission ni le Service correctionnel n'avaient soulevé, en dépit de leur sagesse.

Dès que son appel devant les tribunaux avait été rendu public, Karla
avait retiré sa plainte et renoncé à son droit d'être libérée avant la fin de sa
peine. Elle a déclaré être satisfaite de rester là où elle était et a choisi de
purger l'intégralité de sa peine.

Pourquoi alors avait-il été nécessaire de prendre publiquement des
mesures extrêmement punitives à l'endroit de Karla ? On lui avait fait traverser la moitié du pays à grands frais pour l'enfermer en isolement dans
un centre psychiatrique à sécurité maximum pendant quatre mois, pour
ensuite l'envoyer à l'hôpital psychiatrique le plus près. Le Service correctionnel avait pourtant soutenu que l'institut Philippe-Pinel ne pouvait convenir dans son cas.

Ce geste et la décision subséquente de la CNLC constituaient une trahison flagrante du mandat de détention qu'avaient les autorités de la prison
sur la prisonnière, de même qu'une trahison quant à tout ce que le système
judiciaire avait promis à Karla, si elle collaborait pleinement.

Pendant sept ans, le Service correctionnel a considéré Karla d'une
certaine manière puis, sans crier gare et sans motif, il a changé son fusil
d'épaule. Quel effet cumulatif pourrait avoir autant d'hypocrisie institutionnelle sur la psyché dérangée et l'inconscience récemment décou-
vertes de Karla ? Si la psyché de Karla était bel et bien dérangée et
qu'elle était une femme dangereuse, comment le fait de la punir pour
bonne conduite en l'incarcérant dans une prison pour hommes à sécurité maximum la rendrait moins dangereuse d'ici à ce que sa peine soit
purgée ?

On avait promis à Karla que, si elle coopérait avec les médecins du
CPR de Saskatoon, elle retournerait à Joliette pour le reste de sa peine. On
a ensuite renié cette promesse en l'envoyant plutôt au centre de réception
régional à sécurité maximum de Sainte-Anne-des-Plaines. Comment cela
pourrait-il encourager Karla à se diriger vers une réhabilitation efficace
avant sa libération ?

Si les sept premières années d'incarcération et la thérapie intensive
administrée par le Service correctionnel dans des conditions relativement
décentes ont réussi à transformer une femme battue, déprimée et souffrant
d'un trouble du stress post-traumatique en une psychopathe enragée et
incapable d'empathie, on serait en droit de se demander dans quel état elle
sortira de son séjour dans une prison à sécurité maximum, où elle est en
contact avec cinq autres détenues violentes et impénitentes.

En admettant qu'elle ait été un monstre relativement bénin au départ,
complice malhonnête de crimes indicibles, la politique erratique et intran-
sigeante des institutions carcérales ne contribuait-elle pas à la production

d'un monstre malin, encore plus dangereux et encore plus susceptible de récidive qu'à son entrée en prison ?

Si, en sept ans, personne n'avait réussi à résoudre l'énigme de sa personnalité ou à quantifier sa dangerosité, en dépit d'une panoplie de tests et de thérapies, comment entendait-on curer le mal d'ici la fin de sa peine ?

Et, si Vince Bevan et Michael Code avaient eu tort de permettre à Karla de s'en « tirer » avec seulement une peine de douze ans, tout en présumant que cela signifiait seulement quatre à huit années réelles, comment ce sophisme institutionnel osait-il espérer corriger l'erreur commise au départ ?

30

Une liaison dangereuse

Bonjour, vous ! J'ai été très contente de recevoir votre dernière lettre, avant-hier, écrivait Karla le 24 novembre 2001. Pendant un bon moment, je me suis torturée l'esprit à me demander si je devais vous répondre ou non. Mais, finalement, j'ai décidé de le faire et vous ai envoyé une lettre, car je ne pouvais plus attendre que vous me donniez des nouvelles.

Malgré ses appréhensions, Karla avait en effet écrit à son mystérieux correspondant en avril. Dans cette lettre, elle le remerciait de l'avoir informée de la mort du docteur Arndt. Elle en profitait en même temps pour lui fournir quelques informations sans conséquence sur les psychiatres et psychologues qu'elle rencontrait. Elle lui parlait aussi de sa vie en prison depuis qu'elle était partie de Joliette.

Karla avait envoyé trois ou quatre courtes lettres à son correspondant entre avril et juin 2001. Par la suite, elle se mit à douter que ce soit une bonne chose d'entretenir un tel lien avec lui. Elle se sentait de moins en moins sûre d'elle-même.

J'éprouve beaucoup de difficulté à prendre une décision à propos de quoi que ce soit. C'est d'autant plus difficile quand on pense qu'un tout petit geste peut avoir des conséquences importantes sur notre avenir. Je crois que personne ne peut vraiment comprendre où j'en suis dans ma vie. Chaque fois que je dois prendre une décision, j'ai peur de l'impact que celle-ci pourrait avoir sur ma vie.

Son correspondant lui faisait remarquer que, depuis qu'elle était en pri son, elle avait accepté délibérément de faire tout ce qu'on attendait d'elle Elle s'était toujours, dit-il, comportée en prisonnière modèle. Mais que intérêt y avait-il à ressasser tout cela avec lui aujourd'hui ? Si elle conti nuait à lui écrire et se mettait à lui révéler des choses, quelles conséquen ces cela pourrait-il avoir sur elle ? Il y avait une clause dans son entente judiciaire avec la Couronne qui lui interdisait de parler de ses crimes. Pa contre, ce correspondant ne s'intéressait pas à ses crimes, mais à sa vie der rière les barreaux. Lorsqu'elle avait accepté d'aller témoigner contre son mari, on lui avait accordé une complète immunité. En principe, donc, cette immunité avait préséance sur n'importe quelle clause d'interdiction ins crite dans l'entente antérieure...

Elle ne savait pas. Elle hésitait. Passer un moment en prison ne vous rend pas plus sage et plus apte à prendre des décisions. Vous vivez comme si on vous avait enfermée dans une bulle. Vous y restez des mois, voire des années, et quand vous sortez de la bulle, c'est comme si vous n'y aviez été que quelques jours. Être en prison, c'est comme vivre hors du temps.

Entre juin et octobre, son correspondant lui avait envoyé encore quatre ou cinq lettres, et elle n'avait répondu à aucune. Mais dans sa lettre du 9 septembre 2001, il disait des choses qui l'avaient secouée et forcée à réagir. Elle se devait d'y répondre. La lettre disait :

J'en suis venu à la conclusion que vous ne désirez pas vraiment sortir de prison. Non pas parce que, comme une sœur cloîtrée, vous avez peur du monde extérieur ou des dangers d'une grande ville comme Montréal, mais parce que vous ne voulez pas sortir à l'oc casion d'une libération conditionnelle. En effet, si vous faisiez une demande de libération conditionnelle, vous devriez vous présenter devant la Commission pour la date de votre libération statutaire et, si vous gagniez votre cause, on vous poserait sûrement comme con dition de n'avoir aucune relation avec quiconque possède un dos sier criminel. Et cela compromettrait vos chances de voir votre bonne amie Linda Véronneau, alors que, là où vous êtes, vous pou vez lui téléphoner tous les soirs, la voir durant trois heures et demie chaque jeudi, ou même tous les deux samedis pour encore quelques heures. En plus, ai-je appris, vous pourrez bénéficier bientôt de « visites conjugales » un week-end sur six.

Karla était sidérée. L'auteur de la lettre avait réussi à savoir que son amie Linda venait lui rendre visite à Sainte-Anne-des-Plaines. Il avait sûre ment un informateur en dedans, sinon comment aurait-il pu apprendre cela ? Ce devait être quelqu'un de haut placé, comme un directeur, ou encore un employé du V & C (Visiteurs et Courrier). Comment avait-il fait ? Il habitait à l'extérieur du Québec et ne parlait qu'anglais.

Et la lettre continuait :

> *Je dois vous dire, au préalable, que je ne suis ni un voyeur ni un pervers, au cas où vous seriez tentée de mal interpréter mon attitude envers vous. Votre orientation sexuelle ou vos projets d'avenir avec votre petite amie ne me font ni chaud ni froid. Je soupçonne que, dans votre relation, Mme Véronneau soit l'assaillante transie d'amour, mais là n'est pas la question. En amour, tout est permis, n'est-ce pas ?*

Le correspondant se permettait ensuite de donner une biographie de Linda Véronneau. Celle-ci est née le 11 décembre 1961. Elle était la deuxième d'une famille de quatre enfants. Elle avait un frère plus âgé, Mario, et un frère et une sœur plus jeunes, Marie-Josée et Claude. Tout le monde vivait maintenant dans la région de Montréal.

Le père de Linda, Alfred, est mort en 1981 dans l'écrasement d'un petit avion. Il avait gagné sa vie comme bijoutier et organisateur de boxe. À Montréal, comme partout ailleurs, la boxe était contrôlée par la pègre dans les années 1960 et 1970. Le double métier de M. Véronneau pourrait laisser croire qu'il était lié à ce milieu, mais rien n'a jamais pu l'établir avec certitude.

La mère de Linda, Monique, est venue s'installer à Saint-Luc, en banlieue sud de Montréal, après la mort de son mari. Linda avait alors à peine vingt ans, mais sa vie était déjà passablement chargée.

Karla ne connaissait rien du passé de Linda. Elles s'étaient rencontrées à Joliette en 1997. Karla y était déjà depuis quelques mois quand Linda est arrivée. Très vite, Linda a fait sa place et se fit élire présidente de l'association des détenues.

La lettre poursuivait :

> *Le casier judiciaire de Linda constitue un lamentable répertoire des petits méfaits qui ont jalonné sa longue carrière criminelle. Dès 1980, Linda avait déjà une trentaine de condamnations à son dossier. Elle a souvent été arrêtée pour des histoires de drogue ou à d'ivresse, mais il semble que sa spécialité ait été les vols par effraction. Des vols par effraction bâclés, voilà ce qui résume son dossier.*

Tout récemment, Linda finissait de purger deux peines d'emprisonnement consécutives relativement à des vols qu'elle avait commis entre 1995 et 1997 en vue de se procurer de la drogue. Parmi les femmes détenues dans les pénitenciers fédéraux, les récidivistes sont plutôt rares. En ce sens, Linda Véronneau appartient à un club sélect de délinquantes. Elle est une criminelle de carrière. Ceci n'est pas un jugement de valeur mais la simple vérité. À moins que votre bien-aimée n'ait décidé de se réhabiliter depuis...

En décembre prochain, Linda aura quarante ans. On ne peut pas attribuer une aussi longue carrière criminelle à une cause socio-économique ou à une enfance maltraitée, comme on explique tant de crimes de nos jours. Du moins, on ne peut dégager une telle explication à partir de son dossier. Elle reçoit en ce moment une rente viagère de 24 000 $ par année grâce à la fortune et à la prévoyance de son papa. Ce n'est pas si mal, quand on pense que votre ex-mari gagnait à peine cela lorsque vous vous êtes mariée avec lui. Personne ne sait mieux que vous que le meilleur argent reste celui sur lequel on est sûr de pouvoir compter.

La lettre ajoutait que la fonction de présidente qu'avait exercée Linda en prison ne faisait que confirmer ce que l'on trouvait dans son dossier, à savoir qu'elle était une femme directe, forte et dominatrice. La lettre faisait aussi état de la relation qu'entretenait Linda avec son ex-amie et complice Lyne Vallée. Lyne était une strip-teaseuse cocaïnomane qui avait fortuitement été incarcérée avec son amie Linda.

Lyne Vallée avait obtenu une libération conditionnelle anticipée, le 28 avril 1998. La Commission des libérations conditionnelles avait alors justifié sa décision en disant qu'elle voulait ainsi reconnaître que Lyne avait fait de sérieux efforts pour s'améliorer, particulièrement en rompant avec Linda.

Le correspondant poursuivait :

Six mois plus tard, le 5 novembre 1998, Linda obtint à son tour sa libération conditionnelle. Le 18 novembre, à sa propre demande, sa libération fut révoquée. Apparemment, elle ne pouvait vivre loin de vous. Elle avertit les autorités qu'elles étaient aussi bien de la ramener en prison, sans quoi elle prendrait tous les moyens pour ne pas respecter les conditions liées à sa libération. On la remit donc en prison. Par contre, à peine trois mois plus tard, elle était de nouveau libérée sous condition!

Le correspondant de Karla ne pouvait s'empêcher d'ironiser sur la situation. D'un côté, il y avait Karla, une prisonnière modèle, toujours enfermée au-delà de sa date de libération statutaire ; d'un autre côté, il y avait Linda, une criminelle de carrière, à qui on accordait une libération conditionnelle sans trop de problème. C'était exactement comme George Walker l'avait dit à Karla quelques années auparavant : une peine de douze ans signifiait en réalité quatre, à moins que vous ne vous comportiez de la pire des façons, et alors c'était huit. Douze ans ne signifiaient jamais douze ans dans les faits, à moins de vous appeler Karla. C'est ce que se disait Karla tristement.

Linda Véronneau constituait le plus bel exemple de la véracité des propos de George Walker. En dépit d'un comportement constamment désordonné, dont l'usage de drogue à plus de quinze reprises durant son séjour en prison, en dépit des crimes violents qu'elle avait commis et de l'hostilité qu'elle manifestait face à toute forme de réhabilitation, Linda pouvait obtenir une libération conditionnelle.

La lettre décrivait avec une certaine méchanceté les circonstances entourant la seconde libération conditionnelle de Linda.

Cette fois-là, pour éviter d'être libérée, Linda se dénonça elle-même à la police pour avoir commis un vol par effraction le 3 février 1997, vol qui était resté jusque-là non résolu. Linda avait passé son enfance à Varennes, une petite ville située sur la rive sud en face de Montréal. Elle aimait, semble-t-il, y retourner de temps en temps pour commettre des mauvais coups. Le 15 février, elle prit le téléphone de la maison n° 10 de la prison de Joliette et appela à Varennes un policier du nom de Gilles Villemaire. Elle dit au policier qu'elle appelait pour se dénoncer d'un crime et que, si elle le faisait, c'était parce qu'elle désirait rester encore en prison pour un certain temps. Elle confia au flic qu'elle était en amour avec une autre détenue, Karla Homolka, et qu'elle voulait qu'on la garde à Joliette jusqu'à la date de libération d'office de son amie.

Rien de tout cela ne surprenait Karla. Beaucoup de détenues cherchaient par différents moyens à revenir en prison une fois rendues à l'extérieur. Et le correspondant commentait :

Le fait que la date de libération d'office de Linda coïnciderait ainsi avec celle de Karla ne pouvait être un simple hasard. Sur l'insistance même de Linda, la cour lui infligea une nouvelle peine de deux ans, de sorte que Linda se retrouverait en libération conditionnelle le 6 juillet 2001, soit à la même date que Karla, pour autant que cette dernière en fasse la demande. Pendant un certain

temps, j'ai été sceptique face à cette coïncidence. Mais mainte-
nant, en reconstituant les pièces du puzzle, j'y vois une fascinante,
sinon sombre, histoire d'amour.

À peu près à cette période, semble-t-il, vers mars-avril 1999,
plusieurs membres de l'équipe de préposés assignés à votre cas
ont commencé à faire état de votre relation avec une détenue au
caractère dominateur qui aurait eu une mauvaise influence sur
vous. Par exemple, l'agent de probation Ginette Turcotte ainsi que
le préposé Daniel Cournoyer firent des commentaires négatifs à
votre sujet, soulignant votre refus obstiné de vous confier et de
reconnaître une quelconque responsabilité dans vos crimes.

Pour Karla, de telles insinuations étaient insultantes, non seulement
parce que tout cela était faux, mais aussi parce que c'était la première fois
que son correspondant s'écartait autant de la réalité. En l'occurrence,
aucun de ses préposés, ni à Joliette ni ailleurs, n'avait écrit quoi que ce soit
de négatif concernant ses relations avec les autres détenues ; bien au contraire, elle avait des rapports excellents et soutenus avec ses codétenues.
Par contre, à propos des ragots concernant sa prétendue relation homosexuelle avec Linda Véronneau, cette histoire avait déjà fait l'objet d'un
article à sensation dans un tabloïd de Toronto, sauf pour ce qui était des
insinuations de l'auteur à propos des visites fréquentes de Linda à Sainte-
Anne-des-Plaines ou des prétendus motifs inavoués de Karla de vouloir
rester en prison jusqu'à la fin de sa peine.

En réalité, les journalistes avaient littéralement assailli Mario, le frère
de Linda, quand ceux-ci s'étaient rendus à Varennes dans le but de lui tirer
les vers du nez. Pour une raison quelconque, Mario les refila à sa sœur
Marie-Josée chez qui Linda se trouvait à ce moment-là. Linda ne parla que
brièvement à l'un des journalistes, se contentant de nier le tout, mais le
journaliste n'en tint aucunement compte.

Karla continuait la lecture de la lettre. Elle arrivait à la pièce de résistance. Là, son fidèle correspondant en mettait vraiment trop :

Sur les pressions de Linda, vous avez décidé de court-circuiter
votre équipe de préposés et êtes allée demander à la société Eliza-
beth Fry de vous garantir un logement dans l'éventualité où on
vous accorderait le droit à des sorties sous escorte. Après avoir
obtenu cette caution, vous êtes allée directement chez la directrice
pour faire votre demande de sorties, sans passer par votre équipe
encore une fois, ce qui devait inévitablement provoquer le refus de

la directrice. Cela dit, ce ne serait pas la première fois que vous commettriez ainsi des choses insensées uniquement par amour...

Rendue furieuse par le refus prévisible de la directrice, et toujours avec l'appui de Linda, vous êtes allée voir Sylvie Bordelais, l'avocate de la société Elizabeth Fry. Cette dernière, avec l'aide de Me Pascal Lescarbeau, mit environ deux mois à monter un dossier en vue de contester en Cour fédérale la décision de la directrice. Au cours de la période de septembre à novembre 1999, vous deviez vous sentir très fière de lutter ainsi pour vos droits, tel que le suggère le texte de votre déclaration sous serment. En réalité, encore une fois, vous étiez victime d'une illusion. Au lieu de poser un geste d'indépendance et d'affirmation, vous étiez tout simplement la pauvre marionnette d'une amoureuse qui vous poussait à commettre des actions absurdes.

Pendant longtemps, j'ai eu de la difficulté à comprendre comment vous avez pu retraiter aussi facilement après avoir mené une attaque d'une telle audace. Après coup, j'ai réalisé que seule une criminelle de carrière comme Linda Véronneau aurait pu vous jeter dans les bras de la bande d'avocats de Montréal que vous avez engagés. Aucun avocat n'aurait été assez stupide – et Dieu sait qu'il y en a beaucoup dans la profession – pour vous conseiller de retirer votre requête comme vous l'avez fait. Vous auriez dû persister jusqu'à ce que la décision de la directrice soit renversée, c'était la seule chose à faire après avoir commencé un tel branle-bas.

C'est ainsi que j'ai réalisé qu'il y avait une raison secrète à votre désistement. Si on vous avait laissée sortir à votre date de libération d'office, vous auriez été tenue de n'avoir aucun lien avec Linda. Vous auriez enfin été dehors, certes, mais loin de votre amour. Vous avez donc décidé de faire marche arrière. N'avez-vous pas agi jusqu'à maintenant que par amour ?

La lettre passait maintenant à la nouvelle fortune de Linda.

À l'automne 1999, la grand-mère maternelle de Linda, Marie-Paule Bessette, mourut. Elle avait désigné Linda et son frère Mario comme exécuteurs testamentaires. D'après mes recherches, une fois la succession réglée entre les membres de la famille, Linda pourrait hériter d'un magot de quelque 800 000 $.

Pas mal pour quelqu'un qui n'a pas eu à lever le petit doigt ! En tout cas, c'est un butin autrement plus intéressant que tout ce qu'elle avait pu tirer de sa myriade de petits vols mal foutus.

Le temps passa, et encore une fois Linda exprima le désir de sortir de prison. Le 11 février 2000, elle fut de nouveau libérée sous condition et envoyée dans une maison de transition. Cette fois – gros mercis à la grand-mère ! – elle avait les poches bourrées d'argent et de quoi se dépanner en attendant que le testament soit homologué. L'argent étant un excellent moyen de réunir la famille, elle alla retrouver ses frères et sa sœur. Elle s'acheta un téléphone cellulaire et une belle voiture décapotable. Ajouté à sa rente de 24 000 $, l'héritage de Linda en faisait, comme on dit, quelqu'un qui était « en moyens ».

Vraisemblablement, de tels cadeaux du ciel donneraient à Linda l'occasion de changer de comportement et de mener enfin une vie paisible à l'abri de tous les soucis. C'est ce que s'étaient dit les membres de la Commission des libérations conditionnelles en lui accordant sa libération en février, malgré les quinze mentions d'usage de drogue figurant dans son dossier de détenue. Ils avaient aussi tenu compte du fait que Linda avait suivi un programme visant à aider les détenues à combattre la dépendance envers la drogue. Tout cela, pensaient-ils, allait l'aider à reprendre sa vie en main.

La Commission estimait que la prédisposition au crime de Linda était liée au caractère dysfonctionnel du milieu où elle avait toujours évolué. En changeant de milieu, peut-être arriverait-elle à contrôler son extrême dépendance émotive et à combler son besoin obsessif d'amour. Sinon, elle risquait alors de sombrer de nouveau dans la drogue et l'alcool.

Linda avait obtenu sa libération six mois avant sa date statutaire, prévue pour septembre 2000. Pour la première fois depuis des années, elle resta à l'extérieur pendant un bon moment. Mais, hélas, il semble qu'elle n'ait pas pu vivre aussi longtemps sans vous. Elle fut arrêtée pour conduite en état d'ébriété et fut ramenée à Joliette juste à temps pour vous saluer lorsqu'on vous mit dans cet avion Pilatus qui vous transporta à Saskatoon. Par la suite, juste avant qu'on vous place à Sainte-Anne-des-Plaines, Linda fut libérée pour de bon et sans conditions. Elle était désormais libre et sa dette envers la société entièrement payée. Elle pouvait désormais boire et prendre autant de drogue qu'elle le voulait, pourvu qu'elle ne commette pas d'infraction à la loi.

À partir de la mi-juin 2001, Linda se mit à vous rendre visite à Joliette les jeudis après-midi, en compagnie de sa sœur. Assise dans sa belle voiture décapotable, une femme roule à vive allure dans la campagne pour aller voir son amoureuse en prison. Quelle belle chanson country pourrait-on écrire avec ça !

Karla ne pouvait en supporter davantage. Elle prit son stylo et se décida à rompre le silence qu'elle s'était imposé depuis de longs mois.

C'est vrai que je me suis retranchée dans le silence depuis le début de cette affaire de recours judiciaire. Manifestement, cette attitude ne m'a pas beaucoup aidée... Pour tout vous dire, votre manière de voir ma relation avec Linda est absurde.

Premièrement, je n'ai jamais rencontré ni la sœur de Linda, ni son frère, ni personne d'autre de sa famille et je n'ai pas plus l'intention de le faire aujourd'hui. Deuxièmement, je ne suis pas la seule personne à Joliette à qui Linda vient rendre visite. Troisièmement, non, je n'ai aucun projet de vie commune avec Linda après ma sortie de prison. Linda et moi sommes de bonnes amies. Elle a été en amour avec moi, et peut-être y a-t-il déjà eu quelque chose entre nous à un moment, mais c'est du passé. Quant à vos remarques sur de prétendues visites conjugales dans la maison réservée aux visites familiales, c'est de la pure fantaisie. D'ailleurs, Linda n'aurait même pas pu passer l'étape du comité d'évaluation des visiteurs qui filtre nos visites. Enfin, non, Linda ne m'a ni aidée ni influencée dans aucune des décisions que j'ai prises jusqu'à maintenant, et il continuera d'en être ainsi à l'avenir.

Vous laissez entendre dans votre lettre que Linda m'aurait poussée à faire ma demande de sorties sous escorte ainsi que ma requête devant la cour. C'est d'un ridicule ! Voici ce qui s'est vraiment passé.

C'est une avocate qui vient souvent à Joliette qui m'a donné le nom de Pascal Lescarbeau. Elle m'a expliqué ce que je devais faire si, comme on le croyait, ma demande de sorties était refusée. Selon elle, le mieux serait alors de faire une requête à la cour et les juges m'accorderaient sûrement les sorties parce que je remplissais toutes les conditions. Elle m'a dit d'aller voir Pascal parce qu'il avait beaucoup d'expérience avec la Cour fédérale. Mais, ce qu'elle avait oublié de me dire, c'était que Pascal était son mari ! Un avocat qu'elle me recommandait, disait-elle...

Pascal m'a raconté que, en Cour fédérale, toute l'affaire pouvait rester confidentielle. L'avocat n'avait qu'à le demander à la cour. « C'est aussi simple que cela », disait-il. Vous connaissez le dicton : « Si ça semble trop beau pour être vrai, c'est probablement trop beau... » J'aurais dû réfléchir à cela. Quand j'ai vu le dossier reproduit dans les médias, j'ai été renversée. C'est bien normal, on m'avait assurée que ça resterait confidentiel. Un des avocats est alors venu me voir – je ne me rappelle pas lequel, il y en avait trois dans le dossier – et il m'a expliqué que la demande de confidentialité n'avait pas été faite. Maintenant, les médias faisaient la queue en cour pour avoir la permission d'étaler ma vie personnelle. On m'a dit que la seule façon d'éviter cela était de retirer ma requête. C'est ce que j'ai fait. Puis j'ai viré Pascal et j'ai engagé Marc Labelle. Celui-ci m'en a appris une bonne : la Cour fédérale n'a pas l'autorité pour accorder des sorties sous escorte ! La seule chose qu'ils auraient pu faire face à ma requête, c'était d'annuler la décision de la Commission des libérations conditionnelles et d'ordonner à d'autres personnes de cette Commission de prendre une nouvelle décision. Wow ! Si on m'avait dit cela dès le début, je n'aurais sûrement pas brassé la cage pour si peu.

Oh, en passant, pour corriger deux autres de vos erreurs : Daniel Cournoyer n'est pas un simple préposé, et j'ai rencontré Sylvie Bordelais à Joliette alors qu'elle venait rencontrer des détenues tous les mercredis. Personne ne me l'a présentée : elle s'est elle-même présentée à moi.

Même si Karla avait décidé de remettre les choses à leur place, elle ne se faisait pas trop d'illusions. Elle avait compris que, quoi qu'elle fasse ou qu'elle dise, elle serait toujours vue comme une égoïste ou comme une insolente. Elle était condamnée à vivre avec cette fausse perception. Elle pourrait dire mille fois par jour « Excusez-moi ! » que cela n'y changerait rien. On dirait alors qu'elle parle par hypocrisie ou par intérêt. De toute façon, elle serait toujours mal interprétée…

Par ailleurs, l'auteur de la lettre avait vu juste sur certaines choses. Peut-être avait-il raison de dire que sa plus grave erreur avait été de reculer une fois que sa requête en cour avait été lancée. Elle aurait sans doute fait mieux d'aller jusqu'au bout. À ce moment-là, au moins, elle aurait pu mettre au jour la politique des deux poids deux mesures que les autorités avaient eue envers elle au cours des dernières années. Cela n'aurait pas nécessairement changé l'issue de l'affaire – les autorités de la prison réclamant toujours sa détention et la Commission les appuyant toujours sans discussion –, mais elle aurait fait sortir la vérité. Il y avait une autre chose que le correspondant avait relevée avec justesse. Peut-être se créait-elle des problèmes inutilement en cherchant de manière obsessionnelle à protéger sa vie privée et son image auprès des médias. Aucune autre personne qu'elle n'avait vu sa vie privée étalée en public avec autant de détails parmi les plus horribles. C'est l'un des traits de notre culture que cette fascination des médias pour les scandales entourant la vie des gens, célèbres ou non. D'ailleurs, comme son correspondant le soulignait si bien, tout ce qu'on pouvait dire sur elle avait déjà été dit et répété au moins une centaine de fois. On l'avait traitée de tous les noms possibles, depuis la « salope meurtrière de Niagara Falls », en passant par la « Barbie qui sème le meurtre et le chaos » et la « pute psychopathe et meurtrière ». Qu'est-ce que cela changerait qu'on en ajoute encore de la même farine ? De ce côté-là, donc, elle n'avait plus rien à attendre.

La prison, d'autre part, existe prétendument pour mettre les détenus à l'écart du public. En réalité, c'est tout à fait le contraire. Aussi longtemps que Karla serait en prison, elle ne pourrait espérer avoir une quelconque vie privée. Elle n'avait qu'à regarder tout ce qu'on avait rapporté un peu partout à son sujet depuis qu'elle était derrière les barreaux. On avait parlé de sa demande de sorties sous escorte, de son gain de poids, de ses fêtes d'anniversaire, des lettres que lui envoyait sa sœur, de ses amitiés avec d'autres détenues, du fait qu'elle se vernissait les ongles, bref, tout y avait passé. En prison, Karla devenait une cible facile. Tous ceux de l'extérieur pouvaient s'en donner à cœur joie.

On avait dit beaucoup de choses sur Karla, mais il y avait une chose que personne n'avait vraiment saisie. Lorsqu'on exprimait des opinions à son sujet, elle était absolument incapable de les assimiler correctement. Elle pouvait dire si telle ou telle opinion était juste, mais, dans sa tête, elle s'en tenait obstinément à ses anciennes idées même si elle les savait fausses. Ainsi, elle continuait à accorder de l'importance aux médias et à sa vie privée, même si, intérieurement, elle savait que ses idées ne tenaient pas.

En réalité, Karla n'était pas la fille vive et dégourdie qu'elle avait semblé être au cours de l'année qui avait précédé son incarcération. Elle n'était pas non plus cette femme battue bourrée de problèmes psychologiques telle que les psychiatres avaient voulu la présenter. Dans l'imagerie des médias, elle était une femme futée qui avait su naviguer avec aplomb dans les eaux tumultueuses de la loi. Dans les faits, Karla était semblable à un fragile bouchon de liège flottant dans un havre de paix et de sécurité. Plusieurs des hommes de main d'Hitler étaient des gens instruits qui avaient

lu beaucoup de livres. Cela n'en faisait pas pour autant des êtres capables
de mettre ensemble plusieurs idées opposées en même temps. Cela signifiait tout simplement qu'ils n'étaient pas complètement bêtes.

Karla faisait remarquer à son correspondant que c'était le docteur Van
Gijseghem qui, le premier, avait écrit dans son rapport qu'elle se tenait
avec « les femmes les plus fortes parmi ses codétenues ». Il n'a jamais dit
où il avait pêché cette histoire ni en quoi elle avait un quelconque rapport
avec son diagnostic psychologique. Elle n'avait pas rencontré ce monsieur.
Il n'avait pas non plus consulté ses codétenues. Même si ce genre de remarque n'avait jamais été inscrit dans aucun des nombreux rapports figurant
dans son dossier, elle ne put s'empêcher d'écrire à son correspondant que,
de toute façon, « les personnalités les plus fortes en prison sont en même
temps celles qui sont les plus sociables ».

La remarque du docteur Van Gijseghem constituait manifestement une
allusion à peine voilée à l'opinion exprimée en cour par le juge Kovacs
selon laquelle Karla « n'était pas un danger pour la société, à moins qu'elle
ne tombe un jour sous l'emprise d'un individu aussi dominateur que Paul
Bernardo ». Peut-être le docteur Van Gijseghem voulait-il insinuer par là
que Linda Véronneau était justement ce genre de personne dangereuse. Il
ne savait pas vraiment qui étaient Karla et Linda. Mais il avait sans doute
pris connaissance de l'opinion du juge Kovacs et fureté dans les journaux
et les magazines pour y trouver des informations sur les fréquentations de
Karla, et il en avait tiré ses propres conclusions.

D'ailleurs, à propos de Linda encore, Karla dit à l'auteur de la lettre
qu'il était exact qu'elle n'aurait pas eu le droit de rencontrer cette dernière
si on l'avait libérée sous condition, puisque les détenues n'ont pas le droit
de se tenir avec des personnes ayant un casier judiciaire. Mais, aurait-elle
été vraiment l'amie de cœur de Linda, était-ce pour autant une raison suffisante pour vouloir rester en prison ? Et Karla de commenter :

*L'opinion selon laquelle je tiens à rester en prison jusqu'à
l'expiration complète de ma peine afin de pouvoir aller vivre avec
Linda est tout à fait farfelue. C'est bien la dernière chose que je
souhaite. J'ai déjà dit à plusieurs reprises que, si on me libérait
sous condition avant la fin de mon terme, je serais prête à me soumettre à n'importe quelle exigence qu'on me poserait, y compris
me tenir sur la tête trois heures par jour si on me le demandait.
Non, les raisons pour lesquelles je veux aller jusqu'au bout de ma
peine n'ont rien à voir avec Linda et sont beaucoup plus complexes.*

Si on me libérait d'office aux deux tiers de ma peine, on m'imposerait comme condition de rencontrer régulièrement mon agent de probation. Et cela mettrait en péril ma réintégration dans la société. En effet, dans ce cas, il serait facile pour n'importe qui de connaître mes coordonnées et on pourrait alors continuer à me suivre à la trace. Il me serait ainsi impossible de «disparaître», et adieu ma nouvelle vie! De plus, même si cela peut vous paraître égocentrique, j'ose espérer que, en purgeant ma peine jusqu'au bout, j'arriverai à me débarrasser quelque peu du sentiment de culpabilité et de l'aigreur que je traîne avec moi depuis des années. Si vous ne me croyez pas, eh bien tant pis!

Probablement que Karla croyait fermement à ce qu'elle disait. Ce faisant, cependant, elle ne voyait pas plus loin que le bout de son nez. Avait-elle réfléchi un peu aux conséquences de ses gestes? Face à son attitude, imaginez la réaction des autorités qui trouvaient déjà politiquement incorrect de lui accorder une libération conditionnelle. En 1997, elle n'avait pas cru bon de faire une demande de sorties sous escorte ou de libération conditionnelle alors qu'elle y avait droit pour la première fois; chaque année, par la suite, elle a refusé de la même manière de se présenter devant la Commission pour y faire valoir ses droits, et ce, jusqu'en mars 2002. Or, comme l'avait affirmé la légion de psychiatres qui l'avait examinée, Karla se considérait elle-même comme une femme battue souffrant d'un trouble du stress post-traumatique, trouble qui l'aurait entraînée à commettre des gestes inexplicables par pur instinct de conservation. Or, le comportement qu'elle adoptait n'était pas celui d'une victime, mais celui d'une femme obstinée. Aux yeux des autorités, quelle était la véritable Karla? La victime ou la femme obstinée que certains psychiatres présentaient maintenant comme «psychopathe et antisociale»? Sans s'en rendre compte, Karla était en train de détruire son image et de jouer le jeu des autorités qui cherchaient à la présenter d'une tout autre façon pour pouvoir la garder en dedans le plus longtemps possible, comme l'exigeaient l'opinion publique et certains politiciens.

Ce manque de prévoyance, cette incapacité à mesurer les conséquences de ses gestes constituait un défaut majeur de la personnalité de Karla. Ce trait négatif n'en faisait pas nécessairement une dangereuse criminelle. Par contre, il pouvait en faire une sorte de pion que n'importe qui pourrait éventuellement manipuler à sa guise.

Karla s'arrêtait maintenant à un passage de la lettre de son correspondant où il était question de l'avocat des familles des victimes de Paul et Karla, l'onctueux Tim Danson.

Vous êtes sans doute au courant que Danson vous a à l'œil. En ce moment, il mène une enquête en vue de vous accuser de parjure sous prétexte que, en 1995, vous avez juré sous serment que vous n'étiez pas lesbienne. Si cela vous intéresse, je peux vous envoyer les coupures de presse où on présente les faits sur lesquels il appuie son ballon d'essai. Évidemment, une telle démarche est tout bonnement absurde. À mes yeux, que vous soyez lesbienne ou non, cela n'a rien à voir avec votre histoire. Mais pas pour lui. Avec sa bande de bonnes âmes, il est en train de collecter des fonds pour mener sa campagne. Je trouve cela assez dangereux, mais il semble que je sois le seul à le croire.

M. Danson fait partie d'un puissant lobby qui cherche par tous les moyens à vous faire enfermer jusqu'à la fin de vos jours. Lorsqu'il a appris que la société Elizabeth Fry avait appuyé votre demande de sorties sous escorte, il a entrepris une attaque en règle contre cet organisme. Il s'est servi de la tribune des médias pour remettre celui-ci en question et inviter ses membres à « se réévaluer comme organisme ». Entre-temps, il multipliait les pressions sur le gouvernement fédéral pour que ce dernier réexamine sa politique de subvention envers ladite société. La société Elizabeth Fry reçoit bon an mal an environ 450 000 $ d'Ottawa, une somme bien dérisoire compte tenu de la très grande diversité de ses activités et des sommes astronomiques que le gouvernement fédéral dépense pour le système pénitentiaire.

Tim Danson a gagné au moins cinq ou six fois cette somme pour mener ses activités de lobbying. L'argent lui a été versé à même le Integrity Fund, un fonds constitué pour venir en aide aux familles des victimes de Karla et Paul. Personne ne sait au juste où ces gens veulent en venir exactement, mais une chose est sûre : l'argent rentre à flots et des millions de dollars ont été dépensés par la fondation jusqu'ici.

Danson est comme l'un de ces missiles infrarouges pointés vers des cibles ennemies. Il est toujours prêt à attaquer. Si les coffres de la guerre sont à sec, il part à la recherche d'une nouvelle cause. Aussitôt qu'il a trouvé sa cible – vous et votre ex-mari, des vidéocassettes, des choses vilaines comme votre éventuelle libération –, il donne l'alerte et les dons se mettent à pleuvoir. En ce moment, l'argent se fait plutôt rare, et M. Danson se démène pour trouver des motifs de guerre avec lesquels il pourrait défrayer la chronique des médias.

Ce brave chevalier est tombé récemment sur un article du Toronto Sun où il était question de vous. L'article décrivait avec emphase la relation homosexuelle qui existerait entre vous et Linda Véronneau (relation que Linda avait pourtant déniée, mais en vain). Il n'en fallait pas plus à Danson pour y voir quelque chose de potentiellement explosif. On a pu observer son jeu lorsqu'il est allé donner son avis à Joliette dans le cadre de votre nouvelle « évaluation » psychologique. Il s'est alors adressé pompeusement à la presse, prenant publiquement à son compte les ragots sur votre relation avec Linda. Il a déclaré sans ambages que ce genre de relation était la preuve que vous n'étiez pas réhabilitée et que vous représentiez un « réel danger pour la sécurité de la population ». Selon ses propos rapportés par les médias, vous auriez tendance à « rechercher sans cesse les personnes qui aiment dominer » et vous seriez « le genre de personne qui aime à être dominée ». Il est bien évident que cette idée fixe lui est venue des articles de journaux qui présentaient Linda comme la dominatrice qui avait entraîné la passive Lyne Vallée dans une orgie de vols et d'infractions.

Jusqu'à un certain point, l'opinion défendue par Danson rejoignait celle que le juge Kovacs avait émise au moment du prononcé de votre sentence : « Pour autant qu'elle ne retombe pas sous la dépendance psychologique d'une des personnes les plus dangereuses que le pays ait jamais connue, Karla a peu de risques de récidiver. » Donc, hypothèse : vous ne tombez pas sous l'envoûtement d'une autre personne dominatrice et criminelle à la Bernardo, alors vous ne représentez pas un danger pour la société. Antithèse : vous subissez encore une fois l'ascendant d'une autre personne de ce genre, alors vous recommettrez des crimes. En somme, l'idée que vous soyez relâchée pour vous retrouver aussitôt dans les bras d'une criminelle dominatrice est quelque chose que les gens de la bande de Danson ne sont pas prêts à laisser passer.

Bien entendu, ce type de raisonnement était absurde. Karla n'était pas lesbienne et, même si elle l'avait été, l'accusation de parjure ne valait pas grand-chose. Sur un autre plan, la relation de Karla avec Linda ne pouvait d'aucune façon être comparée à celle qu'elle avait eue avec son ex-mari. Cela, elle pouvait le prouver facilement. En outre, même s'il était vrai que les deux femmes avaient été des amantes, Linda Véronneau n'avait jamais commis d'agression sexuelle ou de meurtre ou forcé personne à commettre ce genre de crime. C'était trop con. Manifestement, Danson cherchait les gros titres pour renflouer sa caisse. Tôt ou tard, la vérité et le bon sens reprendraient le dessus. Karla savait qui était Danson. Il lui avait déjà intenté un procès alors qu'elle venait d'arriver à la prison de Kingston. Elle découpait souvent dans les journaux des articles où il racontait toutes sortes de choses à son sujet. Récemment, elle avait lu un article dans lequel il disait avoir l'intention de demander que l'on procède à un «examen exploratoire» sur elle à Sainte-Anne-des-Plaines. Karla espérait que ce ne soit pas vrai. C'était quoi, l'idée? Il ne découvrirait pas de pénis caché sous sa culotte! Si c'était pour autre chose, elle n'avait plus rien à dire. Tout avait été dit. Elle n'avait jamais tenté de nier sa participation aux crimes, alors qu'est-ce qu'il cherchait? En plus, elle avait été interrogée par bien pire que ce Danson, comme John Rosen et Robin Menzies. Comparé à ces deux-là, Danson, c'était de la petite bière. Et elle n'y pensa plus.

31

Karla fait son bilan

Karla était au Centre régional de réception de Sainte-Anne-des-Plaines depuis un an. Elle entamait sa dixième année d'emprisonnement. À l'extérieur, le monde avait changé, mais une chose demeurait immuable : les médias continuaient à répandre les mêmes faussetés. Ce n'était pas seulement une question d'inexactitude dans les faits rapportés. C'était surtout une question de choix de nouvelles et de sources d'information. Par exemple, ces articles délirants sur sa relation avec Linda Véronneau. Non seulement n'avait-on pas pris la peine de mentionner le déni de Linda ou d'interroger Karla là-dessus, mais on faisait également montre d'un incroyable préjugé à l'égard des femmes détenues. C'était comme si le fait qu'il y ait des lesbiennes en prison était quelque chose d'intrinsèquement mauvais et scandaleux. Ces gens pensaient-ils vraiment que des personnes enfermées durant des années n'avaient aucune sexualité ?

Encore dernièrement, il y a eu une flopée de nouvelles à la télé et dans les journaux à propos du refus réitéré de la Commission des libérations conditionnelles d'accorder une libération à Karla. « Karla restera derrière les barreaux, selon la Commission », titrait le *Toronto Sun*. En quoi ce titre constituait-il une nouvelle ? Sept mois s'étaient écoulés depuis que Karla avait renoncé à son droit d'en appeler de cette décision. En outre, les bulletins de nouvelles et les reportages se contentaient de reproduire de manière sensationnaliste la version officielle de la Commission. Personne n'avait pris la peine d'aller lire les documents qui auraient servi de fondements à cette décision. Un des articles citait à cet égard certains passages de la déclaration de la Commission :

Considérant que Homolka n'a fait aucun progrès significatif au cours de la dernière année, la Commission, dans le cadre la révision annuelle et statutaire de son dossier, ne lui accorde pas de libération conditionnelle.

L'an dernier, lors de la première révision statutaire de son dossier, la Commission avait jugé que Homolka était susceptible de commettre encore des meurtres en raison de la gravité de ses crimes antérieurs et de sa personnalité apparemment antisociale et psychopathique.

Le fait que des journalistes acceptent de reproduire de telles opinions sans aucune critique est exaspérant. Que signifie cette phrase «... était susceptible de commettre encore des meurtres en raison de la gravité de ses crimes antérieurs»? Ces crimes n'étaient-ils pas déjà «graves» à l'époque où la police et la Couronne ont conclu une entente avec elle? Ces crimes étaient-ils moins «graves» quand neuf spécialistes ont dit qu'elle n'avait pas une personnalité antisociale et qu'elle ne représentait pas un danger pour la société? Et qu'est-ce que la «gravité de ses crimes» a à voir avec une éventuelle récidive? Y a-t-il un lien indubitable entre le fait d'avoir commis des crimes graves et le fait de recommencer? À quoi de tels arguments riment-ils? Et alors, que faudra-t-il faire pour l'empêcher de tuer lorsque sa peine sera entièrement écoulée, dans trois ans, et qu'elle sera à nouveau libre comme l'air?

Si la récidive de Karla n'est qu'une question de temps, alors quelle erreur énorme a-t-on commise en signant une entente avec elle et en ne la condamnant pas à la peine maximale dès le début! Depuis qu'elle est en prison, on s'ingénie à trouver des moyens de contourner les règles normales pour racheter cette première erreur. Mais deux torts ne ramènent pas la justice.

S'il fallait vraiment punir cette femme antisociale, on aurait pu faire comme Louis XV avec Robert François Damiens, le supposé régicide condamné à faire «amende honorable» en mars 1757. Dans *Discipline and Punish*, le philosophe Michel Foucault décrit avec force détails le supplice auquel le roi condamna son domestique, accusé de l'avoir frappé à la poitrine avec un couteau. Pour paraphraser Foucault, on aurait pu s'emparer de Karla et lui faire certaines choses comme lui... «arracher la peau de la poitrine, des bras, des genoux et des mollets avec des tenailles chauffées au fer rouge» et lui «brûler la main criminelle avec du soufre» – celle dont elle s'est servie pour endormir sa sœur avec un mouchoir imbibé d'Halothane ou pour couper les cheveux noirs de Kristen French. Ensuite, aux endroits où la chair serait à vif, on aurait pu lui «verser un mélange de plomb fondu, d'huile bouillante, de résine et de cire chaude», puis la faire «tirer et écarteler par quatre chevaux» et, enfin, «ramasser ses membres et son tronc pour les mettre au feu jusqu'à ce qu'ils soient réduits en cendres».

Évidemment, notre société civilisée n'inflige plus ce genre de punition aux condamnés. Mais si on pense qu'on n'a pas puni assez sévèrement Karla la première fois, ce moment est passé. On a préféré signer un pacte avec elle. En quoi le fait de rompre ce pacte et de trahir ses engagements, comme l'ont cherché constamment à faire les autorités depuis les débuts de son incarcération, peut-il tenir lieu de justice ? Le second tort ne peut pas réparer le premier, si tort il y a eu.

Karla avait sorti de son tiroir les deux rapports d'évaluation rédigés par ses agents de probation à l'intention de la Commission des libérations conditionnelles. Ces rapports, datés du 16 novembre 2001, ont servi d'arguments à la Commission pour réitérer son refus de la libérer en mars 2002. Elle en lut des extraits.

À 31 ans, Karla Leanne Teale en est à sa huitième année d'incarcération sur une sentence fédérale de douze ans pour avoir commis deux homicides involontaires. Son cas a été révisé la dernière fois en mars 2001, en vertu des articles 192. 2 (a) et (I) des règles relatives à la libération d'office.

En septembre 2001, Mme Teale ne s'est pas présentée devant la Commission pour en appeler de la recommandation du Service correctionnel canadien pour que sa détention soit poursuivie au-delà de sa date de libération d'office...

En mars, l'année dernière, la Commission des libérations conditionnelles a statué que Mme Tale devait être gardée en prison parce qu'elle représentait encore un danger pour la société et que, si on la libérait, elle pourrait commettre d'autres meurtres ou crimes graves contre la personne.

En rendant sa décision, la Commission a pris en considération l'extrême gravité des crimes qu'elle a commis, incluant l'enlèvement, la séquestration, l'agression sexuelle ainsi que des sévices ayant provoqué la mort de trois adolescentes. Parmi les victimes, il y avait sa jeune sœur.

La Commission a aussi tenu compte des conséquences extrêmement graves de ces crimes non seulement pour les victimes mais aussi pour leurs familles.

La Commission a relevé l'insensibilité de Mme Teale face aux crimes qu'elle a commis. Elle a noté que celle-ci s'était longuement préparée à les commettre et qu'elle avait vivement cherché à en faire disparaître les preuves avec l'aide de son complice.

La Commission a également pris note du changement de nom de Mme Teale, qui est passé de Homolka à Teale ; elle a qualifié ce changement de cynique et de macabre, étant donné que ce nom évoquait un personnage de tueur en série au cinéma.

La Commission s'est aussi fondée sur plusieurs évaluations psychiatriques et psychologiques de Mme Teale. Bien que non unanimes, ces évaluations concluaient pour la plupart à la nécessité de garder Mme Teale en prison.

La Commission a retenu les autres éléments suivants dans sa décision : le fait que Mme Teale n'a pas reçu de véritables soins psychologiques ni suivi de programmes spécifiques à son cas, ainsi que le fait que Mme Teale exprime peu d'empathie à l'égard de ses victimes et considère même que cela ne la concerne pas...

L'intérêt que manifeste Mme Teale envers le programme de thérapie proposé par la prison oscille en ce moment entre très faible et moyen. Elle prétend qu'elle suivrait un programme destiné aux agresseurs sexuels si celui-ci était donné à Joliette.

En résumé, vu l'absence de changement au cours de la dernière année, nous pensons que les motifs invoqués alors pour maintenir Mme Teale en prison sont toujours valables. Nous croyons toujours que celle-ci pourrait commettre des crimes graves si elle était libérée avant la fin de la peine qui lui a été imposée. Pour ces raisons, nous recommandons que sa détention soit maintenue.

Regardant tout cela, Karla se dit qu'elle avait bien fait de ne pas vouloir s'engager dans un programme pour agresseurs sexuels. Elle avait pris récemment connaissance d'un nouvel article ajouté au Code criminel au sujet des agresseurs sexuels. Le nouvel article date de 1996 et, dans le jargon des avocats, on l'appelle le 810.2. Elle se demandait si, en s'inscrivant au programme pour agresseurs sexuels, elle ne tomberait pas automatiquement sous l'emprise de cet article.

Jusqu'à maintenant, l'article n'avait été invoqué que dans de rares cas, et c'était toujours des hommes, souvent des pédophiles. Mais les choses changeaient rapidement depuis les événements du 11 septembre 2001 aux États-Unis, et Karla n'ignorait pas qu'un fort vent de conservatisme soufflait un peu partout.

L'article 810.2 du Code criminel donne à quiconque le droit de dénoncer devant un juge toute personne qu'il croit susceptible de commettre un crime grave contre la personne. Le juge peut alors rendre une ordonnance de bonne conduite envers la personne prétendument dangereuse pour la société. Celle-ci doit s'engager à ne pas troubler l'ordre public. L'ordonnance peut durer jusqu'à un an et le juge peut poser certaines conditions particulières quant à son application et imposer des sanctions au récalcitrant si celles-ci ne sont pas respectées.

Une telle mesure semble raisonnable de prime abord, mais si les conditions imposées à l'individu s'avèrent irréalistes ou impossibles à respecter, les conséquences peuvent être assez dangereuses. À ce propos, Karla avait lu une histoire qui s'était passée en Alberta. Un individu dont les initiales étaient L. J. avait été accusé d'agression sexuelle sur une jeune fille de 14 ans. L. J. niait toute culpabilité, mais il fut néanmoins condamné et envoyé en prison. Comme dans le cas de Karla, on a utilisé systématiquement l'«obstruction» pour le forcer à purger la totalité de sa peine. Lors de la libération de L. J., une ordonnance de bonne conduite fut rendue contre lui et il fut astreint à de nombreuses conditions.

En premier lieu, il devait aviser la police de tout changement de résidence dans un délai de vingt-quatre heures. En deuxième lieu, il devait communiquer avec un inspecteur de police qui lui avait été nommément assigné. L'inspecteur en question habitait à 100 km de chez lui et L. J. n'avait pas de voiture. En troisième lieu, L. J. n'avait pas le droit de s'approcher de tout endroit public ou de toute résidence privée où des enfants de moins de 14 ans pourraient se trouver.

Quand il fut de notoriété publique que L. J. avait commis une agression sexuelle, on l'expulsa de l'hôtel où il avait loué une chambre. Une fois dans la rue, il fut accusé de ne pas avoir respecté son engagement relatif à son lieu de résidence, et il se retrouva aussitôt derrière les barreaux.

Une telle éventualité fit frémir Karla. Cela la convainquit davantage qu'elle ne devait pas être assimilée d'aucune façon aux agresseurs sexuels. Elle se dit que, au point où elle en était, il valait mieux qu'elle prenne elle-même son affaire en main. Elle résolut de se préparer pour la prochaine révision statutaire de son dossier en 2003. Elle se mit à rédiger un bilan de sa situation à l'intention de la Commission des libérations conditionnelles.

Veuillez écouter ce que j'ai à vous dire. Lorsque je suis arrivée à la prison des femmes de Kingston, en juillet 1993, j'étais dans un état de grande dépression. Sept éminents spécialistes s'étaient penchés sur mon cas et avaient établi que j'étais une femme battue souffrant d'un trouble du stress post-traumatique et que, conséquemment, j'avais un «urgent besoin» de soins psychologiques. Le psychiatre du Service correctionnel en poste à Kingston a même corroboré ce diagnostic. Or voilà que, après avoir été traitée régulièrement durant sept ans à l'intérieur d'un système qui se prétend officiellement voué à la réhabilitation de ceux qui lui sont confiés, on m'a soudainement classée comme étant une dangereuse psychopathe incurable. Comment une telle chose a-t-elle pu se produire dans un système carcéral qui se targue d'avoir une approche nouvelle à l'égard des femmes ?

L'idée que j'aie été « la victime complaisante d'un sadique sexuel » et que j'aie subi sans pouvoir me défendre « tous les cycles de la violence sexuelle » n'était pas de moi. C'était l'avis des docteurs Arndt, Long, Malcom, Hatcher, Hucker, Jaffe et McDonald. Ce diagnostic est contenu dans leurs rapports et ceux-ci font partie de mon dossier.

Quand j'ai rencontré le docteur Arndt la première fois, je n'avais aucune idée de ce qu'était une dépression mentale. Je n'avais jamais consulté de psychologue ou de psychiatre auparavant. Je n'avais jamais non plus entendu parler des théories de Lonore Walker, de « syndrome de la femme battue » ou de « trouble du stress post-traumatique ».

Je n'ai pas inventé la notion de femme battue afin de sauver ma peau. En fait, mon avocat m'avait même averti qu'une défense basée sur cette idée ne marcherait pas dans mon affaire.

Malgré tout, c'est ainsi que l'on m'a évaluée. Neuf spécialistes, dont deux du Service correctionnel, m'ont examinée entre 1993 et 1995 et sont arrivés à cette conclusion. Les policiers, les procureurs de la Couronne et les tribunaux ont cru à cette version.

Est-ce à moi, maintenant, de me lever et de dire «Non, non, attendez ! Je ne suis pas une femme battue » ? Une telle attitude ne serait pas conforme à la nature humaine. Je ne peux donc faire autrement que de les croire. Je me sentais comme une femme battue. J'avais tous les symptômes d'une femme battue. Ce que j'aimerais bien savoir aujourd'hui, c'est pourquoi le Service correctionnel retourne maintenant sa veste et fait comme si ce diagnostic n'avait jamais existé. C'est pourtant sur la base de ce diagnostic qu'une entente judiciaire a été conclue avec mon avocat. Et c'est sur la foi de celui-ci qu'on m'a soignée pendant sept ans !

Dès les premiers mois de mon emprisonnement à Kingston, j'ai demandé qu'on me conduise dans un endroit où je pourrais obtenir une thérapie adaptée à mes besoins. Le Service correctionnel a refusé, m'assurant que je trouverais les soins appropriés en prison.

On m'a alors assigné le psychothérapeute Jan Heney et le psychiatre Roy Brown. J'ai aussitôt commencé une thérapie avec eux à raison de trois ou quatre séances par semaine. Selon les rapports du docteur Brown, qui sont aussi dans mon dossier, j'ai réussi à faire des progrès durant les deux années qui ont suivi.

Si le Service correctionnel avait des doutes au sujet de mon véritable état psychologique, pourquoi a-t-il laissé ses thérapeutes continuer à me traiter suivant le diagnostic établi au départ ? Il avait pourtant plusieurs possibilités. Il aurait pu me faire soigner tout de suite comme agresseur sexuel ou comme psychopathe. Ou encore, il aurait pu accéder à ma requête et m'envoyer dans un institut psychiatrique. Tel que cela est mentionné dans mon dossier, le procureur Murray Segal et le ministère de la Justice de l'Ontario n'avaient pas d'objection à un tel transfert.

Si le Service correctionnel n'a rien fait de tout cela, c'est sans doute parce qu'il se serait ainsi placé dans une situation conflictuelle par rapport aux policiers et aux procureurs qui, eux, exigeaient sa collaboration pour me convaincre d'aller témoigner au procès de mon ex-mari.

Et qu'est-il arrivé à l'automne 1995, après que le procès fut terminé ? Je n'ai reçu que des éloges des policiers à propos de ma performance en cour. Ils me disaient même de ne pas m'occuper des mauvaises langues qui me traitaient de tueuse psychopathe et de monstre.

Si le Service correctionnel me faisait soigner selon mon diagnostic simplement par prudence, étant donné que je côtoyais alors beaucoup de policiers et de procureurs de l'Ontario, pourquoi n'a-t-il pas changé son fusil d'épaule dès la fin du procès ? Il aurait pu, une fois tout ce beau monde parti, commencer tout de suite un traitement adapté aux agresseurs sexuels et aux personnes antisociales, s'il croyait vraiment que j'étais ainsi.

Non, après mon témoignage au procès, la prison a continué ma thérapie conformément au diagnostic initial. Rien ne semblait avoir changé. On m'a demandé de participer à divers programmes offerts aux femmes battues et psychologiquement instables, et j'ai accepté. Comme l'indiquent les rapports de la prison, je les ai tous bien réussis et les autorités semblaient satisfaites de mon comportement général.

Pendant tout ce temps, avant comme après mon témoignage au procès de Bernardo, tout le monde constatait que je faisais des progrès et que mon état s'améliorait. Tous les rapports des autorités de la prison, des psychologues et des psychiatres allaient dans ce sens. Au moment où il prit sa retraite en 1996, le docteur Brown a dit qu'il me considérait guérie.

En 1996, le Service correctionnel a fait appel au docteur Sharon Williams, une spécialiste de l'université Queen's reconnue pour son expertise en matière de violence sexuelle et de problèmes psychotiques. Après m'avoir fait passer une batterie de tests, Mme Williams a conclu que je n'étais aucunement psychopathe. À son avis, je ne constituais un danger ni pour moi-même, ni pour les autres détenues, ni pour la société en général. C'est sur la foi de cet avis que le Service correctionnel a décidé de me transférer à Joliette.

En passant, Mme Williams faisait partie du groupe de psychologues qui avaient élaboré, pour le Service correctionnel, le premier programme destiné aux agresseurs sexuels féminins. Personne ne m'a suggéré de suivre ce programme. Même si celui-ci n'était pas vraiment officiel, le Service correctionnel affirme sur son site web que, au cours des huit dernières années, au moins vingt-quatre détenues ont été soignées en tant qu'agresseurs sexuels.

En 1999, peu de temps après ma demande de sorties sous escorte, le docteur Williams a fait une nouvelle évaluation de mon état psychologique. Encore une fois, elle a répété que je n'étais ni psychopathe, ni antisociale, ni un agresseur sexuel, et qu'il n'y avait aucune raison que l'on m'envoie dans une prison à sécurité maximum.

Ce second avis ne plut pas, semble-t-il, au Service correctionnel qui refila alors mon dossier au docteur Van Gijseghem, un de ses consultants occasionnels.

Selon les derniers rapports soumis à la Commission par mes agents de probation, je n'ai manifesté aucun intérêt pour les nouveaux programmes ou les thérapies proposés par la prison depuis mon arrivée à Sainte-Anne-des-Plaines, en avril 2001. Mais qu'est-ce que les psychologues et les psychiatres du Service correctionnel veulent que je fasse de plus ? Qu'est-ce que je pourrais apporter de nouveau qui n'aurait pas déjà été dit ?

En constatant l'extrême importance accordée par le Service correctionnel aux rapports des docteurs Van Gijseghem et Menzies, au mépris de l'opinion de la majorité de ceux qui m'ont exa-

minée pendant des années, je ne vois pas pourquoi je me soumet-
trais à de nouveaux programmes ou à de nouvelles évaluations. Si
vous préférez vous en tenir à ces rapports obtus plutôt qu'à des
rapports plus sérieux, alors libre à vous !
Si vous voulez absolument une contre-expertise à celle de la
plupart de mes psys, vous pourriez jeter un coup d'œil du côté des
avis formulés à mon sujet par des psychiatres engagés par les avocats de mon ex-mari. Il semble que le Service correctionnel n'a
jamais eu en main cette contre-expertise. Je lui conseille de lire
Invisible Darkness, *de Stephen Williams. Il paraît que l'auteur y*
cite abondamment l'avis de ces psychiatres. Le livre est paru à
l'automne 1996. Je ne l'ai pas lu, mais on m'a dit que c'était le
livre le plus pertinent écrit sur moi, et aussi le moins tendre.

Selon ce que j'ai appris, les docteurs Graham Glancy, Nathan
Pollack et John Money contestaient le diagnostic de mes neuf psy-
chiatres. Ils ont fait ressortir les contradictions et les choses liti-
gieuses contenues dans les rapports de ces derniers. Finalement,
ils ont conclu que je souffrais de quelque chose comme de « l'hy-
bristophilie histrionique », plutôt que d'avoir une personnalité
antisociale, narcissique ou psychopathique.

Il y a eu aussi toutes sortes d'experts qui ont donné leur avis
à des journalistes de différents magazines. Je pense aux articles
publiés dans le Sturday Night Magazine *et* Elmstreet. *Comme Van*
Gijseghem et Menzies, ces experts ont parlé de moi comme étant
une psychopathe ou une personne souffrant de troubles narcissi-
ques, mais ils l'ont fait généralement avec beaucoup plus de cir-
conspection. Le docteur Van Gijseghem est même allé piquer
quelques-unes de ses idées dans l'article du Saturday Night, *qui*
avait pourtant été écrit par quelqu'un qui n'y connaissait rien en
psychologie ou en psychiatrie.

On a dit sur moi beaucoup de choses. Toutefois, l'opinion rete-
nue par les policiers, les procureurs et les tribunaux est ce qu'elle
est, et je suis ce que je suis.

J'ignore si les membres du jury, lors du procès de mon ex-
mari, croyaient, comme les gens de la police et de la Couronne,
que j'étais une femme battue souffrant d'un trouble du stress post-
traumatique. Après tout, je n'étais pas un accusé mais un témoin.
Comme témoin, mon état psychique n'avait pas à être apporté
comme élément de preuve. Malgré cela, au moins deux jurés
ont suffisamment cru à cette version pour envoyer des lettres de

réconfort à moi-même ainsi qu'à ma famille. Ces lettres figurent également dans mon dossier.

Depuis le début de cette affaire, je me suis astreinte à une longue et difficile thérapie dans le but de retrouver l'estime de moi-même que j'avais totalement perdue. J'ai pu ainsi redevenir comme je l'avais été avant de tomber sous l'emprise de Paul, c'est-à-dire une personne autonome capable de faire valoir ses droits. À chacun de mes pas dans cette longue marche, j'ai sans cesse reçu l'appui des autorités de la prison, et cela saute aux yeux de quiconque analyse mon dossier. On m'a appris à rompre avec ma dépendance. Je ne fais que rapporter ce que la prison m'a donné pour que la Commission le comprenne.

Dans son rapport, mon agent de probation s'inquiète des réactions de l'opinion publique à mon endroit. C'est un non-sens. La Commission n'a pas à tenir compte de cette opinion lorsqu'elle rend une décision. La justice n'est pas l'affaire de l'opinion publique ou des médias à sensation, ainsi que j'ai heureusement pu le constater durant mon procès.

À l'époque, il y a eu de nombreuses fuites dans les médias. Plusieurs faits relatifs à mes crimes ont fait la une de journaux américains ou britanniques, malgré l'ordonnance de non-publication rendue par le juge qui présidait à mon procès. L'émission A Current Affair, *qui est regardée au Canada, en a fait un reportage. Le docteur Jan Heney et le sergent Robert Gillies ont voulu me rassurer en me disant que cela n'aurait aucun impact sur l'issue de mon procès. Ils ont eu raison, heureusement.*

Depuis plusieurs années, le Toronto Sun *et d'autres journaux à sensation mènent une campagne active en vue de faire révoquer mon entente judiciaire. Des centaines de milliers de personnes du sud-ouest de l'Ontario ont signé des pétitions dans le cadre de cette campagne. Tim Danson, l'avocat des familles des victimes de mes crimes, dénonce inlassablement cette entente sur toutes les tribunes. Pourtant, il n'est pas sans intérêt de faire remarquer que lui et les familles qu'il représente ont donné leur accord à ladite entente. Si cela n'avait pas été, l'entente n'aurait jamais eu lieu, et je n'aurais pas servi de témoin à charge contre Bernardo.*

Pour répondre aux pressions de l'opinion publique, le juge Patrick Galligan a été nommé pour mener une enquête sur les circonstances qui ont abouti à l'entente. Après une étude approfondie de la question, il a conclu que celle-ci était juste et correcte. Les

*termes de mon entente tiennent donc toujours. J'entame ma
dixième année de prison, sur une peine de douze ans, pour m'être
reconnue coupable à deux accusations d'homicide involontaire.
Une question revient sans cesse à propos de mon procès:
aurait-on dû, à l'époque, m'accuser d'agression sexuelle? La
question a été beaucoup débattue entre mon avocat et les représentants du ministère de la Justice lors des négociations qui ont mené
à l'entente. Ceux-ci avaient alors l'occasion de porter ce genre de
chef d'accusation. Ils ont décidé de ne pas le faire. Je n'ai donc
jamais été reconnue coupable d'agression sexuelle.*

*Est-ce qu'il appartient aujourd'hui au Service correctionnel et
à la Commission des libérations conditionnelles d'abroger la décision de la cour et du ministère de la Justice de l'Ontario en décidant tout à coup que je suis un agresseur sexuel et que je dois être
traitée comme tel? Peut-on ainsi, à cause des nouveaux rapports
du docteur Menzies, de Saskatoon, et du docteur Van Gijseghem,
faire de moi une psychopathe antisociale et balayer du revers de la
main tous les avis psychiatriques qui ont servi de base à mon
entente? Les psychiatres qui m'ont évaluée avant ces deux derniers étaient-ils moins qualifiés? Est-il juste et équitable de décider maintenant de mon sort à partir de l'avis exprimé par ces deux
seuls spécialistes?*

*Pour les fins de la discussion, admettons que je suis vraiment
la personne décrite par les docteurs Menzies et Van Gijseghem, et
que tous les autres spécialistes se sont lamentablement trompés.
Cela signifierait alors que pendant huit ans, c'est-à-dire jusqu'au
moment où l'on m'a refusé ma libération d'office prévue pour
mars 2001, j'aurais été soignée pour autre chose que ce que j'étais
vraiment. Entrée dans le système carcéral dans un état de femme
battue, ce système m'aurait prodigué une longue thérapie qui
m'aurait finalement transformée en psychopathe antisociale. Ainsi
le système carcéral mettrait tant d'énergie uniquement pour produire des monstres? S'il en était ainsi, il faudrait non pas continuer à me garder de force dans ce système mais plutôt me libérer
au plus vite afin que je puisse me faire soigner ailleurs. Présentement, on me laisse dans un pénitencier à sécurité maximum, alors
que je suis classée de niveau moyen. Décidément, on veut faire de
moi un véritable monstre!*

*Selon la logique qui anime présentement le Service correction-
nel, quand je sortirai pour de bon le 6 juillet 2005, on libérera un*

Hannibal Lector féminin, un monstre assassin, intelligent, cynique, ironiquement créé par le système carcéral lui-même.

Il serait beaucoup plus sain et raisonnable, de la part du Service correctionnel et de la Commission, de me libérer sous condition et de me fournir le soutien des agents de probation pour que je puisse réintégrer progressivement la société d'ici l'expiration de ma sentence.

Malgré tout le battage médiatique de Danson et de journaux comme le Toronto Sun, *lequel, soit dit en passant, a mis à pied deux cents employés en raison de difficultés financières – ce qui suggère qu'il aurait peut-être intérêt à cesser de faire de la sensation s'il veut aller chercher un nouveau public –, je ne crois pas que ma vie soit en danger. En libération conditionnelle, j'aurais le loisir de refuser de parler aux journalistes et, si certains se montraient trop entreprenants, je pourrais appeler les autorités à mon aide.*

Il est bien évident que le Service correctionnel fait tout pour que je n'obtienne pas de libération conditionnelle. Mais la question est : « Pourquoi ? » La raison, comme j'ai voulu le démontrer, est bien faible. Il serait bien plus honnête de la part des autorités du Service de dire qu'ils ne veulent pas courir après le trouble. Si j'étais libérée, il est certain que l'opinion publique sauterait aussitôt sur leur dos, car une telle décision ne serait pas perçue comme « politiquement correcte ». Et cela risquerait de leur coûter cher. De leur point de vue, ils n'ont pas le choix.

Mais la vraie question que la Commission devrait se poser est la suivante : « Où est le véritable intérêt de la société dans cette affaire, du côté du Service correctionnel et de quelques politiciens revanchards, ou du côté des règles normales de la justice ? »

D'ailleurs, pour ce qui concerne l'opinion publique, qu'est-ce que le commun des gens sait des théories des psychiatres ? Font-ils la distinction entre une personne psychologiquement fragile et une psychopathe antisociale ? Heureusement, ce ne sont là que des débats de psychiatres. Par contre, les gens savent que les conditions d'une libération sont très strictes.

En réalité, tout ce que les autorités font en ce moment, c'est retarder une chose inéluctable : ma libération le 6 juillet 2005. Quand je sortirai, je devrai affronter un monde qui a beaucoup changé depuis mon entrée en prison. Ne serait-il pas bien plus sage de me donner un coup de main dès maintenant plutôt que de me balancer dans la rue dans deux ans ?

Tout cela était sorti d'un trait de la tête de Karla. Elle était contente, mais épuisée. Elle en avait encore beaucoup à dire, mais elle résolut de mettre tout ça ensemble avant la prochaine révision statutaire de la Commission. Elle ne croyait pas une seconde qu'elle gagnerait son point. C'était trop gros pour elle. Mais, au moins, elle pourrait faire valoir son opinion.

32

En commençant par la fin

Karla lisait *Torso Murder: The Untold Story of Evelyn Dick*. Evelyn Dick fut aussi célèbre dans son temps que l'est Karla aujourd'hui. D'après le livre, Evelyn disparut après sa sortie de la prison des femmes de Kingston, en 1958. Elle y était restée presque douze ans après avoir été condamnée à la prison à vie pour homicide involontaire. On ignore si elle vit encore actuellement.

Evelyn Dick était une jolie femme pétillante qui attirait l'attention partout où elle allait. Karla pensait qu'elle n'était pas elle-même aussi vive et attirante. Elle se trouvait correcte, sans plus.

Evelyn avait exactement le même âge que Karla, soit 24 ans, quand elle fut accusée de ses crimes. En plus, elle avait un point commun avec Karla sur le plan géographique : elle provenait elle aussi de la péninsule du Niagara, plus exactement de Beamsville, une petite ville des environs de St. Catharines. Le procès d'Evelyn Dick eut un retentissement essentiellement régional. Au plus fort de l'affaire, à la fin des années 1940, l'histoire fut rapportée dans tout le pays, mais la réputation d'Evelyn ne dépassa pas vraiment le sud-ouest de l'Ontario. Lors de son arrivée au Québec, Karla put constater que le phénomène était à peu près identique dans son cas.

L'histoire d'Evelyn commence lorsque la police découvre les restes de son bébé illégitime de sept mois, John Patrick White, dans un bloc de ciment. Lorsque des gens de sa famille lui avaient demandé où se trouvait son bébé, elle leur avait dit qu'elle l'avait fait adopter. Personne ne posa de questions. On était en 1948.

Evelyn avait déposé le bloc de ciment contenant les restes de son bébé dans une grande malle qu'elle avait transportée dans le grenier de sa maison. Les policiers firent la macabre découverte en fouillant la maison au cours d'une enquête sur la mort de son mari, John Dick. Le torse de ce dernier avait été retrouvé en 1946 à la base de Hamilton Mountain, mais on cherchait toujours des indices permettant de retrouver ses membres. Les policiers trouvèrent finalement des dents ainsi que des os de Dick dans les cendres de la fournaise de la maison. Ils trouvèrent aussi différents autres éléments de preuve dans le sous-sol, tels que des cartouches, des scies, un revolver et les souliers tachés de sang de la victime. La Packard qu'Evelyn avait conduite le jour de la disparition de son mari était maculée de sang à l'intérieur et à l'extérieur. La voiture appartenait à un ami de son père. À l'époque, on ne faisait pas de tests d'ADN, mais l'expertise médicolégale montra que le sang trouvé dans la voiture était du même type que celui de Dick.

Au cours du procès d'Evelyn, comme ce fut le cas pour Karla, le public fut choqué par l'attitude et le genre de réponses de l'accusée. Désinvolte, Evelyn fournit au moins quatre explications au meurtre de son mari. Entre autres, elle émit même l'hypothèse que Dick, un paisible chauffeur de taxi de religion mennonite, aurait été descendu par un tueur professionnel. Qui plus est, Evelyn se vanta de compter beaucoup d'hommes importants parmi ses amants et présenta un petit cahier noir dans lequel on trouverait leurs noms. Il s'avéra qu'elle avait eu une aventure avec le fils du juge qui avait présidé à son premier procès. Divulgué devant la cour, le fait parut cocasse.

Les psychiatres qui avaient évalué Evelyn avaient conclu qu'elle possédait une intelligence plutôt faible, frôlant presque le crétinisme. Ils avancèrent que ses capacités intellectuelles étaient celles d'un enfant de treize ans, alors qu'elle en avait vingt-quatre. On trouva cette évaluation un peu commode, d'autant plus qu'elle ne correspondait pas du tout à sa réputation. L'avis des psychiatres put être fourni à la cour, mais il n'eut aucun impact sur l'issue du procès. Evelyn fut reconnue coupable du meurtre de son mari et fut condamnée à la prison à vie. Le jugement fut renversé en appel.

Un second procès eut lieu. Evelyn choisit un célèbre avocat de Toronto pour la défendre, maître J. J. Robinette. Celui-ci gagna la cause sur un détail technique. Evelyn fut acquittée du meurtre de son mari. Par contre, même un avocat comme maître Robinette ne put lui éviter l'inculpation relativement au meurtre de l'enfant trouvé dans le grenier.

À la différence de Karla, qui n'avait jamais eu d'enfant, Evelyn fut en outre accusée et reconnue coupable des meurtres de deux autres de ses enfants, un garçon mort à la naissance ainsi qu'une fillette, Heather Maria, née en 1942 et portée disparue.

Qu'est-il advenu d'Evelyn ? Selon certains, elle serait morte à quatre-vingts ans dans sa ville natale de Beamsville. Si c'était vrai, par un curieux hasard, Evelyn aurait encore vécu à cet endroit à l'époque où Karla et Paul ont enlevé et tué Kristen French. Qui sait ?

Des livres, des films, une pièce de théâtre, et même une chanson – par un dénommé Mickey DeSadest – ont été faits sur l'histoire d'Evelyn. Un nouveau film aurait même été produit sur le même sujet, intitulé *Torso*. Karla a lu quelque part que les acteurs et l'équipe de production ont célébré l'anniversaire de naissance d'Evelyn, le 30 octobre 2000. Il semble que les anniversaires de femmes criminelles soient aussi populaires à l'extérieur des prisons qu'à l'intérieur...

Quand Evelyn obtint sa libération conditionnelle, elle reçut un important soutien de la part de la Commission des libérations conditionnelles. Alan Edmunsion, un des commissaires, serait tombé sous les charmes d'Evelyn. Il lui aurait fait fabriquer une nouvelle identité et trouvé du travail quelque part au Canada. On n'en a jamais réentendu parler. Karla trouva ce fait assez intéressant. Selon une personne dans le secret des dieux, un ex-membre de la Commission qui a connu Evelyn, elle aurait mené une vie pleine et heureuse par la suite.

D'après Karla, *Torso Murder* était non seulement une très bonne histoire basée sur des faits vécus, mais aussi une parabole. Et cette histoire reflétait également celles d'autres femmes criminelles sur lesquelles Karla avait lu. Elle pensait, entre autres, à celle de Winnie Ruth Judd, dans *Trunk Murderess*, et à celle de Juliet Hulme et Pauline Parker dans *Heavenly Creatures*. Ces histoires lui étaient apparues à la fois captivantes et instructives.

Winnie Ruth Judd vint s'établir à Phoenix, en Arizona, en 1929, avec son mari qui était médecin. Elle était atteinte de tuberculose et, comme beaucoup d'autres, elle venait à Phoenix pour y retrouver le climat sec du désert. Le docteur Judd avait vingt-deux ans de plus que Winnie Ruth. Il avait aussi ses propres problèmes, dont la dépendance à la cocaïne n'était pas le moindre. Phoenix était alors une petite ville et possédait un vernis de respectabilité. Pareils défauts, spécialement dans le milieu des professionnels, n'étaient pas bien tolérés. S'il n'avait été qu'alcoolique, cela aurait pu passer. Sa toxicomanie lui fit perdre des clients. Il décida d'aller travailler dans une exploitation minière au Mexique, laissant derrière lui sa jeune femme de vingt-deux ans. Plus tard, il déménagera à Los Angeles.

Abandonnée à elle-même en Arizona, Winnie Ruth se trouva un emploi comme réceptionniste dans une clinique médicale. Elle s'y lia d'amitié avec Anne LeRoi, une infirmière et technicienne en radiologie âgée de trente-deux ans. Anne avait divorcé deux fois et avait travaillé comme fermière en Orégon. Elle habitait avec Hevig «Sammy» Samuelson, une belle jeune femme de 24 ans, atteinte aussi de tuberculose.

Winnie Ruth emménagea avec Anne et Sammy et les trois femmes en vinrent à former un irrévérencieux ménage à trois. Des rumeurs de lesbianisme se répandirent à propos de ce curieux ménage, ce qui attira l'attention de quelques libertins. Parmi eux se trouvait Jack Halloran, un prospère propriétaire de chantier de matériaux de construction.

Les trois femmes étaient réputées pour leurs mœurs légères et acceptaient volontiers de l'argent ou des cadeaux en échange de leurs faveurs sexuelles. Winnie Ruth s'éprit malgré tout de « Smiling Jack », un homme marié coureur de jupons. Or, parmi ses admiratrices, il y avait aussi Anne et Sammy.

Le vendredi 16 octobre 1931, à 21 h, Winnie Ruth tira sur ses deux amies au cours d'une dispute. Les deux femmes moururent. Avec l'aide d'une autre personne – sans doute Jack, mais cela ne fut jamais prouvé –, Winnie Ruth déposa les deux cadavres dans des malles-cabines. Une des malles était suffisamment grande pour contenir le corps d'Anne, mais Winnie Ruth dut démembrer celui de Sammy pour qu'il rentre dans la seconde. Cette opération fut exécutée avec une telle précision que l'on a soupçonné Jack d'avoir fait appel à son ami médecin, le docteur Charles W. Brown, pour donner un coup de main.

Interrogée plusieurs années plus tard par un Grand Jury à propos de la participation de Jack Halloran au démembrement de Sammy, Winnie Ruth répondit :

> Il m'a dit qu'il avait fait une opération à Sammy, qu'il l'avait opérée et qu'elle était morte. Chaque fois qu'il était ivre, il se mettait à répéter : « Je suis le docteur Buckley de Buckeye. » Il me demandait sans cesse de lui présenter des infirmières [1].

Même si elle s'était accidentellement blessée à la main en tirant sur Anne et Sammy, Winnie Ruth se présenta au travail le lendemain. Après sa journée, elle remballa la seconde malle-cabine après en avoir sorti des morceaux du cadavre de Sammy. Elle mit ces morceaux dans une autre valise afin de réduire le poids de la malle, puis plaça la tête dans une boîte à chapeau. Elle alla ensuite demander au propriétaire de son logement de transporter les bagages à la gare en lui expliquant qu'il s'agissait de livres qu'elle allait porter à son mari, à Los Angeles.

Elle partit pour Los Angeles à bord d'un train de la Union Pacific. Elle plaça la valise et la boîte à chapeau à côté d'elle sur la banquette, tandis que les malles-cabines furent mises dans le wagon à bagages. Au moment d'arriver à Los Angeles, le chef de gare refusa de laisser sortir les malles avant qu'elles ne soient ouvertes et inspectées. Du sang coulait d'une des malles et une odeur fétide s'en dégageait. Winnie Ruth prit peur et s'enfuit. Au bout de trois ou quatre jours, elle flancha et se rendit à la police.

Une escorte de policiers fortement armés ramena la petite femme à Phoenix où l'attendait une foule de 20 000 personnes massée le long des rues. Chacun voulait entrevoir celle que la presse de Randolph Hearst, à Los Angeles, avait surnommée « la meurtrière à la malle ». Le propriétaire du duplex où les crimes avaient été commis demandait 10 ¢ le billet à ceux qui voulaient visiter les lieux. Des journalistes accoururent de partout dans le monde pour couvrir l'événement.

Winnie Ruth invoqua la légitime défense. Elle reconnut s'être violemment querellée avec ses deux amies à propos de Jack Halloran. Elle donna sa version des faits.

La dispute avait commencé à propos du vieux docteur Buckeye. Winnie Ruth l'avait présenté à une infirmière affectée d'une maladie vénérienne. Sammy et Anne étaient consternées de voir que Winnie Ruth puissent faire une telle chose. Elles dirent à celle-ci qu'elles la dénonceraient à Jack, un ami du docteur. Elles la menacèrent ensuite d'avertir son mari, le docteur Judd, qu'elle avait une relation avec un autre homme. À son tour, Winnie Ruth menaça ses deux colocataires de révéler publiquement leur relation « perverse ». Dans la communauté de Phoenix des années 1930, le mot « perverse » signifiait homosexuelle ou lesbienne. Anne dit à Winnie Ruth que, si elle faisait cela, c'en était fait de son emploi. C'est alors que Sammy et Anne auraient attaqué Winnie Ruth.

Après un procès de cinq mois qui eut un retentissement aussi grand que l'affaire O. J. Simpson quelques décennies plus tard, Winnie Ruth Judd fut reconnue coupable au premier degré des meurtres de ses deux amies et condamnée à la pendaison. Elle fut enfermée à la prison de l'État de l'Arizona, à Florence, en attendant son exécution.

Soixante-douze heures avant le geste fatidique, Winnie Ruth fut déclarée « aliénée » par les autorités et envoyée au Arizona State Hospital avec un avertissement : tant qu'elle resterait aliénée, elle serait épargnée ; mais, si elle retrouvait la raison, elle serait ramenée en prison et exécutée.

Winnie Judd était, on ne saurait en douter, une patiente modèle, mis à part une fâcheuse manie de toujours demander quand on la sortirait de l'asile. Cela ne faisait évidemment que confirmer son état d'aliénée.

De 1939 à 1952, Winnie Ruth fit plusieurs escapades de quelques jours ou plusieurs mois. Cette année-là, elle revint à l'asile de son plein gré après qu'on lui eut promis qu'elle pourrait faire entendre de nouveau sa cause devant un Grand Jury.

La promesse des administrateurs de l'asile fut réalisée en 1954. Winnie Ruth réussit à convaincre le tribunal de l'implication de Jack Halloran dans ses crimes, et sa condamnation à mort fut commuée en une peine de prison à vie. On la retourna à l'asile.

En 1962, elle fit une autre fugue, définitive, cette fois. On la perdit complètement de vue.

Encore une femme qui réussit à disparaître, se disait Karla en lisant cela. Et pas n'importe laquelle : la criminelle la plus célèbre des États-Unis. Quel était le secret de sa réussite ? Elle avait changé d'identité. Pas officiellement, comme Karla l'avait fait en changeant son nom en Teale durant son mariage, mais en se faisant tout simplement appeler par un autre nom qu'elle s'était elle-même donné : Marian Kane.

Tout à coup, la fameuse « meurtrière à la malle », celle dont les fuites avaient alimenté la presse à sensation pendant une vingtaine d'années, se créait une autre vie. Elle partit pour Oakland, en Californie, où elle dénicha par pur hasard un emploi de femme de chambre chez les Nichols, une riche famille de Piedmont. Dans un immense manoir faisant face à la baie de San Francisco, Marian Kane prit affectueusement soin de la grand-mère Nichols. Celle-ci en était ravie et la comblait de cadeaux. Marian en vint elle-même à oublier son passé. La fille d'un pasteur du Mid-West mariée à un médecin plus âgé et cocaïnomane vivait un rêve. En 1967, la grand-mère Nichols mourut. Marian déménagea dans une ferme des Nichols près du mont Diablo, au nord de San Francisco. Puis elle commit une erreur stupide qui la dévoila.

Elle avait donné une voiture en cadeau à son neveu qui l'avait beaucoup aidée au cours d'une ses fugues de l'asile. La voiture avait été immatriculée au nom de Marian Kane. Un beau jour, la police prit note du numéro de plaque de la voiture qui était stationnée près d'un endroit où un crime avait été commis. Au cours de l'enquête, un policier se souvint que Marian Kane avait été le nom d'emprunt utilisé par la « meurtrière à la malle » lors d'une de ses fuites à Yuma, en Arizona.

Le 27 juin 1969, la police se présenta chez les Nichols et demanda madame Kane. On prit ses empreintes digitales et, soudainement, Winnie Ruth Judd réapparut. À soixante-six ans, Winnie Ruth redevenait une criminelle. La famille Nichols engagea un des meilleurs avocats de San Francisco pour défendre leur domestique chérie. Mais l'avocat, Melvin Belli, ne put empêcher l'extradition de Winnie Ruth Marian en Arizona. Elle fut renvoyée à l'asile. Finalement, l'avocat réussit à lui faire obtenir un pardon des autorités de l'Arizona un an plus tard. Winnie Ruth put retrouver les Nichols en Californie à condition de ne jamais remettre les pieds en Arizona.

En 1982, Marian Kane prit sa retraite dans un bel appartement de Stockton, en Californie. Elle mourut paisiblement en 1999, à l'âge de quatre-vingt-treize ans. Juste avant de mourir, elle raconta à un journaliste qu'elle trouvait amusant que la découverte de son ancienne identité ne lui ait jamais causé de problème malgré l'immense couverture médiatique de son histoire.

Pour Karla, l'histoire de Winnie Ruth avait un côté réconfortant, poignant même, étant donné qu'il s'agissait de faits vécus.

Mais, parmi les histoires de femmes criminelles ayant réussi à surmonter un destin semblable au sien, celle de Juliet Hulme et Pauline Parker était l'une des plus appréciées de Karla.

La sortie du film *Heavenly Creatures*, en 1994, a ramené dans l'actualité un fait divers qui s'est produit en Nouvelle-Zélande au milieu du siècle dernier. Deux jeunes adolescentes avaient alors été condamnées à la prison à perpétuité pour le meurtre de la mère de l'une d'entre elles. Dans la foulée du film, certains journalistes néo-zélandais ont cherché à retrouver la trace des deux femmes afin de voir ce que les deux adolescentes qui avaient commis le crime étaient devenues.

Il s'est avéré que l'une des deux ex-criminelles était nulle autre que Anne Perry, une des auteurs de romans à énigmes les plus connues dans le monde. Pendant trente-huit ans, la célèbre auteur britannique avait réussi à cacher sa véritable identité, soit Juliet Hume.

Après être sorties de prison en 1959, Juliet Hulme et Pauline Parker avaient en quelque sorte disparu dans la brume. Les millions de personnes des pays du Commonwealth qui avaient suivi l'affaire au milieu des années n'auraient pu croire qu'une telle chose puisse arriver un jour.

L'histoire est assez particulière. Au milieu de l'après-midi, le 22 juin 1954, Pauline et Juliette accourent à un kiosque de thé installé dans un petit parc des environs de Christchurch. Elles racontent de façon confuse au tenancier qu'un accident est arrivé à la mère de Pauline. La police est avertie et suit les deux jeunes filles dans le parc. Elle découvre alors le corps d'une femme dont la tête et la figure sont si amochés qu'elle est méconnaissable.

Les deux filles étaient couvertes de sang. Un morceau de brique inséré dans un bas taché de sang fut trouvé tout près du corps. L'autopsie révéla que Mme Parker avait été frappée avec la brique plus de quarante-cinq fois. Interrogée par la police un peu plus tard dans la soirée, Pauline, qui était alors âgée de seize ans, admit avoir frappé à mort sa mère de quarante-cinq ans. Juliette, qui avait quinze ans, affirma qu'elle et Pauline avaient continué à rosser le corps de la femme chacune à leur tour.

En effectuant des fouilles chez Pauline, on découvrit deux journaux personnels de l'adolescente. À partir de ces deux volumineux documents, il semblait évident que le meurtre avait été prémédité. Par exemple, à la date du 19 juin 1954, on put lire ceci :

> Toute la journée nous avons pensé à tuer maman... C'est un projet bien arrêté que nous avons l'intention de mener à terme. Nous nous sommes bien préparées et nous sommes très excitées par cette idée. Naturellement, nous sommes un tantinet nerveuses, mais le plaisir que procure l'attente est immense.

Les deux jeunes filles écrivaient beaucoup et prenaient beaucoup de notes. Au cour du procès, le psychiatre Reginald Medlicott vint donner son avis sur les textes des accusées. Selon lui, la violence progressait dans leurs écrits selon un « extraordinaire crescendo » au cours de la période précédant immédiatement le meurtre[2].

Dans leurs histoires, Pauline et Juliet mettaient en scène des personnages de saints ou de pécheurs évoluant dans un monde vulgaire, violent, avec une surabondance de sexe et de meurtres. À l'époque du meurtre de la mère de Pauline, les deux auteurs avaient déjà composé six romans, plusieurs pièces de théâtre, des poèmes et un livret d'opéra.

Le psychiatre et les autres spécialistes appelés à témoigner pour la défense affirmèrent que les deux filles souffraient de « délire paranoïde ou folie à deux[3] », et qu'elles étaient donc aliénées au moment du meurtre.

La « folie à deux » ou « démence partagée » a été abondamment décrite dans les manuels de psychiatrie. Dans l'édition actuelle du *DSM-IV*, on la désigne sous le nom de « trouble psychotique partagé ».

Le docteur Medlicott, de son côté, l'a définie ainsi dans son rapport remis à la cour lors du procès :

> Dans la majorité des cas, la folie à deux suppose une personnalité forte, qui incite l'autre, et une personnalité plus faible, qui se laisse imposer la volonté de l'autre : c'est la « folie imposée ». Mais le trouble psychotique peut aussi se produire simultanément chez des partenaires qui en ont la prédisposition : c'est la « folie simultanée ». Il n'est pas évident que l'une des deux jeunes filles a vraiment imposé ses idées à l'autre. Il semble plutôt qu'elles ont développé leur psychose simultanément.

Les avocats de Pauline et Juliet ont donc utilisé l'argument du trouble psychotique partagé pour leur défense. Les psychiatres appelés par la défense ont aussi avancé que la maladie mentale de Pauline et Juliet pourrait être le symptôme de leur homosexualité. Selon cet argument, les deux

partenaires ne pouvaient tomber dans leur délire psychotique que lorsqu'elles étaient en présence physique l'une de l'autre.

Par contre, et cela était très clair dans les journaux personnels comme
dans les aveux des deux accusées, les deux femmes savaient exactement ce
qu'elles faisaient. Elles étaient toutes deux intelligentes. D'ailleurs, avant
d'entrer au secondaire, on avait fait passer un test d'intelligence à Juliet, et
on lui avait attribué un quotient intellectuel dans les 170.

Après son arrestation, Juliet avait déclaré : « Il faudrait être absolument
stupide pour ignorer qu'un meurtre est contraire à la loi. » Elle n'a jamais
exprimé le moindre remords pour son geste. « La culpabilité a été incul-
quée aux gens pour qu'ils se punissent eux-mêmes. C'est insensé[4]. »

Le policier qui avait arrêté les deux adolescentes se suicida. Selon sa
fille, ce père de famille avait été profondément troublé en voyant que les
meurtrières avaient le même âge que sa fille et semblaient tout aussi normales qu'elle.

Les spécialistes de la poursuite vinrent dire en cour que c'était un non-
sens que d'associer un délire psychotique à l'homosexualité. Selon eux, les
expériences sexuelles, hétéro comme homo, faisaient partie du dévelop-
pement normal de l'adolescence.

Les gros titres des journaux étaient consacrés à l'affaire : « Une nation
divisée sur un matricide ! » Les deux adolescentes étaient-elles des lesbiennes « précoces et à l'esprit mal tourné », telles que les décrivait la poursuite ? Ou étaient-elles atteintes de maladie mentale, comme le prétendait
la défense ?

Finalement, les arguments de la défense furent rejetés et les deux accusées furent reconnues coupables de meurtre au premier degré et condamnées à l'emprisonnement à vie.

Pauline fut enfermée dans une maison de correction pour femmes près
de Wellington. L'établissement à sécurité minimum était plus clément que
la prison de Mount Eden où Juliet fut envoyée. Juliet fut punie différemment
parce qu'on était convaincu qu'elle était l'instigatrice du crime et qu'elle
avait entraîné son amie dans un meurtre pour partager avec elle l'expérience
d'une sensation forte. Placées dans des institutions distinctes, elles ne
purent communiquer entre elles, ce qui leur était d'ailleurs interdit.

Durant son emprisonnement, Pauline se convertit au catholicisme. Elle
apprit plusieurs langues et s'inscrivit à des cours de niveau universitaire en
arts. Elle poursuivit ses études et obtint son baccalauréat après sa sortie de
prison.

Pauline et Juliet ne firent finalement que cinq années de prison et
purent sortir à la fin de 1959. Pauline changea d'identité. Juliet prit tout

simplement le nom de famille de son beau-père, Perry, et le second prénom de sa mère, Anne.

Après l'indignation populaire soulevée par une libération aussi hâtive, Pauline Parker et Juliet Hulme disparurent dans l'oubli. Ce n'est que trente-sept ans plus tard, à cause de la sortie du film *Heavenly Creatures*, qu'on reconnaîtra Juliet en Anne Perry. Trois ans plus tard, le *New Zealand Women's Weekly* révélera que Pauline Parker vit sous le nom de Hilary Nathan et qu'elle dirige une école d'équitation pour les enfants dans le petit village rural de Hoo, dans le sud-est de l'Angleterre. À la grande surprise de la journaliste néo-zélandaise, personne dans le village n'était au courant du passé de Mme Nathan.

Aujourd'hui, Anne Perry est un auteur à succès de romans à énigmes. Son premier roman, *Cater Street Hangman*, fut édité en 1979. Elle en a écrit une trentaine d'autres depuis. Elle a adhéré à l'Église des mormons et a aussi écrit un livre sur l'histoire de ce groupe religieux en Angleterre. Elle habite une grande maison au bord de la mer, dans un petit coin tranquille de la côte est de l'Écosse et elle voyage régulièrement un peu partout dans le monde.

Hilary Nathan vit recluse dans la campagne anglaise. D'après sa sœur, elle mène une existence inhabituelle. Elle n'a ni radio ni télé et n'a à peu près aucun contact avec l'extérieur. Elle pratique la religion catholique avec dévotion et passe la majeure partie de son temps à prier.

Même si elles avaient jadis juré qu'elles resteraient toujours les meilleures amies, Paulin et Juliet n'ont, semble-t-il, jamais repris contact. Elles ont, par contre, encore certaines choses en commun. Les deux sont devenues profondément religieuses et ne se sont pas mariées. Elles ont pu refaire leur vie en Grande-Bretagne et vivre comme elles le souhaitaient. Elles adorent la lecture et elles n'ont jamais commis d'autre crime.

* * *

Contrairement à ce qu'elle avait toujours cru, Karla savait maintenant que le fait d'avoir eu ses photos dans les médias n'empêchait pas de se refaire une nouvelle identité et une nouvelle vie. Toutes ces femmes rendues célèbres par leurs crimes odieux avaient réussi à s'en sortir, alors pourquoi pas elle ?

Si le futur est contenu dans le présent et le passé, comme le disent la Bible et T. S. Elliot, alors l'histoire de ces femmes suggère que, au-delà des pires infamies du passé, un futur peut tout de même apparaître et, éventuellement, grâce à de nouvelles identités, se transformer en une existence meilleure, sinon heureuse.

Le journaliste américain H. L. Mencken a écrit : « L'essence de la médiocrité, c'est l'acceptation facile des idées reçues. »

En considérant l'histoire de Karla, on peut dire qu'il y a eu une bonne dose de médiocrité et d'acceptation facile des idées reçues à plusieurs moments. Cependant, la réalité et les idées reçues sont le plus souvent opposées. Contrairement à l'idée reçue qui veut que l'Internet serve essentiellement à traquer Karla et à lui faire ravaler son passé – voir les « Forums de la mort » à son sujet –, le monde des communications électroniques lui appartient. Pour une personne intelligente et dégourdie comme elle, le web représente des possibilités illimitées.

À ce sujet, le livre *How to Mutate and Take Over The World*, écrit par R. U. Sirius et des mordues de l'informatique qui se surnomment elles-mêmes St. Jude, fut particulièrement utile à Karla. C'est le livre parfait pour les débutants. Il a permis à celle-ci de s'initier rapidement au monde complexe des nouvelles technologies.

Rédigé à la manière d'un recueil de courriels, le livre regorge d'anecdotes et de faits amusants. On y présente de manière vivante tous les éléments qui ont marqué l'évolution du duo subversif d'auteurs : des conseils, des trucs du genre « comment faire ceci ou cela », des propos à saveur existentielle, des débats corsés, bref une sorte de leçon de guérilla électronique.

En prison, les détenues reçoivent des leçons d'informatique. Même si elles n'ont pas accès à l'Internet, on leur donne des cours pratiques sur son fonctionnement. Quand Karla sera libre, elle aura accès à la toile sans entraves et elle acquerra probablement une très bonne maîtrise de l'outil. Compte tenu de ses aptitudes et de la manière cavalière avec laquelle les autorités de la prison l'ont traitée, il ne serait pas surprenant qu'elle se montre cynique et provocatrice.

Karla s'est aussi procuré *How to Disappear Completely and Never Be Found*, un classique de la littérature subversive. Publié en 1986 par l'irrévérencieux éditeur du fameux *The Anarchist's Handbook*, le livre fournit différentes méthodes visant à refaire sa vie.

Commençant par les leçons à tirer de la mort, l'auteur Doug Richmond donne quelques conseils. Recommencez votre vie, dit-il, en étudiant la vie de ceux qui l'ont terminée : copiez les rubriques nécrologiques, visitez les cimetières, regardez attentivement les pierres tombales ! Vous y trouverez toutes sortes d'informations utiles. *How to Disappear Completely and Never Be Found* donne avec rigueur les grandes lignes de la planification d'une nouvelle vie. Il peut nous apprendre à simuler notre propre mort – quoique simplement disparaître soit beaucoup plus facile à faire – ou encore à trouver un nouvel emploi, car développer de nouvelles compétences reste son conseil de base. Deux autres livres de Ken Abaygo sont venus, dans le même esprit, compléter *How to Disappear*; ce sont *Advanced Fugitive: Running, Hiding, Surviving, and Thriving Forever* et *International Fugitive*. On peut ajouter à cette petite liste de livres sur le thème de «comment refaire sa vie» l'ouvrage de Sheldon Charrett *The Modern Identity Changer: How to Create a New Identity for Personal Privacy and Personal Freedom*.

Pour celui qui veut changer d'identité, l'Internet constitue une source inépuisable et essentielle. Cat Darrington, ex-détenteur du site The Identity Guy, explique les raisons qui peuvent pousser quelqu'un à vouloir changer d'identité.

> Le fait que quelqu'un change d'identité ne signifie pas nécessairement que son ancien nom ne vaille plus rien. Il peut tout simplement être tanné de voir tout le monde envahir le peu de vie privée que lui laissent les gouvernements. Ou il peut vouloir impressionner quelqu'un, ou encore le tromper. Il peut aussi vouloir abandonner une vie qui l'étouffe et repartir à neuf.

Avec une nouvelle identité, Karla pourrait améliorer son curriculum universitaire et ajouter à son diplôme de psychologie n'importe quel diplôme de son choix. Sur l'Internet, on en vend pour aussi peu que 15 $ US, plus 5 $ de frais d'envoi et de manutention.

Le changement de forme de vie est l'une des caractéristiques des forces du mal. Pour devenir une force du bien, Karla pourrait se faire ordonner ministre d'un culte, pour 25 $ US, ou encore se procurer un doctorat en «conseil biblique» pour 75 $ US. Par contre, un doctorat en théologie lui coûterait 150 $ US. Les possibilités ne manquent pas. On peut être spécialiste de tout aujourd'hui, en tarot, en lecture des lignes de la main, en analyse de rêves...

Quel genre de personne peut commettre des atrocités contre d'autres êtres humains? Un sadique, un névrosé, un délinquant sexuel, une personne élevée sévèrement et violentée sans pitié par ses parents? Une personne perturbée en raison de dérèglements génétiques?

Les nazis ont torturé et tué des millions d'innocents durant la Deuxième Guerre mondiale. Dans son livre *Eichmann in Jerusalem*, Hannah Arendt affirme que les nazis n'étaient pas «des sadiques ou des meurtriers par nature».

De nombreuses études sur le comportement des nazis ont conclu que les actes plus atroces avaient été commis par soumission servile aux ordres des supérieurs. Le nazi laissait sa volonté entre les mains d'une machine bureaucratique, sans se poser de questions sur ses gestes. C'est exactement ce que Karla disait avoir fait.

La vérité la plus terrible qui se dégage des recherches menées sur les nazis est la suivante : les gens qui commettent les crimes les plus graves contre d'autres humains ne sont généralement pas des gens dérangés, ce sont des gens désespérément ordinaires. En prendre conscience est quelque chose de très troublant, comme ce fut le cas du policier qui s'est suicidé après avoir réalisé que les criminelles Pauline et Juliet étaient des filles ordinaires comme sa fille.

Dans *Lilith*, la courte histoire de Primo Levi, le menuisier du camp de concentration sait que la femme qu'il a aperçue près du tuyau d'égout lorsqu'il est allé se mettre à l'abri de l'orage se nomme Lilith.

Les histoires relatives à la création de l'espèce humaine présentent deux visions radicalement différentes de la femme. Il y a la femme aperçue par le charpentier de Levi. Il y a aussi un autre genre de femme, celle de la Bible.

Selon la Genèse, Dieu crée la femme à partir d'une côte de l'homme. Il fait cela parce qu'il pense qu'il n'est pas bon que l'homme soit seul. Ève est créée pour servir de compagnon à l'homme. Dieu lui donne un rôle de subalterne. Même si Ève a suivi naïvement, ou peut-être cyniquement, le conseil du serpent et incité Adam à croquer la pomme, il reste que la relation entre les deux ne change pas après qu'ils ont été expulsés du Paradis.

Dans l'histoire de Levi, la femme que le charpentier aperçoit n'est pas celle de la Bible. C'est une autre femme, conçue différemment. Selon cette autre version, Dieu crée un « golem » avec un bloc d'argile ; il s'agit d'une créature artificielle, une forme indéfinie, à double dos, incomplète. Ensuite, Dieu sépare la créature en deux parties égales, mâle et femelle, Adam et Lilith.

Impulsivement, Adam cherche aussitôt à réunir la partie qui lui manque afin de devenir une créature complète. Il demande instamment à Lilith de se coucher sur le dos pour que la tâche soit accomplie. Mais Lilith n'est pas un être soumis. Elle refuse catégoriquement, en disant à Adam qu'elle accepterait seulement si c'était elle qui était sur le dessus. Quoi, devenir un mâle, aux côtés d'Adam !

Lilith se révolte et, maudissant le nom de Dieu, elle quitte le Paradis et s'enfuit au fond de la mer. Depuis ce temps, chaque nuit, Lilith sort des profondeurs de la mer et part à la recherche d'enfants innocents à étouffer.

Chez les Juifs, les anciens cabalistes ont développé leur propre version de cette histoire. Ils racontent que, au commencement, Dieu se sentait si seul qu'il prit un compagnon, qu'il appela Skekhina, c'est-à-dire sa propre présence au sein de la Création.

Quand le Temple de Jérusalem fut profané par les Romains, les Juifs furent dispersés et mis en esclavage. Le Skekhina mécontent de la non-intervention de Dieu l'abandonna et partit en exil avec les Juifs. Après cela, Dieu ne put rester seul et il prit Lilith comme maîtresse. Scandale incroyable, la relation entre Dieu et Lilith se poursuivit malgré tout, plus en raison de la dispute qui l'avait causée que par véritable amour.

Selon cette histoire, aussi longtemps que durera la scandaleuse relation entre Dieu et Lilith, ce sera le chaos, et le sang continuera de couler sur la Terre.

Si l'on regarde le monde actuel, il semble que la relation se porte bien Avec le temps, Lilith s'est adaptée et a évolué. Elle a cessé d'être fidèle à Dieu. Elle a désormais des pouvoirs extraordinaires. Par exemple, elle peut s'infiltrer dans le corps des hommes et les posséder.

Dans l'histoire de Levi, le charpentier la voit ainsi :

> Elle est toujours avide de la semence de l'homme et prête à la recevoir... Toute semence qui n'est pas versée au seul endroit où elle doit aller – c'est-à-dire dans le sein de la femme – lui appartient.
>
> Toute la semence que chacun des hommes a gaspillée au cours de sa vie, que ce soit en rêve, par le vice ou l'adultère, est à elle. C'est pourquoi elle en a beaucoup ; elle est toujours enceinte et accouche sans arrêt.

La seule façon d'empêcher Lilith d'étouffer les enfants durant ses ravages nocturnes, c'est de surveiller le bruissement qu'elle fait à la fenêtre lorsqu'elle cherche à entrer dans une maison. Il faut alors l'attraper en renversant un bol sur elle. Ce n'est pas une chose facile à faire. Dès que le bol est retourné, Lilith en profite pour s'envoler vers de nouvelles atrocités à commettre.

Un jour, et je me rappelle ce jour très clairement, j'ai entendu le bruissement de Karla à ma fenêtre. En une fraction de seconde, je l'ai attrapée et coincée sous un bol. Le bol était constitué d'analyses et d'explications. Mais j'avais été induit en erreur. Saisir Karla est une illusion. Elle m'a possédée, comme elle l'a fait avec beaucoup d'autres avant moi, le docteur Arndt, l'inspecteur Bevan, le juge Code, et bien d'autres. Quand je jetai un coup d'œil sous le bol, elle n'était plus là.

Fiévreux et hésitants, les gardiens de Karla travaillent maintenant à remettre à l'endroit le bol dans lequel ils l'avaient gardée captive. Ce ne sera plus bien long. Karla s'échappera bientôt, de nouveau libre, sans aucune restriction; elle sera encore une femme pleine d'énergie, âgée de trente-cinq ans. Peut-être aura-t-elle compris les raisons de sa capture et qu'elle évitera de s'approcher des fenêtres à l'avenir.

NOTES

1. Jana Boomersbach, *The Trunk Murderess: Winnie Ruth Judd, The Truth About an American Crime Legend Revaled at Last*, Simon and Shuster, New York, 1992.
2. Medlicott, R. W., «Paranoia of the Exalted Type in a Setting of Folie à deux : A Study of Two Adolescent Homicides», *British Journal of Medical Psychology*, n° 28, p. 205-223, 1955.
3. *Ibid.*
4. *Ibid.*

Épilogue

Au cours des dix dernières années, plusieurs des atrocités commises durant l'interminable guerre civile du Libéria ont été attribuées à certaines croyances aborigènes envers les esprits *jujus*. Selon plusieurs témoignages, les insurgés et les seigneurs de la guerre de la Sierra Leone amènent souvent une jeune femme sur le champ de bataille avec eux. La femme se déshabille alors et marche à reculons jusqu'en territoire ennemi en se dirigeant à l'aide d'un miroir. Selon la tradition juju, la nudité de la jeune femme et le fait qu'elle marche à reculons la rendent invisible. Ainsi, elle peut traverser impunément les lignes ennemies, infiltrer leurs positions, enterrer des objets porteurs de malheur et contrecarrer les projets des ennemis.

Le monde que Karla va bientôt réintégrer à sa sortie de prison est un monde très différent de celui qu'elle a quitté. D'une certaine façon, son allure de jeune fille étrange et taciturne de même que son côté meurtrier, sont autant de signes avant-coureurs de ce qui l'attend. Je vois Karla un peu comme cette jeune femme nue qui marche à reculons en se dirigeant à l'aide d'un miroir. Libérée de prison, elle va se déplacer imperceptiblement à nos côtés, invisible, enterrant des totems jujus qui, je l'imagine, vont augmenter encore le pouvoir des forces du mal. Avec le retour de Karla au sein de la société, un peu plus de choses étranges vont se produire. Cela correspond un peu à la vision de Leonard Cohen dans sa chanson *The Future* : il a vu l'avenir et tout n'est que meurtre.

Ma référence à Lilith est peut-être un peu audacieuse, mais je ne suis certes pas le premier à faire référence à l'Holocauste et aux camps de concentration pour tenter de définir Karla. Au moins quatre psychiatres, dont les docteurs Hans Arndt et Ray Brown, ont comparé Karla à une survivante d'un camp de concentration. Il me semble plus juste de la comparer à un succube ou à une diablesse folle qu'à une survivante d'un camp de la mort. Il me semble aussi que cette comparaison exprime mieux la façon dont Karla m'envoûte depuis quelque dix ans.

Parler de Karla en faisant référence à Lilith et aux camps de concentration, c'est aussi faire écho à une observation faite par Hannah Arendt dans *Eichmann in Jerusalem*. D'après Mme Arendt, les nazis employés dans les camps de la mort étaient des gens ordinaires qui ne faisaient qu'« obéir aux ordres » donnés par l'immense bureaucratie du génocide. Mais « obéir aux ordres » n'exonère pas de tout blâme. Adolf Eichmann, ainsi que les centaines de criminels de guerre attrapés par Simon Weisenthal et d'autres chasseurs de nazis ont invoqué le fait d'avoir « obéi aux ordres » et cet argument ne les a en rien sauvés. Tous les accusés de Nuremberg, à une exception près, furent condamnés à mort. Karla ressemble davantage à une obscure criminelle de guerre ayant échappé à la justice qu'à une survivante des camps de la mort.

Le docteur Graham Glancy est celui qui a su le mieux expliquer ce qu'est Karla en parlant d'hybristophilie histrionique. Mais, bien qu'assez juste, ce diagnostic n'explique rien.

Comme le dit Ron Rosenbaum dans la conclusion de *Explaining Hitler*, cette captivante étude des diverses théories sur le phénomène Hitler et les mécanismes du mal, les explications tendent à disculper leur objet d'étude. Expliquer les actions d'Hitler par une psychose, elle-même causée par une éducation ratée, une sexualité déficiente et une difformité génitale, c'est en fin de compte l'excuser et surtout l'humaniser. (Parmi ceux qui ont tenté de comprendre Hitler, il y a ceux qui prétendent tout expliquer par le fait que ce dernier n'avait qu'un seul testicule. En fait, cette difformité que l'historien Alan Bullock a appelée « the one ball-business » a été sérieusement invoquée pour expliquer pourquoi Hitler haïssait tant les Juifs et souhaitait les exterminer. Allez-y voir !)

Notre culture valorise la recherche de l'explication sans en considérer la portée. Il ne saurait y avoir d'excuse pour ce qu'a fait Hitler, peu importe les raisons pour lesquelles il a agi de la sorte. Comment et pourquoi il a pu agir ainsi, c'est une autre affaire. Nous savons et comprenons maintenant beaucoup de choses sur l'Holocauste, mais nous sommes peu enclins à vouloir en tirer les terribles conclusions. Ce bavardage *psychologisant* au sujet des divers troubles d'Hitler est un subterfuge visant à camoufler la vérité sur la responsabilité collective de l'Holocauste.

Il n'y a pas d'excuses non plus pour Karla. Peu importe les raisons pour lesquelles elle a commis les actes barbares qu'on lui reproche. Peu importe qu'elle soit le rejeton du diable ou encore simplement une enfant mal aimée de la banlieue. Même si la compréhension du phénomène Hitler est devenue une véritable industrie dans les milieux universitaires, comme l'affirment les deux grands historiens Sir Hugh Trevor-Hope et Alan

Bullock, il n'en reste pas moins que les motivations véritables d'Hitler sont aujourd'hui aussi insaisissables qu'elles l'étaient au moment où ces deux chercheurs commençaient leurs travaux sur lui, il y a soixante-dix ans.

Quoique non reconnu par le docteur Van Gijseghem, le docteur Graham Glancy avait déjà percé le mystère de la « structure profonde de la personnalité » de Karla et montré comment cette structure avait pu la pousser à agir comme elle l'a fait. Mais cette explication n'a pas résolu l'énigme que Karla représente ni diminué pour autant la responsabilité de ses actes.

Karla a été façonnée par des hommes de pouvoir qui comprenaient très bien la dynamique de l'explication et de la justification. Ces spécialistes se sont mobilisés pour immuniser Karla contre tous les avis contraires aux leurs et ont ainsi occulté la vérité essentielle de sa culpabilité face aux actes qu'elle avait commis.

Il y a tout de même plusieurs choses que nous savons de façon certaine au sujet de Karla. Elle est autant, sinon plus, responsable que son partenaire des crimes qu'ils ont commis ensemble. C'est uniquement à partir du moment où Karla a emménagé avec Paul que les meurtres ont commencé. Elle aurait pu choisir de ne pas faire subir à sa sœur ce qu'elle lui a fait subir. Elle savait qu'en faisant ce qu'elle faisait elle mettait en danger la vie de celle-ci. Elle aurait pu sauver Leslie Mahaffy et Kristen French à plusieurs occasions, mais elle ne l'a pas fait. Karla n'a, en réalité, à peu près rien en commun avec des femmes comme Winnie Ruth Judd, Evelyn Dick, Pauline Parker et Juliet Hulme.

Aucune de ces femmes n'est allée en prison avec l'espoir d'un quelconque avenir. Winnie Ruth et Evelyn Dick avaient toutes deux été condamnées à mort. Pauline et Juliet avaient été condamnées à des peines d'une durée illimitée.

Aucune de ces femmes n'avait commis de crimes sexuels en série. Aucune n'avait tué sa propre sœur pour le seul motif égoïste de plaire à son amant. Aucune d'elles ne fournissait des jeunes filles à son mari ou à son fiancé pour qu'il puisse satisfaire ses fantasmes sexuels. Aucune n'avait participé avec son partenaire à des jeux sexuels impliquant des adolescentes préalablement droguées ou anesthésiées. Le seul point commun qui se dégage des histoires de Winnie Ruth, Evelyn Dick et Karla, c'est le fait qu'il est possible, pour des femmes criminelles célèbres, de « disparaître » un jour ou de sombrer dans l'oubli, malgré toute l'attention que leur ont accordée les médias.

C'est la patronne de Karla au Number One Pet Store, Kristy Mann, qui a bien involontairement servi d'entremetteuse pour la première rencontre de Paul et Karla en 1987. Durant les quelques années qui précédèrent le procès de Paul Bernardo, Mme Mann a entretenu une importante correspondance avec Karla; peut-être se sentait-elle coupable d'avoir vaguement favorisé la rencontre du couple, ou encore avait-elle besoin de comprendre comment quelqu'un qu'elle aimait, qu'elle croyait comprendre, avait pu se livrer à des actes aussi pervers et barbares contre d'autres êtres humains. Dans l'une de ses lettres, Kristy parle d'un livre sur les infâmes «meurtriers des landes», en Angleterre. Karla lui avait déjà dit qu'elle aurait aimé lire ce livre.

Le livre raconte comment Myra Hindley et son partenaire Ian Brady ont commis les meurtres des landes. C'était la première fois dans l'histoire britannique qu'une femme était impliquée dans une affaire de crimes sexuels en série. Précédant l'affaire Manson de quelques années, c'est l'implication directe d'une jeune femme dans des crimes odieux commis en couple qui a rendu cette affaire mémorable.

Dès leur première rencontre, Ian amena Myra voir Spencer Tracy dans le film *The Nuremberg Trials*. Il lui offrit aussi son exemplaire de *Mein Kampf* en l'engageant à le lire. Après la lecture de *Mein Kampf*, le plus grand désir de Myra, son unique but dans la vie, fut de s'identifier et de plaire à Ian. Elle changea sa façon de s'habiller et adopta l'accoutrement nazi style bottes-veste-minijupe et cheveux blond délavé. Elle encouragea Ian à la prendre dans des poses osées du même type que celles que prenaient Paul de Karla durant l'été 1988. Ian Brady devint de plus en plus paranoïaque et excessif, mais rien ne pouvait déranger Myra. Quand Ian lui dit que Dieu n'existait pas, Myra cessa de fréquenter l'église même si elle avait une sainte peur de Dieu. Quand Ian lui dit que le crime devait être l'«ultime plaisir», Myra le crut. Leurs personnalités se fusionnèrent. Myra devint aussi cachottière, maussade et agressive que Ian et, bientôt, ils formèrent un tout plus grand encore que la somme de ses parties. Ensemble, ils devinrent un *Grendel* se jetant avidement sur des proies prépubères, filles comme garçons. Le couple fut finalement accusé des viols et des meurtres de neuf jeunes enfants.

C'est un ticket de consigne trouvé dans un livre de prière que traînait toujours Myra, malgré son athéisme apparent, qui mena la police à un casier de la gare centrale de Manchester. À l'intérieur, deux valises remplies de matériel pornographique et sadique, dont neuf photographies de l'une de leurs victimes, une jeune fille de 10 ans, Leslie Anne Downey. Les photos représentaient la jeune fille nue, ligotée et bâillonnée dans diverses postures. Les photos avaient toutes été prises dans la chambre à coucher de Myra. Il y avait aussi une cassette audio où l'on pouvait entendre Leslie Anne crier et supplier qu'on la laisse en vie. Entre les cris et les pleurs de

ÉPILOGUE 405

l'enfant, on entendait Myra et Ian cajoler et menacer la fillette. Les pola-roïds et les cassettes des cris désespérés de l'enfant provoquèrent l'horreur au sein de la population britannique.

Hindley et Brady échappèrent de justesse à la peine de mort. En effet, quatre semaines avant leur arrestation, la loi abolissant la peine de mort en Grande-Bretagne entrait en vigueur. C'était en 1965. Ian Brady fut con-damné à trois peines de prison à vie et Myra à seulement deux, probable-ment par galanterie.

Myra Hindley, prisonnière modèle par ailleurs, clama son innocence jusqu'en 1987. Elle admit finalement avoir participé à au moins cinq des meurtres. Mais elle a continué à soutenir qu'elle avait agi sous le contrôle de Ian Brady et que, de toute façon, elle n'avait jamais tué personne, du moins dans le sens de provoquer un arrêt respiratoire.

À côté des crimes de Fred et de Rosemary West, ceux de Myra et Ian de même que ceux de Paul et Karla ressemblent à de simples exercices de réchauffement.

Le 27 décembre 1973, alors que Karla n'était qu'une bambine de trois ans et demi, les West remarquèrent Lucy Parkington à un arrêt d'autobus de Gloucester, en Grande-Bretagne, et lui offrirent de monter dans leur voiture.

Lucy était une belle jeune femme de vingt et un ans qui étudiait l'his-toire médiévale à l'université d'Exeter. C'était un après-midi frisquet et l'autobus était en retard. Quel danger pouvait-il y avoir à monter dans cette voiture, en plein jour, avec ce couple marié et leur tout jeune bébé de qua-tre mois ?

Lucy fut gardée captive durant toute une semaine dans le sous-sol de la maison des West. Après l'avoir violée à répétition et torturée, les West assassinèrent Lucy et démembrèrent son corps. Ils conservèrent quelques-uns de ses restes comme souvenir et l'enterrèrent dans la cave.

La disparition de Lucy, comme celle de Kristen French quelques décennies plus tard, fut abondamment couverte par les médias. L'émoi fut d'autant plus grand que Lucy était la nièce du célèbre romancier britanni-que Kingsley Amis. Il fallut tout de même vingt-deux ans avant que l'on apprenne ce qui s'était passé.

Tout comme Paul et Karla à St. Catharines, les West étaient de simples citoyens anonymes de Gloucester et on ne leur portait aucune attention par-ticulière. Contrairement à Paul et Karla, cependant, ils s'accommodaient pleinement de leurs vices et vivaient en parfaite symbiose. Aussi, leurs sinistres frasques purent se poursuivre impunément pendant vingt-cinq ans.

Même si Fred apportait de quoi subvenir à leurs besoins, Rose prit quelques logeurs pour boucler les fins de mois. Ils avaient beaucoup d'enfants à nourrir, ceux de Fred, ceux de Rose, ceux qu'ils avaient eus ensemble et aussi ceux qu'ils avaient eus avec d'autres partenaires. En fait, ils en avaient tellement que les voisins s'y perdaient. Lorsque des enfants disparaissaient, personne ne s'en apercevait.

Si la famille de Karla était d'une impeccable normalité, dire que celle des West était dissolue est un euphémisme. Rose couchait avec son mari, avec son père, avec ses deux frères et même parfois avec son mari et son père ensemble.

À l'inverse de Rose, Karla n'aspirait pas à la promiscuité sexuelle. Bien au contraire, elle avait toujours rêvé d'être une femme au foyer qui élève ses enfants, selon le modèle typique des années 1950. Par contre, elle partageait avec Rose un besoin inconditionnel de satisfaire tous les désirs de son mari.

Fred se préoccupait sans cesse des trous qu'il devait creuser et des outils dont il avait besoin. Rose l'encourageait à faire des trous de plus en plus grands et s'assurait que tous les outils nécessaires à leur sordide boulot soient disponibles.

Paul parlait à Karla des jeunes vierges qu'il aimerait violer et Karla l'encourageait à vivre ses fantasmes. Depuis le tout début de leur relation jusqu'au moment de leur arrestation, Karla fut l'ange maudit qui inspira Paul Bernardo à violer au moins dix-neuf femmes, toutes des inconnues. Selon le témoignage de Paul, aucune femme n'a été tuée à la suite de ces viols. Aucune ne mourut quand il agissait seul...

Paul Bernardo n'aurait jamais autorisé Karla à regarder un autre homme, encore moins à coucher avec lui. Fred West, pour sa part, aimait ramener de la fonderie où il travaillait de gros Noirs pour pouvoir les regarder faire l'amour avec Rose. La moitié des enfants de Rose furent issus de ces relations. Les voisins des West ne virent rien de singulier là-dedans.

Si Paul Bernardo était plutôt maladroit et prosaïque en matière de sexe, Fred West était, quant à lui, d'une curiosité insatiable et d'une imagination sans limites. C'était lui qui, de façon enthousiaste, imaginait les scénarios les plus divers à l'intention de Rose. Dans le ménage des Bernardo, c'était Karla qui était l'inspiratrice de Bernardo.

Rose et Fred aimaient conserver toutes sortes de souvenirs de leurs folies morbides, des vidéocassettes, des photos, des petits mots d'amour et même des os, dont la rotule du genou gauche de Lucy Parkington.

Heather West, le premier bébé des West, celui qui était dans la voiture au moment de l'enlèvement de Lucy Parkington, fut étranglée et coupée en morceaux durant l'été 1987, quelques mois seulement avant la première rencontre de Paul et de Karla.

Fred viola systématiquement Heather durant toute sa courte vie. C'était, disait-il, son droit de père. À l'âge de 16 ans, Heather se rebella et manifesta son intention de raconter un certain nombre de choses. Fred l'enterra dans la cour de la maison.

Quelque sept ans plus tard, une des blagues habituelles de la famille – Heather est sous le patio, disaient-ils en riant – vint aux oreilles de la police et provoqua l'enquête qui devait mener à leur arrestation.

La police retrouva les restes de Lucy Parkington et de sept autres personnes enterrées dans le sous-sol de la maison familiale. Les cadavres d'Heather et de plusieurs autres furent retrouvés dans la cour et dans les terrains environnants. Nul n'a jamais su exactement combien de personnes furent violées, torturées et tuées durant les quelque vingt-cinq ans où le couple West sévit. Selon certaines sources, il pourrait s'agir d'une centaine de victimes.

Myra Hindley est en prison depuis bien avant la naissance de Karla. Rose et Fred West furent appréhendés tout juste après que les autorités eurent trouvé les vidéocassettes incriminant les Bernardo en septembre 1994.

Fred West se suicida en attendant son procès en 1995 et sa mort fut à peine remarquée en Amérique du Nord. Le procès de Rose eut lieu en même temps que celui de Bernardo à l'été de la même année. Les deux procès furent quelque peu éclipsés par l'énorme fiasco de l'affaire O. J. Simpson. De toute façon, l'histoire de Fred et Rose West est restée vaguement en mémoire en Amérique du Nord.

Tout comme Myra Hindley auparavant, Rose West a invoqué le fait que Fred la forçait à commettre les crimes et qu'elle n'était que la victime docile d'un partenaire sadique et dominant. Ainsi que George Walker l'avait expliqué à Karla, ce type de défense ne pourrait pas fonctionner dans son cas, surtout avec les éléments de preuve qui seraient apportés devant le tribunal. Cela n'a certainement pas fonctionné ni pour Myra ni pour Rose. Rose West a été reconnue coupable à tous les chefs d'accusation et condamnée à perpétuité sans possibilité de libération conditionnelle.

* * *

Encore une fois, durant l'été 2002, Karla changea d'avis et décida de ne plus poursuivre ses échanges avec son correspondant. Elle le lui fit savoir par une très courte note. Son correspondant désappointé répliqua :

Après avoir beaucoup réfléchi, j'en suis arrivé à la conclusion que les autorités pénitentiaires ont, tout comme moi, compris une chose à votre sujet et que c'est ce qui a guidé toutes leurs actions envers vous. Et cette chose, c'est que vous n'avez pas le courage de vos convictions.

Je m'explique : l'inspecteur Bevan et ses collègues ont invoqué le fait que vous étiez la victime complaisante d'un sadique. Les psychiatres et les psychologues ont invoqué le fait que vous étiez dépressive et que souffriez d'un trouble du stress post-traumatique. Jamais prouvées véritablement, ces explications réussirent tout de même à convaincre deux des jurés au procès de Bernardo d'intervenir par écrit en votre faveur. Certains médias ont aussi cru ces explications. Mais il semble bien que vous n'ayez jamais souscrit à celles-ci. Vous l'auriez fait que vous auriez alors demandé votre libération dès le moment où vous y étiez admissible, en 1995-1996. Aucun être sensé ne cherche à demeurer en prison plus longtemps que nécessaire. Toute personne dotée de courage et de conviction, s'appuyant sur les rapports des policiers et des professionnels de la santé, aurait tout fait pour pouvoir sortir de prison le plus tôt possible.

Même si ses demandes de libération risquaient d'être refusées, une femme ayant le courage de ses convictions se serait présentée quand même devant la Commission des libérations conditionnelles avec une argumentation solide et irréfutable. Cette façon de faire aurait convaincu les autorités de la prison, la Commission des libérations conditionnelles, les médias et le public en général de la force de vos convictions. Vous leur auriez montré que vous croyez vraiment à ce que les policiers et les psychiatres ont dit de vous.

En ne faisant aucune demande, en vous cachant la tête dans le sable, en ne vous présentant pas devant la Commission des libérations conditionnelles chaque fois que vous étiez admissible à une libération, en autorisant vos avocats à dire que vous craigniez pour votre vie, en disant que vous vous sentiez encore trop coupable, alors que vous n'aviez jamais invoqué cela précédemment, bref, par l'ensemble de vos actions, vous démontrez à tout le monde que vous ne croyez pas vraiment au portrait psychologique que l'on a fait de vous.

Une chose encore me rend perplexe. Vous vous inquiétez toujours pour votre vie privée et continuez, inébranlablement, à vous imposer le silence, mais vous devez comprendre que le chat est désormais sorti du sac. Les principaux médias ont tous en main des copies de votre dossier de détention. Si vous pensez qu'un ordre de non-publication va empêcher ceux-ci de l'utiliser, vous êtes encore plus naïve que je ne le croyais.

Vos actions ont toujours été beaucoup plus révélatrices que vos paroles. Par-delà votre manque d'assurance et votre rhétorique creuse, votre participation à une multitude de programmes, votre bon comportement et même votre diplôme en psychologie, au fond de vous, vous ne croyez pas vraiment souffrir de trouble du stress post-traumatique ou encore avoir été la victime d'un sadique sexuel. Vous n'y croyez pas et n'y avez jamais cru. C'est la raison principale pour laquelle les autorités pénitentiaires ont pu vous manipuler aussi facilement.

Au fond de votre cœur, vous savez qui vous êtes et ce que vous faites. Par contre, ce que vous n'avez pas encore compris, c'est que tout cela ne saurait me faire changer d'idée. Vous auriez dû être libérée au moment où vous le pouviez, et la poursuite de votre détention, surtout la manière dont tout cela s'est produit, va vous nuire et nuira à toute la société en général. Par ailleurs, avec de bons conseils et un peu de jugeote, vous serez encore en mesure de changer d'identité et de vous faire oublier complètement après votre libération.

En fait, durant un bref instant, il m'a semblé que vous étiez capable de prendre du recul, de voir les choses dans leur globalité et d'agir en conséquence. Mais je suis aujourd'hui plus sceptique que jamais. Après tout, si vous n'êtes pas prête à écouter mes conseils, qui allez-vous écouter?

C'est sur ces mots que notre correspondance prit fin.

* * *

Lorsque j'étais à New York en vue de négocier mon contrat d'édition pour mon premier livre, mon éditrice m'a alors bien averti qu'elle n'était pas intéressée par un autre récit fastidieux portant sur les bévues des corps policiers ou les malversations de la poursuite, parce que personne ne voulait plus lire ce genre de truc.

Depuis ce temps, plusieurs récits ont été publiés sur les bévues des forces de police et plusieurs d'entre elles ont eu des conséquences bien plus graves que celle de la sentence un peu légère de Karla. S'il y avait eu davantage d'analyses véritables et approfondies de ces bévues, on aurait peut-être pu empêcher certains meurtres commis contre de jeunes adolescentes.

À titre d'exemple, dès 1990, la police de New York et le FBI étaient en mesure non seulement d'empêcher l'attentat du 11 septembre 2001, mais aussi de prévenir d'autres attentats, comme celui du World Trade Center en 1993, ceux perpétrés contre les ambassades américaines en Arabie Saoudite et en Afrique, en 1998, ou encore l'attaque du destroyer Cole au large du Yémen en 2000. À peine quelques semaines avant le 11 septembre 2001, les autorités supérieures du FBI ont, de toute évidence, fait fi de certaines informations selon lesquelles le groupe Al-Qaeda planifiait l'utilisation d'avions de passagers à des fins terroristes.

Tout cela avait commencé avec l'assassinat du rabbin d'extrême droite Meir Kahane à New York, le 5 novembre 1990, par un nommé El Sayyid Nosair. Nosair fut blessé lors de l'attentat et donc rapidement appréhendé. Lors de perquisitions au domicile de Nosair, la police a trouvé des preuves que ce dernier était au cœur même d'un vaste complot terroriste qui avait ses racines en Amérique du Nord et des ramifications importantes en Égypte, en Arabie Saoudite, au Pakistan et en Europe de l'Ouest.

La police de New York avait alors découvert que la mosquée de Brooklyn, que fréquentait assidûment Nosair, était en étroite relation avec le tristement célèbre Sheik Omar Abdel Rahmann, celui-là même qui appelle à la guerre sainte au cœur de l'Amérique.

Dans l'appartement de Nosair à New York, la police a retrouvé du matériel destiné à mettre en place la jihad, tels que des manuels d'instruction militaire utilisés à Fort Bragg pour la formation des forces spéciales d'intervention en cas de guerre, du matériel servant à la fabrication de bombes ainsi que des cartes soulignant certains endroits stratégiques de New York. La police a même trouvé des documents dans lesquels Nosair en appelait à la destruction des « gros édifices dont l'Amérique est si fière ».

L'état-major de la police de New York a refusé systématiquement d'écouter les appels pressants de ses enquêteurs à reconnaître ces éléments de preuve. Il était hors de question pour la direction de la police de transformer une simple affaire de meurtre en une vaste affaire de complot.

Selon certaines sources, le responsable du service des enquêtes de la police de New York aurait dit lors à un de ses inspecteurs : « Le FBI invente des complots, la police de New York résout des crimes. »

À l'époque, l'assassinat de Kahane a été décrit par la police de New York comme un acte isolé commis par un homme dérangé. Quelques jours plus tard, le FBI prenait possession de toutes les pièces à conviction saisies dans l'affaire Nosair. Il semble toutefois que personne n'ait réagi jusqu'à l'attentat de 1993 au World Trade Center.

L'indifférence, le caractère insaisissable du terrorisme, le refus des autorités de reconnaître les évidences ou de voir les preuves contenues dans les documents de Nosair, tout cela nous mène tout droit au 11 septembre 2001.

M. John O'Neill, un des seuls dirigeants du FBI à prendre le réseau Al-Qaeda au sérieux, s'est vu forcé de partir en juillet 2001. Il a été tué le 11 septembre 2001, lors de sa deuxième journée de travail comme directeur de la sécurité au World Trade Center.

Dans un ouvrage récent portant sur l'immense faillite des systèmes de police, *The Cell': Cops and Plotters*, John Miller et Michael Stone dressent en annexe une longue liste de neuf pages de toutes les bévues et occasions ratées par des corps policiers.

Je n'ai pas peur de voir Karla libre. J'ai peur des gens qui ont créé Karla et de ceux qui lui redonneront sa liberté bientôt. Ce sont des enquêteurs comme Vince Bevan et des procureurs comme Michael Code, ainsi que tous leurs semblables dans le monde occidental libre, qui constituent le véritable danger. Indépendamment du fait qu'ils comptent parmi les rouages essentiels de nos soi-disant démocraties, il faut avoir à l'esprit qu'ils agissent trop souvent en secret, en toute impunité et dans leur seul intérêt.

Je voudrais utiliser ici les propos de Philip Roth, cet auteur qui, plus que tout autre, cherche à comprendre et à décrire la réalité de la manière la plus juste : « Cela me stupéfie, me rend malade et furieux et dépasse même mon imagination, tellement la réalité dépasse toujours la fiction et nous jette constamment à la figure des éléments qui devraient faire l'envie de tout bon romancier. »

* * *

Ernie England a survécu à sa femme douze ans. À l'époque où Paul et Karla emménagèrent à côté de chez lui, en févier 1991, Ernie entamait ses quatre-vingts ans.

Il avait deux passe-temps favoris : les courses de chevaux et la surveillance de ses voisins. Il aimait les courses et était un joueur invétéré. C'était le genre d'homme qui aimait savoir ce qu'il dépensait et ce qu'il gagnait. Il tenait un registre détaillé de ses gains et de ses pertes. Le jour où il parla à la police au sujet de Paul et de Karla, en ce mardi 15 mars 1993, il en était à un gain net de 60 \$. C'était ce qu'indiquait son registre, après que le joueur impénitent eut parié des dizaines de milliers de dollars pendant cinquante ans.

Ernie racontait à la police que, un soir où il recevait son fils et sa belle-fille, il s'était interrogé tout haut à propos de ce qui se passait chez ses voisins. Le jeune homme n'était pas allé travailler et n'était pas sorti de la journée. Il dit au policier que la jeune femme s'appelait Karla Homolka et qu'elle était native de St. Catharines. Elle travaillait dans une clinique vétérinaire. Selon lui, elle ne devait pas faire bien plus que 200 $ par semaine. Il se demandait comment ils avaient fait pour acheter une maison aussi grande et aussi chère.

Le fils d'Ernie lui répondit que le jeune couple était peut-être indépendant financièrement et il le taquina gentiment au sujet de son côté fouineur. Mais Ernie ne put s'empêcher d'ajouter : « Hum, mais elle est aussi un peu spéciale ! Parfois, le samedi, elle va se promener avec son gros Rotteweiller, vêtue d'un pantalon spandex moulant et d'un corsage assez léger. » « En quoi cela est-il spécial ? » l'interrompit son fils. Ernie se plaignit au policier que les jeunes d'aujourd'hui n'avaient plus aucune patience avec les vieux.

En fait, ce que le vieil homme voulait dire à propos de Karla concernait un après-midi du début de l'été où elle lui avait semblé vraiment spéciale. Il continua à l'intention du policier :

> La jeune femme venait de rentrer de son travail et, encore vêtue de son uniforme de vétérinaire, elle s'assit sur la terrasse derrière la maison. Elle est restée ainsi assise, droite et immobile, pendant au moins trois heures. Elle regardait droit devant elle, sans bouger. Je ne pouvais pas m'empêcher de la regarder. Je pariais à l'intérieur de moi-même sur le moment où elle allait finir par bouger. Pendant trois heures, elle n'a pas bougé du tout, pas même un bras, ou une jambe ; elle n'a même pas fait le geste de chasser une mouche, rien. Elle restait là, le regard fixé dans le vide. Ce n'était pas normal. C'était la chose la plus étrange que j'avais vue de ma vie. Cela m'a donné la chair de poule.

Paul et Karla Bernardo, née Homolka, connus sous le nom de Teale de Port Dalhousie, près de St. Catharines, en Ontario, formaient un beau couple. Il disait aux gens qu'il était comptable et franc-maçon. Elle travaillait dans une clinique vétérinaire. Tous les voisins les trouvaient charmants, sauf leur plus proche voisin. Aux yeux du vieil Ernie England, ils avaient l'air d'un couple d'enfants jouant à des jeux interdits. C'était effectivement ce qu'ils faisaient. La plupart des gens ne prêtent pas beaucoup d'attention à leurs voisins. Personne n'écoute ce que les vieux ont à dire. Bientôt, Karla aura encore une fois des voisins. Sauf qu'elle ne s'appellera plus Karla. Qui qu'ils soient, ils ne sauront pas d'où elle vient et où elle s'en va, pas plus qu'Ernie à l'époque.

Table

Table

Karla. Le pacte avec le diable
composé en caractères Times corps 11
a été achevé d'imprimer
sur les presses de l'imprimerie Gauvin
à Hull
le huit novembre deux mille deux
pour le compte des ÉDITIONS TRAIT D'UNION.

Imprimé au Québec